“十二五” 普通高等教育本科国家级规划教材

高 等 几 何

(第三版)

周兴和 杨明升 编著

科 学 出 版 社

北 京

内 容 简 介

本书是作者从事高等几何教学30余年经验的结晶，主要内容包括射影平面、射影变换、变换群与几何学、二次曲线理论、几何学寻踪等. 本书科学体系严谨，内容精炼，深入浅出，语言生动，图文并茂，易教易学. 同时，本书还配备了作者授课时使用的多媒体课件，以供广大教师、学生参考.

本书可作为高等院校数学类专业本科生和专科生的教材，亦可供有关人员参考.

图书在版编目(CIP)数据

高等几何/周兴和，杨明升编著. —3版. —北京：科学出版社，2015.1
“十二五”普通高等教育本科国家级规划教材
ISBN 978-7-03-043120-2
Ⅰ.①高… Ⅱ.①周… ②杨… Ⅲ.①高等几何-高等学校-教材 Ⅳ.①O18
中国版本图书馆CIP数据核字(2015)第015063号

责任编辑：林 鹏 王 静／责任校对：韩 杨
责任印制：张 伟／封面设计：陈 敬

科学出版社出版
北京东黄城根北街16号
邮政编码：100717
http://www.sciencep.com
北京凌奇印刷有限责任公司印刷
科学出版社发行 各地新华书店经销
*
2003年8月第 一 版 开本：720×1000 1/16
2007年8月第 二 版 印张：15 1/2
2015年1月第 三 版 字数：312 000
2024年12月第二十三次印刷
定价：45.00元
(如有印装质量问题，我社负责调换)

第三版前言

自本教材 2003 年第一版、2007 年第二版出版以来, 得到了许多专家、老师、同学、同行的肯定和帮助, 使得本教材先后获得南京师范大学优秀教材奖一等奖 (2004 年), 江苏省普通高等学校精品教材奖 (2005 年), 入选普通高等教育 "十一五" 国家级规划教材 (2006 年) 和 "十二五" 普通高等教育本科国家级规划教材 (2012 年). 另外, 由作者编著的英文版教材 "Higher Geometry" 已由科学出版社和英国的 Alpha Science Company 联合出版 (2014 年); 同时建设的南京师范大学高等几何课程也先后被评为江苏省一类精品课程 (2006 年)、国家精品课程 (2007 年)、国家级精品资源共享课并成功上线爱课程网 (http://www.icourses.cn/home/)(2013 年). 诸多殊荣, 接踵而至, 令作者受宠若惊, 无比汗颜, 更感莫大压力. 从读者和专家那里, 作者除了感受到他们对本教材的关爱, 更感受到他们对几何学在大学数学教育中的重要性之强调, 由此又获得了巨大的动力, 投入到新版修订工作之中.

本教材主要介绍平面射影几何理论和仿射理论, 主旨在于拓展读者的几何空间观念, 学习变换群观点, 进而达到训练理性思维的能力, 增强数学审美意识, 提高数学修养的目的, 为读者进一步的数学学习和研究打下良好基础.

本教材的前四章为课堂教学内容, 以平面射影几何为主, 同时介绍 Klein 变换群观点. 当然, 作为高等几何课程, 除了系统介绍射影几何知识、变换群思想而外, 还应该对非欧几何以及几何基础等作一些介绍. 作为这方面的改革尝试, 我们增加了第五章 "几何学寻踪", 既讲述历史、介绍著名数学家, 也介绍一些几何学知识, 作为学生的课外阅读材料. 数十年教学实践体会使得作者不愿意出版与本教材配套的习题解答, 但这次修订我们增加了习题答案与提示, 希望同学们仅仅把它作为一个开拓思路的提示, 以使实际效果不改我们的初衷. 本教材已在南京师范大学试用数十年, 这次出版前又根据试用情况作了一些必要的修订, 编者授课用的电子教案也随同教材一并出版发行, 期盼对使用本教材的教师和学生起一定的帮助作用.

2007 年第二版出版时考虑到有的学校可能在大学一年级开设高等几何课程, 作为准备知识, 那次修订增加了 §1.1, 如果在二、三年级讲授, 则该节可供学生自学参考. 那次修订除了对第一版中的某些谬误作了力所能及的改正, 主要工作有两个方面, 第一是在好教易学的前提下, 对一些内容进行了进一步的严格化处理, 比如对拓广平面、齐次坐标、射影平面以及射影仿射平面等内容的修改, 有的章节几乎是全部重新写作. 然而, 就教材而言, 好教易学与严格化是一对矛盾, 要处理好这对矛盾颇不容易. 第二是适当选择增加了一些习题, 其中不乏作者在教学实践中创造的题目. 根据教学实际, 书中加 "*" 号和用小字排印的部分可以不作要求, 因此所需教学学时不会超过第一版. 为方便阅读, 那次修订增加了前四章的索引. 本次修订除了对第二版中的某些谬误作了力所能及的改正外, 还增加了习题答案与提示.

从本书的讲义到第一版, 第二版, 再到本次第三版, 作者深深地感到, 写好一本教材是多么地困难. 尽管经过多年使用的思考, 做了两次修订, 但是限于水平, 谬误及不当仍在所难免, 敬请读者和同行批评指正, 以期今后继续修订完善.

扫描下方二维码链接的是本课程的多媒体教学课件, 经过作者在多年教学实践中不断修改, 针对数学课堂教学的特点, 基本实现了模拟板书的效果, 其中还附有一些供课前演示的有趣动画, 既能帮助学生自学, 也能为任课教师制作多媒体课件提供一些基础和素材.

自本教材第一版出版后, 各地高校使用本教材的教师、南京师范大学数学类专业的本科生等都对本教材提出过不少建设性的意见. 特别是上饶师范学院的熊华平教授、南京师范大学的陈二才教授等都曾就教材修改与作者进行过专门的讨论, 使作者受益颇深. 作者谨向他们表示衷心的感谢!

教育部高等学校数学与统计学教学指导委员会的专家们对作者给予过很多的鼓励, 科学出版社的林鹏先生和王静女士对本教材的再版付出了辛勤的劳动, 作者谨向他们表示衷心的感谢!

周兴和　杨明升
2014 年 9 月
于南京师范大学

目　　录

第一章　射影平面

本章首先引入变换的概念, 以概览的方式, 讨论几个基本的几何变换. 然后, 从初等几何平面的拓广开始, 定义射影平面, 引进齐次坐标、对偶原则等概念, 并给出 Desargues 透视定理, 是学学习平面射影几何的基础.

§1.1　引　　论

用几何变换的方法研究问题, 是高等几何的基本思想. 作为准备, 本节将简要介绍有关变换的知识, 以正交变换、相似变换、仿射变换等最基本的几何变换为例, 初步体会以变换的观点研究几何学的思想方法. 在本节中, 很多结论都将直接写出而略去证明. 有些结论读者在已有的知识基础上完全可以自行证明, 而有些结论在读完本书后将不证自明.

一、变换

定义 1.1　设 A, B 为两个集合. 称形如 (a,b) 的有序偶的集合为集合 A 与 B 的**笛卡儿积**或简称**积**, 记作 $A\times B$, 其中 $a\in A, b\in B$. 即

$$A\times B=\{(a,b)|a\in A, b\in B\}.$$

集合 A 与自身的积也记作 A^2.

比如, 平面上全体点的笛卡儿坐标即为实数集与其自身的积 $\mathbf{R}^2=\mathbf{R}\times\mathbf{R}$.

定义 1.2　设 A,B 为集合, $R\subseteq A\times B$. 则称 R 为从集合 A 到集合 B 的一个**二元关系**简称**关系**.

若 $(a,b)\in R$, 则称 B 中的元素 b 为 A 中的元素 a 在关系 R 下的**像**, 而 a 称为 b 在 R 下的一个**原像**.

将关系 R 中的所有有序偶的两元素颠倒次序, 则得到 R 的**逆关系**R^{-1}, $R^{-1}\subseteq B\times A$ 为从 B 到 A 的一个关系.

定义 1.3　设 A,B,C 为集合, $R\subseteq A\times B$, $S\subseteq B\times C$. 则由此可确定一个从 A 到 C 的关系 T, 称为 R 与 S 的**乘积**(或合成) 关系, 记作 $T=S\circ R$, 定义为

$$T=S\circ R=\{(a,c)|\text{存在}b\in B\text{使得}(a,b)\in R\text{且}(b,c)\in S\}.$$

对于乘积 $T=S\circ R$, 我们经常略去“$\circ$”而直接写为 $T=SR$. 显然, 关系的乘法满足结合律, 但是一般不满足交换律.

设 $R \subseteq A^2$. 则 R 与自身的乘积 RR 记作 R^2, 类似地, $R^3 = RR^2$, $\cdots$, $R^n = RR^{n-1}$.

定义 1.4 设 R 为集合 A 到自身的一个关系.

(1) 若 $\forall a \in A$, 总有 $(a, a) \in R$, 则称关系 R 是**自反的**, 或称 R 满足**反身性**.

(2) 对于 $a, b \in A$, 若 $(a, b) \in R$ 就必有 $(b, a) \in R$, 则称关系 R 是**对称的**, 或称 R 满足**对称性**.

(3) 对于 $a, b, c \in A$, 若 $(a, b) \in R$ 且 $(b, c) \in R$ 就必有 $(a, c) \in R$, 则称关系 R 是**传递的**, 或称 R 满足**传递性**.

若 R 同时满足上述三个条件, 则称 R 为集合 A 上的一个**等价关系**.

若 R 为集合 A 上的一个等价关系, 则 R 就将 A 中的元素划分为**等价类**. 不难体会到, 集合 A 上的等价关系将 A 的元素划分为等价类的这种划分是完全的划分, 这些等价类是 A 的互不相交的子集.

比如, 集合中元素的等于关系“$=$”就是一个等价关系. 再如, 设 T 为通常的平面上所有三角形的集合. 则“全等”、“相似”均为 T 上的等价关系, T 中的三角形分别被依据“全等”、“相似”分成了等价类.

定义 1.5 设集合 A 到 B 的一个关系 R 能够使得 A 中的每个元素 a, 都属于其唯一有序偶 (a, b), 则称 R 为从集合 A 到集合 B 的一个**对应**, 也称为从集合 A 到集合 B 的一个**映射**, 或称为从集合 A 到集合 B 的一个**函数**.

习惯上, 我们常用小写英文或希腊字母等来表示对应. 比如, 记 f 表示集合 A 到 B 的一个对应, 并表示为

$$f:\ A \to B.$$

若 $b \in B$ 是 $a \in A$ 在 f 下的像, 则记为

$$f:\ a \mapsto b \text{ 或 } f(a) = b.$$

由定义 1.5, 集合 A 到 B 的一个对应 f 给集合 A 中的每一个元素 a 都唯一地分配了 B 中的一个元素.

定义 1.6 设 f 为集合 A 到 B 的一个对应. 若 $\forall a, b \in A$, 只要 $a \neq b$, 就必有 $f(a) \neq f(b)$. 则称 f 为一个**单射**(injection), 或称 f 为一个从集合 A **到**集合 B **内**的对应.

定义 1.7 设 f 为集合 A 到 B 的一个对应. 若 $\forall b \in B$, 都存在 $a \in A$, 满足 $f(a) = b$. 则称 f 为一个**满射**(surjection), 或称 f 为一个从集合 A **到**集合 B **上**的对应.

定义 1.8 设 f 为集合 A 到 B 的一个对应. 若 f 既是单射又是满射, 则称 f 为一个**双射**(bijection), 或称 f 为集合 A 到 B 上的一个**一一对应**.

比如, 在通常的平面 π 上建立的一个笛卡儿直角坐标系 (简称笛氏直角坐标系)$O\text{-}e_xe_y$ 就是 (或者说就确定了) 一个从 π 上点的集合到实数集 $\mathbf{R}$ 与自身的积 $\mathbf{R}^2$ 的一个双射 φ

$$\varphi:\ \pi \to \mathbf{R}^2,$$

满足 $\forall P \in \pi, \varphi(P) = (x, y) \in \mathbf{R}^2$. 称为平面上的一个**笛卡儿坐标映射**. 所以, 说在平面上建立了一个笛氏直角坐标系, 实际上是定义了平面上点集的一个坐标映射, 或者说坐标系是一个坐标映射的具体实现. 同样地, 直线上的数轴构造 (一维笛卡儿坐标系) 是直线上点的集合到实数集 $\mathbf{R}$ 的双射.

定义 1.9 集合 A 到自身的对应 f 称为集合 A 中的一个**变换**. 如果 f 是双射, 则称 f 为集合 A 上的一个**一一变换**.

在任一个集合 A 上, 都有一个特殊的一一变换 i, 满足 $\forall a \in A$, $i(a) = a$. 称 i 为集合 A 上的**恒同变换**.

对于集合 A 上的一一变换, 显然有下列结论成立.

定理 1.1 (1) 两个一一变换的乘积是一个一一变换, 从而任意有限多个一一变换的乘积是一个一一变换.

(2) 恒同变换 i 是一个一一变换.

(3) 任一个一一变换 f 都存在逆变换 f^{-1}, f^{-1} 是一个一一变换, 且 $ff^{-1} = f^{-1}f = i$.

定义 1.10 设 f 为集合 A 上的一个一一变换. 若存在 $a \in A$, 满足 $f(a) = a$, 则称 a 为变换 f 的一个**不变元素**. 设 P 为集合 A 中的元素或子集所带有的某种性质 (或数量). 若这些元素或子集在 f 下的像仍然带有性质 (或数量)P, 则称 P 为变换 f 的一个**不变性质**(或**不变数量**), f 的不变性质和数量统称为 f 的**不变性**.

高等几何将以变换的观点讨论问题, 主要研究空间中的几何元素和几何图形在某些一一变换下的不变性.

二、正交变换

以下我们将简要介绍一些基本的几何变换.

记 π 表示初等几何中的平面也表示这个平面上全体点的集合. 我们来在点集 π 上建立变换, 通常称为**点变换**.

定义 1.11 保持平面 π 上任意两点间的距离不变的点变换 φ 称为平面 π 上的一个**正交变换**.

即若 A, B 为平面上的两个点, 且 $\varphi(A) = A', \varphi(B) = B'$, 则有 $|AB| = |A'B'|$.

注: 在本书中, 如无特别说明. "距离" 一词均指欧氏几何的距离.

定理 1.2 正交变换是平面 π 上的一个双射. 而且有下述结论成立.

(1) 平面上任意两个正交变换的积是一个正交变换.

(2) 平面上的恒同变换是一个正交变换.

(3) 任一正交变换的逆变换存在, 也是 π 上的一个正交变换.

于是, 正交变换不仅是 π 上的双射, 还以两点间的距离为其不变性. 由此还可以推出正交变换的其他不变性.

定理 1.3 正交变换使得平面上的共线三点变为共线三点, 不共线三点变为不共线三点, 而且保持两直线的夹角不变.

证明 设 A, B, C 为平面 π 上的三个点, φ 为平面 π 上的一个正交变换, 而且有 $\varphi(A) = A'$, $\varphi(B) = B'$, $\varphi(C) = C'$.

若 A, B, C 共线, 且不妨假设 B 在 A, C 之间, 则有 $|AB| + |BC| = |AC|$. 由定义 1.11, 有 $|A'B'| + |B'C'| = |A'C'|$. 于是, A', B', C' 共线, 而且继续保持 B' 在 A', C' 之间.

若 A, B, C 不共线, 则有 $|AB| + |BC| > |AC|$ 且 $|AB| - |BC| < AC$, 由定义 1.11 立刻得 $|A'B'| + |B'C'| > |A'C'|$ 且 $|A'B'| - |B'C'| < |A'C'|$. 于是 A', B', C' 也不共线.

现在假设 A, C 在 $\angle B$ 的两边上而且异于 B. 则 A', C' 分别在 $\angle B'$ 的两边上且异于 B', 同时有 $|AB| = |A'B'|$, $|BC| = |B'C'|$, $|CA| = |C'A'|$, 即 $\Delta ABC \cong \Delta A'B'C'$. 于是 $\angle B = \angle B'$, 即正交变换保持两直线的夹角不变. 证毕.

由上述证明还可以得到:

推论 1.1 正交变换使得平面上的一个三角形变为与其全等的三角形. 进而, 正交变换使得任何平面图形变成一个可以与其完全叠合的平面图形.

所谓能够完全叠合, 在几何中我们经常使用术语**“合同”**来称呼. 推论 1.1 还说明, 正交变换将平面上的全体三角形的集合按“全等”关系划分为等价类, 进而将平面上的图形按合同关系划分为等价类.

设 $O\text{-}e_xe_y$ 为平面 π 上的一个笛氏直角坐标系. 则其本身也是一个平面图形, 显然它的像图形 $O'\text{-}e'_xe'_y$ 还是 π 上的一个笛氏直角坐标系. 所以有

推论 1.2 正交变换使得平面上的一个笛氏直角坐标系变为一个笛氏直角坐标系. 但是, 正交变换可能将一个右手系变为左手系, 因为正交变换使得两点间的距离与其对应两点间的距离相等, 并不保证在变换过程中对图形不作“翻转”.

定理 1.4 设在平面 π 上取定了一个笛氏直角坐标系 $O\text{-}e_xe_y$. 则 π 上的一个点变换 φ 是正交变换 $\Leftrightarrow$ φ 具有表达式

$$\begin{cases} x' = a_{11}x + a_{12}y + a_{13}, \\ y' = a_{21}x + a_{22}y + a_{23} \end{cases} \text{或} \begin{pmatrix} x' \\ y' \end{pmatrix} = \begin{pmatrix} a_{11} & a_{12} \\ a_{21} & a_{22} \end{pmatrix} \begin{pmatrix} x \\ y \end{pmatrix} + \begin{pmatrix} a_{13} \\ a_{23} \end{pmatrix}. \quad (1.1)$$

其中 (x, y) 与 (x', y') 为 π 上任一点 P 及其在 φ 下的像点 P' 在 $O\text{-}e_xe_y$ 下的坐标,

矩阵 $A=\begin{pmatrix} a_{11} & a_{12} \\ a_{21} & a_{22} \end{pmatrix}$ 是一个二阶正交阵, 称为 φ 的矩阵.

如图 1.1 所示, 注意到点 P' 在作为坐标系 $O\text{-}e_xe_y$ 的像坐标系 $O'\text{-}e'_xe'_y$ 下的坐标仍然为 (x,y), 再设 O' 以及单位向量 e'_x, e'_y 在坐标系 $O\text{-}e_xe_y$ 下的坐标分别为 (a_{13},a_{23}), (a_{11},a_{21}) 和 (a_{12},a_{22}), 利用向量知识很容易得到定理 1.4 的证明. 图 1.1 中, 左图表示右手系变为右手系, 而右图则表示右手系变为左手系.

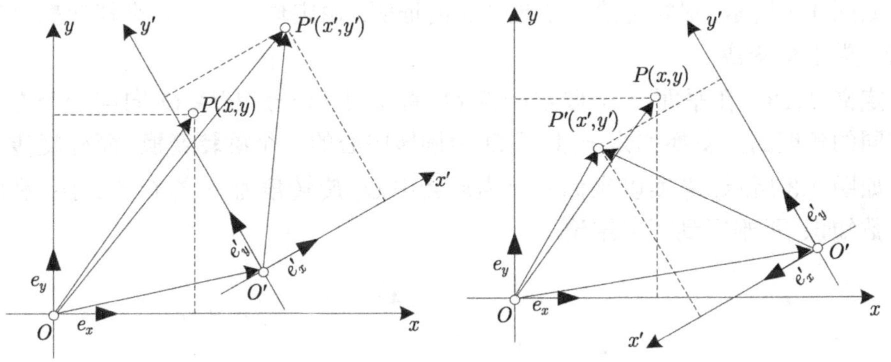

图 1.1

对于矩阵 A, 由正交阵的性质有 $AA^{\mathrm{T}}=A^{\mathrm{T}}A=E$①, 于是 $A^{-1}=A^{\mathrm{T}}$ 且 $|A|=\pm1$. 容易验证, 当 $|A|=1$ 时, φ 把一个右手系变为右手系, 而当 $|A|=-1$ 时, φ 把一个右手系变为左手系.

当然, 我们还必须证明变换 (1.1) 能够保持平面上任意两点间的距离不变, 留给读者.

当 $|A|=1$ 时, 称 (1.1) 为一个**第一类正交变换**, 也称为**刚体运动**; 当 $|A|=-1$ 时, 称 (1.1) 为一个**第二类正交变换**. 容易看出, 两个第一类正交变换的积是一个第一类正交变换; 两个第二类正交变换的积是一个第一类正交变换; 一个第二类正交变换与一个第一类正交变换的积是一个第二类正交变换.

注意到 e'_x, e'_y 仍为单位正交向量, 若设 e'_x 与 e_x 的夹角为 ϑ, 则 e'_y 与 e_x 的夹角为 $\vartheta\pm\dfrac{\pi}{2}$, 正、负号分别对应着图 1.1 的左、右图. 于是, (1.1) 可以改写为

$$\begin{pmatrix} x' \\ y' \end{pmatrix}=\begin{pmatrix} \cos\vartheta & -\varepsilon\sin\vartheta \\ \sin\vartheta & \varepsilon\cos\vartheta \end{pmatrix}\begin{pmatrix} x \\ y \end{pmatrix}+\begin{pmatrix} a_{13} \\ a_{23} \end{pmatrix},\quad \text{其中 } \varepsilon=\pm1. \tag{1.2}$$

定义 1.12 将平面 π 上的每个点都沿着同一个方向平行移动相同的距离的点变换称为 π 上的一个**平移变换**, 简称**平移**.

①为避免记号混淆, 本书使用上标 T 表示向量、矩阵、行列式的转置, 而 E 表示单位矩阵.

定理 1.5 设在平面 π 上取定了一个笛氏直角坐标系 $O\text{-}e_xe_y$, 并取定向量 $c(a_{13}, a_{23})$. 则 π 上的一个点变换 φ 为平移 $\Leftrightarrow \varphi$ 可表示为

$$\begin{cases} x' = x + a_{13}, \\ y' = y + a_{23} \end{cases} \quad \text{或} \quad \begin{pmatrix} x' \\ y' \end{pmatrix} = \begin{pmatrix} 1 & 0 \\ 0 & 1 \end{pmatrix} \begin{pmatrix} x \\ y \end{pmatrix} + \begin{pmatrix} a_{13} \\ a_{23} \end{pmatrix}. \tag{1.3}$$

其中 $(x,y),(x',y')$ 为 π 上任一点 P 及其在 φ 下的像点 P' 在 $O\text{-}e_xe_y$ 下的坐标.

如图 1.2 所示, 很容易给出定理 1.5 的证明. 由定理 1.4, 1.5, 平移变换显然属于第一类正交变换.

定义 1.13 在平面 π 上取定一点 O, 将 π 上每一点都绕 O 向同一个方向旋转相同的角度的点变换称为 π 上以 O 为旋转中心的一个**旋转变换**, 简称**旋转**.

如图 1.3 所示, 考察以坐标原点为旋转中心, 旋转角为 ϑ 的旋转变换, 利用三角函数知识, 不难得到下述结论.

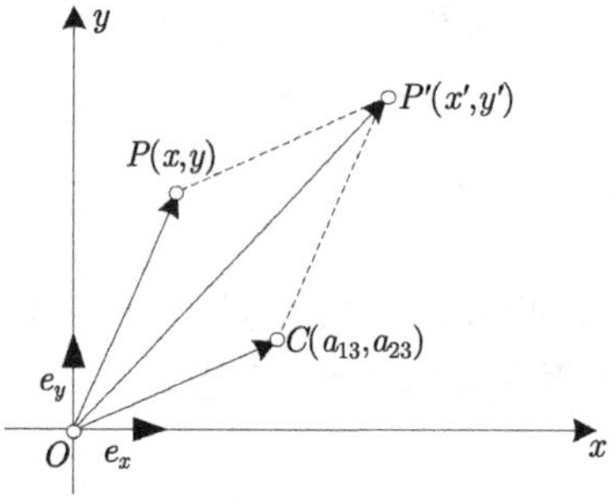

图 1.2

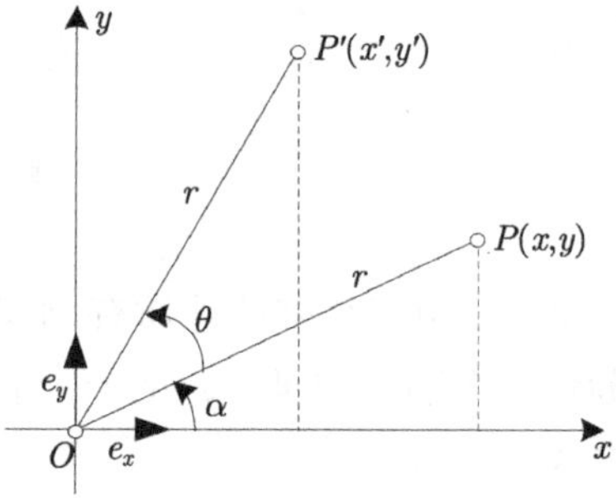

图 1.3

定理 1.6 设在平面 π 上取定了一个笛氏直角坐标系 $O\text{-}e_xe_y$. 则 π 上一个点变换 φ 是以 O 为旋转中心, 转角为 ϑ 的旋转变换 $\Leftrightarrow \varphi$ 可表示为

$$\begin{cases} x' = x\cos\vartheta - y\sin\vartheta, \\ y' = x\sin\vartheta + y\cos\vartheta \end{cases} \quad \text{或} \quad \begin{pmatrix} x' \\ y' \end{pmatrix} = \begin{pmatrix} \cos\vartheta & -\sin\vartheta \\ \sin\vartheta & \cos\vartheta \end{pmatrix} \begin{pmatrix} x \\ y \end{pmatrix}. \tag{1.4}$$

其中 $(x,y),(x',y')$ 为 π 上任一点 P 及其在 φ 下的像点 P' 在 $O\text{-}e_xe_y$ 下的坐标.

显然, 旋转变换属于第一类正交变换, 而且容易看出下面的结论成立.

定理 1.7 平面上的一个平移和一个旋转的积是一个第一类正交变换.

定义 1.14 设 l 为平面 π 上取定的一条直线. 将 π 上的每个点变为关于直线 l 的对称点的点变换称为 π 上的一个以 l 为反射轴的**轴反射变换**, 简称**轴反射**.

我们来考虑以坐标轴为反射轴的轴反射变换.

定理 1.8 设在平面 π 上取定了一个笛氏直角坐标系 $O\text{-}e_xe_y$. 则一个点变换 φ 是以 x 轴为反射轴的轴反射 $\Leftrightarrow \varphi$ 可表示为

$$\begin{cases} x'=x, \\ y'=-y \end{cases} \quad \text{或} \quad \begin{pmatrix} x' \\ y' \end{pmatrix} = \begin{pmatrix} 1 & 0 \\ 0 & -1 \end{pmatrix} \begin{pmatrix} x \\ y \end{pmatrix}. \tag{1.5}$$

一个点变换 φ 是以 y 轴为反射轴的轴反射 $\Leftrightarrow \varphi$ 可表示为

$$\begin{cases} x'=-x, \\ y'=y \end{cases} \quad \text{或} \quad \begin{pmatrix} x' \\ y' \end{pmatrix} = \begin{pmatrix} -1 & 0 \\ 0 & 1 \end{pmatrix} \begin{pmatrix} x \\ y \end{pmatrix}. \tag{1.6}$$

其中 $(x,y),(x',y')$ 为 π 上任一点 P 及其在 φ 下的像点 P' 在 $O\text{-}e_xe_y$ 下的坐标.

显然, 轴反射变换是第二类正交变换. 轴反射使得平面上一个图形在变成其像图形的过程中作了“翻转”, 因此正交变换可以把平面上的直角坐标系从右手系变为左手系.

定理 1.9 平面上的一个轴反射与一个第一类正交变换的积是一个第二类正交变换.

事实上, 从几何变换的观点来看, 欧氏几何就是研究正交变换不变性的科学.

三、相似变换

定义 1.15 设 P_1,P_2,P 为平面上共线三点. 记 (P_1P_2P) 表示由此三点构成的一个以 P_1,P_2 为**基点**, P 为**分点**的**简单比**, 定义为两个有向线段 P_1P, P_2P 的比, 即

$$(P_1P_2P)=\frac{P_1P}{P_2P}. \tag{1.7}$$

简单比也称为**单比**、**简比**或**仿射比**.

定义 1.16 设 O 为平面 π 上取定的一点, φ 为 π 上的一个点变换. 满足

(1) $\varphi(O)=O$;

(2) 对于 π 上异于 O 的任一点 P, φ 将 P 变为直线 OP 上一点 P', 使得 $(P'PO)=k$, 其中 $0<k\in\mathbf{R}$ 为常数,

则称 φ 为 π 上的一个以 O 为**位似中心**, 以 k 为**位似比**的**位似变换**.

定理 1.10 设在平面 π 上取定了一个笛氏直角坐标系 $O\text{-}e_xe_y$, $k>0$ 为任意取定的实常数. 则 π 上的一个点变换 φ 是以 O 为位似中心, k 为位似比的位似变换 $\Leftrightarrow \varphi$ 可表示为

$$\begin{cases} x'=kx, \\ y'=ky \end{cases} \quad \text{或} \quad \begin{pmatrix} x' \\ y' \end{pmatrix} = \begin{pmatrix} k & 0 \\ 0 & k \end{pmatrix} \begin{pmatrix} x \\ y \end{pmatrix}. \tag{1.8}$$

其中 $(x,y),(x',y')$ 为 π 上任一点 P 及其在 φ 下的像点 P' 在 $O\text{-}e_xe_y$ 下的坐标.

一般地, 若位似中心不是坐标原点 O 而是平面上的一个点 $C(c_1,c_2)$, 则位似变换的表达式可写为

$$\begin{cases} x' = kx + a_{13}, \\ y' = ky + a_{23} \end{cases} \quad \text{或} \quad \begin{pmatrix} x' \\ y' \end{pmatrix} = \begin{pmatrix} k & 0 \\ 0 & k \end{pmatrix} \begin{pmatrix} x \\ y \end{pmatrix} + \begin{pmatrix} a_{13} \\ a_{23} \end{pmatrix}. \tag{1.9}$$

这儿 $a_{13} = c_1(1-k), a_{23} = c_2(1-k)$. 显然, 这是一个平移与一个以原点为位似中心的位似变换的积.

显而易见, 位似变换是一个双射, 但是平面上两个一般的位似变换的积不一定还是一个位似变换. 位似变换一般不再保持平面上两点之间的距离不变, 但是保持共线三点的简单比不变, 也保持任何两条线段的比值不变. 而且, 对于异于位似中心的任何两点, 位似变换使得这两点的连线与其像点的连线平行, 并使得这两线段的比值等于位似比, 从而位似变换可以保持两直线的夹角不变.

定义 1.17 设 φ 为平面 π 上的一个点变换, π 上任意的相异二点 P,Q 在 φ 下的像分别为 P',Q'. 满足

$$\frac{P'Q'}{PQ} = k \quad (0 < k \in \mathbf{R}\text{为常数}) \tag{1.10}$$

则称 φ 为 π 上的一个以 k 为**相似比的相似变换**.

定理 1.11 相似变换是平面 π 上的一个双射, 而且以下结论成立.

(1) π 上的两个相似变换的积是一个相似变换.

(2) π 上的恒同变换是一个相似变换.

(3) π 上的任一个相似变换的逆变换存在, 仍然是一个相似变换.

当一个相似变换恰好使得其对应点的连线都经过平面上的一个定点时, 它就成为一个位似变换, 所以位似变换是相似变换的特例. 当相似比 $k=1$ 时, 相似变换成为正交变换. 因此, 若记 M, S 分别表示平面 π 上全体正交变换与全体相似变换的集合, 则 $M \subset S$.

比较相似变换与正交变换的定义可以看出下述结论成立.

定理 1.12 设在平面 π 上取定了一个笛氏直角坐标系 $O\text{-}e_xe_y$, $k>0$ 为任意取定的实常数. 则 π 上的一个点变换 φ 为相似变换 $\Leftrightarrow \varphi$ 具有表达式

$$\begin{cases} x' = k(a_{11}x + a_{12}y) + a_{13}, \\ y' = k(a_{21}x + a_{22}y) + a_{23} \end{cases}$$

或

$$\begin{pmatrix} x' \\ y' \end{pmatrix} = k \begin{pmatrix} a_{11} & a_{12} \\ a_{21} & a_{22} \end{pmatrix} \begin{pmatrix} x \\ y \end{pmatrix} + \begin{pmatrix} a_{13} \\ a_{23} \end{pmatrix}. \tag{1.11}$$

其中 (x,y) 与 (x',y') 为 π 上任一点 P 及其在 φ 下的像点 P' 在 $O\text{-}e_xe_y$ 下的坐标, 矩阵 $A=\begin{pmatrix} a_{11} & a_{12} \\ a_{21} & a_{22} \end{pmatrix}$ 是一个二阶正交阵, 称为 φ 的矩阵.

但是 (1.11) 中的 a_{13}, a_{23} 已经与 (1.1) 中的不同. 由 (1.11) 又可看出下面的结论成立.

推论 1.3 平面上的任一相似变换是一个位似变换与一个正交变换的积.

类似于正交变换, 当正交阵 A 的行列式等于 1 时, 称为**同向相似变换**, 而当 A 的行列式等于 -1 时, 称为**异向相似变换**.

相似变换一般不能保持平面上两点之间的距离不变, 但是使得每一条线段与它的像线段的长度相差一个比例常数 (相似比), 从而相似变换可以保持平面上任意两条线段的比值不变, 也保持任意两条直线的夹角不变, 把一个平面图形变为与其相似的图形. 相似几何 (抛物几何) 就是研究图形的相似变换不变性的科学.

四、仿射变换

设在平面 π 上取定一点 O 和以 O 为起点的两个线性无关向量 e_x, e_y. 则由此可确定 π 上点的集合到 $\mathbf{R}^2$ 的一个双射, 对于 π 上的任一点 P, 我们有

$$\overrightarrow{OP} = xe_x + ye_y,$$

即 $P \mapsto (x,y) \in \mathbf{R}^2$. 反之, 对于任意的 $(x,y) \in \mathbf{R}^2$, 由上式可以确定 π 上唯一的点 P. 从而, 这是 π 上的一种坐标映射, 我们可以把点 O 和两个线性无关向量一起称为一种坐标系, 于是有下述定义.

定义 1.18 设 O 为平面 π 上取定的一点, e_x, e_y 为以 O 为起点的线性无关向量. 则由此构成 π 上的一个坐标系, 称为**仿射坐标系**, 记作 $O\text{-}e_xe_y$, e_x, e_y 称为**基向量**, 其所在直线分别称为 x 轴和 y 轴, 正方向各与这两个向量相同. π 上的点在此坐标系下取得的坐标称为点的**仿射坐标**, 并称 π 为**仿射平面**.

注意, 这里的基向量 e_x, e_y 与笛氏直角坐标系中不同, 不一定是单位向量, 也不一定正交. 显然, 若 e_x, e_y 为单位正交向量, 则仿射坐标系 $O\text{-}e_xe_y$ 就成为笛氏直角坐标系. 因此, 笛氏直角坐标系是一种特殊的仿射坐标系.

如图 1.4 所示, 设 $O\text{-}e_xe_y$ 为平面 π 上的一个仿射坐标系, P 为 π 上的任意一点, 过 P 分别与 y 轴、x 轴平行的直线分别交两轴于点 P_x, P_y, 向量 e_x, e_y 的端点分别为 E_x, E_y. 则

$$\begin{cases} x = \dfrac{P_xO}{E_xO} = (P_xE_xO), \\ y = \dfrac{P_yO}{E_yO} = (P_yE_yO). \end{cases} \tag{1.12}$$

从现在起, 本节所论及的平面均指仿射平面.

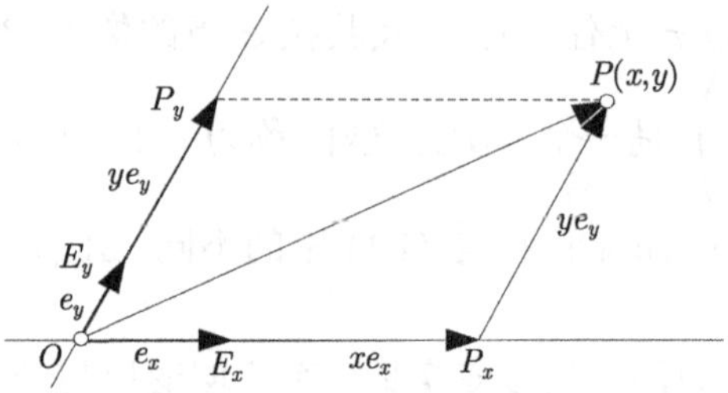

图 1.4

一般教科书经常采用定义 1.18 作为仿射平面的定义, 本教材今后也沿用这个定义. 实际上, 如同将建立了笛氏直角坐标系的初等几何平面作为实欧氏平面一样, 定义 1.18 给出的是实仿射平面的一个模型.

关于仿射平面的一个比较一般的定义叙述如下: 设 V^2 为实数域 $\mathbf{R}$ 上的一个二维线性空间. 点的集合 π 称为一个**实仿射平面**, 如果存在一个 π 到 V^2 的映射, 将任意两点 $A, B \in \pi$ 对应于 V^2 中的一个向量, 从而得到 π 上的一个以 A 为**起点** B 为**终点**的向量 $\overrightarrow{AB}$, 满足下述条件:

(1) 对任意的 $A \in \pi$ 和任意的向量 $a \in V^2$, 总存在一点 $B \in \pi$, 使得 $\overrightarrow{AB} = a$.

(2) 对于任意三点 $A, B, C \in \pi$, 下式成立

$$\overrightarrow{AB} + \overrightarrow{BC} = \overrightarrow{AC}.$$

称 V^2 为与 π **相联系的线性空间**.

在这个定义中, 点是无定义的概念, 而且是任意的. 通过与其相联系的线性空间, 仿射平面上的有序点偶构成向量, 向量的集合满足线性空间中关于向量及数乘向量的运算规则.

对于由定义 1.18 给出的模型, 有一个自然的映射将其与实数域上的二维向量空间相联系. 设在某仿射坐标系下, 平面上的点 A, B 分别有仿射坐标 (x_1, y_1), (x_2, y_2). 则所需的联系映射为

$$\overrightarrow{AB} = (x_2 - x_1, y_2 - y_1).$$

于是, 定义 1.18 给出的模型满足上述一般定义, 因此可以直接取这个模型作为仿射平面而展开研究.

定义 1.19 设 π, π' 为空间中两个相异的平面, φ 为 π 与 π' 之间的一个点对应, 使得对应点之间的连线相互平行. 则称 φ 为 π 到 π' 的一个**透视仿射对应**.

图 1.5 示意了平面 π 与 π' 之间的一个透视仿射对应. 若 l 是与上述对应点连线平行的一条直线, 则 l 不在 π 和 π' 上且与两个平面都不平行. 于是, 透视仿射对应就是以平行于 l 的平行光束将 π 上的点投射到 π' 上, 因此透视仿射对应也称为**平行投影**. 如果 π 与 π' 不平行, 则有一条交线, 交线上的每个点在透视仿射对应下都对应为自身, 因此该交线也对应为自身, 称之为透视仿射对应的轴, 如果 π 与 π' 平行, 则没有轴.

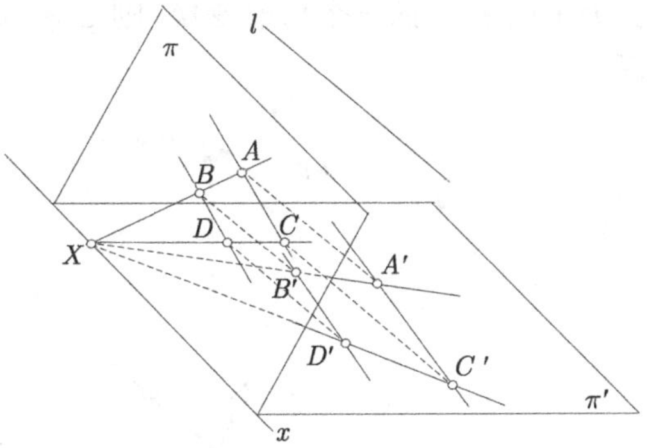

图 1.5

显然, 透视仿射对应为两平面上点集之间的一个双射, 使得共线点变为共线点, 不共线点变为不共线点, 平行的直线变为平行的直线, 相交的直线变为相交的直线. 透视仿射对应可以使得共线三点的简单比等于其对应共线三点的简单比, 进而使得两条平行线段的比值等于其对应两条平行线段的比值. 但是, 距离、角度、任意两条线段的比值在透视仿射对应下都不能保持不变.

定义 1.20 设 $\pi, \pi_1, \pi_2, \cdots, \pi_n$ 为空间中的 $n+1$ 个平面, $\varphi_0 : \pi \to \pi_1$, $\varphi_1 : \pi_1 \to \pi_2$, $\cdots$, $\varphi_n : \pi_n \to \pi$ 均为透视仿射对应. 则称由这 $n+1$ 个透视仿射对应的积所决定的平面 π 上的点变换为 π 上的一个**仿射变换**.

显然, 仿射变换是一个双射, 使得共线点变为共线点, 不共线点变为不共线点, 平行的直线变为平行的直线, 相交的直线变为相交的直线. 而且, 仿射变换保持共线三点的简单比不变, 从而可以保持两条平行线段的比值不变. 但是, 仿射变换显然不能保持通常的两点间的距离不变, 不能保持任意两条线段的比值以及两直线的夹角不变.

今后, 我们将会看到, 仿射变换的特征性质为保持共线三点的简单比以及直线的平行性不变. 因此有下述的等价定义.

定义 1.21 设 φ 为平面 π 上的一个点变换. 若满足下述条件

(1) φ 为一个使共线点变为共线点的双射;

(2) φ 使得共线三点的简单比等于其对应的共线三点的简单比;

(3) φ 使得相互平行的直线变为相互平行的直线,

则称 φ 为 π 上的一个仿射变换.

定理 1.13 对于平面 π, 我们有

(1) π 上两个仿射变换的积还是 π 上的一个仿射变换;

(2) π 上的恒同变换是仿射变换;

(3) π 上任一个仿射变换的逆变换存在, 还是 π 上的一个仿射变换.

定理 1.14 设 φ 为平面 π 上的一个仿射变换, 则 φ 将 π 上的一个仿射坐标系变为一个仿射坐标系.

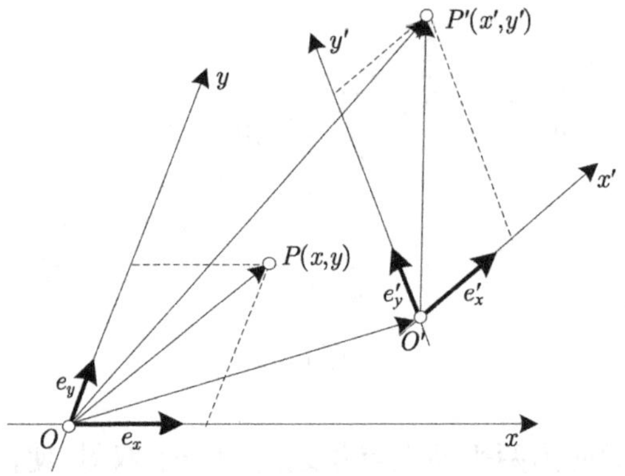

图 1.6

如图 1.6, 平面上的仿射变换 φ 将仿射坐标系 O-e_xe_y 变为另一个仿射坐标系 O'-$e'_xe'_y$, 设 P, P' 是 φ 的任意一对对应点, 在坐标系 O-e_xe_y 下的仿射坐标分别为 (x,y) 和 (x',y'). 又设向量 e'_x, e'_y 以及点 O' 在坐标系 O-e_xe_y 的坐标分别为 (a_{11},a_{21}), (a_{12},a_{22}),(a_{13},a_{23}). 因为仿射变换保持共线三点的单比不变, 所以 P' 在坐标系 O'-$e'_xe'_y$ 下的坐标仍然为 (x,y). 注意到

$$\overrightarrow{OP'} = \overrightarrow{OO'} + \overrightarrow{O'P'},$$

而且向量 e'_x, e'_y 线性无关, 容易得到下述定理成立.

定理 1.15 设在平面 π 上取定了一个仿射坐标系 O-e_xe_y. 则 π 上的一个点变换 φ 为仿射变换 $\Leftrightarrow$ φ 具有表达式

$$\begin{cases} x' = a_{11}x + a_{12}y + a_{13}, \\ y' = a_{21}x + a_{22}y + a_{23} \end{cases}$$

或

$$\begin{pmatrix} x' \\ y' \end{pmatrix} = \begin{pmatrix} a_{11} & a_{12} \\ a_{21} & a_{22} \end{pmatrix} \begin{pmatrix} x \\ y \end{pmatrix} + \begin{pmatrix} a_{13} \\ a_{23} \end{pmatrix}. \tag{1.13}$$

其中 (x,y) 与 (x',y') 为 π 上任一点 P 及其在 φ 下的像点 P' 在 O-e_xe_y 下的坐标, 矩阵 $A = \begin{pmatrix} a_{11} & a_{12} \\ a_{21} & a_{22} \end{pmatrix}$ 是一个二阶非异方阵, 称为 φ 的矩阵.

变换 (1.13) 显然是一个使共线点变为共线点的双射, 我们还必须证明 (1.13) 能够保持共线三点的简单比以及直线的平行性不变, 读者可自行完成.

我们将会看到, 研究图形的仿射不变性的科学称为仿射几何学.

如果一个仿射变换的矩阵能够写成一个非零常数 k 与一个正交矩阵的乘积, 则这个仿射变换就成为相似变换. 于是, 若设 A, S, M 依次表示平面 π 上全体仿射变换, 相似变换, 正交变换的集合, 则有 $M \subset S \subset A$.

习　题　1.1

1. 设 $\mathbf{R}$ 为全体实数的集合. 对于分别由下列法则所定义的关系, 试判别其是否为 $\mathbf{R}$ 到自身的对应? 是否为单射? 是否为满射? 是否为双射?

(1) $x \mapsto x^2$;　　(2) $x \mapsto x^3$;

(3) $x \mapsto 2x+1$;　　(4) $x \mapsto x^2-x$;

(5) $x \mapsto 2^x$;　　(6) $x \mapsto \ln x$;

(7) $x \mapsto \cos x$;　　(8) $x \mapsto \tan x$.

2. 对于正交变换 (1.1) 中的矩阵 A, 证明

$$\begin{cases} a_{11}^2 + a_{21}^2 = 1, \\ a_{12}^2 + a_{22}^2 = 1, \\ a_{11}a_{12} + a_{21}a_{22} = 0. \end{cases}$$

3. 设 φ 为平面上的一个点变换, 其变换式为

$$\begin{cases} x' = 2x + y - 1, \\ y' = x - y + 3. \end{cases}$$

(1) φ 是正交变换吗? 是相似变换吗? 是仿射变换吗?

(2) 求点 $(1,0)$ 和 $(-1,1)$ 在 φ 下的像点坐标.

(3) 直线 $x+y-2=0$ 在 φ 下变成什么图形? 求出像图形的方程.

4. 给定平面上的两个点变换

$$\varphi_1: \begin{cases} x' = 2x + y + 5, \\ y' = 3x - y + 7, \end{cases} \qquad \varphi_2: \begin{cases} x' = 2x - 3y + 4, \\ y' = -x + 2y - 5. \end{cases}$$

试求 $\varphi_1 \circ \varphi_2$ 和 $\varphi_2 \circ \varphi_1$ 的变换式.

5. 已知平面上的一个点变换 φ 的变换式为

$$\begin{cases} x' = \dfrac{4}{5}x - \dfrac{3}{5}y + 1, \\ y' = \dfrac{3}{5}x + \dfrac{4}{5}y - 2. \end{cases}$$

(1) 验证 φ 为一个正交变换.

(2) 求 φ 的不变点坐标.

6. 求证：在正交变换 (1.1) 下，平面上任意两点 $P(x_1,y_1),Q(x_2,y_2)$ 之间的距离等于其像点 $P'(x_1',y_1'),Q'(x_2',y_2')$ 之间的距离.

7. 求证：在相似变换 (1.11) 下，平面上任意两条线段的比值不变.

8. 求证：在仿射变换 (1.13) 下，平面上共线三点的简单比不变.

9. 求证：仿射变换 (1.13) 使得平面上两条平行直线变成两条平行直线.

10. 求证：在仿射变换 (1.13) 下，平面上任意两个三角形的面积之比不变，从而任意两个封闭图形的面积之比不变.

11. 求证：线段的中点是仿射变换不变性.

12. 求证：三角形的中线和三角形的重心是仿射变换不变性.

13. 求证：在仿射变换下，梯形的像仍然为梯形.

§1.2 拓广平面

关于平面上两直线的位置关系，在初等几何中，最熟知的两个概念是“相交”和“平行”．所谓“平行”乃是“不相交”．但是，在实际生活中，我们几乎从来没有真正看到过所谓的平行直线. 比如，在我们的眼中，两条笔直的铁路钢轨看上去好像是在非常远的地方相交. 又如，谁都会认为一张照片与它所反映的实物非常地“像”，但是仔细比较可以看出，实物中所有的平行直线在照片上都表现为有规则地相交. 显然，实物中平行于地面的直线在照片中都相交于“地平线”，而地平线则是假设出来的，这些都与几何学中的中心射影概念相关.

一、中心射影

中心射影又叫做**透视对应**，是射影几何的基本方法. 我们来尝试在通常的初等几何空间中构建中心射影.

1. 直线到直线的中心射影

定义 1.22 设 l,l' 为两条相异的共面直线，O 为平面 π 上不在直线 l,l' 上的一个定点. 则由此确定了直线 l 与 l' 上的点集之间的一个以 O 为**投射中心**的**中心射影**.

若 O 与 l 上一点 P 的连线 OP 与 l' 有交点 P'，则称 P' 为 P 在 l' 上的**中心射影**(如图 1.7)，直线 OP 称为**投射线**. 或者，称点 P' 为点 P 在该中心射影下的像，而称 P 为 P' 的原像. 显然，点 P 也是点 P' 在直线 l 上的像. 即一个中心射影的逆对应也是中心射影.

若 l 与 l' 有交点 X，本书以下将用记号 $X=l\times l'$ 表示直线 l 与 l' 的交点为 X. 显然 X 是中心射影的自对应点，如果 l 与 l' 平行，则没有自对应点. 易见，对于取定的直线 l,l'，中心射影由投射中心确定，不同的投射中心将确定不同的中心射影.

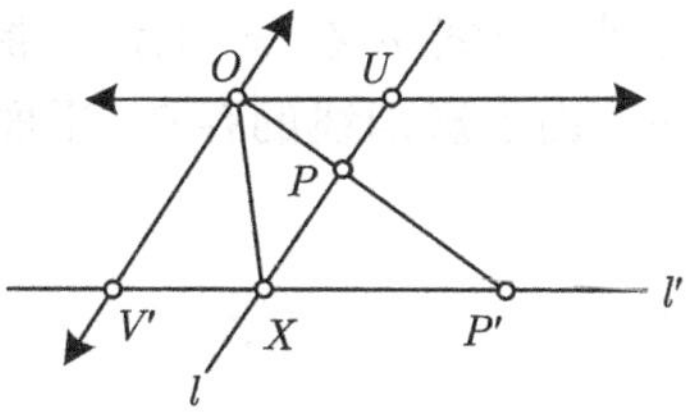

图 1.7

如图 1.7, 当 l 与 l' 不平行时, 在直线 l 上存在一点 U, 使得直线 $OU//l'$, 这样, OU 与 l' 没有交点, 即点 U 在 l' 上没有像, 称 U 为 l 上的**影消点**. 同样, 在 l' 上也存在影消点 V'. 由于影消点的存在, 直线到直线的中心射影不能在一般情形下成为双射.

2. 平面到平面的中心射影

定义 1.23 设 π, π' 为两个相异的平面, O 为不在此二平面上任意取定的一点. 则由此确定了平面 π 与 π' 上的点集之间的一个以 O 为**投射中心** 的**中心射影**.

对于 π 上的一点 P, 若直线 OP 与平面 π' 有交点 P', 则称 P' 为 P 在 π' 上的**中心射影**, 直线 OP 称为**投射线**(如图 1.8). 或者, 称点 P' 为点 P 该中心射影下的像, 而称 P 为 P' 的原像. 同样, 平面到平面的中心射影的逆对应也是一个中心射影.

设平面 π 与平面 π' 有交线 x. 记作 $\pi \times \pi' = x$, 则直线 x 上的任一点 X 都是这个中心射影的自对应点, 进而, 直线 x 为此中心射影下的自对应直线. 若 π 与 π' 平行, 则没有自对应直线. 取定的两平面之间的中心射影也由投射中心 O 确定, 不同的投射中心将确定不同的中心射影.

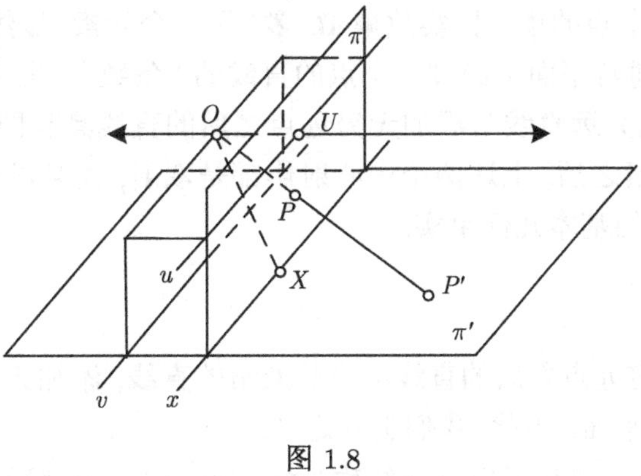

图 1.8

如图 1.8, 当平面 π 与 π' 不平行时, 在平面 π 上存在一条直线 u 与点 O 所确定的平面平行于 π', 从而对于直线 u 上任一点 U, 都有 OU 平行于 π', 于是, U 在此中心射影下没有像, 是影消点, 直线 u 在 π' 上没有像, 称为**影消线**. 同样, 在平面 π' 上也存在一条影消线 v'. 由于影消线的存在, 平面之间的中心射影不能在一般情形下成为双射.

二、无穷远元素

影消点、影消线存在的根本原因是, 在通常的初等几何空间中, 相互平行的直线没有交点. 使得中心射影能够在一般情形下成为双射的一个自然的途径是给平行直线添加交点, 即要对通常的几何空间进行改造, 我们期望的基本约束是不破坏点和直线的相互关系以及下列两个基本的几何事实:

(i) 两相异直线相交, 有且只有一个交点;

(ii) 通过两相异点有而且只有一条直线.

约定 1.1 (1) 在每一条直线上添加唯一一个点, 此点不是该直线上原有的点, 称为**无穷远点或理想点**.

(2) 相互平行的直线上所添加的无穷远点相同, 不平行的直线上添加的无穷远点不同.

(3) 平面上添加的全体无穷远点的集合为一条直线, 称为**无穷远直线或理想直线**.

区别起见, 将平面上原有的点称为**有穷远点**或**通常点**, 仍用大写字母表示. 常用记号 P_∞, Q_∞ 等表示无穷远点. 把平面上原有的直线称为**有穷远直线**或**通常直线**, 仍用小写字母表示. 常用记号 l_∞, m_∞ 等表示无穷远直线.

无穷远点和无穷远直线统称为**无穷远元素或理想元素**.

我们知道, 通常直线上所有点的集合与实数集 $\mathbf{R}$ 有相同的基数 ①, 因此添加无穷远点之后直线上点的集合比实数集 $\mathbf{R}$“多” 了一个元素. 显然, 无穷远直线上的点的“个数”等于通常平面上经过一个点的直线的“条数”, 也比实数集 $\mathbf{R}$“多” 了一个元素. 于是, 无穷远直线与添加无穷远点之后的直线具有同样多的点. 容易看出, 添加无穷远元素之后, 上述两个中心射影都是双射, 而且没有破坏点与直线的相互关系和所期望的基本几何事实.

三、拓广平面

显然, 添加无穷远点之后的直线不再是通常的直线, 添加无穷远直线之后的平面也不再是通常的平面. 为此, 我们引入定义.

定义 1.24 通常点和无穷远点统称为**拓广点**; 添加无穷远点之后的直线和无穷远直线统称为**拓广直线**; 添加无穷远直线之后的平面称为**拓广平面**.

① 由 Hilbert 实数公理系统保证, 见本书 §5.7.

我们仍然按习惯以小写字母 l, m 等来记拓广直线, 以大写字母 P, Q 等来记拓广点, 并记 π 表示拓广平面.

根据定义 1.24, 在拓广直线上, 不应该再区分通常点和无穷远点; 在拓广平面上, 也不应该再区分通常直线和无穷远直线. 但是, 有时我们将根据需要在拓广直线上指定某拓广点为无穷远点; 在拓广平面上指定某拓广直线为无穷远直线, 这实际上是将拓广直线或拓广平面在定义 1.24 的基础上特殊化, 我们将在 §3.1 对这种特殊化给出定义. 如果在拓广直线上任意指定一个点作为无穷远点, 则去掉这个点之后的拓广直线就成了通常直线; 在拓广平面上任意指定一条直线作为无穷远直线, 则去掉这条直线之后的拓广平面就成了通常的平面.

定理 1.16 在拓广平面上,

(1) 两个相异的拓广点确定唯一一条拓广直线 (其连线);

(2) 两条相异的拓广直线确定唯一一个拓广点 (其交点).

证明 (1) 设 P, Q 为拓广平面 π 上的两个相异的拓广点.

若 P, Q 都是通常点, 则 P, Q 唯一确定一条通常直线, 其拓广也是唯一的.

若 P, Q 之一是无穷远点, 不妨设 Q 是无穷远点, 则 Q 在经过点 P 的唯一一条通常直线上, 该直线拓广后即为 P, Q 的连线.

若 P, Q 均为无穷远点, 则据约定 1.1(3), P, Q 唯一确定无穷远直线.

(2) 设 p, q 为拓广平面 π 上的两条相异的拓广直线.

若 p, q 都是通常直线, 则当 p, q 不平行时, 确定唯一交点为通常点; 当 p 平行于 q 时, 据约定 1.1(2), 确定唯一交点为添加在与 p, q 平行的直线组上的无穷远点.

若 p, q 之一是无穷远直线, 不妨设 q 是无穷远直线, 则 p 与 q 的唯一交点是添加在直线 p 上的无穷远点. 证毕.

于是, 在拓广平面上任意两条相异直线总是相交的, 原有的平行与相交之差别被统一为相交. 可以说, 美术家们都是在拓广平面上进行创作的, 所有的照片也都被洗印在拓广平面上.

定理 1.16 说明, 在拓广平面上, 拓广点之间、拓广直线之间有着平等的地位, 而且本定理对于拓广点和拓广直线而言是对称的. 这与通常初等几何平面相比, 发生了质的变化, 暗示着射影几何中的一个重要原理.

四、拓广直线、拓广平面的基本性质

我们来探讨拓广直线、拓广平面的一些基本性质.

1. 拓广直线

拓广直线不仅比通常直线多了一个点, 而且其某些内在性质也将与通常的直线根本地不同.

(1) 拓广直线的封闭性.

图 1.9 示意了通常的圆周与拓广直线上的点集之间的一个双射, 因此可以将通常平面上的圆周取作为一种模型来理解拓广直线的封闭性. 进一步, 如图 1.9, 如果我们将过通常平面上的一个通常点 O' 的每一条直线看作拓广直线上的一个点, 则可以把通常平面上的一个直线束看作一条拓广直线.

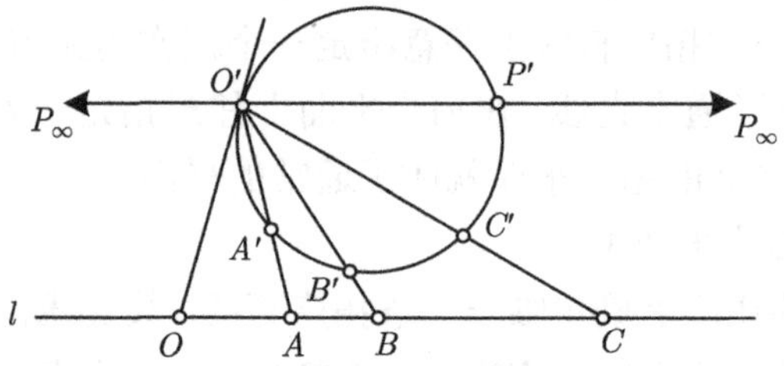

图 1.9

(2) 拓广直线上点偶之间的分离关系.

通常直线上点之间的顺序关系在拓广直线上不再成立. 比如, 通常直线上一点将直线划分为两个不同的部分, 但拓广直线上任一点不能划分直线为两个不同的部分, 所以不能再使用某点 B 在直线上处于点 A 的左边或是右边这样的术语. 又如, 通常直线上相异二点可以区分出一个线段, 这样的事实在拓广直线上不再成立. 由拓广直线的封闭性, 不难想像, 相异两点 A, B 将拓广直线划分成两个不同的部分, 所以我们无法说明某点 C 在直线上处于 A, B 之间或是之外. 换句话说, "介于 $\cdots$ 之间" 一词在拓广直线上不再有用武之地.

为描述拓广直线上点之间的关系, 我们引入 "分离" 和 "不分离" 概念.

设 A, B, C, D 为拓广直线 l 上的相异四点. 则当 C, D 分别处于 l 被 A, B 所划分的不同部分上时, 我们称点偶 C, D **分离**点偶 A, B(如图 1.10); 当 C, D 处于 l 被 A, B 所划分的同一部分上时, 称点偶 C, D **不分离**点偶 A, B(如图 1.11). 显然, 两个点偶之间的分离与不分离关系是相互的.

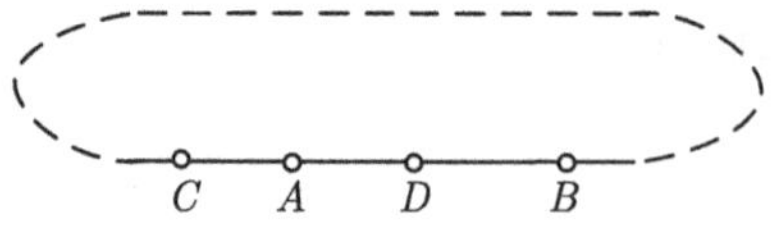

图 1.10

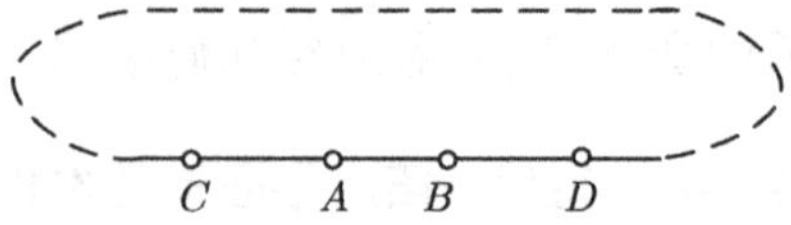

图 1.11

由上述, 初等几何中的线段概念在拓广直线上不再存在, 因此原有的距离概念在拓广直线上也不再存在.

2. 拓广平面

添加了无穷远直线, 拓广平面的某些内在性质将与原有的平面根本地不同.

(1) 拓广平面的封闭性.

在通常平面上, 任一直线划分平面为两个不同的区域 (若对于平面上的两个点, 不可能找到一条连接这二点的连续曲线, 使之与区域的边界不相交, 则说它们处于不同的区域); 在拓广平面上, 任一直线不能划分平面成两个不同的区域. 如图 1.12, 两个拓广点 A, B 看上去是处于拓广直线 l“两边”, 但是根据定理 1.16 和拓广直线的封闭性, 由 A, B 所确定的拓广直线被 A, B 所分的两个部分中, 总有一个部分与 l 不相交, 从而 l 不能成为将拓广平面划分为两个不同区域的边界.

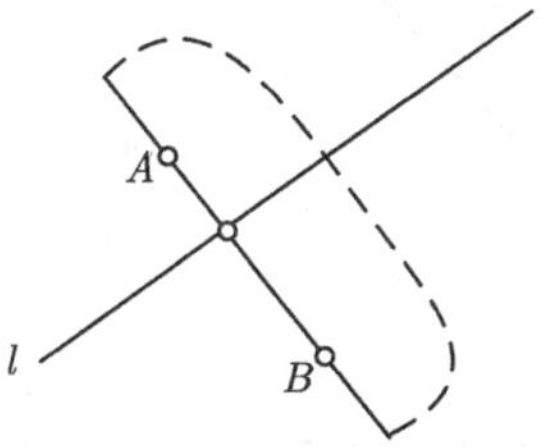

图 1.12

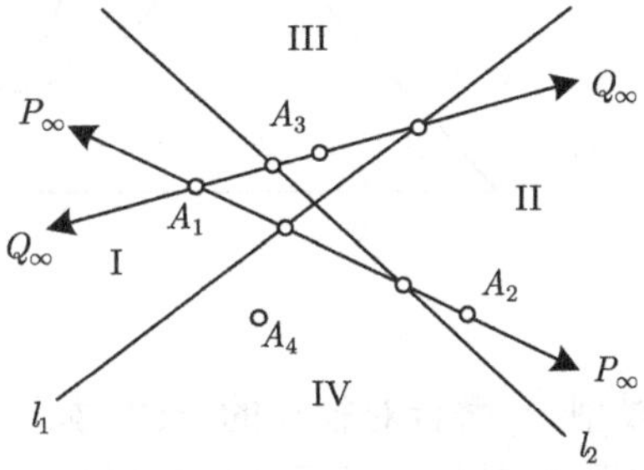

图 1.13

在通常平面上任二相交直线划分平面成四个不同的区域; 在拓广平面上, 任二相交直线划分平面成两个不同的区域. 为体会这一点, 如图 1.13, 直线 l_1, l_2 将通常平面划分为 I, II, III, IV四个部分. 根据定理 1.16 和拓广直线的封闭性不难说明, 对于拓广平面, I 与II; III与IV分别为同一区域. 上述讨论让我们体会到拓广平面是封闭的.

由于上述的原因, 在拓广平面上共点的四条相异直线, 也有“分离”和“不分离”关系. 如图 1.14, 直线偶 c, d 分离直线偶 a, b; 如图 1.15, 直线偶 c, d 不分离直线偶 a, b. 而且, 两个直线偶之间的分离与不分离关系是相互的.

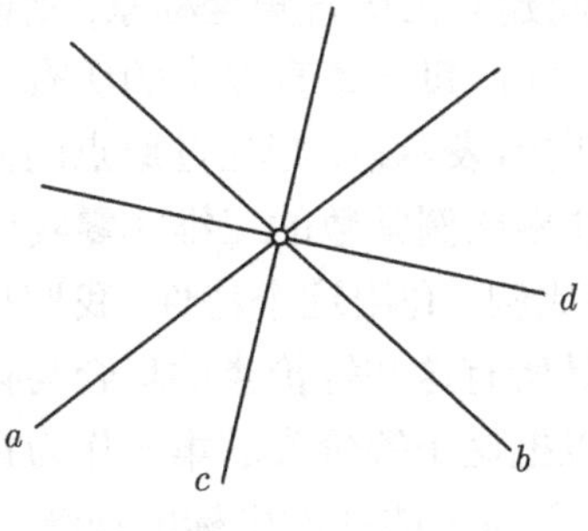

图 1.14

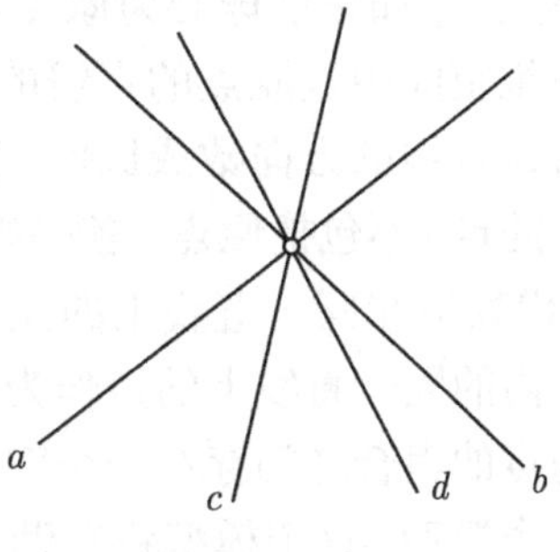

图 1.15

(2) 拓广平面的不可定向性.

我们来构造一些双射, 以建立拓广平面与我们所熟知的几何形或集合之间的对应, 通过比较来进一步理解拓广平面. 我们将这些与拓广平面之间存在着双射的几何形或集合称为拓广平面的模型.

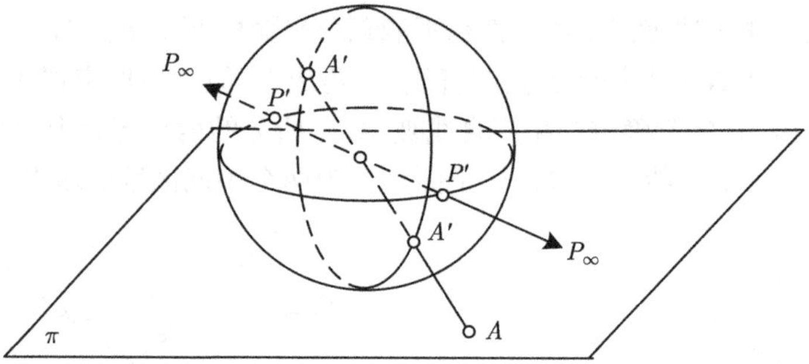

图 1.16

模型一, 叠合对径点的球面. 如图 1.16, 将一个通常的球面放在一张拓广平面 π 上, 使得 “南极” 与平面相切. 以球心 O 为投射中心, 直径为投射线来建立球面上的点与拓广平面上的点之间的对应. 显然球面上一条直径的对径点 (直径的两个端点) 对应于平面上唯一的点, 赤道上的对径点对应着无穷远直线上唯一的点, 球面上的大圆对应为平面上的直线. 这种对应是球面上对径点的集合到拓广平面上点的集合的一个双射. 于是可以把叠合对径点的球面作为模型来理解拓广平面.

模型二, 通常的三维空间中过一个固定点全体直线的集合 (常称为以该点为心的线丛). 由模型一, 可以把球面去掉而仅留下投射线, 即过球心的所有直线的集合. 将每一条投射线作为拓广平面上的一个点, 于是得到线丛中直线的集合与拓广平面上点的集合之间的一个双射, 这是拓广平面的又一个模型, 在这个模型下, 拓广平面上的直线对应着通常空间中过一个固定点 (即线丛的心) 的平面.

模型三, 如果以球心为原点在通常的三维空间建立笛氏直角坐标系, 则模型二就是三维空间中过原点的直线的集合. 去掉原点之后, 每一条直线上的所有点的坐标都与该直线的方向数成比例. 我们利用三维实向量表示点, 则在过原点的同一条直线上的点 (不包括原点) 就是彼此仅相差一个非零比例常数的三维非零实向量的集合, 代表不在同一直线上的点的向量彼此不成比例. 利用这个特性, 我们把不含原点在内的同一直线上的点作为一个等价类, 于是所有这些等价类的集合与拓广平面上的点的集合之间存在一个双射, 从而我们可以把这个等价类的集合作为拓广平面的一个模型. 这个模型将有助于对 §1.3 中拓广平面上的齐次坐标的理解.

模型四, 叠合赤道上对径点的下半球面. 如图 1.17, 由模型一, 将上半球面去掉, 则除赤道上的对径点对应于无穷远直线上的点而外, 下半球面的点与拓广平面除无穷远直线外的点一一对应, 这是拓广平面的又一个模型.

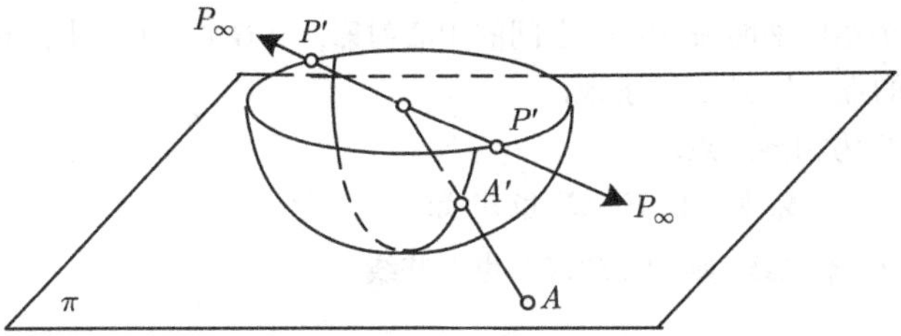

图 1.17

模型五, 叠合周界上对径点的圆盘. 由模型四, 我们把半球面看成由橡皮膜制成, 将之拉伸、压平 (不能撕破), 则变成一个实心的圆盘, 叠合其周界上的对径点, 则得到拓广平面的圆盘模型. 在这个模型中去掉周界圆, 相当于在拓广平面上去掉一条无穷远直线, 就成了通常的平面, 从而一个实心圆盘的内部与通常平面是拓扑等价的.

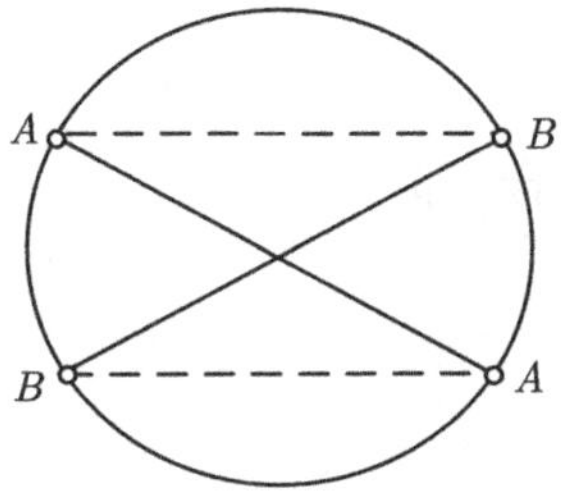

图 1.18

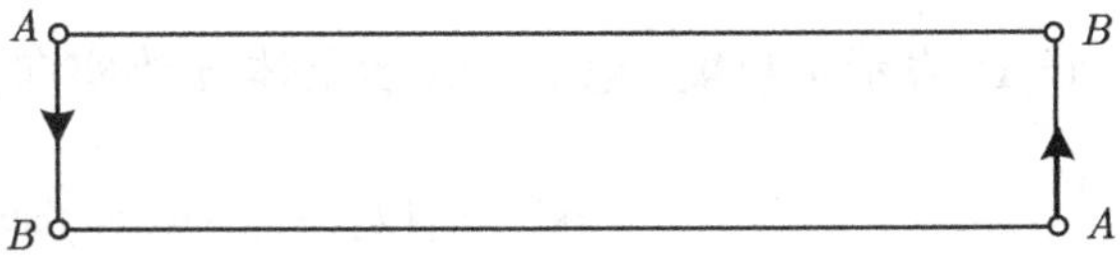

图 1.19

观察图 1.18 的圆盘模型, 其中的 $A, A; B, B$ 分别是对径点, 因此是拓广平面上的同一个点. 将其上 $ABAB$ 的一块沿虚线剪下, 因为它是橡皮膜, 又可以将其拉伸使其变成一个矩形 (如图 1.19), 当我们将两端相同的点粘起来后, 就得到了著名的 Möbius 带, 这是一个不可定向的曲面, 只有一个面. 因为它是拓广平面上的一块, 从而拓广平面也是不可定向的.

习 题 1.2

1. 设 φ 为平面 π 到平面 π' 的中心射影, 直线 f 为平面 π 上的影消线. π 上两直线 p, q 与 f 共点于 V, p, q 在 π' 上的像分别为 p', q'. 求证: $p' /\!/ q'$.

2. 构造一个中心射影, 将平面 π 上取定的一个任意四边形投射为平面 π' 上的一个平行四边形.

3. 设 φ 为平面 π 到平面 π' 的一个中心射影, 直线 f 为 π 上的影消线, P, Q 为直线 f 上

的两个定点, R 为平面 π 内不在 f 上的任一通常点. 求证: $\angle PRQ$ 在 π' 上的像为定值.

4. 如果将平面 π 上的一条定直线 p 以 O 为投射中心投射到平面 π' 上得直线 p'. 求证: 当 O 变动时, 直线 p' 经过一个定点.

5. 设 φ 是两个拓广平面 π 和 π' 之间的中心射影, A,B,C 为 π 上的相异三点, 在 φ 下的像依次为 π' 上的点 A',B',C'. 求证:

(1) A',B',C' 为相异三点;

(2) 若 A,B,C 共线, 则 A',B',C' 也共线;

(3) 若 A,B,C 不共线, 则 A',B',C' 也不共线.

§1.3 拓广平面上的齐次坐标

显然, 由于理想元素的引入, 原有平面上的笛氏直角坐标系、仿射坐标系所确定的坐标映射不再是双射, 因为它不能刻画拓广直线与拓广平面上的无穷远元素. 为此, 本节引入一种全新的坐标 —— 齐次坐标. 我们从笛氏直角坐标出发, 引入能够刻画拓广平面上所有点的齐次坐标, 而对于通常点, 齐次坐标与笛氏直角坐标又不发生矛盾.

一、n维实向量类

设 $\mathbf{R}$ 表示实数集. 记 $\mathbf{R}^n$ 表示全体 n 维实向量的集合, 即

$$\mathbf{R}^n=\{(x_1,x_2,\cdots,x_n)|x_i\in\mathbf{R}\},$$

并记 $0\in\mathbf{R}^n$ 为 n 维零向量.

在 $\mathbf{R}^n\setminus\{0\}$ 中的向量之间建立一种关系 $\sim$: 设 $x,y\in\mathbf{R}^n\setminus\{0\}$. 则 x 与 y 之间具有关系 $\sim$ 当且仅当存在 $\rho\in\mathbf{R}(\rho\neq 0)$ 使得 $x=\rho y$.

容易看出 $\sim$ 为 $\mathbf{R}^n\setminus\{0\}$ 上的一个等价关系, 从而可将 $\mathbf{R}^n\setminus\{0\}$ 中的元素划分为等价类. 记 RP^{n-1} 表示这些等价类的集合, 则

$$RP^{n-1}=(\mathbf{R}^n\setminus\{0\})/\sim \quad (n\geqslant 2).$$

于是 RP^{n-1} 是全体 n 维非零实向量类的集合. 在这个集合中, 每个元素都是一类 n 维非零实向量, 属于同一个类的向量在关系 $\sim$ 下等价, 即相互之间仅相差一个非零比例常数. 为方便计, 我们常取向量类中的任一个向量来记这个类. 比如, $x\in RP^{n-1}$ 既表示 RP^{n-1} 中的一个类即 $\mathbf{R}^n$ 中所有与 $x=(x_1,x_2,\cdots,x_n)$ 成比例的非零实向量, 也表示该类的一个代表元即一个特定的 n 维非零实向量 x. 我们对将 x 写成行向量和列向量不作区分, 视应用场合需要, 可以将一个向量写为行向量, 也可以写为列向量.

$\mathbf{R}^n$ 中的向量习惯上都用圆括号表示, 比如, 将向量 x 记作 $x=(x_1,x_2,\cdots,x_n)$. 如果我们将其中所有向量都改为方括号表示, 比如向量 $u=[u_1,u_2,\cdots,u_n]$, 所有这些 n 维实向量的集合当然还是 $\mathbf{R}^n$. 我们将这样表示的 n 维非零实向量类记作

$$(RP^{n-1})^*=(\mathbf{R}^n\setminus\{0\})/\sim\quad(n\geqslant 2),$$

这里 $\mathbf{R}^n$ 中的向量都以方括号记. 尽管从代数上说, RP^{n-1} 与 $(RP^{n-1})^*$ 实际上是完全相同的集合, 都是 n 维非零实向量类的集合, 但是, 在我们即将构造的坐标映射下, 它们将作为不同的坐标映射的目标集合而被赋以不同的几何意义.

对实向量类实施的计算, 一般是对所涉及的向量类取代表元进行. 而向量的运算则需要用到零向量. 因此, 我们在 RP^{n-1} 与 $(RP^{n-1})^*$ 之外补充定义一个特殊的向量类, 称为**零类**, 这个类只含 n 维零向量, 根据不同的场合, 用圆括号或方括号来记零向量.

二、齐次点坐标

1. 一维齐次点坐标 (拓广直线上点的齐次坐标)

定义 1.25 对于拓广直线上的通常点 P, 若其笛氏坐标为 x, 则定义满足 $x_1/x_2=x(x_2\neq 0)$ 的有序实数偶 (x_1,x_2) 为点 P 的**齐次坐标**; 对于无穷远点 P_∞, 定义 $(x_1,0)(x_1\neq 0)$ 为其齐次坐标.

我们将原有直线上的点的笛氏坐标称为**非齐次坐标**.

容易看出, 定义 1.25 确定了由通常直线添加无穷远点之后所得拓广直线上的点的集合与 RP^1 之间的一个双射 φ, 称为**拓广直线上的齐次点坐标映射**.

由定义 1.25, 拓广直线上的任一点都有无穷多个齐次坐标, 因为这个坐标映射以 RP^1 作为其坐标空间. 即若 (x_1,x_2) 是点 P 的齐次坐标, 则对任意的 $0\neq\rho\in\mathbf{R}$, $(\rho x_1,\rho x_2)$ 也是点 P 的齐次坐标. 于是, 原点有一个齐次坐标为 $(0,1)$, 无穷远点有一个齐次坐标为 $(1,0)$. 定义 1.25 也刻画了通常点的齐次与非齐次坐标之间的关系.

定义 1.25 并不适用于无穷远直线. 稍后, 我们将给出能够适用于任何拓广直线的齐次坐标映射.

2. 二维齐次点坐标 (拓广平面上点的齐次坐标)

容易看出, 拓广平面上任一点 P 都可视为两条直线 l_1,l_2 的交点 (这里, l_1,l_2 均为有穷远直线), 若 $l_1\nparallel l_2$, 则交点 P 为有穷远点; 若 $l_1/\!/l_2$, 则交点为无穷远点 P_∞. 我们以此来引入二维齐次点坐标. 设在原有的平面上取定的某笛氏直角坐标系 O-e_xe_y 下, l_i 的方程为

$$A_ix+B_iy+C_i=0,\qquad i=1,2.$$

情形 1. $l_1 \nparallel l_2$, 交点 P 为有穷远点. 设 P 的笛氏直角坐标为 $P(x,y)$. 则

$$x=\frac{\begin{vmatrix} B_1 & C_1 \\ B_2 & C_2 \end{vmatrix}}{\begin{vmatrix} A_1 & B_1 \\ A_2 & B_2 \end{vmatrix}},\quad y=\frac{\begin{vmatrix} C_1 & A_1 \\ C_2 & A_2 \end{vmatrix}}{\begin{vmatrix} A_1 & B_1 \\ A_2 & B_2 \end{vmatrix}},\qquad 其中 \begin{vmatrix} A_1 & B_1 \\ A_2 & B_2 \end{vmatrix}\neq 0.$$

令

$$x_1=\begin{vmatrix} B_1 & C_1 \\ B_2 & C_2 \end{vmatrix},\qquad x_2=\begin{vmatrix} C_1 & A_1 \\ C_2 & A_2 \end{vmatrix},\qquad x_3=\begin{vmatrix} A_1 & B_1 \\ A_2 & B_2 \end{vmatrix},$$

则有 $x=x_1/x_3, y=x_2/x_3$, 即 $x:y:1=x_1:x_2:x_3$. 从而, 我们可以把任何与 $(x,y,1)$ 成比例的三元有序实数组 (x_1,x_2,x_3) 定义为点 P 的齐次坐标.

情形 2. $l_1 // l_2$, 其交点为无穷远点 P_∞. 此时 P_∞ 为 l_1,l_2 方向上的无穷远点. 显然 $x_3=\begin{vmatrix} A_1 & B_1 \\ A_2 & B_2 \end{vmatrix}=0$. 故可考虑用与 $(x_1,x_2,0)$ 成比例的三元有序实数组来定义此 P_∞ 的齐次坐标. 由 $l_1\neq l_2$ 可知 x_1,x_2 不全为零. 为说明此定义的合理性, 假定 $x_1\neq 0$, 我们来考察 x_2/x_1 的几何意义. 因为

$$\frac{A_1}{B_1}=\frac{A_2}{B_2}=常数,\qquad \frac{A_1}{A_2}=\frac{B_1}{B_2}=常数.$$

又 $A_1A_2\neq 0(l_i \nparallel x$ 轴) 或 $B_1B_2\neq 0(l_i \nparallel y$ 轴), 不妨假设 $B_1B_2\neq 0$, 则

$$\frac{x_2}{x_1}=\frac{A_2C_1-A_1C_2}{B_1C_2-B_2C_1}=\frac{\dfrac{A_2C_1}{B_1B_2}-\dfrac{A_1C_2}{B_1B_2}}{\dfrac{B_1C_2}{B_1B_2}-\dfrac{B_2C_1}{B_1B_2}}=-\frac{\dfrac{A_2}{B_2}\left(\dfrac{C_1}{B_1}-\dfrac{C_2}{B_2}\right)}{\dfrac{C_1}{B_1}-\dfrac{C_2}{B_2}}=-\frac{A_2}{B_2}=-\frac{A_1}{B_1}.$$

于是, x_2/x_1 为 l_i 的斜率. 从而, $(x_1,x_2,0)$ 表示方向为 $k=x_2/x_1$ 上的无穷远点. $(x_1,x_2,0)$ 亦可表为 $(1,k,0)$. 显然, 当 $k=0$(即 $x_2=0$) 时, 表示 x 轴上的无穷远点. 而对于 y 轴上的无穷远点, 可合理地定义其齐次坐标为 $(0,x_2,0)$, $(x_2\neq 0)$.

从上述讨论我们可以自然地引入二维齐次点坐标的定义.

定义 1.26 对于拓广平面上的通常点 P, 若其笛氏直角坐标为 (x,y), 则定义三元有序实数组 (x_1,x_2,x_3) 为其**齐次坐标**, 其中 $x_3\neq 0$ 且 $x_1/x_3=x, x_2/x_3=y$. 对于不在 y 轴上的无穷远点, 定义其齐次坐标为 $(x_1,x_2,0)$, 其中 $x_1\neq 0$ 且 $k=x_2/x_1$ 为该点所在通常直线的斜率. 定义 y 轴上的无穷远点的齐次坐标为 $(0,x_2,0)$, 其中 $x_2\neq 0$.

我们将平面上的通常点的原有笛氏直角坐标称为**非齐次坐标**.

由定义 1.26, 拓广平面上任一点都有无穷多个齐次坐标, 这无穷多个齐次坐标之间相互成比例, 即若 (x_1, x_2, x_3) 是点 P 的一个齐次坐标, 则对任意的 $0 \neq \rho \in \mathbf{R}$, $(\rho x_1, \rho x_2, \rho x_3)$ 也是点 P 的齐次坐标, 因此在书写点 P 的齐次坐标时, 可以写 $P(\rho x_1, \rho x_2, \rho x_3)(\rho \neq 0)$, 也可以直接写 $P(x_1, x_2, x_3)$. 由定义 1.26 又知, 零类的代表元 $(0,0,0)$ 不是任何拓广点的齐次坐标.

于是, 定义 1.26 确定了拓广平面上点的集合与 RP^2 之间的一个双射 φ, 称为**拓广平面上的齐次点坐标映射**.

为方便计, 常以一个点的齐次坐标来表示这个点. 比如当我们说点 $x, y, a, b, \cdots$ 时, 分别是指坐标为 (x_1, x_2, x_3), (y_1, y_2, y_3), (a_1, a_2, a_3), $(b_1, b_2, b_3), \cdots$ 的点.

基于上述理解, 原点有一个齐次坐标为 $(0,0,1)$, x 轴上的无穷远点和 y 轴上的无穷远点则分别有一个齐次坐标为 $(1,0,0)$ 和 $(0,1,0)$.

对于通常点, 定义 1.26 也刻画了其齐次与非齐次坐标之间的关系; 对于不在 y 轴上的无穷远点, 定义 1.26 还刻画了其前两个坐标分量与其所在通常直线的斜率之间的关系.

例 1.1 (1) 已知下列各点的非齐次坐标, 试求其齐次坐标 (先求出一般形式, 再任意求出一个代表).

$$P_1(0,0), \quad P_2(1,0), \quad P_3(0,1), \quad P_4\left(2, \frac{5}{3}\right).$$

(2) 求直线 $3x - 4y + 1 = 0$ 上的无穷远点的齐次坐标.

解 (1) 根据定义 1.26, 易求出:

$P_1(0,0,x_3)$, 其中 $x_3 \neq 0$, 特别地, $P_1(0,0,1)$.

$P_2(\rho,0,\rho)$, 其中 $\rho \neq 0$, 特别地, $P_2(1,0,1)$.

$P_3(0,\rho,\rho)$, 其中 $\rho \neq 0$, 特别地, $P_3(0,1,1)$.

$P_4\left(2\rho, \frac{5}{3}\rho, \rho\right)$, 其中 $\rho \neq 0$, 特别地, $P_4\left(2, \frac{5}{3}, 1\right)$ 或 $P_4(6,5,3)$.

(2) 因为已知直线的方向 (斜率) 为 $k = 3/4$, 所以所求直线 上的无穷远点的齐次坐标为 $\left(1, \frac{3}{4}, 0\right)$ 或 $(4,3,0)$.

由例 1.1(2) 不难看出, 一般地, 通常直线 $Ax + By + C = 0$ 上的无穷远点有一个齐次坐标为 $(B, -A, 0)$.

三、直线的齐次坐标方程

我们讨论在点的齐次坐标下直线的方程.

定理 1.17 在齐次点坐标下, 直线的方程为

$$\sum_{i=1}^{3} u_i x_i = 0 \qquad (u_1^2 + u_2^2 + u_3^2 \neq 0). \tag{1.14}$$

反之, (1.14) 式表示直线. 称 (1.14) 为直线的**齐次方程**.

证明 对于通常直线 l, 设其在笛氏直角坐标系下的非齐次方程为

$$l:\ Ax + By + C = 0 \quad (A^2 + B^2 \neq 0). \tag{1}$$

将 $x = x_1/x_3, y = x_2/x_3$ 代入, 得

$$A\frac{x_1}{x_3} + B\frac{x_2}{x_3} + C = 0, \tag{2}$$

即

$$Ax_1 + Bx_2 + Cx_3 = 0. \tag{3}$$

由 (2) 到 (3), 已经在直线 l 上添加了无穷远点 $(B, -A, 0)$ 成为拓广直线, (3) 的形式即为 (1.14).

对于无穷远直线 l_∞, 其上点的特征为 $x_3 = 0$, 即为 (1.14) 中 $u_1 = u_2 = 0$, 而 $u_3 \neq 0$ 的情况.

反之, 设 (1.14) 为任一齐次方程, 若 $u_1^2 + u_2^2 \neq 0$, 则它表示由通常直线 $u_1 x + u_2 y + u_3 = 0$ 添加无穷远点 $(u_2, -u_1, 0)$ 而得的拓广直线. 若 $u_1 = u_2 = 0$, 则必有 $u_3 \neq 0$, 即 $x_3 = 0$, 这表示无穷远直线. 证毕.

推论 1.4 过原点的直线有齐次方程

$$u_1 x_1 + u_2 x_2 = 0 \qquad (u_1^2 + u_2^2 \neq 0).$$

四、齐次线坐标

到目前为止, 我们所研究的几何学, 都是以点为基本元素, 而把图形视为点的集合 (点的轨迹), 我们一般称为**点几何学**观点. 如果把直线看作基本的几何元素, 把几何图形视为直线的集合 (直线族的包络), 这就可以得到一种新的几何学观点, 即**线几何学**观点. 于是, 对于一个图形, 既可以用点几何的观点将其视为点的集合, 也可以用线几何的观点将其视为直线的集合. 为此, 我们需要引入线坐标概念.

我们已经证明, 在齐次点坐标下, 直线的方程为 (1.14). 显然, 对于任意的 $\rho \neq 0$, 方程

$$\rho u_1 x_1 + \rho u_2 x_2 + \rho u_3 x_3 = 0$$

与 (1.14) 表示同一条直线. 因此, 直线被它的方程中的系数组完全确定. 而且, 作为直线方程中的系数组, 有这样的两个特征, 第一, 相差一个非零比例常数的两个系

数组表示同一直线; 第二, 任一系数组都是一个不全为零的三元有序实数组. 由此可以引出齐次线坐标概念.

1. 直线的齐次坐标

定义 1.27 设在拓广平面上给定了齐次点坐标映射, 直线 l 的齐次方程为 $u_1x_1 + u_2x_2 + u_3x_3 = 0$. 称方程中的系数构成的三元有序实数组为直线 l 的**齐次线坐标**, 记作 $[u_1, u_2, u_3]$.

定义 1.27 确定了拓广平面上所有直线的集合到 $(RP^2)^*$ 上的一个双射 ψ, 称 ψ 为**拓广平面上的齐次线坐标映射**.

由定义 1.27 可以得到下述事实:

(1) 任一直线均有齐次坐标为不全为零的三元有序实数组 $[u_1, u_2, u_3]$; 反之, 任意给定不全为零的一个三元有序实数组 $[u_1, u_2, u_3]$, 在拓广平面上确定唯一直线 $\sum_{i=1}^{3} u_ix_i = 0$. 对任意的 $\rho \neq 0$, $[\rho u_1, \rho u_2, \rho u_3]$与$[u_1, u_2, u_3]$ 是同一直线的齐次坐标, 且零类的代表元 $[0, 0, 0]$ 不是任何直线的齐次坐标.

(2) 无穷远直线的方程为 $u_3x_3 = 0(u_3 \neq 0)$ 或 $x_3 = 0$, 其齐次坐标为 $[0, 0, u_3]$ 或 $[0, 0, 1]$;

过原点的直线方程为 $u_1x_1 + u_2x_2 = 0$, 齐次坐标为 $[u_1, u_2, 0](u_1, u_2$ 不全为零);

y 轴的方程: $x_1 = 0$, 坐标: $[1, 0, 0]$;

x 轴的方程: $x_2 = 0$, 坐标: $[0, 1, 0]$.

从上可见, 齐次线坐标与齐次点坐标在代数上是完全相同的对象, 为了区别其几何意义, 我们分别采用方括号和圆括号来表示. 为叙述方便, 常记 $u, v, \cdots$ 依次表示直线 $[u_1, u_2, u_3], [v_1, v_2, v_3], \cdots$.

综上所述, 从通常平面上的笛氏直角坐标出发, 我们导出了拓广平面上的点与直线的一种齐次坐标, 称为**齐次笛氏坐标**. 由齐次线坐标的定义可以看出, 线坐标映射 ψ 可以由点坐标映射 φ 完全确定, 或者说线坐标映射是由点坐标映射所诱导.

2. 点的齐次方程

由定理 1.17, 容易看出下面的定理成立.

定理 1.18 设在拓广平面上给定了齐次点、线坐标映射. 则直线 u 经过点 $x \Leftrightarrow$

$$\sum_{i=1}^{3} x_iu_i = 0. \tag{1.15}$$

证明 直线 $u[u_1, u_2, u_3]$ 经过点 $x(x_1, x_2, x_3) \Leftrightarrow$ 点 x 在直线 u 上 $\Leftrightarrow$ 点 x 的坐标满足直线 u 的方程 (1.14) $\Leftrightarrow$(1.15) 成立. 证毕.

在 (1.15) 中 x 是固定的点, x_i 是常数, 而 u_i 是流动变量, 即动直线 u 描述了定点 x, 于是我们给出定义.

定义 1.28　在齐次线坐标下，称一次齐次方程 (1.15) 为具有齐次点坐标 $x(x_1, x_2, x_3)$ 的**点的齐次方程**.

从代数上看，点与直线的齐次方程都是一个一次齐次式. 这个齐次式表示点还是直线取决于我们将其中的 u_i 还是 x_i 看作流动坐标. 于是，一般写出的 (1.14) 式表示"点 x 在直线 u 上"与"直线 u 经过点 x"这两个基本的几何事实之一.

例 1.2　求下列各点的齐次方程：

(1)　点 $(3,1,5)$;　　(2)　原点;

(3)　x 轴上的无穷远点;　　(4)　直线 $x_1+2x_2+x_3=0$ 上的无穷远点.

解　(1)　$3u_1+u_2+5u_3=0$;

(2)　因为原点的齐次坐标为 $(0,0,1)$，所以，原点的齐次方程为 $u_3=0$;

(3)　因为 x 轴上的无穷远点的齐次坐标为 $(1,0,0)$，故齐次方程为 $u_1=0$;

(4)　方法一. 因为所给直线的方向 (斜率) 为 $k=-\dfrac{1}{2}$，所以，这直线上的无穷远点的齐次坐标为 $(1,k,0)$，即 $(2,-1,0)$，从而其齐次方程为 $2u_1-u_2=0$.

方法二. 在原方程中令 $x_3=0$，求出 $x_1:x_2$，即得直线 $x_1+2x_2+x_3=0$ 上的无穷远点的齐次坐标为 $(2,-1,0)$，亦可得齐次方程如上.

在点坐标下，曲线被看作是点的轨迹，称为点态曲线，利用"描点作图"的方法可以画出这一曲线的草图. 而在线坐标下，曲线是以直线族的包络形式出现的，称为线态曲线. 在线坐标下，按某种条件求出的曲线方程，实际上是满足该条件的直线族 (即包络) 的方程. 要画这曲线的草图，可以作出该直线族中的若干条直线，然后描出其包络 (即与族中每一直线都相切的曲线).

五、关于齐次坐标的基本结论

利用齐次坐标可以得到关于拓广平面上点和直线性质的简洁、漂亮、对称的表达，我们列出今后常用的一些基本结论.

定理 1.19　两点 a,b 重合 $\Leftrightarrow$

$$\text{秩}\begin{pmatrix} a_1 & a_2 & a_3 \\ b_1 & b_2 & b_3 \end{pmatrix}=1.$$

定理 1.19′　两直线 a,b 重合 $\Leftrightarrow$

$$\text{秩}\begin{pmatrix} a_1 & a_2 & a_3 \\ b_1 & b_2 & b_3 \end{pmatrix}=1.$$

证明　我们证定理 1.19，定理 1.19′ 可以类似得到. 显然，两点 a,b 重合 $\Leftrightarrow a,b$ 代表 RP^2 中同一个元素 $\Leftrightarrow$ 上述矩阵的秩小于 2，又 $a,b\in(\mathbf{R}^3\setminus\{0\})$，所以上述矩阵的秩不小于 1，从而秩为 1. 证毕.

定理 1.20　相异两点 a,b 的连线方程为

定理 1.20′　相异两直线 a,b 的交点方程为

$$\begin{vmatrix} x_1 & x_2 & x_3 \\ a_1 & a_2 & a_3 \\ b_1 & b_2 & b_3 \end{vmatrix} = 0.$$

坐标为

$$\left[\begin{vmatrix} a_2 & a_3 \\ b_2 & b_3 \end{vmatrix}, \begin{vmatrix} a_3 & a_1 \\ b_3 & b_1 \end{vmatrix}, \begin{vmatrix} a_1 & a_2 \\ b_1 & b_2 \end{vmatrix}\right].$$

$$\begin{vmatrix} u_1 & u_2 & u_3 \\ a_1 & a_2 & a_3 \\ b_1 & b_2 & b_3 \end{vmatrix} = 0.$$

坐标为

$$\left(\begin{vmatrix} a_2 & a_3 \\ b_2 & b_3 \end{vmatrix}, \begin{vmatrix} a_3 & a_1 \\ b_3 & b_1 \end{vmatrix}, \begin{vmatrix} a_1 & a_2 \\ b_1 & b_2 \end{vmatrix}\right).$$

证明 我们来证定理 1.20. a, b 连线方程为 $u_1x_1 + u_2x_2 + u_3x_3 = 0 \Leftrightarrow$

$$\begin{cases} u_1x_1 + u_2x_2 + u_3x_3 = 0, \\ u_1a_1 + u_2a_2 + u_3a_3 = 0, \\ u_1b_1 + u_2b_2 + u_3b_3 = 0, \end{cases} \text{对 } u_1, u_2, u_3 \text{ 有非零解} \Leftrightarrow \begin{vmatrix} x_1 & x_2 & x_3 \\ a_1 & a_2 & a_3 \\ b_1 & b_2 & b_3 \end{vmatrix} = 0.$$

于是, a, b 连线的坐标分量 u_1, u_2, u_3 依次为上述方程左边的行列式中 x_1, x_2, x_3 的代数余子式, 结论成立. 证毕.

定理 1.21 相异三个点 a, b, c 共线 $\Leftrightarrow$

$$\text{秩}\begin{pmatrix} a_1 & a_2 & a_3 \\ b_1 & b_2 & b_3 \\ c_1 & c_2 & c_3 \end{pmatrix} = 2.$$

定理 1.21′ 相异三条直线 a, b, c 共点 $\Leftrightarrow$

$$\text{秩}\begin{pmatrix} a_1 & a_2 & a_3 \\ b_1 & b_2 & b_3 \\ c_1 & c_2 & c_3 \end{pmatrix} = 2.$$

证明 据定理 1.20, 秩小于 3 为显然. 又因为此三点相异, 故必有秩等于 2. 证毕.

定理 1.22 点 c 在相异二点 a, b 连线上 $\Leftrightarrow c$ 的齐次坐标可表示为 $la + mb(l^2 + m^2 \neq 0)$.

定理 1.22′ 直线 c 经过相异二直线 a, b 的交点 $\Leftrightarrow c$ 的齐次坐标可表示为 $la + mb(l^2 + m^2 \neq 0)$.

证明 我们证定理 1.22. 显然, 坐标为 $c = la + mb$ 的点满足

$$\begin{vmatrix} a_1 & a_2 & a_3 \\ b_1 & b_2 & b_3 \\ c_1 & c_2 & c_3 \end{vmatrix} = 0.$$

由定理 1.20, 点 c 在 a, b 两点连线上.

反之, 设 c 是 a,b 连线上的任意一点. 则

$$\begin{vmatrix} a_1 & a_2 & a_3 \\ b_1 & b_2 & b_3 \\ c_1 & c_2 & c_3 \end{vmatrix} = 0.$$

即上述三个行向量线性相关, 而 a,b 相异, 故向量 a,b 线性无关, 必有 $c = la + mb$, 且 $l^2 + m^2 \neq 0$. 证毕.

在定理 1.22 的证明中, 若 c 在 a,b 连线上且异于 a,b, 即 a,b,c 为相异的共线三点, 则表达式中的 l,m 均不为零, 于是得到下述定理.

定理 1.23 相异三点 a,b,c 共线 $\Leftrightarrow$ 存在数 $p,q,r(pqr \neq 0)$, 使得

$$pa + qb + rc = 0.$$

定理 1.23′ 相异三直线 a,b,c 共点 $\Leftrightarrow$ 存在数 $p,q,r(pqr \neq 0)$, 使得

$$pa + qb + rc = 0.$$

在定理 1.23(或 1.23′) 中, 因为 $(pqr \neq 0)$, 所以 pa, qb, rc 分别与 a,b,c 属于同一个向量类, 于是立刻得到下述推论.

推论 1.5 设 a,b,c 为平面上相异的共线三点. 则可适当选取这三点的齐次坐标, 使得

$$a + b + c = 0 \quad \text{或} \quad c = a + b.$$

推论 1.5′ 设 a,b,c 为平面上相异的共点三直线. 则可适当选取这三直线的齐次坐标, 使得

$$a + b + c = 0 \quad \text{或} \quad c = a + b.$$

定理 1.24 设 a,b,c 为平面上不共线三点. 则平面上任一点的齐次坐标可以表示为

$$la + mb + nc$$

其中 $l,m,n \in \mathbf{R}$, 且 $l^2 + m^2 + n^2 \neq 0$.

定理 1.24′ 设 a,b,c 为平面上不共点的三直线. 则平面上任一直线的齐次坐标可以表示为

$$la + mb + nc$$

其中 $l,m,n \in \mathbf{R}$, 且 $l^2 + m^2 + n^2 \neq 0$.

证明 我们证明定理 1.24. 设 d 为平面上任一点. 则依 d 与点 a,b,c 的关系, 可有如下三种情形.

情形 1. d 为 a,b,c 三者之一. 结论显然成立, 而且 l,m,n 中将有两个为零.

情形 2. d 位于 a,b,c 三点中某两点的连线上. 则 d 是此二点连线上的点, 据定理 1.22, 结论成立, 且 l,m,n 中将有一个为零.

情形 3. d 不属于上述情形之一, 即 a,b,c,d 四点中任何三点不共线. 设 t 为 a,d 连线与 b,c 连线的交点. 据定理 1.22, 存在数 l,f, 使得

$$d = la + ft.$$

因为 $d \neq a, t$, 所以 $lf \neq 0$. 同理, 存在数 g, h, 使得

$$t = gb + hc.$$

且 $gh \neq 0$. 将 t 代入前式即得 d 可以表示为

$$d = la + mb + nc \quad (lmn \neq 0).$$

证毕.

作为上述定理的直接推论, 我们有下述的结论.

推论 1.6 设 a, b, c 为平面上不共线三点, 则平面上四点 a, b, c, d 无三点共线 $\Leftrightarrow$ 可适当选取这四点的齐次坐标, 使得

$$a+b+c+d=0 \quad 或 \quad d=a+b+c.$$

推论 1.6′ 设 a, b, c 为平面上不共点三直线, 则平面上四直线 a, b, c, d 无三线共点 $\Leftrightarrow$ 可适当选取这四直线的齐次坐标, 使得

$$a+b+c+d=0 \quad 或 \quad d=a+b+c.$$

我们看到, 由于齐次坐标的特性, 上述关于点和关于直线的每一对结论在代数形式上都完全对等, 其证明也几乎完全相同. 这从代数上再次反映了点与直线的对等性, 我们将在 §1.5 专门讨论这种性质.

在拓广平面上, 不再具有通常的距离、角等概念, 因此初等几何中的三角形概念也不能再使用. 我们给出下述概念来称呼由平面上不共线三点或不共点三直线所构成的图形. 这是今后经常要使用的一对最基本的图形.

定义 1.29 由平面上不共线三点及其两两的连线所构成的图形称为一个**三点形**. 这三个点称为三点形的**顶点**, 其两两连线称为三点形的**边**.

常以其顶点来记三点形, 如三点形 ABC 等.

定义 1.29′ 由平面上不共点三直线及其两两相交的交点所构成的图形称为一个**三线形**. 这三条直线称为三线形的**边**, 其交点称为**顶点**.

常以其边来记三线形, 如三线形 abc 等.

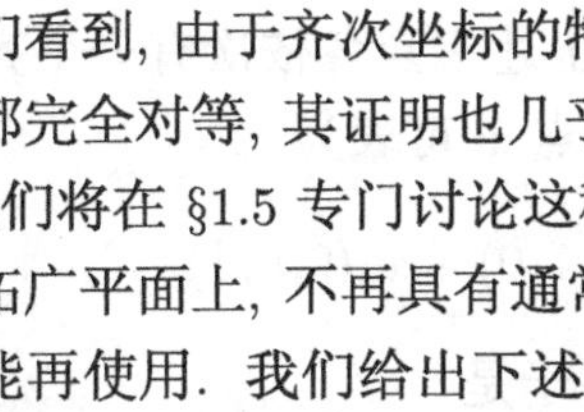

三点形 ABC

图 1.20

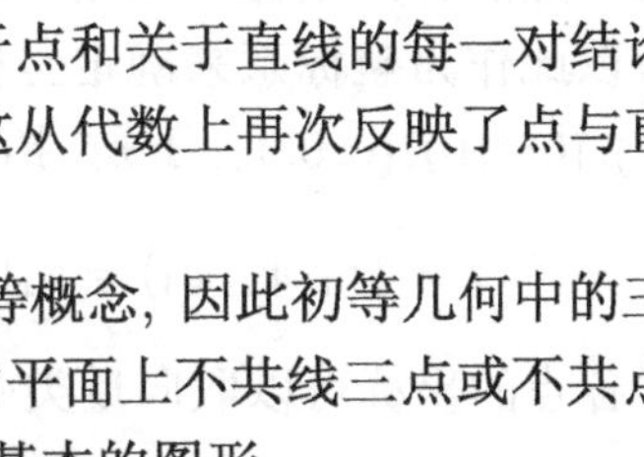

三线形 abc

图 1.21

六、拓广平面上的齐次笛氏坐标系

由定义 1.25 和 1.26, 我们从通常的笛氏坐标出发, 分别在拓广直线和拓广平面上引入了齐次点坐标映射. 确切地说, 一个坐标映射就是一个坐标系. 但是, 我们已经习惯于将平面上的某种构形称为坐标系, 并且以这种构形按照一定的规则去表示平面上的点、直线以及其他几何对象. 比如解析几何中的笛氏直角坐标系和 §1.1 给出的仿射坐标系. 实际上, 在平面上建立了一个坐标系, 也就实现了平面上的一个坐标映射. 为了与习惯统一, 我们探讨如何在拓广直线和拓广平面上构建一种坐标系以实现本节定义的齐次坐标映射. 同时, 将给出适用于任何拓广直线的一维齐次点坐标.

1. 二维齐次笛氏坐标系

设 O-e_xe_y 为定义 1.26 引入点的齐次坐标时所使用的原有平面上的笛氏直角坐标系. 记 X_∞, Y_∞, O 依次表示其中 x, y 轴上的无穷远点和坐标原点, 也表示这三点所对应的齐次坐标向量类中的任一向量. 显然, X_∞, Y_∞, O 不共线, 据定理 1.24, 平面上任一点的齐次坐标可以由这三点的齐次坐标线性表出, 这使得我们自然地想到能否以此作为坐标系来确定坐标映射. 因为上述三点各依次有一个齐次坐标为 $(1,0,0), (0,1,0), (0,0,1)$, 于是, 拓广平面上任一点 x 可表为

$$x = (x_1, x_2, x_3) = x_1(1,0,0) + x_2(0,1,0) + x_3(0,0,1). \tag{1}$$

但是由于各点的坐标可以取向量类中的任意向量, 于是

$$x_1X_\infty + x_2Y_\infty + x_3O \tag{2}$$

将不能保证总是表示点 x. 为此, 我们需要建立一种规则, 使得这种表示成为唯一表示, 从而可以将不共线三点作为坐标系. 取定平面上一点 $I(1,1,1)$, 显然, X_∞, Y_∞, O, I 四点中任意三点不共线. 根据推论 1.6, 我们可以规定, 当 X_∞, Y_∞, O 在其坐标的向量类中任意选取代表元参与计算时, 下式总成立

$$\rho I = X_\infty + Y_\infty + O \quad (0 \neq \rho \in \mathbf{R}). \tag{3}$$

则 (2) 将总是表示点 x. 于是, 我们导出了一个能够实现定义 1.26 所给点坐标映射的构形, 这个构形是一个有序四点组 X_∞, Y_∞, O, I, 其中任何三点不共线. 称这个有序四点组为拓广平面上的一个**二维齐次笛氏坐标系**, 记作 $(X_\infty Y_\infty O|I)$, 称 $X_\infty Y_\infty O$ 为**坐标三点形**, I 为**单位点**. 容易看出, 单位点 I 的作用是通过 (3) 式限定 (2) 式中坐标三点形顶点坐标的选取, 我们称 (3) 为齐次笛氏坐标系中的**单位点规则**.

如果我们说这样引入的二维齐次笛氏坐标系是原有笛氏直角坐标系的齐次化, 则由于在拓广平面上不再有初等几何的距离、角度等概念, 而且在上述推导中仅使用了向量及其运算, 因此它也是原有平面上仿射坐标系的齐次化.

2. 一维齐次笛氏坐标系

对于由通常直线添加无穷远点所得到的拓广直线, 设 P_∞, O 分别表示无穷远点和原有直线上的坐标原点, 也表示这两点所对应的齐次坐标向量类中的任一向量. 则据定义 1.25, 这两点分别有一个齐次坐标为 (1,0) 和 (0,1). 另取点 $I(1,1)$, 则 P_∞, O, I 为拓广直线上的相异三点. 仿照上述二维坐标系的构建, 我们也可以类似地导出拓广直线上的齐次笛氏坐标系 $(P_\infty O|I)$. 称 P_∞, O 为这个坐标系的**基点**, I 为**单位点**, 其中单位点规则为

$$\rho I = P_\infty + O \quad (0 \neq \rho \in \mathbf{R}).$$

但是, 尽管这种笛氏齐次坐标系能够实现定义 1.25 所给的齐次点坐标映射, 却仍然不能适用于无穷远直线.

将拓广直线作为拓广平面的子空间, 我们利用拓广平面上的齐次坐标来导出一种能够适用于任何拓广直线的齐次坐标系, 以实现拓广直线上点的齐次坐标映射. 设 l 为拓广平面 π 上任一条拓广直线, A, B, E 为 l 上取定的相异三点, P 为 l 上的任意一点. 为叙述方便, 我们迳用 A, B, E, P 表示这些点的二维齐次坐标向量类中的任一个向量. 由推论 1.5, 可以适当选取 A, B, E 的齐次坐标, 使得 $E = A + B$. 于是可以在 l 上引入单位点规则

$$\rho E = A + B \quad (0 \neq \rho \in \mathbf{R}).$$

由定理 1.22 知, 存在不全为零的实数 x_1, x_2, 使得

$$P = x_1 A + x_2 B, \tag{4}$$

显然, 在单位点规则的约束下, 对于任意的实数 $\mu \neq 0$, 以 $(\mu x_1, \mu x_2)$ 替代 (4) 式中的 (x_1, x_2) 将仍然表示点 P 的齐次坐标. 于是, 在单位点规则约束下, (4) 式构成了 l 上点的集合到 RP^1 的一个双射, 这个双射将 l 上的点 P 对应于以 (x_1, x_2) 为代表元的 RP^1 中的元素, 而且具备定义 1.25 所给出的一维齐次点坐标映射的同样性质, 也是 l 上的一个齐次坐标映射. 我们称实现这个双射的有序三点组为 l 上的一个**一维齐次笛氏坐标系**, 记作 $(AB|E)$, 称 A, B 为**基点**, E 为**单位点**.

在拓广直线 l 上的齐次坐标系 $(AB|E)$ 下, A, B, E 分别有一个坐标为 (1,0), (0,1) 和 (1,1). 于是这三点就"相当于"由通常直线添加无穷远点所得的拓广直线上的无穷远点、原点和单位点.

由于 A, B, E 是 l 上任意取定的相异三点, 这里所定义的一维齐次笛氏坐标系 $(AB|E)$ 已经具有很强的一般性. 在 l 上给定不同的相异有序三点组, 将得到不同的一维齐次笛氏坐标系, 我们将在下一节中讨论不同的坐标系之间的关系.

在 (4) 中, 令 $\lambda=\dfrac{x_2}{x_1}$. 则 (4) 可改写为

$$P=A+\lambda B. \tag{5}$$

显然, (5) 式构成了 l 上不包括 B 的所有点的集合到实数集 $\mathbf{R}$ 的一个双射.

为了使得 (5) 也能够表示点 B, 我们引入一个新的"数"∞. 规定当 $x_1=0, x_2\neq 0$ $(x_1,x_2\in\mathbf{R})$ 时, $\lambda=\dfrac{x_2}{x_1}=\infty$. 规定当 $\lambda=\infty$ 时, $P=A+\lambda B=B$. 并规定运算 $\dfrac{x}{0}=\infty(x\in\mathbf{R},x\neq 0)$, $\dfrac{x}{\infty}=0(x\in\mathbf{R})$, 而 $\dfrac{\infty}{\infty}=1$. 记

$$\overline{\mathbf{R}}=\mathbf{R}\cup\{\infty\},$$

称 $\overline{\mathbf{R}}$ 为**拓广的实数集**.

(5) 式是拓广直线 l 上所有点的集合到 $\overline{\mathbf{R}}$ 的一个双射. 有别于非齐次坐标, 称为拓广直线 l 上点的以相异二点 A, B 为**基点的非齐次参数表示**. 于是, 任意取定拓广直线上相异二点, 在单位点规则约束下, 即可建立其上点的非齐次参数表示.

由定理 1.22′ 和推论 1.5′, 我们也可以类似建立拓广平面上过同一点 L 的所有直线的非齐次参数表示. 在这种非齐次参数表示中, 拓广直线上的任一点 (或拓广平面上经过同一点的任一拓广直线) 的参数在 $\overline{\mathbf{R}}$ 中是唯一的, 在应用上有其特别的方便之处, 这将是我们今后常用的一种重要工具.

例 1.3 已知三点 $a=(3,1,1)$, $b=(7,5,1)$, $c=(6,4,1)$.

(1) 验证此三点共线;

(2) 求 l, m, 将 c 写为 $la+mb$ 的形式; 进而重新选取 a,b,c 的齐次坐标, 使得 $c=a+\lambda b$.

解 (1) 请读者自己完成.

(2) 方法一. 设 $c=la+mb$. 即

$$l\begin{pmatrix}3\\1\\1\end{pmatrix}+m\begin{pmatrix}7\\5\\1\end{pmatrix}=\begin{pmatrix}6\\4\\1\end{pmatrix},$$

解之得 $l=\dfrac{1}{4}, m=\dfrac{3}{4}$, 即有

$$c=\frac{1}{4}a+\frac{3}{4}b.$$

于是, 只要重新选取 $4c$ 为 c 的齐次坐标, 就有 $c=a+3b$, 即 $\lambda=3$.

方法二. 令

$$\rho\begin{pmatrix}6\\4\\1\end{pmatrix}=\begin{pmatrix}3\\1\\1\end{pmatrix}+\lambda\begin{pmatrix}7\\5\\1\end{pmatrix}.$$

消去 ρ, 可得 $\lambda = 3$. 于是可以重新选取 a, b, c 的齐次坐标, 使得 $c = a + 3b$.

例 1.4 设 $X_\infty Y_\infty O$ 为笛氏齐次坐标系 $(X_\infty Y_\infty O|I)$ 的坐标三点形. 设在此坐标系下有点 $P_1(p, g, h)$, $P_2(f, q, h)$, $P_3(f, g, r)$.

(1) 求证: P_2P_3 与 $Y_\infty O$ 的交点, P_3P_1 与 OX_∞ 的交点, P_1P_2 与 $X_\infty Y_\infty$ 的交点三点共线, 并求出此直线的方程;

(2) 若 $fgh = pqr$, 求证: $X_\infty P_2, Y_\infty P_3, OP_1$ 共点, $X_\infty P_3, Y_\infty P_1, OP_2$ 也共点.

证明 显然, X_∞, Y_∞, O 的齐次坐标分别为 $X_\infty(1,0,0)$, $Y_\infty(0,1,0)$, $O(0,0,1)$.

(1) 据定理 1.20, P_2P_3 的方程为

$$\begin{vmatrix} x_1 & x_2 & x_3 \\ f & q & h \\ f & g & r \end{vmatrix} = 0,$$

即

$$(qr - gh)x_1 + (fh - fr)x_2 + (fg - fq)x_3 = 0.$$

又 $Y_\infty O$ 的方程为

$$x_1 = 0.$$

据定理 1.20′, 可得 P_2P_3 与 $Y_\infty O$ 的交点坐标为 $(0, g - q, r - h)$.

同理可得, P_3P_1 与 OX_∞ 的交点坐标为 $(p - f, 0, h - r)$. P_1P_2 与 $X_\infty Y_\infty$ 的交点坐标为 $(f - p, q - g, 0)$.

不难验证

$$\begin{vmatrix} 0 & g-q & r-h \\ p-f & 0 & h-r \\ f-p & q-g & 0 \end{vmatrix} = 0,$$

据定理 1.21, 所论三点共线, 其所在直线方程为

$$\begin{vmatrix} x_1 & x_2 & x_3 \\ p-f & 0 & h-r \\ f-p & q-g & 0 \end{vmatrix} = 0,$$

即

$$\frac{x_1}{p-f} + \frac{x_2}{q-g} + \frac{x_3}{r-h} = 0.$$

(2) 容易求出, $X_\infty P_2$ 的方程为 $hx_2 - qx_3 = 0$; $Y_\infty P_3$ 的方程为 $fx_3 - rx_1 = 0$; OP_1 的方程为 $gx_1 - px_2 = 0$. 而此三直线共点 $\Leftrightarrow$

$$\begin{vmatrix} 0 & h & -q \\ -r & 0 & f \\ g & -p & 0 \end{vmatrix} = 0,$$

即 $fgh = pqr$.

同理可证 $X_\infty P_3, Y_\infty P_1, OP_2$ 共点的充要条件也是 $fgh = pqr$.

例 1.5 设三点形 ABC 的三边 BC, CA, AB 的坐标分别为 α, β, γ, 又有分别过 A, B, C 的三直线. 求证: 此三直线共点 $\Leftrightarrow$ 其坐标可以表为 $q\beta - r\gamma$, $r\gamma - p\alpha$, $p\alpha - q\beta$, 其中 $p, q, r \in \mathbf{R}$ 为常数.

证明 "$\Leftarrow$" 显然.

"$\Rightarrow$" 若三直线中有某条与三点形的边重合, 则命题是平凡的. 不妨设三直线中任一条都不与已知三点形的边重合. 由定理 1.22$'$, 过 A 的直线坐标可表为 $q\beta - r\gamma$. 对于过 B 的直线, 可以适当选取常数 p, 使其坐标表为 $r\gamma - p\alpha$. 对于过 C 的直线, 可以适当选取常数 q', 使其坐标表为 $p\alpha - q'\beta$. 因为此三直线共点而且不重合于边, 所以存在 l, m, n $(lmn \neq 0)$ 使得

$$l(q\beta - r\gamma) + m(r\gamma - p\alpha) + n(p\alpha - q'\beta) = 0,$$

即

$$(np - mp)\alpha + (lq - nq')\beta + (mr - lr)\gamma = 0.$$

因为 α, β, γ 不共点, 即向量 α, β, γ 线性无关, 必有

$$\begin{cases} np - mp = 0, \\ lq - lq' = 0, \\ mr - lr = 0, \end{cases}$$

由于 $lmn \neq 0$, 上述关于 l, m, n 的齐次线性方程组的行列式为零, 即 $pr(q - q') = 0$, 由假设 $pr \neq 0$, 于是必有 $q = q'$.

习 题 1.3

1. 在拓广平面上, 求下列各点的齐次坐标 (先求出一般形式, 再任意写出一个代表).

(1) 已知各点的非齐次坐标为: $P(2,0)$, $Q(1,3)$, $R(4,1)$, $S\left(\frac{5}{3}, 2\right)$;

(2) 以 $\frac{3}{4}$ 为方向的无穷远点;

(3) 直线 $3x+y=0$ 上的无穷远点.

2. 如果存在, 求下列各点的非齐次坐标.

$P(2,4,-1)$, $Q(\sqrt{10},-\sqrt{6},2)$, $R(0,1,0)$, $S(0,4,3)$, $T(1,4,0)$, $U(1,0,4)$.

3. 如果正负号可以任意选取, 问 $(\pm1,\pm1,\pm1)$ 可以表示拓广平面上几个相异的点? 写出它们并求出其相应的非齐次坐标.

4. 求下列各直线的齐次坐标.

(1) x 轴; (2) y 轴;

(3) 无穷远直线; (4) $x_1-2x_2-3x_3=0$;

(5) 通过原点, 斜率为 2 的直线; (6) 两点 $(0,1,0)$ 与 $(1,0,1)$ 的连线.

5. 求下列各直线上的无穷远点的齐次坐标与方程.

(1) $x_1+x_2-4x_3=0$; (2) $x_1+2x_2=0$;

(3) $x_2-3x_3=0$; (4) $x_1+5x_3=0$.

6. 求下列各线坐标所表示的直线方程.

(1) $[0,1,1]$; (2) $[1,1,-1]$; (3) $[1,0,1]$;

(4) $[1,-1,0]$; (5) $[2,-1,5]$; (6) $[0,0,1]$.

7. 下列线坐标方程各表示什么图形?

(1) $u_1=0$; (2) $u_3=0$;

(3) $u_2-u_3=0$; (4) $2u_1+u_2=0$;

(5) $u_1+u_2+2u_3=0$; (6) $u_1^2-5u_1u_2+4u_2^2=0$;

(7) $u_1^2-3u_1u_2+2u_2^2=0$; (8) $au_1+bu_2=0(a^2+b^2\neq0)$.

8. 求下列各点的齐次线坐标方程.

(1) x 轴上的无穷远点;

(2) y 轴上的无穷远点;

(3) 斜率为 $-\dfrac{1}{2}$ 的直线上的无穷远点;

(4) $(0,0,1)$;

(5) $(2,4,-3)$.

9. 证明三点 $A(1,2,3),B(2,2,1),C(3,4,3)$ 不共线, 并求三点形 ABC 的各边 BC, CA, AB 的方程.

10. 证明三直线 $a:\ 2x_1+x_2+x_3=0$, $b:\ 3x_1-4x_2+2x_3=0$, $c:\ 4x_1+x_2-3x_3=0$ 不共点, 并求三线形 abc 的各顶点 $b\times c$, $c\times a$, $a\times b$ 的坐标.

11. 求下列两直线的交点坐标与方程.

(1) $x_1+2x_2-4x_3=0$ 与 $2x_1-x_2+x_3=0$;

(2) $x_1-2x_2=0$ 与 $4x_1-5x_2+x_3=0$.

12. 已知三点 $P_1(1,4,-3),P_2(0,2,5),P_3(3,8,-19)$.

(1) 证明: P_1,P_2,P_3 三点共线;

(2) 求所在直线方程;

(3) 选取 P_3 的齐次坐标使得 $P_3=P_1+\lambda P_2$.

13. 已知四个点的齐次坐标为 $P(1,0,-1)$, $Q(1,0,1)$, $R(1,2,1)$, $E(1,2,-1)$.

(1) 验证已知四点中无三点共线;

(2) 适当选取已知四点的齐次坐标, 使得 $E = P + Q + R$.

14. 设 $A_1B_1C_1$ 与 $A_2B_2C_2$ 为同一平面上的两个三点形, B_1C_1 与 B_2C_2 交于 X, C_1A_1 与 C_2A_2 交于 Y, A_1B_1 与 A_2B_2 交于 Z, 而且 X, Y, Z 三点共线. 求证: 三直线 A_1A_2, B_1B_2, C_1C_2 共点. (提示: 令三点形 $A_1B_1C_1$ 与 $A_2B_2C_2$ 的边 B_1C_1, C_1A_1, A_1B_1 和 B_2C_2, C_2A_2, A_2B_2 的齐次坐标依次为 $\alpha_1,\beta_1,\gamma_1$ 和 $\alpha_2,\beta_2,\gamma_2$, 再令 X, Y, Z 所在直线齐次坐标为 δ, 然后利用本节知识.)

15. 设 $Z(f, g, h)$ 为平面上一点, $X_\infty Y_\infty O$ 为齐次笛氏坐标系的坐标三点形, $X_\infty Z, Y_\infty Z$, OZ 分别与 $Y_\infty O$, OX_∞, $X_\infty Y_\infty$ 交于 P, Q, R; QR, RP, PQ 分别与 $Y_\infty O, OX_\infty, X_\infty Y_\infty$ 交于 L, M, N. 求证:L, M, N 三点共线, 并求此直线的方程.

16. 设 Z 为定直线 $x_2 - kx_3 = 0$ 上的动点,$X_\infty Y_\infty O$ 为齐次笛氏坐标系的坐标三点形. $Y_\infty Z, OZ$ 分别与 $X_\infty O, X_\infty Y_\infty$ 交于 Q, R. 求证: QR 与 $Y_\infty O$ 交于定点 P. 并求直线 $X_\infty P$ 的方程.

17. 设 a, b, c 为不共线三点. 证明: 平面上相异三点 $l_ia + m_ib + n_ic$ $(l_i^2 + m_i^2 + n_i^2 \neq 0, i = 1, 2, 3)$ 共线的充要条件为

$$\begin{vmatrix} l_1 & m_1 & n_1 \\ l_2 & m_2 & n_2 \\ l_3 & m_3 & n_3 \end{vmatrix} = 0.$$

18. 求两直线 $ax^2 + 2hxy + by^2 = 0$ 上的无穷远点的方程.

19. 求证: 方程 $u_1^2 + 3u_1u_2 - u_2^2 = 0$ 所表示的无穷远点在相互垂直的方向上.

20. 求两点 $3u_1 + 4u_2 - 11u_3 = 0$ 与 $5u_1 - 3u_2 + u_3 = 0$ 连线的坐标与方程.

21. 求通过两直线 $[1, 1, 1], [2, 1, 3]$ 的交点与点 $2u_1 + 3u_2 + u_3 = 0$ 的直线的坐标与方程, 并求其上无穷远点的坐标.

§1.4 射 影 平 面

本节定义实射影平面即二维实射影空间, 并给出其若干模型, 讨论二维射影坐标系及射影坐标变换, 最后给出实 – 复射影平面的概念.

一、实射影平面 (二维实射影空间)

在即将定义的射影平面上, 我们约定点与直线为一对无定义的基本元素, 在点的集合与直线的集合之间有一个关系称为**关联关系**. 对所谓的关联关系, 给出如下约定.

约定 1.2 (1) 当点 P 与直线 l 有关联关系时, 下列说法等价:

点 P 与直线 l 相关联;	直线 l 与点 P 相关联;
点 P 在直线 l 上.	直线 l 通过点 P.

(2) 点 P 与直线 l 没有关联关系时, 下列说法等价:

点 P 与直线 l 不关联;	直线 l 与点 P 不关联;
点 P 不在直线 l 上.	直线 l 不通过点 P.

定义 1.30 设 π 为两个不交的非空集合 $\mathcal{P}$ 与 $\mathcal{L}$ 的并集.

$\mathcal{P}$ 的元素称为 π 的**点**.	$\mathcal{L}$ 的元素称为 π 的**直线**.

而且, 在 $\mathcal{P}$ 与 $\mathcal{L}$ 的元素之间有一个关系称为关联关系, 满足下述公理

公理 P 存在一对双射

$\varphi : \mathcal{P} \longrightarrow RP^2,$	$\psi : \mathcal{L} \longrightarrow (RP^2)^*$

对于任意的 $P \in \mathcal{P}$ 和任意的 $l \in \mathcal{L}$, 若

$\varphi(P) = x,$	$\psi(l) = u$

则点 P 与直线 l 相关联 $\Leftrightarrow u_1x_1 + u_2x_2 + u_3x_3 = 0$.

称 π 为以 $\mathcal{P}$ 为点集, $\mathcal{L}$ 为直线集的一个**实射影平面**或称为**二维实射影空间**, 记作 $\pi = (\mathcal{P}, \mathcal{L})$. 满足公理 P 的一对双射 (φ, ψ) 称为实射影平面 π 上的一个**射影坐标映射**. 并分别称 φ 与 ψ 为**点坐标映射**和**线坐标映射**, 点和直线在坐标映射下的像分别称为点和直线的**射影坐标**.

对于点或直线, 我们常常直接用其坐标来称呼它们, 比如点 $x = (x_1, x_2, x_3)$, 直线 $u = [u_1, u_2, u_3]$, 或者直接写点 x, 直线 u 表示它们所代表的三维实向量类, 或表示类中的某个特定的向量.

由公理 P, 实射影平面上的点与直线的关联关系是一个方程

$$u_1x_1 + u_2x_2 + u_3x_3 = 0. \tag{1.16}$$

这个方程表示直线或点. 当把 x_i 作为流动变量而 u_i 作为常数时, (1.16) 表示直线 u; 反之表示点 x.

容易看出, 对于实射影平面, 公理 P 中的线坐标映射 ψ 可以由点坐标映射 φ 诱导.

定义 1.30 所给出的是实射影平面, 因为我们在公理 P 中取三维实向量类 RP^2 和 $(RP^2)^*$ 作为坐标映射的目标集合. 而且, 与传统的实射影平面几何的公理系统相比, 定义 1.30 能够如此简洁, 是因为我们已经承认了实数公理系统 (见本书第五章 §5.7).

二、实射影平面的模型 (实现)

若 π 是一个实射影平面, 则称 π 是实射影平面的一个**实现**, 或称为一个**模型**.

在射影同构①的保证下, 我们可以取实射影平面的任一个模型展开平面射影几何的研究.

例 1.6 拓广平面是实射影平面的一个模型.

设 $\mathcal{P}=\{$全体拓广点$\}$, $\mathcal{L}=\{$全体拓广直线$\}$. 显然, 公理 P 被满足. 进而, 坐标映射 (φ,ψ) 的选取已经有着相当大的任意性, 通常点与无穷远点, 通常直线与无穷远直线已经不再有区别, 齐次笛氏坐标映射是其上一个特定的射影坐标映射.

由于这个模型与我们熟知的几何空间最为贴近, 今后对射影几何的综合法研究将直接在这个模型上展开.

例 1.7 实射影平面的算术模型 (算术实现): 算术实射影平面 $\pi_R=(RP^2, (RP^2)^*)$.

设 $\mathcal{P}=RP^2$, $\mathcal{L}=(RP^2)^*$. 点 x 与直线 u 相关联当且仅当

$$u_1x_1+u_2x_2+u_3x_3=0.$$

在 π_R 上有一个自然的射影坐标映射 (α,β), 其中

$$\alpha: RP^2\longrightarrow RP^2;\qquad \beta:(RP^2)^*\longrightarrow(RP^2)^*$$

均为恒同映射. 显然, 定义 1.30 被满足, 所以 π_R 是一个实射影平面.

事实上, 对于任一个实射影平面 $\pi=(\mathcal{P},\mathcal{L})$, 在 π 上点 P 与直线 l 相关联当且仅当在其算术模型 π_R 中点 $\varphi(P)$ 与直线 $\psi(l)$ 相关联. 因此, 可以说实射影平面与其算术模型之间仅仅相差一个坐标映射. 由于算术模型与我们熟知的线性代数知识最为贴近, 今后对平面射影几何的代数法研究将直接在这个模型上展开.

通俗地说, 拓广平面模型与算术模型在形数结合的意义下是统一的. 本教材将主要用代数法并兼用综合法研究射影几何, 所以在具体研究中我们将不区分地使用拓广平面模型与算术模型, 并且为叙述方便也迳称其为射影平面.

综合例 1.6 和 1.7, 在 §1.3 中给出的关于齐次坐标的所有性质都在实射影平面上成立, 我们将直接使用这些结论.

实射影平面还有其他许多模型 (见本节习题). 通过这些模型, 我们可以对几何学的公理化方法和抽象性有初步的体会, 只要满足给定的公理, 在选取"具体的"几何元素和几何关系时可以具有相当广泛的"任意性", 正如 Hilbert 所说, 在一切几何命题中, "我们必定可以用桌子、椅子、啤酒杯来代替点、线、面".

例 1.8 实射影平面的对偶平面也是实射影平面.

给定一个实射影平面 $\pi=(\mathcal{P},\mathcal{L})$, 我们总可以构造出另一个实射影平面 $\pi^*=(\mathcal{P}^*,\mathcal{L}^*)$, 其中 $\mathcal{P}^*=\mathcal{L},\mathcal{L}^*=\mathcal{P}$. 在 π^* 中, π^* 点 l 与 π^* 直线 P 相关联当且仅当

①简言之, 能够保持坐标映射的两个射影平面之间的双射称为一个射影同构. 限于篇幅, 本书不引入射影同构概念.

在 π 中 π 点 P 与 π 直线 l 相关联. 而且若在 π 上有射影坐标映射 (φ,ψ), 则在 π^* 上有射影坐标映射 (ψ,φ). 我们称 $\pi^*=(\mathcal{P}^*,\mathcal{L}^*)$ 为 $\pi=(\mathcal{P},\mathcal{L})$ 的**对偶平面**.

显然, $(\pi^*)^*=\pi$.

例 1.9 实射影平面的拓扑模型.

在 §1.2, 我们曾经讨论了拓广平面的一些模型. 比如, 叠合对径点的球面, 叠合赤道上对径点的下半球面, 叠合周界上对径点的圆盘等, 这些模型也都对实射影平面适用. 利用 §1.2 的讨论, 我们不难构造出这些模型上的坐标映射. 这些模型称为实射影平面的拓扑模型.

事实上, 在拓扑学中, 实射影平面是一个最基本的不可定向的闭曲面, 其亏格为零.

三、射影坐标变换

§1.3 中, 我们已经在拓广平面上导出了一个能够实现齐次笛氏坐标映射的齐次笛氏坐标系 $(X_\infty Y_\infty O|I)$. 现在我们也在实射影平面上导出能够实现射影坐标映射的射影坐标系, 并给出不同的坐标映射之间的坐标变换.

在实射影平面 $\pi=(\mathcal{P},\mathcal{L})$ 上的坐标映射 (φ,ψ) 下, 存在这样的有序四点组 A_1,A_2,A_3,I, 它们各有一个齐次坐标为 $A_1(1,0,0)$, $A_2(0,1,0)$, $A_3(0,0,1)$, $I(1,1,1)$, 显然, 这个有序四点组中无三点共线. 为方便叙述, 记 A_1,A_2,A_3,I 表示点的同时也表示该点的某个齐次坐标. 类似于 §1.3, 我们引入**单位点规则**: 规定无论如何选取 A_1,A_2,A_3,I 的齐次坐标, 关系式

$$\rho I=A_1+A_2+A_3 \quad (0\neq\rho\in\mathbf{R}) \tag{1.17}$$

总成立. 通过与 §1.3 关于齐次笛氏坐标系类似的讨论可知, 在单位点规则的约束下, 由 A_1,A_2,A_3 可以表示 π 上任意点的齐次坐标, 从而得到直线的齐次坐标. 而且, 这样表示的点与直线的齐次坐标即为坐标映射 (φ,ψ) 下所取得的坐标, 换言之, 这样的有序四点组的构形能够实现实射影平面上的坐标映射. 因此, 我们称这个有序四点组为实射影平面 $\pi=(\mathcal{P},\mathcal{L})$ 上一个**原始的射影坐标系**, 记作 $(A_1A_2A_3|I)$. 称 $A_1A_2A_3$ 为**坐标三点形**, 点 I 称为**单位点**. 点与直线在此坐标系下的坐标称为**原始的射影坐标**.

对于拓广平面模型, 原始的射影坐标系即为一个取定的齐次笛氏坐标系.

事实上, 只要我们在实射影平面上取定一个无三点共线的有序四点组, 就可以构成一个射影坐标系.

定理 1.25 在实射影平面 π 上任意取定一个有序四点组 P,Q,R,E, 满足:

(1) P,Q,R,E 中任何三点不共线;

(2) 无论如何选取这四点的原始坐标 $P(p_1,p_2,p_3)$, $Q(q_1,q_2,q_3)$, $R(r_1,r_2,r_3)$, $E(e_1,e_2,e_3)$ 总满足单位点规则

$$\rho(e_1,e_2,e_3)=(p_1,p_2,p_3)+(q_1,q_2,q_3)+(r_1,r_2,r_3),\quad 0\neq\rho\in\mathbf{R}, \tag{1.18}$$

则这个有序四点组构成 π 上的一个以 PQR 为**坐标三点形**, 以点 E 为**单位点**的**射影坐标系**, 记作 $(PQR|E)$.

证明 只要证明, 对于射影平面上任一点 X, $(PQR|E)$ 可以唯一确定 X 的点坐标映射. 设 X 的原始坐标为 (x_1,x_2,x_3). 利用线性代数知识, 必有不全为零的实数组 x_1',x_2',x_3', 使得

$$\rho(x_1,x_2,x_3)=x_1'(p_1,p_2,p_3)+x_2'(q_1,q_2,q_3)+x_3'(r_1,r_2,r_3),\quad 0\neq\rho\in\mathbf{R}\text{ 为常数},$$

即

$$\rho\begin{pmatrix}x_1\\x_2\\x_3\end{pmatrix}=\begin{pmatrix}p_1&q_1&r_1\\p_2&q_2&r_2\\p_3&q_3&r_3\end{pmatrix}\begin{pmatrix}x_1'\\x_2'\\x_3'\end{pmatrix},\qquad 0\neq\rho\in\mathbf{R}\text{ 为常数}. \tag{1.19}$$

由于 P,Q,R 三点不共线, (1.19) 中的矩阵满秩, 又由于非零比例常数 ρ 的存在, 所以 (x_1',x_2',x_3') 是 RP^2 中唯一向量类的代表. 因而 $(PQR|E)$ 通过方程组 (1.19) 唯一地确定了点 X 的坐标映射, 从而是一个射影坐标系. (x_1',x_2',x_3') 称为点 X 在 $(PQR|E)$ 下的一个射影坐标, 记作 $X(x_1',x_2',x_3')$. 证毕.

由定理 1.25 可知, 点 P,Q,R,E 在射影坐标系 $(PQR|E)$ 下各有一个齐次射影坐标为 $(1,0,0)$, $(0,1,0)$, $(0,0,1)$, $(1,1,1)$. 于是我们也可以将 $(PQR|E)$ 当做一个原始的射影坐标系.

(1.19) 还揭示了射影平面上两个射影坐标系之间的关系, 它是一个非奇异线性变换. 由于 P,Q,R 不共线, (1.19) 的逆式存在, 其逆式也是一个非奇异线性变换. 因此, 称 (1.19) 及其逆式为射影平面上两个射影坐标映射之间的**射影坐标变换**.

从坐标变换的角度说,(1.19) 是以一个点的新坐标表示其老坐标的变换公式, 称 (1.19) 为从坐标系 $(A_1A_2A_3|I)$ 到坐标系 $(PQR|E)$ 的射影**坐标变换的逆式**. 这个逆式的获得基础是取在原坐标系下的坐标分别为 $P(p_i),Q(q_i),R(r_i)$ 的不共线三点作为新坐标三点形的顶点, 并且按照单位点规则的要求, 取 $E(p_i+q_i+r_i)$ 作新的单位点. 这样的有序四点组 P,Q,R,E 必定无三点共线, 据定理 1.25 可以直接写出射影坐标变换的逆式为 (1.19), 这就为今后求射影坐标变换的逆式提供了一个可直接使用的公式化方法.

一般地, 若任给平面上的一个无三点共线的有序四点组 P,Q,R,E, 根据推论 1.6, 必定可以适当选取 P,Q,R 的齐次坐标, 使得单位点规则得到满足, 而定理 1.24 的证明过程实际上是为这种适当选取提供了一种方法.

注意到 (1.19) 式是一个非奇异线性变换, 可以将其视为平面上的一个点变换, 于是得到下面的推论.

推论 1.7 设 $(A_1A_2A_3|I)$ 为平面上原始的射影坐标系, P,Q,R,E 为平面上任意取定的无三点共线的有序四点组. 则存在唯一的非奇异线性变换将有序四点组 P,Q,R,E 变为有序四点组 A_1,A_2,A_3,I, 其变换式为 (1.19).

四、实射影直线 (一维实射影空间)

我们已经给出了实射影平面的定义与模型, 读者仿照此不难给出实射影直线的定义, 也不难证明拓广直线和 RP^1 以及 $(RP^1)^*$ 都是射影直线的模型.

作为二维实射影空间子空间的一维实射影空间, 在其上有一个由二维射影坐标系自然诱导的一维射影坐标系, 并实现一维射影坐标映射. 即下面的定义.

定义 1.31 在实射影直线上任意取定相异的有序三点组 P,Q,E, 设其分别有二维齐次坐标 $P(p_1,p_2,p_3)$, $Q(q_1,q_2,q_3)$, $E(e_1,e_2,e_3)$, 并满足单位点规则

$$\rho(e_1,e_2,e_3)=(p_1,p_2,p_3)+(q_1,q_2,q_3),\quad 0\neq\rho\in\mathbf{R}\text{ 为常数.}\tag{1.20}$$

则定义了实射影直线上的一个**一维射影坐标系**, 记作 $(PQ|E)$. 称 P,Q 为**基点**, E 为**单位点**.

对于实射影直线上任一点 $X(x_1,x_2,x_3)$, 必有不全为零的数 ξ_1,ξ_2 使得

$$\rho(x_1,x_2,x_3)=\xi_1(p_1,p_2,p_3)+\xi_2(q_1,q_2,q_3),\quad 0\neq\rho\in\mathbf{R}\text{ 为常数,}\tag{1.21}$$

称 ξ_1,ξ_2 为点 X 关于一维射影坐标系 $(PQ|E)$ 的**一维射影坐标**, 记作 (ξ_1,ξ_2).

定义 1.31 给出的一维射影坐标系实现了从射影直线到 RP^1 的一维射影坐标映射. 点 P,Q,E 在射影坐标系 $(PQ|E)$ 下分别有一个一维射影坐标为 $(1,0)$, $(0,1)$ 和 $(1,1)$.

根据定义 1.31, 只要在实射影直线 l 上任意取定相异的有序三点组, 就可以确定一个以前二点为基点, 第三点为单位点的一维射影坐标系. 仿照关于实射影平面的射影坐标变换的讨论, 读者不难导出实射影直线上的一维射影坐标变换公式.

对于拓广直线, §1.3 导出的一维齐次笛氏坐标系也是一种射影坐标系, 今后将对拓广直线不再区分一维齐次笛氏坐标与一维射影坐标.

在定义 1.31 中, 令 $\lambda=\dfrac{\xi_2}{\xi_1}$. 与 §1.3 同样定义拓广的实数集

$$\overline{\mathbf{R}}=\mathbf{R}\cup\{\infty\},$$

并规定其中关于 ∞ 的运算, 就建立了实射影直线上的点以 P,Q 为**基点**的**非齐次参数表示**. P,Q,E 在这个非齐次参数表示下的参数分别为 $0,\infty,1$.

五、实–复射影平面

在实际问题的研究中，我们常常会需要虚点或虚直线. 为此, 有必要引进虚元素概念. 本教材并不研究复射影平面, 仅仅在实射影平面上引进虚元素, 并规定坐标系和坐标变换仍然在实数域上定义, 即把实射影平面"复化". 直观地说, 是把实射影平面嵌入到复射影平面中, 将其作为复射影平面的子空间来研究. 在这样的平面上, 只使用实的坐标系和实的坐标变换, 虚点、实点; 虚直线、实直线的身份不会因实的坐标变换 (进而不会因实的非奇异线性变换) 而改变, 我们将如此加入虚元素后的实射影平面称为**实–复射影平面**.

由于齐次坐标的特点, 在实–复射影平面上, 一个点是虚点还是实点, 不能仅看它的齐次坐标是虚数还是实数; 一条直线是虚直线还是实直线, 也不能单纯由其一组坐标看出. 比如 (i, i, i) 就是一个实点.

定义 1.32 设 $\mathbf{C}$ 表示复数的集合. 在实–复射影平面上, 点 $P(x_1, x_2, x_3)$ 称为**实点**, 如果存在 $0 \neq \rho \in \mathbf{C}$, 使得 $\rho x_j \in \mathbf{R}$; 否则称 P 为**虚点**.

对于直线, 也可类似给出上述定义. 需要指出的是, 实直线上可以有虚点, 虚直线上也可以有实点; 过实点可以有虚直线, 过虚点也可以有实直线.

定义 1.33 对于两个元素 (点或直线)$a = (a_1, a_2, a_3)$, $b = (b_1, b_2, b_3)$, 若存在复数 $\rho \neq 0$, 使得

$$\rho b_j = \bar{a}_j, \quad j = 1, 2, 3,$$

则称元素 a 与 b 为一对**共轭复元素**. 记作 $b = \bar{a}$ 或 $a = \bar{b}$.

由定义可见, 仅考察点或者直线在其坐标向量类中取的一个坐标往往不能立即判定两个元素是否共轭.

显然, 在实–复射影平面上点与直线的关联关系仍为 (1.14) 式, 故此前所得到的关于点和直线的基本结论仍然成立. 在实–复射影平面上, 下列结论是显然的.

(1) 点 x 在直线 u 上 $\Leftrightarrow$ 点 $\bar{x}$ 在直线 $\bar{u}$ 上.	(1)′ 直线 u 过点 $x \Leftrightarrow$ 直线 $\bar{u}$ 过点 $\bar{x}$.
(2) 虚点 x 在实直线 u 上 $\Leftrightarrow$ 虚点 $\bar{x}$ 在实直线 u 上.	(2)′ 虚直线 u 过实点 $x \Leftrightarrow$ 虚直线 $\bar{u}$ 过实点 x.
(3) 实直线上的点或为实点或为成对出现的共轭虚点.	(3)′ 通过一实点的直线或为实直线或为成对出现的共轭虚直线.
(4) 两共轭虚点的连线为一条实直线.	(4)′ 两共轭虚直线的交点为一个实点.
(5) 过一个虚点有且仅有一条实直线.	(5)′ 在一条虚直线上有且仅有一个实点.

我们约定, 如无特别声明, 本教材将总讨论实–复射影平面, 在不致引起混淆的

情况下, 也称之为射影平面.

例 1.10 求证：三点 (1+i, −1+i, 1), (1, 1+i, 1), (i, −1−i, 1) 共线, 并求其上的实点.

证明 因为

$$\begin{vmatrix} 1+\mathrm{i} & -1+\mathrm{i} & 1 \\ 1 & 1+\mathrm{i} & 1 \\ \mathrm{i} & -1-\mathrm{i} & 1 \end{vmatrix} = 0,$$

故此三点共线.

为求此直线上的实点, 只要求出此直线的方程

$$2(1+\mathrm{i})x_1 - (1-\mathrm{i})x_2 - 2\mathrm{i}x_3 = 0,$$

以及其共轭虚直线

$$2(1-\mathrm{i})x_1 - (1+\mathrm{i})x_2 + 2\mathrm{i}x_3 = 0.$$

此二直线的交点即为所求实点, 坐标为 $(1, 2, 2)$.

六、射影基本形与图形的射影性质

在平面射影几何的研究中, 我们要用到下面两对射影基本形.

定义 1.34 下列一对集合称为射影平面 π 上的**一维基本形**.

同一直线上所有点的集合称为一个**点列**, 此直线称为点列的**底**, 点列中的点称为点列的**元素**.

以直线 l 为底的点列常记作 $l(A, B, C, \cdots)$, 或以 P 表示直线 l 上的任意点而记作 $l(P)$.

平面上过同一点所有直线的集合称为一个**线束**, 此点称为线束的**束心**, 线束中的直线称为线束的**元素**.

以点 L 为束心的线束常记作 $L(a, b, c, \cdots)$, 或以 p 表示经过 L 的任意直线而记作 $L(p)$.

作为集合, 点列和线束这两个一维基本形具有相同的基数.

定义 1.35 下列一对集合称为射影平面 π 上的**二维基本形**.

平面 π 上所有点的集合称为一个**点场**, 称平面 π 为点场的**底**, 其上的点称为点场的**元素**.

平面 π 上所有直线的集合称为一个**线场**, 称平面 π 为线场的**底**, 其上直线称为线场的**元素**.

我们常以平面的记号来记点场或线场, 如点场 π 或线场 π 等.

容易看出, 在中心射影之下, 这些射影基本形的像都还是同类射影基本形.

研究射影平面上的元素及其关系、性质的数学称为平面射影几何学, 这些关系一般通过图形反映, 因此可以说射影几何是研究图形的**射影性质**的数学. 从拓广平

面模型来说, 射影性质是指图形在中心射影下保持不变的那些性质 (称为**射影不变性**) 和数量 (称为**射影不变量**).

回顾迄今为止所知的图形及其相关的性质和数量, 容易看出, 点与直线的关联关系, 点列、线束、点场、线场、三点形与三线形等都在中心射影下不变. 但是, 直线的平行、夹角, 两点间的距离等都不能在中心射影下保持不变. 此外, 由于初等几何中两点间的距离、两直线的平行概念都已在中心射影下失效, 所以在中心射影下也就没有平行四边形, 圆, 椭圆等概念.

习 题 1.4

1. 实射影平面的线束模型. 以拓广平面 α 上的通常线束和理想线束作为"点", α 上的通常直线和其上的唯一理想直线作为直线, 规定直线与点相关联当且仅当该直线属于这个线束. 试证明这是实射影平面的一个模型.

2. 实射影平面的丛模型. 在三维欧氏空间 E^3 中取定一点 S. 令

$$\pi=\{E^3\text{中过 } S \text{ 的全体直线}\}\cup\{E^3\text{中过 } S \text{ 的全体平面}\},$$

即 π 为 E^3 中过点 S 的直线丛与平面丛的并集, 将其中的直线作为 π 的"点", 其中的平面作为 π 的"直线", 并规定"点"与"直线"相关联当且仅当在 E^3 中相应的直线在相应的平面上. 试证明这是实射影平面的一个模型, 并讨论其对偶平面.

3. 设射影平面上三点 A,B,C 在某取定射影坐标系下的齐次坐标依次为 $(0,0,1)$, $(1,2,3)$, $(2,-1,4)$. 证明此三点不共线, 并按单位点规则求一点 E, 构成新的射影坐标系 $(ABC|E)$, 并求出射影坐标变换的逆式.

4. 给定射影平面上的一个有序四点组 $P(1,-1,1)$, $Q(2,1,0)$, $R(-2,0,1)$, $E(1,3,0)$. 验证这个有序四点组中无三点共线, 求非奇异线性对应式 (1.19), 将有序四点组 P,Q,R,E 变为有序四点组 A_1,A_2,A_3,I.

5. 求两点 $A(1+\mathrm{i},2-\mathrm{i},1)$ 与 $B(1-\mathrm{i},2+\mathrm{i},1)$ 的连线方程.

6. 求证: A(2,i,1−i) 与 B(2+2i,1−i,2i) 为一对共轭虚点, 并求其连线方程.

7. 求通过点 (1,i,0) 的实直线, 求直线 [2,i,3−4i] 上的实点.

8. 求无穷远直线 $x_3=0$ 与平面上的圆 $(x_1-ax_3)^2+(x_2-bx_3)^2=R^2x_3^2$ 的交点.

*9. 对定义 1.30 作如下修改: 将 RP^2 中的实数域 $\mathbf{R}$ 改为任一有限域 F, 类似地可以得到域 F 上的三元非零向量类的集合 FP^2(此时向量的加法, 数乘等都在有限域 F 上进行), 于是可定义域 F 上的射影平面, 称为有限射影平面. 试取以整数集模 3 同余类为元素所构成的有限域 F 定义有限射影平面. 对今后学到的关于实射影平面的各种知识, 都在该有限射影平面上进行移植尝试.

§1.5 平面对偶原则

在射影平面上, 点与直线是具有同等地位的基本元素, 而且在前面的讨论中, 我们已经看到, 关于点与直线的一些结论都是对称地成对出现的, 本节将专门研究这种规律即对偶原则. 对偶原则亦称对偶原理, 是贯穿射影几何的一个最重要的基本原理, 本书只讨论平面射影几何, 所以我们仅给出平面对偶原则.

一、平面对偶原则

1. 基本概念

定义 1.36 在射影平面上, 称“点”与“直线”为一对**对偶元素**.

定义 1.37 在射影平面上, 称“过一点作一直线”与“在一直线上取一点”为一对**对偶运算**.

定义 1.37 中的一对对偶运算也可以表述为“作两点的连线”与“作两直线的交点”.

定义 1.38 在射影平面上, 将互换对偶元素的地位和作对偶运算统称为作**对偶变换**.

定义 1.39 在射影平面上, 设已知由点、直线的顺序及其关联关系构成的图形 Σ. 对图形 Σ 作对偶变换, 则得到另一个图形 Σ^*. 称 Σ^* 为 Σ 的**对偶图形**.

显然, 对 Σ^* 作对偶变换将得到图形 Σ, 所以 Σ 与 Σ^* 是一对相互对偶的图形.

回忆 §1.4 关于实射影平面 π 的对偶平面 π^* 的讨论, π 上的图形 Σ 的对偶图形 Σ^* 实际上就是 π^* 上的图形 Σ.

2. 基本对偶图形举例

以下所论图形均指在同一平面上的图形.

(1) 点.	(1)′ 直线.
(2) 点列 (同一直线上点的集合).	(2)′ 线束 (过同一点的直线的集合).
(3) 点场 (同一平面上点的集合).	(3)′ 线场 (同一平面上直线的集合).
(4) **简单 n 点形**. n 个有序的点 (其中无三点共线) 及其两两顺次连线所构成的图形. 这 n 个点称为顶点, n 条直线称为边.	(4)′ **简单 n 线形**. n 条有序的直线 (其中无三线共点) 及其两两顺次相交的交点所构成的图形. 这 n 条直线称为边, n 个交点称为顶点.

对于简单 n 点 (线) 形, 图 1.22 和图 1.23 分别给出了 $n=3$ 和 $n=4$ 的情形. 显然, 对于给定的 n 个点 (或 n 条直线), 由它们所构成的简单 n 点形 (简单 n 线形) 与这 n 个点 (n 条直线) 的排序有关, 不同的排序将得到不同的简单 n 点形 (简单 n 线形). 此外, 这两类图形与初等几何中的多边形也是不同的概念.

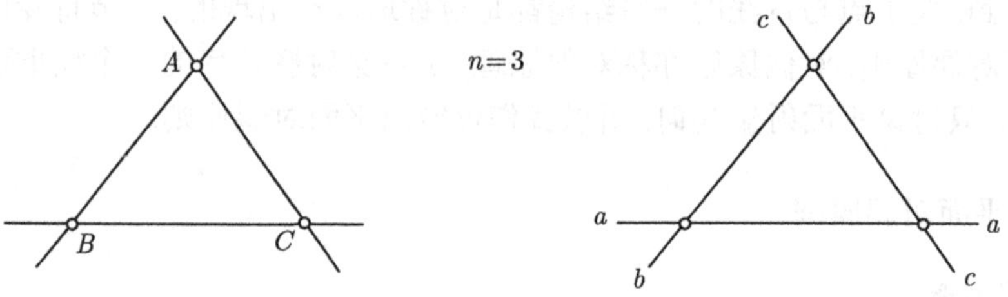

图 1.22　简单三点形 ABC 和简单三线形 abc

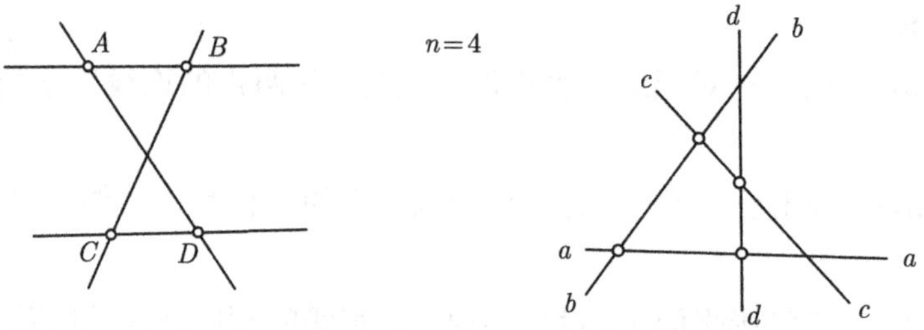

图 1.23　简单四点形 $ABCD$ 和简单四线形 $abcd$

(5)　**完全 n 点形**.　n 个点 (其中无三点共线) 及其每两点连线所构成的图形.

容易看出, 完全 n 点形共有 n 个顶点, $\dfrac{n(n-1)}{2}$ 条边.

(5)′　**完全 n 线形**.　n 条直线 (其中无三线共点) 及其每两条直线的交点所构成的图形.

容易看出, 完全 n 线形共有 n 条边, $\dfrac{n(n-1)}{2}$ 个顶点.

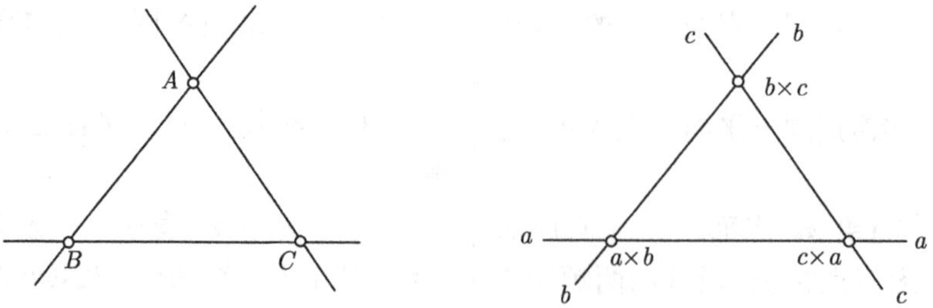

图 1.24　三点形 ABC 与三线形 abc

注意, 完全 n 点 (线) 形与初等几何中的 n 边形没有任何共同之处. 由构造可见, 对于给定的 n 个点 (其中无三点共线) 或 n 条直线 (其中无三线共点), 由其决定的完全 n 点形或完全 n 线形是唯一的, 而与其顶点或边的排序无关.

最常见的例子是 $n=3$, 三点形与三线形 (如图 1.24), 这是一对**自对偶图形**, 今后将不加区别地使用这二概念.

最重要的例子是 $n = 4$, 完全四点形与完全四线形. 因为这一对图形中蕴含着十分重要的射影性质, 其应用将在今后无可避免地反复出现, 一定要熟练地掌握这一对对偶图形. 为此, 我们对照图 1.25 和图 1.26 详细说明完全四点形和完全四线形的各种元素的名称. 在第二章中将专门研究完全四点形和完全四线形的射影性质.

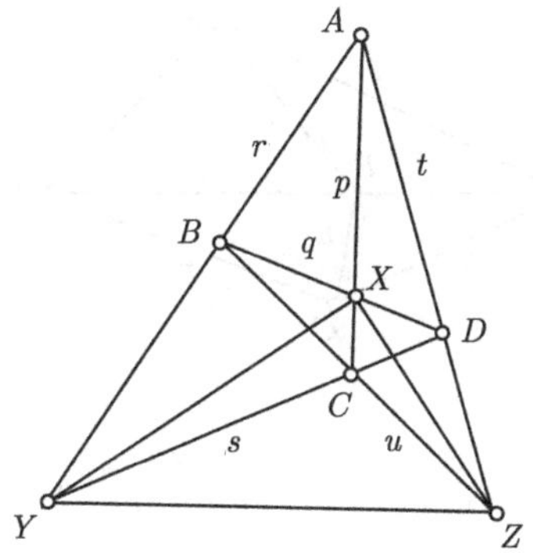

图 1.25 完全四点形 $ABCD$

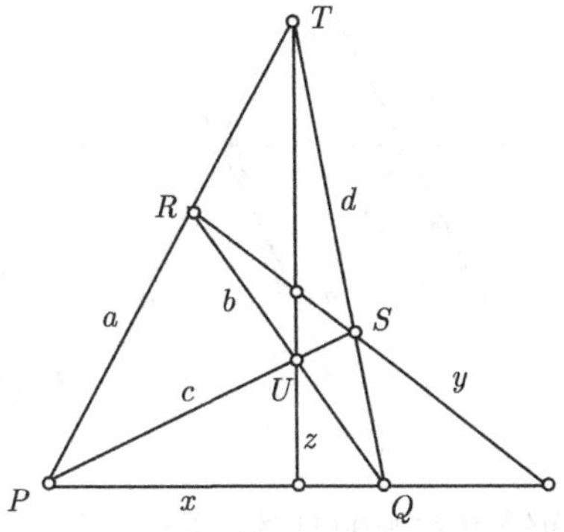

图 1.26 完全四线形 $abcd$

名称 (记号): **完全四点形**$ABCD$

顶点: A, B, C, D (4 个)

边: p, q; r, s; t, u

AC, BD; AB, CD; AD, BC (6 条)

对边: 没有公共顶点的边.

p, q; r, s; t, u (3 组)

对边点: 对边的交点.

X, Y, Z

$p \times q$; $r \times s$; $t \times u$ (3 个)

对边三点形: 三点形 XYZ.

名称 (记号): **完全四线形**$abcd$

边: a, b, c, d (4 条)

顶点: P, Q; R, S; T, U

$a\times c, b\times d$; $a\times b, c\times d$; $a\times d, b\times c$ (6 个)

对顶: 不在同一条边上的顶点.

P, Q; R, S; T, U (3 组)

对顶线: 对顶的连线.

x, y, z

PQ, RS, TU (3 条)

对顶三线形: 三线形 xyz.

注意, 完全四点形的对边三点形与完全四线形的对顶三线形的存在性是需要证明的, 见本节习题 2.

学习对偶图形最常遇到的困难是如何作出已知图形的对偶图形, 下面的例子给出了一个一般的方法.

例 1.11 画出图 1.27 所示两图形的图形的平面对偶图形.

解 一般地, 可按下列步骤来做.

第一步: 观察图形的结构, 找出图形中共有几个点、几条直线, 把这些点和直

线分别标上字母 (如图 1.27).

第二步：分析并列出能够确定已知图形的点与直线的关联关系 (即运算关系).

第三步：翻译. 把上述两步中所列的各元素换成其对偶元素, 各运算换成其对偶运算, 即对已知图形作对偶变换.

第四步：根据第三步所得结果, 画出所求对偶图形.

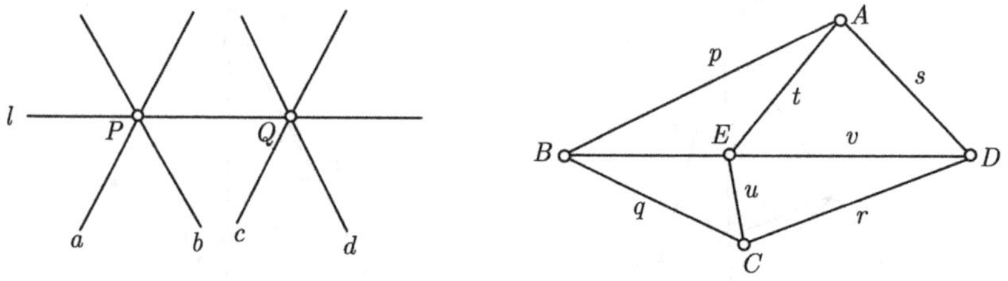

图 1.27

下面给出本例的具体解题过程.

(1) 点：P,Q 2 个

直线：l,a,b,c,d 5 条

关联关系：

(i) P,Q 在 l 上;

(ii) a,b,l 共点于 P, c,d,l 共点于 Q.

(2) 点：A,B,C,D,E 5 个

直线：p,q,r,s,t,u,v 7 条

关联关系：

(i) B,E,D 共线于 v;

(ii) A 分别与 B,E,D 连线为 p,t,s, C 分别与 B,E,D 连线为 q,u,r.

(1)′ 直线：p,q 2 条

点：L,A,B,C,D 5 个

关联关系：

(i)′ p,q 通过 L;

(ii)′ A,B,L 共线于 p, C,D,L 共线于 q.

(2)′ 直线：a,b,c,d,e 5 条

点：P,Q,R,S,T,U,V 7 个

关联关系：

(i)′ b,d,e 共点于 V;

(ii)′ a 分别与 b,e,d 相交于 P,T,S, c 分别与 b,e,d 相交于 Q,U,R.

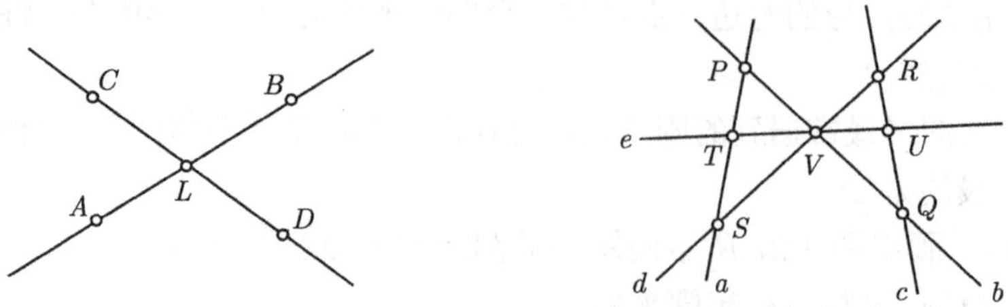

图 1.28

根据上述分析, 作出对偶图形如图 1.28.

3. 平面对偶原则

定义 1.40 在射影平面上, 若命题 P 仅与点和直线的关联、顺序关系以及图形的射影性质有关, 则称 P 为一个**射影命题**.

定义 1.41 在射影平面上, 对于给定的射影命题 P, 对其作对偶变换得到另一个射影命题 P^*, 称 P 与 P^* 为一对**对偶命题**.

容易看出, 射影平面 π 上的射影命题 P 的对偶命题 P^* 就是 π 的对偶平面 π^* 上的射影命题 P.

例 1.12 对偶命题举例.

命题 P 过相异二点有且仅有一条直线.	**命题 P^*** 两相异直线有且仅有一个交点.
命题 P 如果两个三点形的对应顶点连线共点, 则它们的对应边的交点必定共线.	**命题 P^*** 如果两个三线形的对应边交点共线, 则它们的对应顶点的连线必定共点.
命题 P 如果两个完全四点形的五对对应边的交点在同一直线上, 则其第六对对应边的交点也在此直线上, 而且其四对对应顶点的连线交于一点.	**命题 P^*** 如果两个完全四线形的五对对应顶点的连线通过同一点, 则其第六对对应顶点的连线也通过此点, 而且其四对对应边的交点在同一直线上.

由射影平面与其对偶平面的关系, 立刻可得下述重要定理.

定理 1.26 (平面对偶原则) 在任意的射影平面上, 射影命题 P 成立 $\Leftrightarrow$ 射影命题 P^* 成立.

证明 "$\Rightarrow$" 设射影命题 P 在射影平面 π 上成立. 则命题 P 在一切射影平面上成立. 因为 π 的对偶平面 π^* 也是一个射影平面, 所以命题 P 在 π^* 上成立. 而 π^* 上的命题 P 即为 π 上的命题 P^*, 于是命题 P^* 成立.

"$\Leftarrow$" 设射影命题 P^* 对一切射影平面成立. 由 §1.4, 例 1.8 知, $(\pi^*)^* = \pi$, 又据必要性证明, 命题 P 对一切射影平面成立. 证毕.

有了平面对偶原则, 在射影平面上, 我们证明了一个几何命题 (射影命题) 之同时, 也就证明了其对偶命题, 这起到了事半功倍的作用. 此外, 当一个射影命题的证明比较困难时, 可以考虑改证其对偶命题. 而且, §1.3 论及的所谓点几何学观点和线几何学观点也在对偶原则之下被完全统一.

二、代数对偶原则

平面对偶原则最基本的出发点是在平面上的点的集合和直线的集合之间规定了一个一一对应关系. 从而也建立了图形与图形、命题与命题之间的一一对应关系. 我们自然地想到如何代数地实现这个对应, 即代数对偶. 也就是要构造 RP^2

与 $(RP^2)^*$ 之间的一个双射. 为方便计, 我们直接取恒同映射作为所需要的双射, 即规定坐标相同的一对点与直线为代数对偶元素, 从而给出代数对偶原则. 事实上, RP^2 与 $(RP^2)^*$ 之间可以有很多的双射决定代数对偶, 例如将在第四章讨论的配极对偶原则.

下面给出代数对偶的一些基本命题.

(1) 点 (A,B,C)	$(1)'$ 直线 $[A,B,C]$
方程 $Au_1+Bu_2+Cu_3=0$.	方程 $Ax_1+Bx_2+Cx_3=0$.
(2) 点 $(0,0,1)$	$(2)'$ 直线 $[0,0,1]$
方程 $u_3=0$.	方程 $x_3=0$.
(3) 点 $(A,B,0)$	$(3)'$ 直线 $[A,B,0]$
方程 $Au_1+Bu_2=0$.	方程 $Ax_1+Bx_2=0$.
(4)~(9) 定理 1.19~ 定理 1.24.	$(4)'$ ~ $(9)'$ 定理 $1.19'$ ~ 定理 $1.24'$.

读者可以遍查此前所接触过的每一个命题, 判别其是否为一个射影命题, 如果是, 则写出其对偶命题.

习 题 1.5

1. 作出图 1.29 ~ 图 1.32 所示每一图形的对偶图形.

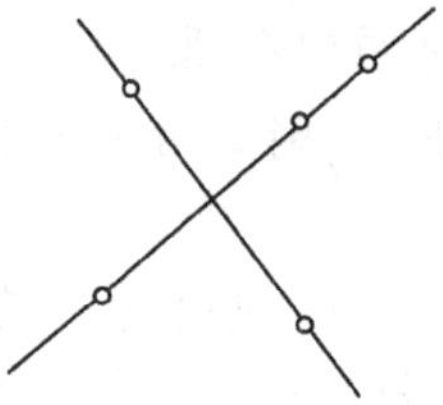

图 1.29

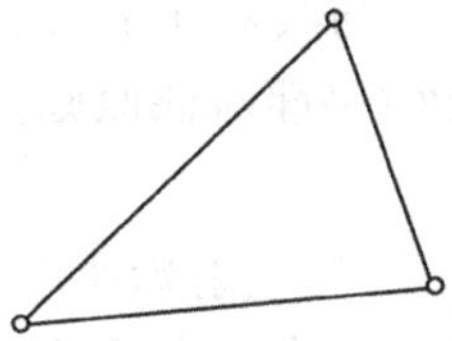

图 1.30

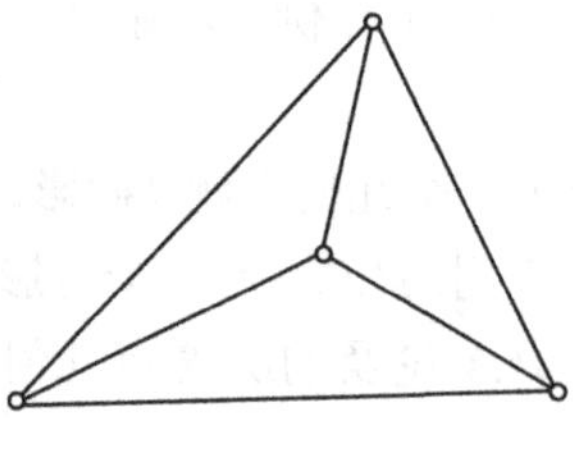

图 1.31

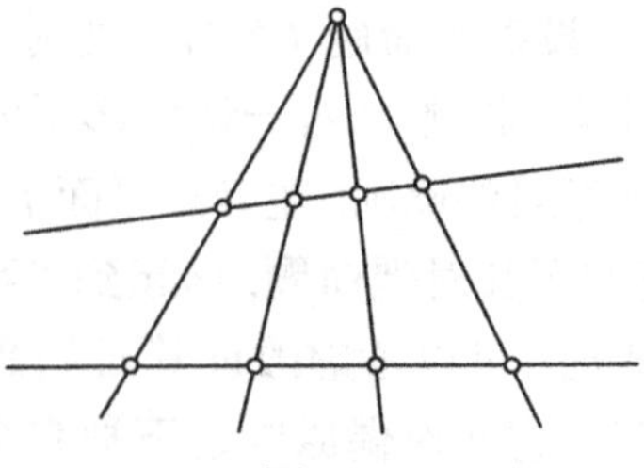

图 1.32

2. 证明**Fano 定理**: 射影平面上任一个完全四点形的三个对边点不共线.

提示: 对于射影平面上的一个完全四点形 $ABCD$, 设其三个对边点为 X,Y,Z. 取射影坐标系 $(ABC|D)$, 证明 X,Y,Z 三点不共线.

3. 写出第 2 题的对偶命题并证明之.

4. 写出下列命题的对偶命题.

设在两条直线 l_1, l_2 上各取定相异三点 A_1, B_1, C_1 和 A_2, B_2, C_2. 求证: B_1C_2 与 B_2C_1 的交点, C_1A_2 与 C_2A_1 的交点, A_1B_2 与 A_2B_1 的交点三点共线 (Pappus 定理).

5. 写出下列命题的对偶命题.

设三点形 ABC 的三边 BC, CA, AB 的坐标分别为 α, β, γ, 又有分别过 A, B, C 的三直线. 求证: 此三直线共点 $\Leftrightarrow$ 其坐标可以表为 $q\beta - r\gamma, r\gamma - p\alpha, p\alpha - q\beta$, 其中 p, q, r 为常数.

6. 下述命题中, 哪一个有对偶命题? 如果有, 请写出.

(1) 平面上相异四点, 其中无三点共线, 有六条直线将它们两两相连.

(2) 平行四边形的对角线相互平分.

(3) 设 A, B, C 为不共线三点, D, E 为相异二点, 满足 B, C, D 共线且 C, A, E 共线. 则存在点 F, 使得 A, B, F 共线且 D, E, F 共线.

(4) 同弧所对的圆周角相等.

7. 写出下列命题的对偶命题.

设 OX, OY, OZ 为三条定直线, A, B 为二定点, 其连线通过点 O, 又点 R 为 OZ 上的动点, 且 RA, RB 分别交 OX, OY 于点 P, Q. 求证: PQ 通过 AB 上的一个定点.

8. 写出下列命题的对偶命题.

设 A, B 为二定点, XY 为定直线. 在 XY 上任取两点 P, Q, 设 AP 交 BQ 于 L, AQ 交 BP 于 M. 求证: LM 通过 AB 上的一个定点.

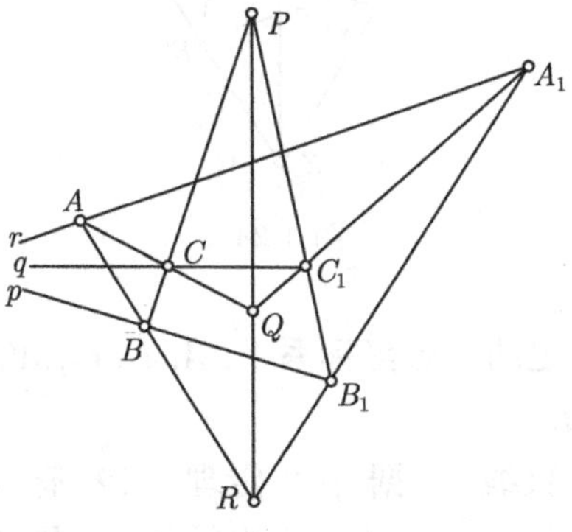

图 1.33

9. 写出下列命题的对偶命题并画出其对偶图形.

如图 1.33, 设有变动的三点形 ABC. 如果其边 BC, CA, AB 分别通过共线的三个定点 P, Q, R, 而且顶点 B, C 分别在定直线 p, q 上, 则顶点 A 也在一条定直线 r 上.

§1.6 Desargues 透视定理

Desargues 透视定理是一个古老而著名的定理, 有着重要的应用.

一、Desargues 透视定理

Desargues 透视定理是下述的一对对偶命题, 因为三点形与三线形是自对偶图形, 这一对对偶命题也恰好互为逆命题.

定理 1.27 如果两个三点形的对应顶点连线共点, 则其对应边的交点必定共线.

定理 1.27′ 如果两个三线形对应边的交点共线, 则其对应顶点的连线必定共点.

证明 根据对偶原则, 我们只需证明上述定理中的一个. 现利用代数法证明定理 1.27.

如图 1.34, 设三点形 ABC 与 $A'B'C'$ 满足 AA', BB', CC' 共点于 O. 设其对应边的交点为 $BC\times B'C'=X$, $CA\times C'A'=Y$, $AB\times A'B'=Z$. 我们来证明 X, Y, Z 三点共线.

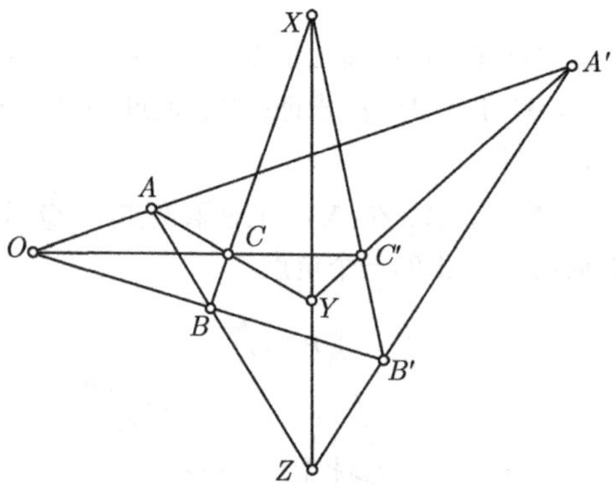

图 1.34

设在平面上的一个取定的射影坐标系下, A, B, C, A', B', C', O 诸点的齐次坐标依次为 a, b, c, a', b', c', d.

因为 A, A', O 在同一直线上, 据 §1.3 定理 1.22, 有 $d=pa-p'a'$. 同理, $d=qb-q'b'$, $d=rc-r'c'$, 其中 $p, p'; q, q'; r, r'$ 为常数. 于是有

$$\begin{cases} qb-rc=q'b'-r'c', \\ rc-pa=r'c'-p'a', \\ pa-qb=p'a'-q'b'. \end{cases} \tag{1}$$

考察 (1) 的第一式, $qb-rc$ 与 $q'b'-r'c'$ 表示同一个点的齐次坐标. 由左边, 此点在 BC 上, 但是由右边, 此点在 $B'C'$ 上, 因此这个点必定是 $BC\times B'C'=X$. 从而, 等式的左右两边均表示点 X 的齐次坐标.

同理, 点 Y 的齐次坐标为 $rc-pa$ 或 $r'c'-p'a'$; 点 Z 的齐次坐标为 $pa-qb$ 或 $p'a'-q'b'$.

注意到 (1) 式两边相加都等于零, 据 §1.3 定理 1.23, X,Y,Z 三点共线. 证毕.

需要指出的是, 如果不借助齐次坐标或空间作图, 仅用综合法不可能在平面上证明 Desargues 透视定理, 只能作为公理.

满足 Desargues 透视定理条件的两个三点形称为是具有透视位置的三点形, 图 1.34 表示了这样一对三点形. 我们称点 O 为三点形 ABC 与 $A'B'C'$ 的透视中心, 而称对应边的交点 X,Y,Z 所在直线为透视轴. 我们也把透视中心和透视轴分别称为**Desargues 点**和**Desargues 线**. 这样, Desargues 定理的一对命题实际上是说"一对对应三点形 (三线形) 具有 Desargues 点 $\Leftrightarrow$ 具有 Desargues 线".

纵观图 1.34, 其中共标出 10 个点和 10 条直线, 通过每个点有三条直线, 在每条直线上有三个点, 图中的每个点与每条直线的地位都是平等的, 我们称此图为**Desargues 构图**. 所谓平等, 是指可以把图中任一个点作为 Desargues 点, (利用图中所标字母) 在图中可找到一对透视的对应三点形, 以指定点为 Desargues 点, 并以 10 条直线之一为 Desargues 线; 反之, 对于图中每一条直线也可做相应的工作. 比如, 以 A' 为 Desargues 点的一对透视三点形为 $OB'C'$ 与 AZY, 其对应的 Desargues 线为直线 BXC.

建议读者将此图中每个点作为 Desargues 点, 找出以它为透视中心的一对对应三点形及其 Desargues 线; 将每条直线作为 Desargues 线, 找出以其为透视轴的一对对应三点形及其 Desargues 点.

二、应用举例

1. 证明共点线和共线点问题

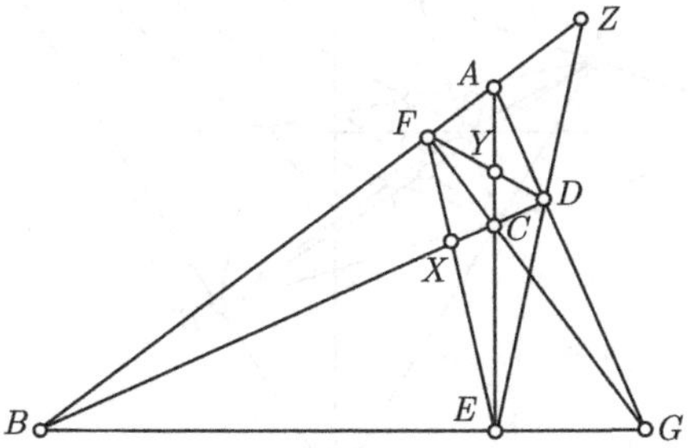

图 1.35

例 1.13 如图 1.35, 设 AD,BE,CF 依次为初等几何平面上的三角形 ABC 的边 BC,CA,AB 上的高线, $BC\times EF=X$, $CA\times FD=Y$, $AB\times DE=Z$. 求

证：X,Y,Z 三点共线.

证明 考察一对对应三点形 ABC 和 DEF, 因为其对应顶点连线即为 $\triangle ABC$ 的三条高线, 故共点于 $\triangle ABC$ 的垂心 G, 即有 Desargues 点 G.

根据 Desargues 透视定理, 其三对对应边的交点 X,Y,Z 三点共线.

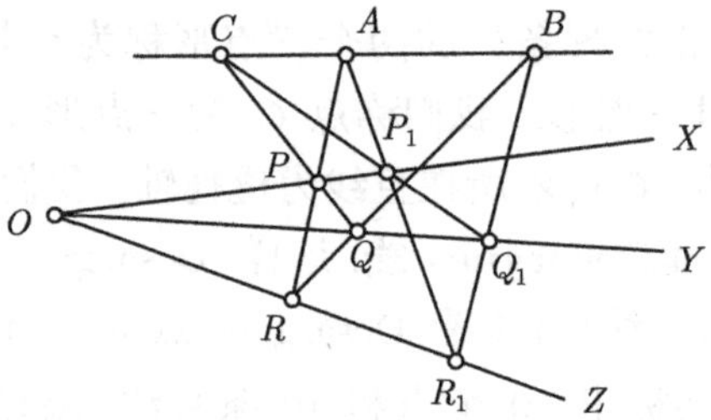

图 1.36

例 1.14 设 OX,OY,OZ 为三条定直线,A,B 为二定点, 点 R 为 OZ 上的动点, 且直线 RA,RB 分别与 OX,OY 交于点 P,Q. 求证: PQ 通过 AB 上的一个定点.

证明 利用 Desargues 透视定理. 如图 1.36, 在 OZ 上另取一点 R_1, 按题意作出 P_1,Q_1. 考察三点形 PQR 与 $P_1Q_1R_1$, 因为其具有透视中心 O, 故其对应边的交点 A,B,C 三点共线, 即 PQ, P_1Q_1, AB 共点于 C, 从而 PQ 过 AB 上的定点 C.

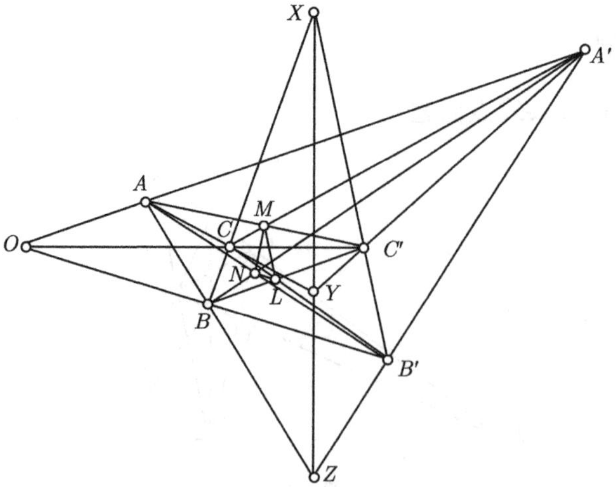

图 1.37

例 1.15 设三点形 ABC 与 $A'B'C'$ 是透视的, $BC'\times B'C=L$, $CA'\times C'A=M$,

$AB' \times A'B = N$ (如图 1.37). 求证:

(1) $BC, B'C', MN$ 共点;

(2) 三点形 ABC, $A'B'C'$ 与 LMN 两两透视.

证明 设三点形 ABC 与 $A'B'C'$ 的 Desargues 点为 O. 考察三点形 BCA' 与 $B'C'A$. 因为 BB',CC', $A'A$ 共点于 O, 据 Desargues 透视定理知, BC 与 $B'C'$ 的交点 X, CA' 与 $C'A$ 的交点 M 以及 BA' 与 $B'A$ 的交点 N 三点共线. 因此, BC, $B'C'$, MN 共点于 X.

同理, $CA, C'A', NL$ 共点于 Y. AB, $A'B'$, LM 共点于 Z. 但是因为三点形 ABC 与 $A'B'C'$ 透视, X, Y, Z 三点共线, 所以三点形 ABC, $A'B'C'$ 与 LMN 都透视. (1), (2) 均得证.

例 1.16 已知完全四点形 $PQRS$(如图 1.38), 其对边三点形为 ABC, 另外, 设 $A_1 = BC \times RQ$, $B_1 = AC \times RP$, $C_1 = AB \times PQ$. 求证: A_1, B_1, C_1 三点共线.

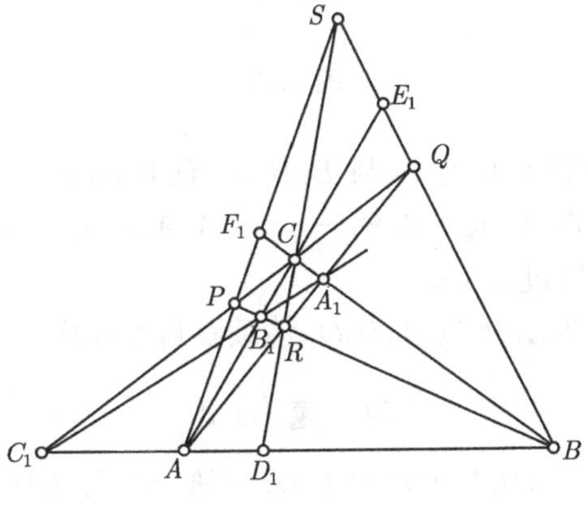

图 1.38

证明 考察三点形 PQR 与 ABC, 因为它们具有 Desargues 点 S, 所以有 Desargues 线为 A_1, B_1, C_1 所共之直线.

由本例引申, 以下三点组: A_1, B_1, C_1; D_1, A_1, E_1; D_1, B_1, F_1; E_1, F_1, C_1 均为共线三点组. 于是, 完全四点形 $PQRS$ 的对边三点形 ABC 分别与四点形的六条边交于六个点 $A_1, B_1, C_1, D_1, E_1, F_1$, 这六个点构成一个完全四线形的六个顶点, 而该完全四线形的对顶三线形与三点形 ABC 重合.

2. 关于不可及点的作图问题

在本书中, 凡几何作图问题, 如无特别声明, 均指仅用无刻度直尺作图.

例 1.17 已知平面上二直线 a, b, P 为不在 a, b 上任一点, 不定出 a, b 的交点 $a \times b$, 过 P 求作直线 c, 使 c 经过点 $a \times b$.

解 作法: (1) 在 a, b 外任取异于点 P 的一点 O, 过 O 作三直线 l_1, l_2, l_3,

设 l_1, l_2 与 a, b 的交点分别为 A_1, A_2 和 B_1, B_2(如图 1.39).

(2) 连 PA_1 交 l_3 于 A_3, 连 PB_1 交 l_3 于 B_3.

(3) 连 A_2A_3, B_2B_3 交于 Q.

(4) 直线 PQ 为所求.

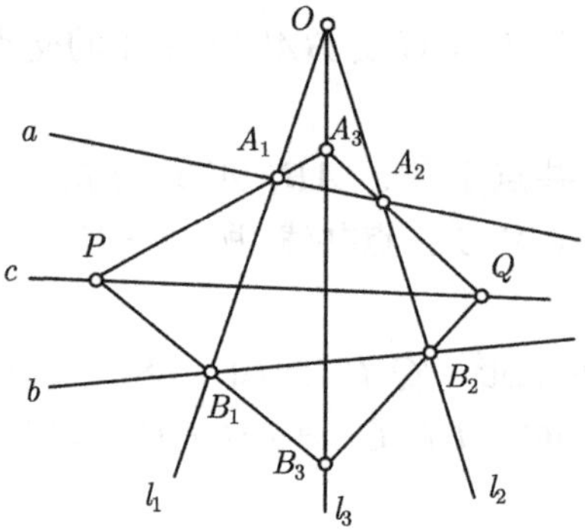

图 1.39

证明: 由作法, 三点形 $A_1A_2A_3$ 与 $B_1B_2B_3$ 有 Desargues 点 O, 据 Desargues 透视定理, 其对应边的交点 $A_1A_2 \times B_1B_2 = a \times b$, $A_2A_3 \times B_2B_3 = Q$, $A_3A_1 \times B_3B_1 = P$ 三点共线, 即 $c = PQ$ 经过 $a \times b$.

或者考察三点形 A_1B_1P 与 A_2B_2Q, 请读者自行完成.

习 题 1.6

1. 如图 1.40, 设直线 AB 与 CD 交于 U, 直线 AC 与 BD 交于 V, 直线 UV 分别交 AD,BC 于 F,G, 直线 BF 交 AC 于 L. 证明: 三直线 LG,CF,AU 共点.

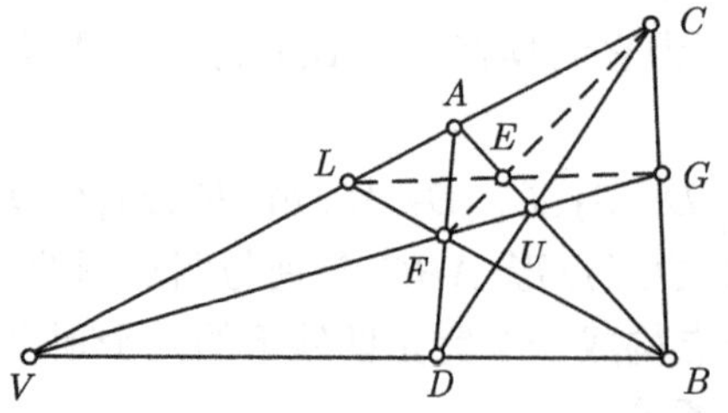

图 1.40

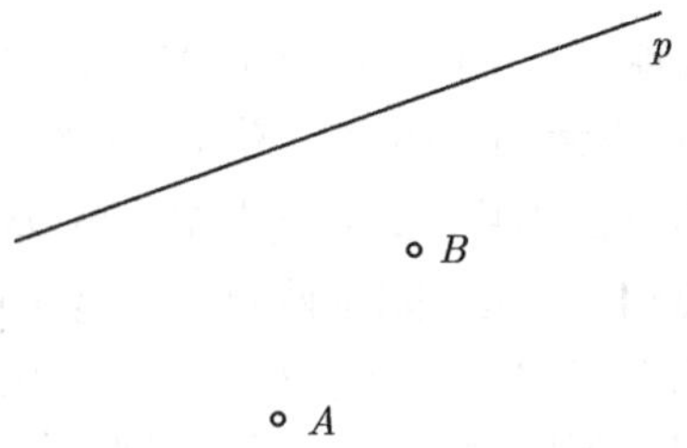

图 1.41

2. 如图 1.41, 已知射影平面上一条直线 p 以及不在 p 上的相异二点 A, B. 不允许连结 AB, 求作直线 AB 与 p 的交点 C.

3. 如图 1.42, 设 a, b, c, d 为平面内四条直线, 不允许先作出 a, b 的交点和 c, d 的交点, 求作一直线 l, 使得 l 通过这两个交点.

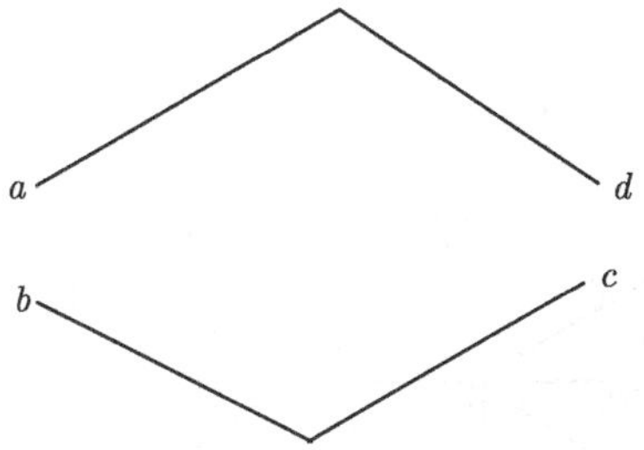

图 1.42

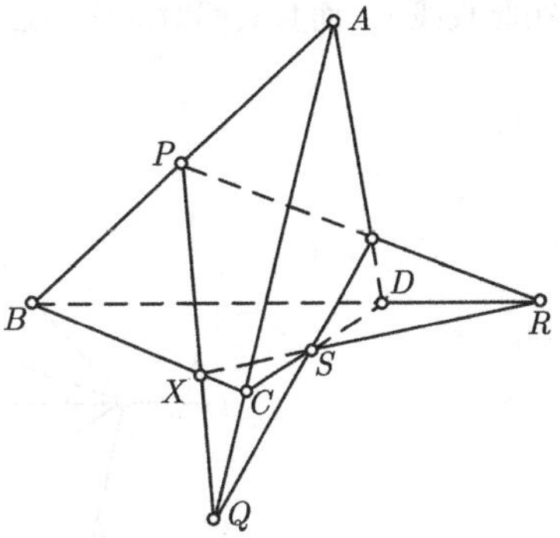

图 1.43

4. 如图 1.43, 设 $ABCD$ 是初等几何中的一个四面体, 点 X 在 BC 上, 一直线通过 X 分别交 AB, AC 于 P,Q. 另一直线通过 X 分别交 DB,DC 于 R,S. 求证: PR 与 QS 的交点在 AD 上.

5. 设三个共面的三点形是两两透视的且有公共的 Desargues 点. 证明: 三条 Desargues 线共点.

6. 如图 1.44, 设 A,B,C 为不共线三点, P 是过 C 的一条定直线上的动点, $AP\times BC=X$, $AC\times BP=Y$. 求证: XY 通过一个定点.

思考: 将本题与例 1.13 相比较, 你想到了什么?

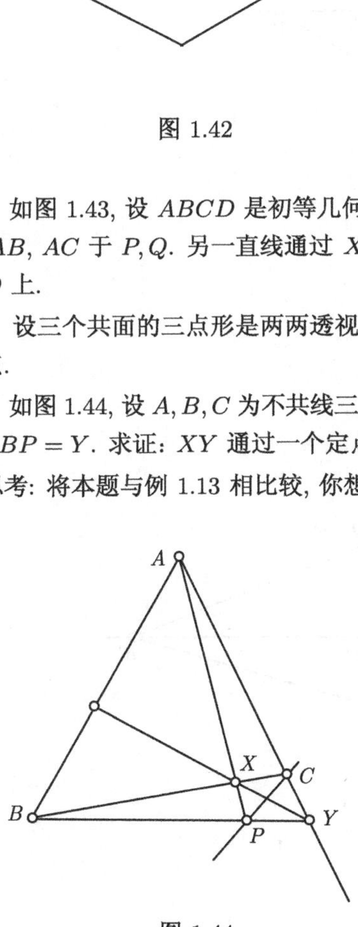

图 1.44

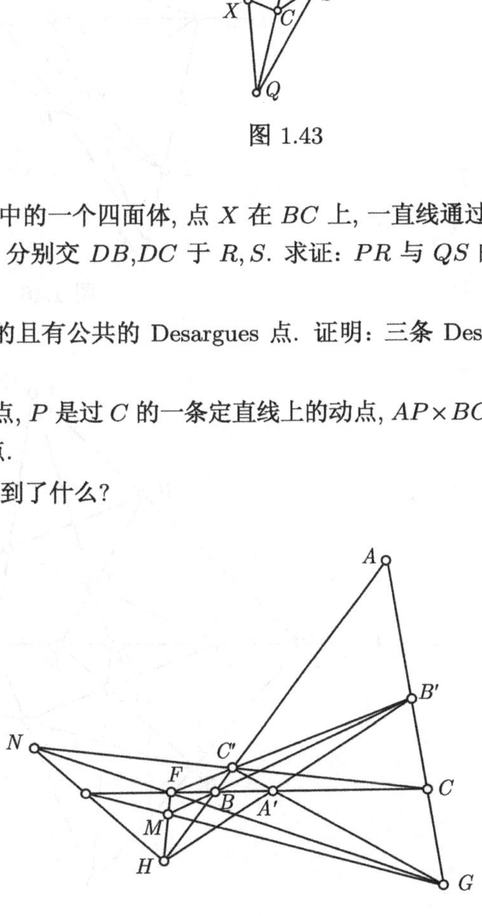

图 1.45

7. 如图 1.45, 设有三点形 ABC, 在其三边 BC,CA,AB 上分别取点 A',B',C'. 设 $B'C'\times BC=F$, $C'A'\times CA=G$, $A'B'\times AB=H$. 又 $FH\times BB'=M$, $FG\times CC'=N$. 证明: 三直线 MG,NH,BC 共点.

8. 如图 1.46, 已知两个完全四点形 $ABCD$ 与 $A'B'C'D'$ 具有两个公共的对边点 P_1,P_2 在直线 l 上, 且第三双对边中 $AC,A'C'$ 与 l 共点于 P_3. 求证: BD, $B'D'$, l 共点于 P_4.

9. 求证: 如果两个完全四点形的五对对应边的交点在同一直线上, 则其第六对对应边的交点也在此直线上, 而且其四对对应顶点的连线交于一点 (如图 1.47).

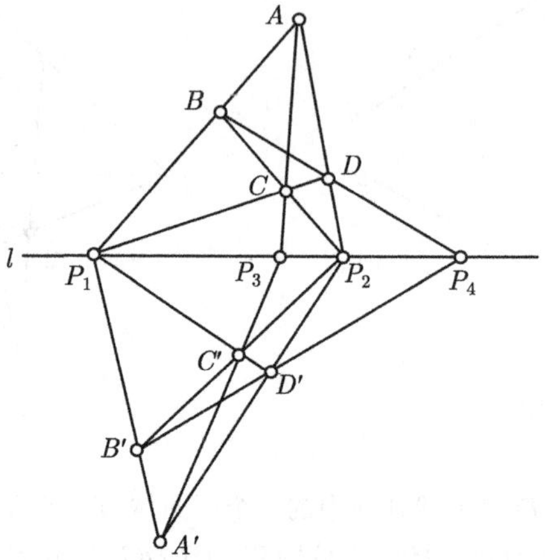

图 1.46

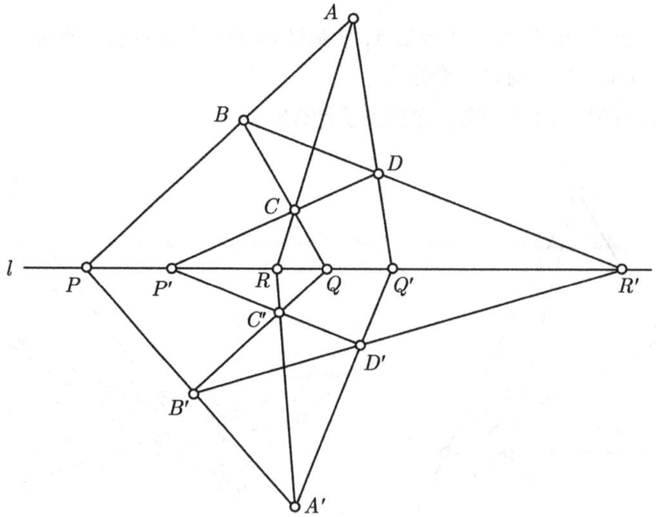

图 1.47

10. 利用 Desargues 透视定理证明初等几何命题: 三角形的三条中线共点.

11. 设平行四边形 $EFGH$ 的顶点分别在另一个平行四边形 $ABCD$ 的各边上. 利用 Desargues 透视定理证明: 这两个平行四边形的四条对角线共点.

12. 在拓广平面上, 若两个三点形的 Desargues 点是无穷远点或 Desargues 线是无穷远直线, 问根据 Desargues 透视定理能够得到什么命题?

第二章　射影变换

本章首先定义交比这一最基本的射影不变量, 然后分别讨论一维与二维射影变换及其基本性质.

§2.1　交　比

交比是最基本的射影不变量, 其他所有射影不变量都将与交比有关, 今后将要学习的射影几何内容, 几乎都与交比有着密切的联系. 我们用代数的方法给出交比的定义, 并建立其初等几何意义, 同时给出交比的一些简单应用.

一、点列中四点的交比

1. 定义

定义 2.1　设 P_1, P_2, P_3, P_4 为点列 $l(P)$ 中四点, 且 $P_1 \neq P_2$, 其齐次坐标分别为 a, b, $a+\lambda_1 b$, $a+\lambda_2 b$. 记 (P_1P_2, P_3P_4) 表示由这四点构成的一个**交比**, 定义为

$$(P_1P_2, P_3P_4) = \frac{\lambda_1}{\lambda_2}. \tag{2.1}$$

称 P_1, P_2 为**基点偶**, P_3, P_4 为**分点偶**.

定义 2.1 以前两个点为基点对后两点的坐标作非齐次参数表示. 事实上, 点列中的四点可以由该点列中任何取定的相异二点为基点作非齐次参数表示, 利用齐次坐标的性质可以证明下述结论.

定理 2.1　设点列 $l(P)$ 中四点 P_i 的坐标依次为 $a+\lambda_i b (i=1,2,3,4, \lambda_1 \neq \lambda_2)$, 其中 a, b 为 $l(P)$ 中取定的相异二点 A, B 的齐次坐标. 则

$$(P_1P_2, P_3P_4) = \frac{(\lambda_1-\lambda_3)(\lambda_2-\lambda_4)}{(\lambda_2-\lambda_3)(\lambda_1-\lambda_4)}. \tag{2.2}$$

证明　设 $a+\lambda_1 b = a', a+\lambda_2 b = b'$. 则

$$a = \frac{a'\lambda_2 - b'\lambda_1}{\lambda_2-\lambda_1}, \qquad b = \frac{b'-a'}{\lambda_2-\lambda_1}.$$

于是 P_1, P_2, P_3, P_4 的坐标可表示为

$$a', \quad b', \quad \frac{\lambda_2-\lambda_3}{\lambda_2-\lambda_1}a' + \frac{\lambda_3-\lambda_1}{\lambda_2-\lambda_1}b', \quad \frac{\lambda_2-\lambda_4}{\lambda_2-\lambda_1}a' + \frac{\lambda_4-\lambda_1}{\lambda_2-\lambda_1}b',$$

或者

$$a', \quad b', \quad a' + \frac{\lambda_3-\lambda_1}{\lambda_2-\lambda_3}b', \quad a' + \frac{\lambda_4-\lambda_1}{\lambda_2-\lambda_4}b'.$$

由定义 2.1, 有

$$(P_1P_2, P_3P_4) = \frac{(\lambda_1-\lambda_3)(\lambda_2-\lambda_4)}{(\lambda_2-\lambda_3)(\lambda_1-\lambda_4)}.$$

2. 交比的简单性质

由定义 2.1 或者定理 2.1 可知, 共线四点的交比与点在交比记号中的次序有关, 改变次序, 就得到由这四点所构成的另一个交比. 点列中的四个点按其在交比记号中的不同次序所构成的两个交比一般不会相等. 所以, 相异四点应可构成 $4! = 24$ 个交比, 我们来探讨它们之间的关系.

设 $(P_1P_2, P_3P_4) = r$, 根据定义 2.1 或定理 2.1 可以证明, 当改变交比记号中点的次序时, 取定共线四点的交比有如下变化规律.

定理 2.2 改变共线四点在交比记号中的位置时, 四点的交比的变化情况如下:

(1) 交换基点偶与分点偶的位置或同时交换基点偶与分点偶中两点的位置所得交比相等.

(2) 仅交换基点偶或分点偶中二点的位置, 共线四点的交比由 r 变为 $1/r$; 仅交换交比记号中的中间或首尾二点的位置, 共线四点的交比由 r 变为 $1-r$.

由定理 2.2 可以推知, 共线四点构成的 24 个交比可以分为 6 组, 每组 4 个相等. 我们列出这 6 组交比如下, 读者不必背诵它, 关键是熟悉定理 2.2. 为方便计, 简记 $1,2,3,4$ 表示 P_1, P_2, P_3, P_4.

$$\begin{aligned}
r &= (12,34) = (34,12) = (21,43) = (43,21),\\
\frac{1}{r} &= (21,34) = (34,21) = (43,12) = (12,43),\\
1-r &= (13,24) = (24,13) = (42,31) = (31,42),\\
\frac{1}{1-r} &= (31,24) = (24,31) = (42,13) = (13,42),\\
1-\frac{1}{r} &= (14,23) = (23,14) = (32,41) = (41,32),\\
\frac{r}{r-1} &= (41,23) = (23,41) = (32,14) = (14,32).
\end{aligned} \tag{2.3}$$

一个非常有趣的事实是, 如果我们把定理 2.2 中的 (1),(2) 两个动作称为一种运算, 作用于集合

$$\mathcal{C} = \left\{ r, \frac{1}{r}, 1-r, \frac{1}{1-r}, 1-\frac{1}{r}, \frac{r}{r-1} \right\}$$

上, 我们将会发现, 这种运算对于集合 $\mathcal{C}$ 是封闭的.

在定理 2.2 的基础上可以看出, 在定义 2.1 和定理 2.1 中, 我们不必一定强调 P_1, P_2 相异, 可以将条件降低到要求四个点中有任何两点相异即可. 因此, 我们可以直接把 (2.2) 式作为点列中四点交比的定义.

由定理 2.1, 假定我们在直线上取齐次笛氏坐标系, 并且假定所论四点均为有穷远点, 则其中的参数 λ_i 可视为点 P_i 到原点的有向距离, 于是由定理 2.1 可以推出交比的初等几何表示

$$(P_1P_2, P_3P_4) = \frac{P_1P_3 \cdot P_2P_4}{P_2P_3 \cdot P_1P_4}. \tag{2.4}$$

上式的右边均为有向线段.

从交比的初等几何表示出发, 我们可以进一步体会 §1.2 所引入的共线四点的分离性概念. 对于直线 l 上的相异四点 P_1, P_2, P_3, P_4, 点偶 P_3, P_4 分离点偶 P_1, P_2 的充要条件是 $(P_1P_2, P_3P_4) < 0$.

3. 共线四点的调和比

利用定理 2.1 不难证明下列结论.

定理 2.3 构成交比的四点中有某二点相同 $\Leftrightarrow$ 这四点的交比值出现 $1, 0, \infty$ 三者之一.

于是, 对于其中有两个点相同的四点的交比, 定理 2.2 中的 6 个不同的交比值又变为 3 组, 即只有 3 个不同的值 $1, 0, \infty$.

定义 2.2 若 $(P_1P_2, P_3P_4) = -1$, 则称 P_1, P_2, P_3, P_4 依此次序构成**调和点组**, 并称此交比为**调和比**.

对于定义 2.2 中的四点, 我们也称点偶 P_1, P_2 与 P_3, P_4(相互) **调和共轭**, 称点偶 P_1, P_2 与 P_3, P_4(相互) **调和分离**, 或称点 P_4 为 P_1, P_2, P_3 的**第四调和点**.

推论 2.1 若 $(P_1P_2, P_3P_4) = -1$, 则 P_1, P_2, P_3, P_4 四点互异.

推论 2.2 相异四点组 P_1, P_2, P_3, P_4 可以按某 次序构成调和点组 $\Leftrightarrow$ 这四点所构成的 6 个交比值变成 3 个, 分别为: $-1, \frac{1}{2}, 2$.

事实上, 如果 $r = -1$, 则

$$\frac{1}{r} = r = -1; \qquad 1 - r = 1 - \frac{1}{r} = 2; \qquad \frac{r}{r-1} = \frac{1}{1-r} = \frac{1}{2}.$$

也就是说, 这 6 个交比值又两两相等分为 3 组.

调和比是最重要的一种交比. 今后将要学习的许多射影性质, 都将与调和比有关.

在 (2.4) 中, 若令 $P_4 = P_\infty$, 则可以合理地认为有向线段 P_1P_∞ 与 P_2P_∞ 的长度相等, 即 $\frac{P_1P_\infty}{P_2P_\infty} = 1$. 于是, 在初等几何意义下, 前三点为有穷远点而第四点为

无穷远点的交比就等于 §1.1 所定义的前三个有穷远点的简单比. 此时, 若 P_3 为线段 P_1P_2 的中点, 则 $\dfrac{P_1P_3}{P_2P_3}=-1$, 于是, 我们有

推论 2.3　设 P_1,P_2,P 为共线的通常点, P_∞ 为此直线上的无穷远点, 则

$$(P_1P_2,PP_\infty)=\frac{P_1P}{P_2P}=(P_1P_2P),$$

即为共线三点的简单比. 而且 P 为线段 P_1P_2 的中点 $\Leftrightarrow (P_1P_2,PP_\infty)=-1$.

4. 求共线四点的交比

利用交比的定义, 若已知共线四点的齐次坐标, 不难求出其交比.

例 2.1　已知四点 $P_1(3,1,1),P_2(7,5,1),Q_1(6,4,1),Q_2(9,7,1)$. 求交比 (P_1P_2,Q_1Q_2).

解　第一步, 验证 P_1,P_2,Q_1,Q_2 四点共线 (此步不可省, 否则若不共线则交比无定义).

第二步, 以 P_1,P_2 为基点, 参数表示 Q_1,Q_2. 对于 Q_1, 设 $\rho_1Q_1=P_1+\lambda_1P_2$, 即

$$\rho_1\begin{pmatrix}6\\4\\1\end{pmatrix}=\begin{pmatrix}3\\1\\1\end{pmatrix}+\lambda_1\begin{pmatrix}7\\5\\1\end{pmatrix}\qquad(\text{其中 }\rho_1\neq 0\text{ 为比例常数}),$$

解之可得 $\lambda_1=3,\rho_1=4$. 重新取 $4Q_1$ 为 Q_1 的齐次坐标, 得 $Q_1=P_1+3P_2$.

同理, 对于 Q_2, 设 $\rho_2Q_2=P_1+\lambda_2P_2$, 可得 $\lambda_2=-3$, 即 $Q_2=P_1-3P_2$. 所以

$$(P_1P_2,Q_1Q_2)=\frac{3}{-3}=-1.$$

定理 2.4　设 $P_i\in l(P)\ \ (i=1,2,3,4)$, 并已知

$$(P_1P_2,P_3P_4)=k\qquad(k\neq 0,1,\infty)$$

和其中三点的坐标, 则可唯一确定第四点的坐标.

例 2.2　已知 $(P_1P_2,P_3P_4)=2$ 且 P_1,P_2,P_4 的齐次坐标依次为 $(1,1,1)$, $(1,-1,1)$, $(1,0,1)$. 求 P_3 的坐标.

解　显然 $P_4=P_1+P_2$, 设 $P_3=P_1+\lambda P_2$, 则

$$(P_1P_2,P_3P_4)=\frac{\lambda}{1}=2,$$

所以, $\lambda=2$. 于是 P_3 的坐标为 $(3,-1,3)$.

推论 2.4 设 P_0, P_1, P_* 为点列 $l(P)$ 上取定的相异三点, P 为 $l(P)$ 上的任意点. 则以 P 为第四点的交比成为一个映射

$$(P_*P_0, P_1-): l(p) \to \overline{\mathbf{R}}, P \mapsto (P_*P_0, P_1P)$$

是点列 $l(P)$ 与 $\overline{\mathbf{R}}$ 之间的一个双射.

在推论 2.4 的对应下, 显然当 $P = P_*$ 时, $x = \infty$; 当 $P = P_0$ 时, $x = 0$; 当 $P = P_1$ 时, $x = 1$. 由此我们可以利用交比定义点列 (射影直线) 上的一种非齐次射影坐标. 相应于笛氏非齐次坐标, 此时点 P_*, P_0, P_1 分别相当于无穷远点、原点和单位点.

二、线束中四直线的交比

设在平面上取定了射影坐标, 则线束 $S(p)$ 中的任一直线 p, 都有了射影坐标 $p[p_1, p_2, p_3]$. 这里, 我们用同一个字母表示这条直线和它的齐次坐标. 在线束 $S(p)$ 中任意取定相异二直线 a, b, 由定理 1.22′, 经过与 §1.3 关于直线上的齐次坐标系以及直线上点的非齐次参数表示完全对偶的讨论可知, 线束中任一直线 p 的齐次坐标必可表为 $p = a + \lambda b$ 的形式, 其中 $\lambda \in \overline{\mathbf{R}}$ 为**参数**. 称为以 a, b 为**基线**的线束 $S(p)$ 的**非齐次参数表示**. 根据对偶原则, 可以直接给出线束中四直线交比的定义.

1. 线束中四直线交比的定义

定义 2.3 设 p_1, p_2, p_3, p_4 为线束 $S(p)$ 中的四直线, 且 $p_1 \neq p_2$. 其齐次坐标依次为 a, b, $a+\lambda_1 b$, $a+\lambda_2 b$, 记 (p_1p_2, p_3p_4) 表示由这四条直线构成的一个**交比**, 定义为

$$(p_1p_2, p_3p_4) = \frac{\lambda_1}{\lambda_2}. \tag{2.5}$$

定理 2.5 设线束 $S(p)$ 中四直线 p_i 的坐标依次为 $a+\lambda_i b (i = 1, 2, 3, 4, \lambda_1 \neq \lambda_2)$, 其中 a, b 为 $S(p)$ 中取定的相异二直线. 则

$$(p_1p_2, p_3p_4) = \frac{(\lambda_1 - \lambda_3)(\lambda_2 - \lambda_4)}{(\lambda_2 - \lambda_3)(\lambda_1 - \lambda_4)}. \tag{2.6}$$

2. 交比为射影不变量

定理 2.6 设线束 $S(p)$ 中四直线 p_i 被直线 s 截于四点 P_i $(i = 1, 2, 3, 4)$, 则

$$(p_1p_2, p_3p_4) = (P_1P_2, P_3P_4). \tag{2.7}$$

证明 如图 2.1, 设直线 p_1, p_2, p_3, p_4 的坐标分别为 $a, b, a+\lambda_1 b, a+\lambda_2 b$, 又直线 s 的坐标为 c. 由定理 1.20′ 以及行列式的性质, 易求出点 P_i 的齐次坐标依次为

$$P_1\left(\begin{vmatrix} a_2 & a_3 \\ c_2 & c_3 \end{vmatrix}, \begin{vmatrix} a_3 & a_1 \\ c_3 & c_1 \end{vmatrix}, \begin{vmatrix} a_1 & a_2 \\ c_1 & c_2 \end{vmatrix}\right), P_2\left(\begin{vmatrix} b_2 & b_3 \\ c_2 & c_3 \end{vmatrix}, \begin{vmatrix} b_3 & b_1 \\ c_3 & c_1 \end{vmatrix}, \begin{vmatrix} b_1 & b_2 \\ c_1 & c_2 \end{vmatrix}\right),$$

$$P_3(P_1+\lambda_1 P_2),\qquad P_4(P_1+\lambda_2 P_2).$$

于是

$$(p_1p_2,p_3p_4)=\frac{\lambda_1}{\lambda_2}=(P_1P_2,P_3P_4).$$

证毕.

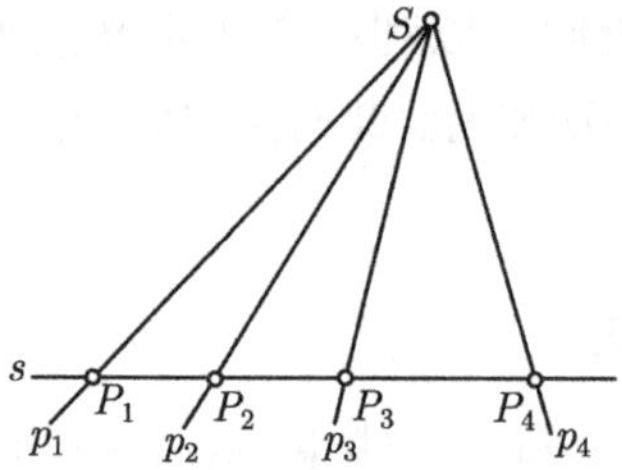

图 2.1

由上述结论可以断言, 交比在中心射影下保持不变, 于是有下列定理.

定理 2.7 交比为射影不变量.

从此, 直线交比问题都可转化为点的交比问题来处理, 反之亦然. 而且, 前面讨论的关于点列中四点交比的一些性质对于线束中四直线的交比都适用. 例如, 关于 24 个交比、关于交换直线在交比记号中的次序交比值的改变与不改变的情况、**调和直线组**等等, 读者可以自行列出这些内容, 今后我们将直接使用共点四直线交比的有关性质.

3. 四直线交比的初等几何意义

(1) 通常线束中四直线交比的斜率表示

设点 S 的笛氏直角坐标为 (x_0,y_0). 则以 $x=x_0,y=y_0$ 为基线, 线束 $S(p)$ 中的任意直线 p 的方程都可用其负斜率 $-k$ 为参数表示为 $(y-y_0)+(-k)(x-x_0)=0$, 其中 $k\in\overline{\mathbf{R}}$. 从而我们有下列定理.

定理 2.8 对于通常线束中以 k_i 为斜率的四直线 p_i $(i=1,2,3,4)$, 我们有

$$(p_1p_2,p_3p_4)=\frac{(k_1-k_3)(k_2-k_4)}{(k_2-k_3)(k_1-k_4)}.\tag{2.8}$$

(2) 通常线束中四直线交比的三角函数表示

设通常线束 $S(p)$ 中四直线 p_i 与 x 轴正向的夹角为 α_i $(i=1,2,3,4)$. 则 $k_i=\tan\alpha_i$. 代入 (2.8) 式, 并利用三角函数的性质化简可得下述结论.

定理 2.9 设 p_1,p_2,p_3,p_4 为通常平面上线束 $S(p)$ 中的四直线. 则

$$(p_1p_2,p_3p_4)=\frac{\sin(p_1p_3)\sin(p_2p_4)}{\sin(p_2p_3)\sin(p_1p_4)}.\tag{2.9}$$

其中, (p_ip_j) 表示自直线 p_i 到直线 p_j 的角.

推论 2.5 设 $p_i(i=1,2,3,4)$ 为通常线束中的四直线. 则 p_3,p_4 平分 p_1,p_2 所成的一对角 $\Leftrightarrow (p_1p_2,p_3p_4)=-1$, 且 $p_3\perp p_4$.

4. 四直线交比的计算

一般地, 若已知平面上四直线的坐标求其交比, 则首先验证这四直线是否共点, 然后以其中二直线为基线参数表示另外二直线, 即可利用定义 2.3 求出交比. 特别地, 由定理 2.6, 可以任取一直线截此四直线得四个截点 (一般可取特殊直线, 使得截点坐标简单), 求出这四点的交比.

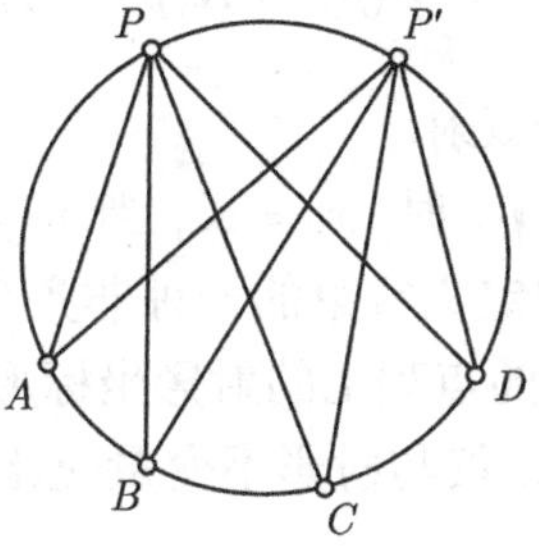

图 2.2

例 2.3 设 A,B,C,D 为圆上四定点, P 为圆上任意一点.

求证:$P(AB,CD)=$ 常数①.

证明 如图 2.2, 设 P,P' 为点 P 的任意两个不同的位置. 利用同弧上的圆周角相等和四直线交比的三角函数表示, 立刻可得结论.

与点列中四点交比的讨论完全对偶, 我们有下列定理

定理 2.10 设 $p_i\in S(p)$ $(i=1,2,3,4)$, 并已知

$$(p_1p_2,p_3p_4)=k \qquad (k\neq 0,1,\infty)$$

和其中三直线的坐标. 则第四直线的坐标可据此唯一确定.

例 2.4 已知直线 l_1,l_2,l_4 的坐标依次为 $a=[3,1,1],b=[7,5,1],d=[9,7,1]$, 且 $(l_1l_2,l_3l_4)=-1$. 求 l_3 的方程.

解 l_4 的坐标 d 可以由 l_1,l_2 的坐标参数表示为 $d=a-3b$. 设 l_3 的坐标为 $c=a+\lambda b$. 则因为

$$(l_1l_2,l_3l_4)=\frac{\lambda}{-3}=-1\Leftrightarrow\lambda=3.$$

①为书写简便, 我们用记号 $P(AB,CD)$ 表示 $(PA,PB;PC,PD)$.

所以 l_3 的坐标为

$$c=[3,1,1]+3[7,5,1]=[24,16,4]\equiv[6,4,1].$$

l_3 的方程为

$$6x_1+4x_2+x_3=0.$$

推论 2.6 设 p_0,p_1,p_* 为线束 $S(p)$ 中取定的相异三直线, p 为 $S(p)$ 中的任意直线. 则以 p 为第四直线的交比成为一个映射

$$(p_*p_0,p_1-):S(p)\to\overline{\mathbf{R}},p\mapsto(p_*p_0,p_1p)$$

是线束 $S(p)$ 与 $\overline{\mathbf{R}}$ 之间的一个双射.

在此对应下, 显然当 $p=p_*$ 时, $x=\infty$, 当 $p=p_0$ 时, $x=0$, 当 $p=p_1$ 时, $x=1$. 由此我们可以利用交比定义线束的一种非齐次射影坐标. 显然, 这样定义的射影坐标与前面利用交比定义的点列上的射影坐标形式上完全一致. 从而可以得到一维基本形上统一的射影坐标, 仅与射影不变量交比有关.

习 题 2.1

1. 设 $P_1(2,1,-1)$, $P_2(1,-1,1)$, $P_3(1,0,0)$, $P_4(1,5,-5)$. 证明: P_1,P_2,P_3,P_4 四点共线并求 (P_1P_2,P_3P_4).

2. 设 P_1,P_2 分别是 x 轴, y 轴上的无穷远点, P_3 是斜率为 1 的方向上的无穷远点, 且 $(P_1P_2,P_3P_4)=r$. 求 P_4 的齐次坐标.

3. 设 $1,2,3,4,5,6$ 是六个不同的有穷远共线点. 证明:

(1) $(12,34)(12,45)(12,53)=1$;

(2) $(12,34)(12,56)=(12,36)(12,54)$;

(3) 如果 $(12,34)=(14,32)$, 则 $(13,24)=-1$.

4. 设 A,B,P,Q,R 是相异的有穷远共线点, 而且 $(PA,QB)=(QR,AB)=-1$. 证明: $(PR,AB)=-2$.

5. 设直线 l_1,l_2,l_3,l_4 的方程如下, 证明它们共点并求交比 (l_1l_2,l_3l_4).

(1) $2x_1-x_2+x_3=0$, $3x_1+x_2-2x_3=0$, $7x_1-x_2=0$, $5x_1-x_3=0$;

(2) $x_1-x_2=0$, $2x_1+x_2=0$, $x_1+x_2=0$, $3x_1-x_2=0$;

(3) $x_1-x_2=0$, $3x_1-x_2-2x_3=0$, $x_1-3x_2+2x_3=0$, $x_1-x_3=0$.

6. 设直线 l_1,l_3,l_4 的方程分别为

$$2x_1+x_2-x_3=0,\quad x_1-x_2+x_3=0,\quad x_1=0,$$

而且 $(l_1l_2,l_3l_4)=-\dfrac{2}{3}$, 求 l_2 的方程.

7. 证明: 两直线 $a_1x^2+2h_1xy+b_1y^2=0$ 调和分离两直线 $a_2x^2+2h_2xy+b_2y^2=0$ 的充要条件是 $a_1b_2+a_2b_1-2h_1h_2=0$.

提示：注意 $\dfrac{(\lambda_1-\lambda_3)(\lambda_2-\lambda_4)}{(\lambda_2-\lambda_3)(\lambda_1-\lambda_4)}=-1$ 与 $2(\lambda_1\lambda_2+\lambda_3\lambda_4)=(\lambda_1+\lambda_2)(\lambda_3+\lambda_4)$ 等价并应用韦达定理.

8. 求两直线 $ax^2+2hxy+by^2=0$ 所成角的内外平分线方程.

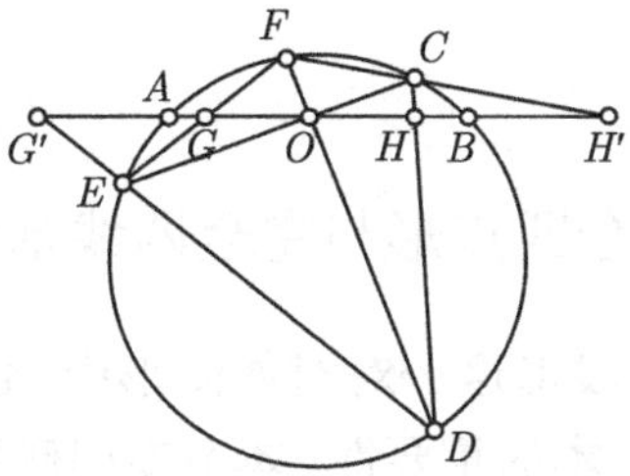

图 2.3

9. 证明“**蝴蝶定理**”：如图 2.3, 过一圆的弦 AB 的中点 O 任作其他二弦 CE, DF, 连 EF, CD 交 AB 于 G, H, 则 $GO=OH$.

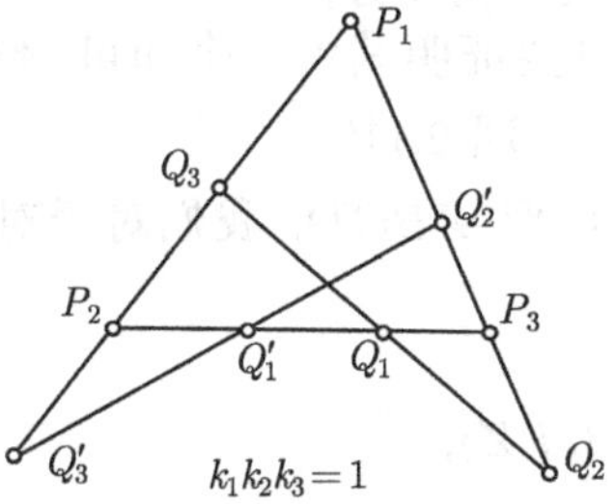

图 2.4

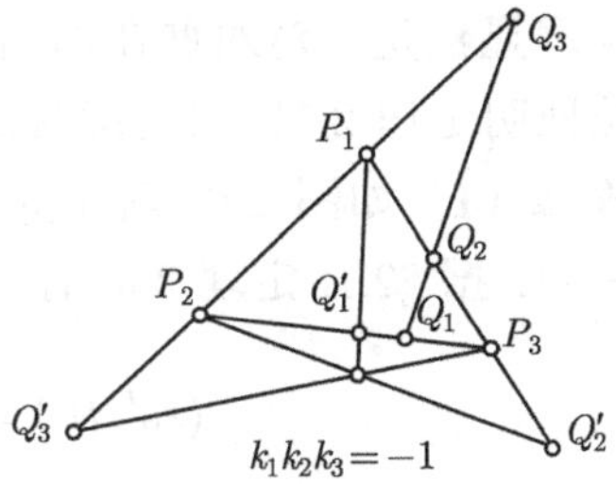

图 2.5

10. 一直线顺次交三点形 $P_1P_2P_3$ 的三边 P_2P_3, P_3P_1, P_1P_2 于 Q_1, Q_2, Q_3. 在此三边上再顺次取点 Q_1', Q_2', Q_3', 使

$$(P_2P_3, Q_1'Q_1)=k_1,\ (P_3P_1, Q_2'Q_2)=k_2,\ (P_1P_2, Q_3'Q_3)=k_3.$$

求证：(1) Q_1', Q_2', Q_3' 共线 $\Leftrightarrow k_1k_2k_3=1$(如图 2.4);

(2) $P_1Q_1', P_2Q_2', P_3Q_3'$ 共点 $\Leftrightarrow k_1k_2k_3=-1$(如图 2.5).

提示: 利用 §1.3, 例 1.5 的对偶命题, 用代数法证明.

11. 在第 10 题中, 令 Q_1, Q_2, Q_3 所在直线为无穷远直线. 利用结论 (1) 推出初等几何中的一个重要定理:

Menelaus 定理 在三角形 $P_1P_2P_3$ 的三边 P_2P_3, P_3P_1, P_1P_2 上依次取三点 Q_1', Q_2', Q_3', 则 Q_1', Q_2', Q_3' 共线 $\Leftrightarrow$

$$\frac{P_2Q_1'}{P_3Q_1'}\cdot\frac{P_3Q_2'}{P_1Q_2'}\cdot\frac{P_1Q_3'}{P_2Q_3'}=1.$$

12. 在第 10 题中, 令 Q_1, Q_2, Q_3 所在直线为无穷远直线, 利用结论 (2) 推出初等几何中的一个重要定理:

Ceva 定理 在三角形 $P_1P_2P_3$ 的三边 P_2P_3, P_3P_1, P_1P_2 上依次取三点 Q_1', Q_2', Q_3', 则 P_1Q_1', P_2Q_2', P_3Q_3' 共点 $\Leftrightarrow$

$$\frac{P_2Q_1'}{P_3Q_1'}\cdot\frac{P_3Q_2'}{P_1Q_2'}\cdot\frac{P_1Q_3'}{P_2Q_3'}=-1.$$

§2.2 完全四点形与完全四线形的调和性

在完全四点形与完全四线形这一对对偶图形中, 包含有许多的调和共轭元素组, 因此在射影几何中有着基本的重要性. 本节专门研究其调和性.

一、完全四点形与完全四线形的调和性

定理 2.11 完全四点形的一对对边被过此二边交点的对边三点形的两边调和分离.	**定理 2.11′** 完全四线形的一对对顶被在此二对顶连线上的对顶三线形的顶点调和分离.

这两个定理显然是一对对偶命题, 因此只要证明其中一个即可. 作为演示, 我们先用代数法证明定理 2.11, 再用综合法证明定理 2.11′.

证明定理 2.11 如图 2.6, 对于完全四点形 $ABCD$, 我们对于对边点 X 证明 $(ss',tt')=-1$. 据 §2.1, 定理 2.6, 有

$$(ss',tt')=(AB,PZ),$$

所以, 只要证 $(AB,PZ)=-1$.

因为 A,B,C,D 中无三点共线, 据 §1.3, 推论 1.6, 可适当选取其齐次坐标 a,b,c,d 使得

$$a+b+c+d=0,$$

即

$$a+b=-(c+d).$$

从而 $a+b$ 与 $c+d$ 是同一点的齐次坐标, 此点在 AB 上, 又在 CD 上, 即为 $Z=AB\times CD$. 于是 Z 的齐次坐标为 $a+b$ 或 $c+d$.

同理, X 的齐次坐标为 $a+d$ 或 $b+c$; Y 的齐次坐标为 $a+c$ 或 $b+d$.

因为

$$a-b=(a+d)-(b+d),$$

此等式的左右两边分别表示着 AB 上的点和 XY 上的点的齐次坐标, 这说明坐标为 $a-b$ 的点在 AB 上, 也在 XY 上, 即为 P.

由于 A,B,P,Z 的齐次坐标分别为 $a,b,\ a-b,\ a+b$, 所以

$$(AB, PZ) = -1 = (ss', tt').$$

同理可证过 Y, Z 的四直线调和分离. 证毕.

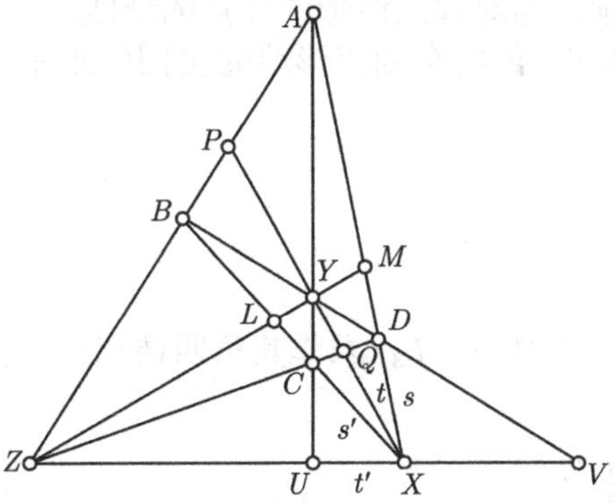

图 2.6

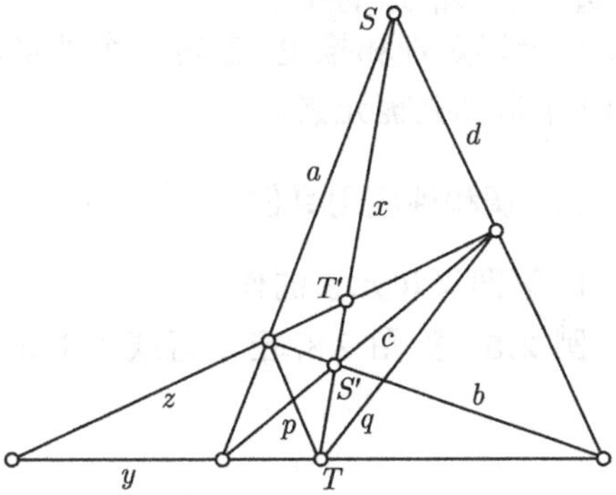

图 2.7

证明定理 2.11′ 如图 2.7, 我们对于对顶线 x 证明 $(SS', TT') = -1$, 据定理 2.6, 只要证 $(ab, pz) = -1$. 因为

$$(ab, pz) = (y \times a, y \times b; y \times p, y \times z) = (cd, qz),$$

而

$$(cd, qz) = (S'S, TT') = (ba, pz),$$

所以

$$(ab, pz) = (ba, pz) = \frac{1}{(ab, pz)},$$

即 $[(ab, pz)]^2 = 1$. 但是 $(ab, pz) \neq 1$, 所以 $(ab, pz) = -1$.

同理可证其他两条对顶线上的四点调和共轭. 证毕.

这两个定理是完全四点形与完全四线形的调和性的最基本的结论. 由此二定理, 在图 2.6 和图 2.7 中, 各给出了三个调和共轭元素组.

据 §2.1 定理 2.7, 立刻可得如下推论.

推论2.7 在完全四点形的对边三点形的每条边上有一个调和点组, 其中一对为对边点, 另一对为该边与过第三个对边点的一组对边的交点.

推论 2.7′ 通过完全四线形的对顶三线形的每个顶点有一个调和线组, 其中一对为对顶线, 另一对为该顶点与在第三条对顶线上的一组对顶的连线.

由此二推论, 在图 2.6 和 2.7 中, 对每个图又各给出了三个调和共轭元素组.

推论2.8 在完全四点形的每条边上有一个调和点组，其中一对为顶点；另一对中一个为对边点，一个是该边与对边三点形的边的交点.

推论 2.8′ 通过完全四线形的每个顶点有一个调和线组，其中一对为边；另一对中一条为对顶线，一条是该顶点与对顶三线形的顶点的连线.

由上述定理和推论，在每一个“完整画出”的完全四点形或完全四线形中，各有 12 个调和共轭元素组.

二、调和性应用举例

1. 第四调和元素的作图

例 2.5 如图 2.8，已知直线 l 上相异三点 P_1, P_2, P_3，求作其第四调和点 P_4.

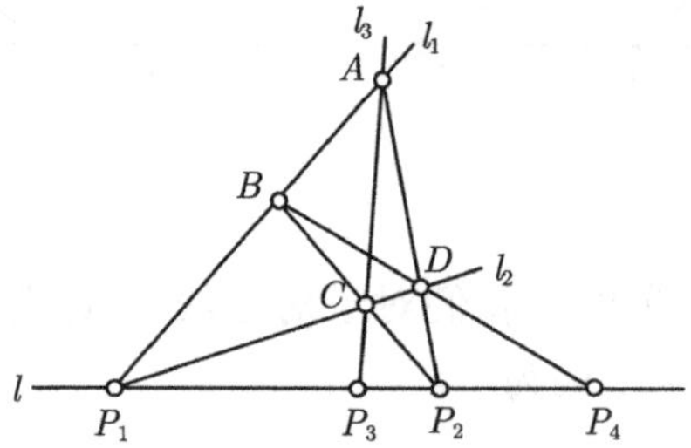

图 2.8

解 作法：(1) 过 P_1 任作异于 l 的直线 l_1, l_2.

(2) 过 P_3 任作异于 l 的直线 l_3 分别交 l_1, l_2 于 A, C.

(3) 连 P_2C 交 l_1 于 B，连 P_2A 交 l_2 于 D.

(4) 连 BD 交 l 于 P_4 为所求第四调和点.

证明：由作法，$ABCD$ 为一个完全四点形，P_1, P_2 为其两个对边点，P_3, P_4 为第三双对边与 P_1P_2 的交点，据推论 2.7，$(P_1P_2, P_3P_4) = -1$.

思考：试构造关于求作第四调和直线的作图题.

重复例 2.5 中的作法，可能得到一个不同的完全四点形 $A'B'C'D'$(如图 2.9). 但是，所得到的点 P_4 必定相同，即 $B'D'$ 必定与 l 交于 P_4，我们利用 Desargues 透视定理来证明这个事实 (习题 1.6, 题 8).

由作图知，三点形 ABC 与 $A'B'C'$ 的对应边交点 P_1, P_2, P_3 共线于 l，根据 Desargues 透视定理，它们有 Desargues 点，设为点 S. 即 AA', BB', CC' 共点于 S. 同样地，三点形 ADC 与 $A'D'C'$ 的对应边的交点 P_1, P_2, P_3 共线，也具有 Desargues 点. 注意到这个 Desargues 点为 AA', DD', CC' 的交点，亦为点 S. 从而 S 也是三点形 ABD 与 $A'B'D'$ 的对应顶点连线的交点，故三点形 ABD 与 $A'B'D'$ 应具有 Desargues 线. 由于 $AB \times A'B' = P_1$, $AD \times A'D' = P_2$，这 Desargues 线必为直

线 l. 设 $BD\times B'D'=P_4'$, 则 P_4' 在 BD 上也在 l 上, 故 $P_4'=P_4$, 即 $B'D'$ 交 l 于 P_4. 这说明, P_4 的存在唯一性仅与 P_1,P_2,P_3 有关, 换言之, $(P_1P_2,P_3P_4)=-1$ 是共线四点的一种内在性质.

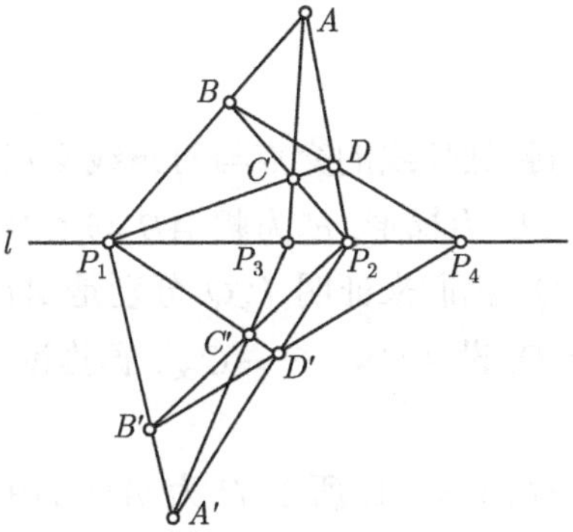

图 2.9

根据上面的论述, 我们可以给出调和元素组的综合法定义.

定义 2.4 在射影平面 π 上, 相异的共线四点 P_1,P_2,P_3,P_4 称为依此次序构成**调和点组**, 如果存在一个完全四点形以 P_1,P_2 为一对对边点, 而 P_3,P_4 分别在第三双对边之一上.

定义 2.4′ 在射影平面 π 上, 相异的共点四直线 p_1, p_2, p_3, p_4 称为依此次序构成**调和直线组**, 如果存在一个完全四线形以 p_1,p_2 为一对对顶线, 而 p_3,p_4 分别通过第三双对顶之一.

2. 几何证明题

例 2.6 如图 2.10, 设 TP,TQ 为 $\odot O$ 的两切线, PR 为 $\odot O$ 的直径, $QN\perp RP$. 求证: QN 被 TR 平分.

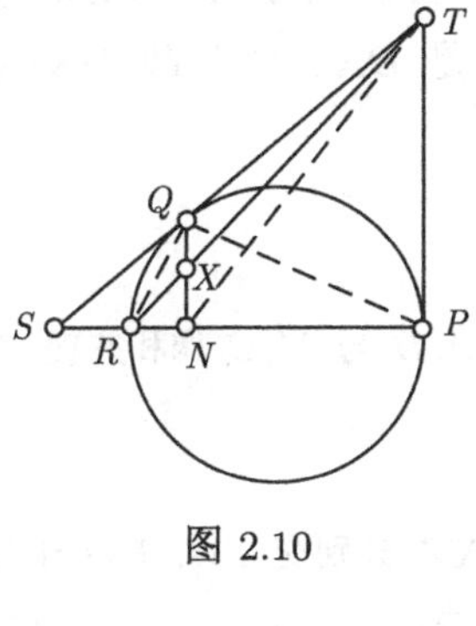

图 2.10

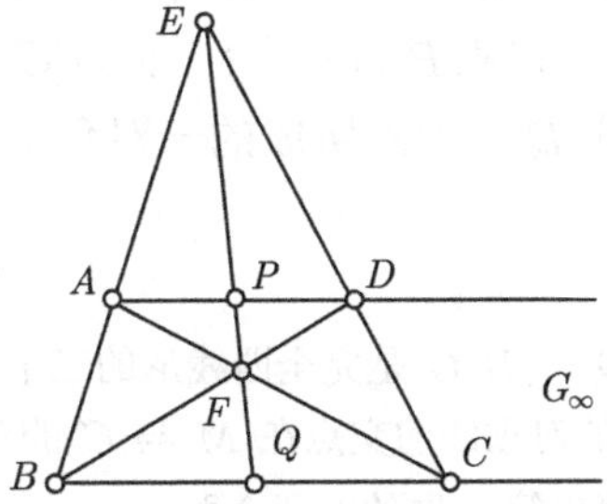

图 2.11

证明 设 $TR\times QN=X$, 只要证明 X 为 QN 的中点.

由初等几何知识知, QR,QP 为 QN 与 QT 所成角的内外平分线. 因此, 设 $TQ\times$

$PR = S$, 则 $Q(SN, RP) = -1$, 所以, $(SN, RP) = -1$, $T(SN, RP) = -1$.

以直线 QN 截 $T(S, N, R, P)$, 设 $QN \times TP = Y_\infty$, 则

$$(QN, XY_\infty) = T(SN, RP) = -1.$$

所以 X 为 QN 的中点.

例 2.7　证明：梯形两腰延长线的交点与对角线交点的连线平分上下底.

证明　如图 2.11, $ABCD$ 为梯形, E 为腰 AB 与 CD 的交点, F 为对角线的交点, EF 交 AD, BC 于 P, Q. 我们来证明 P, Q 分别是 AD 和 BC 的中点.

考察完全四点形 $EAFD$, 设 $AD \times BC = G_\infty$. 据推论 2.7, 我们有 $(BC, QG_\infty) = -1$, 所以 Q 为 BC 的中点.

又据推论 2.8, $(AD, PG_\infty) = -1$, 所以 P 为 AD 的中点.

例 2.8　设 X 为 $\triangle ABC$ 的高线 AD 上一点, BX, CX 分别交对边于 Y, Z. 求证：AD 平分 $\angle YDZ$.

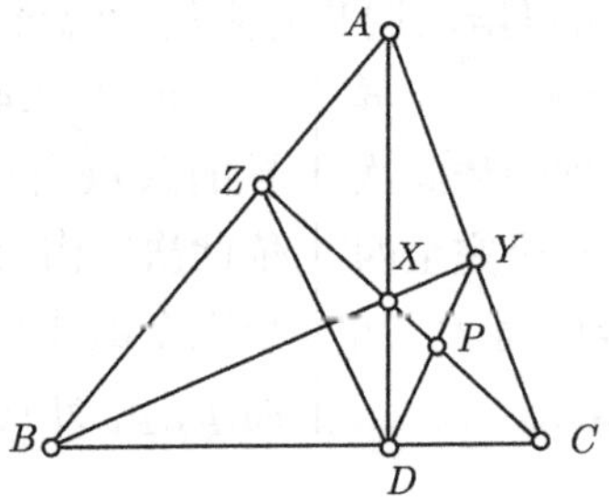

图 2.12

证明　设 DY 交 CX 于 P. 考察完全四点形 $CDXY$, A, B, P 为其对边点. 据推论 2.8, $(CX, PZ) = -1$, 即 $D(CX, PZ) = -1$. 但是 $DX \perp DC$, 故 DX(即 AD), DC 平分 DP, DZ 所成的一对角.

习　题　2.2

1. 设 A, B, C 是完全四线形的三个共线的顶点, 点偶 A, B 与 M, C 调和共轭. 求证：通过 A, B 的对顶线的交点在 M 与 C 的对顶点的连线上.

2. 写出第 1 题的对偶命题.

3. 设 XYZ 是完全四点形 $ABCD$ 的对边三点形, XZ 分别交 AC, BD 于 L, M(如图 2.13). 请至少用两种不同的方法证明：YZ, BL, CM 共点.

4. 设 $ABCD$ 为四边形, $AB \times CD = E$, $AD \times BC = F$, $AC \times BD = O$. 过 O 作 $l /\!/ AB$ 交 CD, EF 于 G, H(如图 2.14). 求证：$OG = GH$.

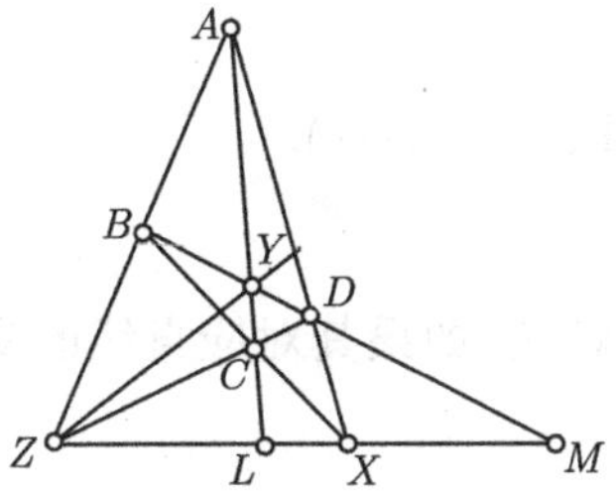

图 2.13

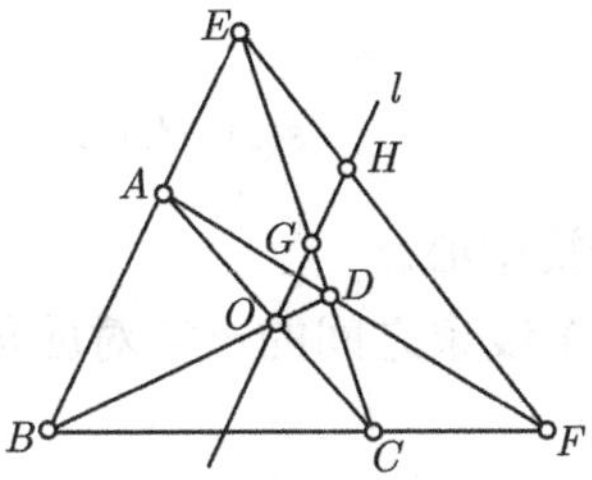

图 2.14

5. 设有三点形 $P_1P_2P_3$, Q_1, Q_2, Q_3 为共线三点分别位于三边上. 又 $(R_1Q_1, P_2P_3) = -1$, $(R_2Q_2, P_3P_1) = -1$, $(R_3Q_3, P_1P_2) = -1$. 求证: P_1R_1, P_2R_2, P_3R_3 共点 (如图 2.15).

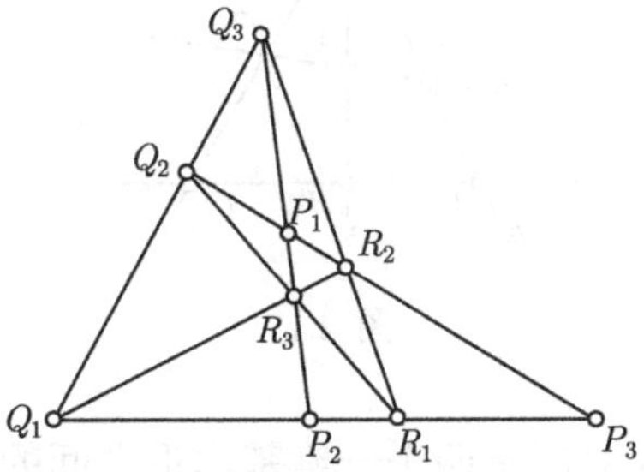

图 2.15

6. 设给定线段 AB 的中点 C 以及不在直线 AB 上的一点 M. 试仅用直尺求作过 M 且平行于 AB 的直线.

§2.3 一维基本形的射影对应

本节首先给出一维透视对应和射影对应的综合定义, 研究其简单性质和应用, 然后导出一维射影对应的代数定义.

一、透视对应

定义 2.5 下列情况称为一维基本形之间的**透视对应**.

(1) 一个点列与一个线束之间的一宗对应称为透视对应, 如果其对应元素是关联的. 如图 2.16, 记作

$$s(A, B, C, \cdots)\overline{\overline{\wedge}}S(a, b, c, \cdots).$$

(2) 两个点列之间的一宗对应称为透视对应, 如果其对应点的连线共点. 如

图 2.17, 记作

$$s(A, B, C, \cdots) \overset{(S)}{\overline{\overline{\wedge}}} s'(A', B', C', \cdots).$$

并称 S 为**透视中心**.

(3) 两个线束之间的一宗对应称为透视对应, 如果其对应直线的交点共线. 如图 2.18, 记作

$$S(a, b, c, \cdots) \overset{(s)}{\overline{\overline{\wedge}}} S'(a', b', c', \cdots).$$

并称 s 为**透视轴**.

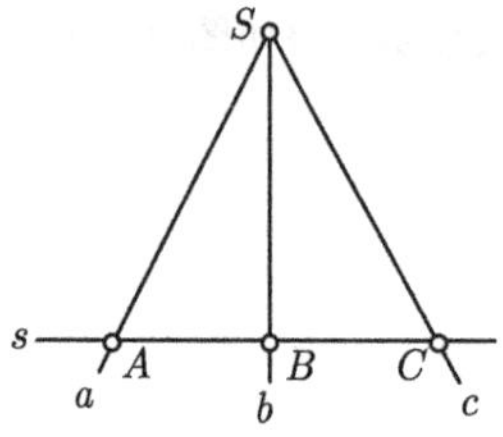

图 2.16

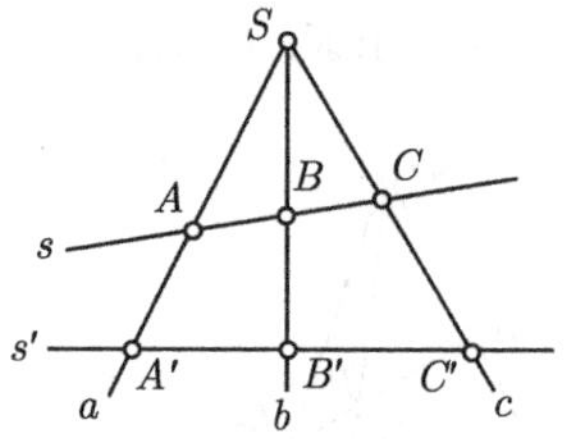

图 2.17

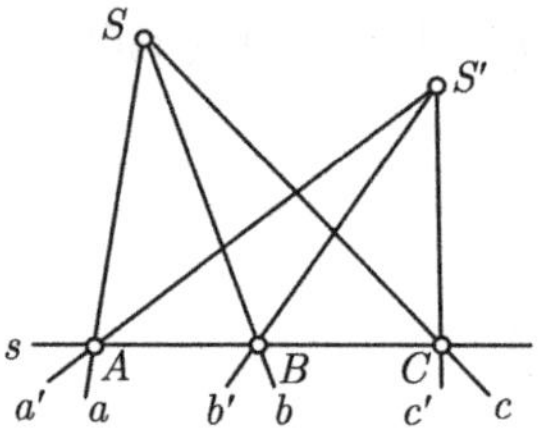

图 2.18

由定义 2.5 可知, 透视对应是两个一维基本形之间的双射, 且保持任意四对对应元素的交比不变. 但是两个透视对应的积显然不一定还是透视对应.

二、射影对应

为叙述方便, 我们常用记号 $[\Delta]$ 来表示一个一维基本形, 它可以是点列也可以是线束.

1. Poncelet 定义

定义 2.6(Poncelet) 设 $[\Delta], [\Delta']$ 为两个一维基本形. 若存在 n 个一维基本形 $[\Delta_i]$ $(i = 1, 2, \cdots, n)$, 使得

$$[\Delta] \overline{\overline{\wedge}} [\Delta_1] \overline{\overline{\wedge}} \cdots \overline{\overline{\wedge}} [\Delta_n] \overline{\overline{\wedge}} [\Delta'],$$

则称由此决定的 $[\Delta]$ 与 $[\Delta']$ 之间的对应为一个**一维射影对应**, 记作 $[\Delta] \overline{\wedge} [\Delta']$.

由定义 2.6, 一个射影对应是有限次透视对应的积, 即为连续有限个透视对应构成的链. 一个透视对应必定是一个射影对应, 反之不一定成立.

推论 2.9 (1) 一维基本形集合上的任意两个射影对应的积还是一个一维射影对应;

(2) 射影对应是两个一维基本形之间的双射, 且保持任意四对对应元素的交比不变.

定义 2.6 具有很强的几何直观性, 我们继续讨论其他的定义方法.

2. Steiner 定义

定义 2.7(Steiner) 设 $\varphi:[\Delta]\to[\Delta']$ 为两个一维基本形之间的一个双射. 若 φ 使得其任何四对对应元素的交比相等, 则称 φ 为 $[\Delta]$ 到 $[\Delta']$ 的一个**一维射影对应**, 记作 $[\Delta]\barwedge[\Delta']$.

定理 2.12 Poncelet 定义 ⇔ Steiner 定义.

证明 "⇒" 显然.

"⇐" 用同一法. 设 $\varphi:[\Delta]\to[\Delta']$ 为满足 Steiner 定义的射影对应. 只要证明 φ 可以表示为有限次透视对应的积.

我们考虑两个点列的情况, 即设 $[\Delta]=l(P)$, $[\Delta']=l'(P')$ 均为点列.

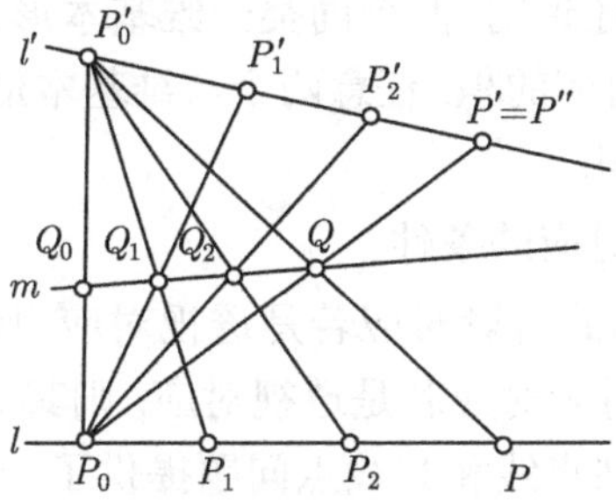

图 2.19

如图 2.19, 设 P_0,P_1,P_2 为点列 $l(P)$ 上相异三点, P 为 $l(P)$ 上任意一点, 且 $\varphi(P_i)=P_i'\ (i=0,1,2)$, 设 $\varphi(P)=P'$. 则有

$$(P_0P_1,P_2P)=(P_0'P_1',P_2'P').$$

连结 $P_0'P_1,P_0'P_2;P_0P_1',P_0P_2'$, 设 $P_0'P_1\times P_0P_1'=Q_1$, $P_0'P_2\times P_0P_2'=Q_2$. 连 $Q_1Q_2=m$, 连 $P_0'P$ 交 m 于 Q, 连 P_0Q 交 l' 于 P''. 并设 $P_0P_0'\times m=Q_0$, 则

$$l(P_0,P_1,P_2,P)\overset{(P_0')}{\overline{\barwedge}}m(Q_0,Q_1,Q_2,Q)\overset{(P_0)}{\overline{\barwedge}}l'(P_0',P_1',P_2',P''),$$

所以, 据 Poncelet 定义有

$$l(P_0P_1,P_2P)\barwedge l'(P_0'P_1',P_2'P''),$$

所以

$$(P_0P_1,P_2P)=(P_0'P_1',P_2'P'')=(P_0'P_1',P_2'P').$$

从而有

$$P'=P''.$$

即对任意的 $P \in l(P)$, 均有 $P' = \varphi(P)$ 可以通过两次透视对应得到, 即 φ 满足 Poncelet 定义.

利用对偶原则可以证明两个线束的情况, 对于一个点列与一个线束的情况, 可以先以一条直线截已知线束, 使之归结为两个点列的情况. 证毕.

定理 2.12 的证明过程为我们提供了一个作图方法, 称为 Steiner 作图法. 已知两个点列 $l(P)\overline{\wedge}l'(P')$, 以及其相异的三对对应元素 P_i 和 P_i', 对于点列 $l(P)$ 中任一元素 P, 求作其在点列 $l'(P')$ 上的对应元素 P'. 同样, 此作图法可以延伸到求作两个线束或一线束一点列之间的射影对应元素. 因此我们有下面的定理.

定理 2.13 已知相异的三对对应元素, 可以唯一确定两个一维基本形之间的一个射影对应.

定理 2.12 的证明过程还说明, 两个同类一维基本形之间的任一个射影对应, 必可表示为不多于两个透视对应的积. 任意两个一维基本形之间的射影对应必可表示为不多于三个透视对应的积.

3. 射影对应成为透视对应的条件

我们看到, 两个点列间的射影对应若是透视对应, 则其对应点的连线共点 (于透视中心); 两个线束间的射影对应若是透视对应, 则其对应直线的交点必共线 (于透视轴). 这些性质为证明共点线和共线点问题提供了一种有效方法.

定理 2.14 两个同类一维基本形之间的射影对应成为透视对应 $\Leftrightarrow$ 公共元素自对应.

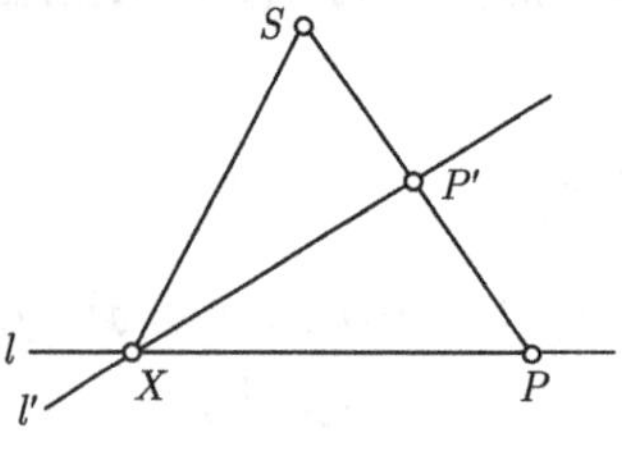

图 2.20

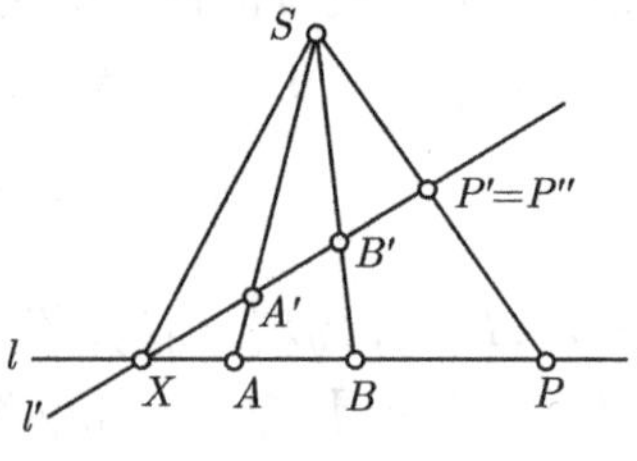

图 2.21

证明 由对偶原则, 只要证明两个点列的情况.

"$\Rightarrow$" 如图 2.20, 设点列 $l(P)$ 与点列 $l'(P')$ 透视对应, 具有透视中心 S. 则任一对对应点 P, P' 的连线通过 S. 设 $l \times l' = X$. 则 X 为两个点列的公共元素, 显然点 X 在此透视对应下对应于自身.

"$\Leftarrow$" 如图 2.21, 设 $f: l(P) \to l'(P')$ 为射影对应, 且对于点 $X = l \times l'$ 有 $f(X) = X$. 设 P 为 $l(P)$ 上异于 X 的任一点, 且 $f(P) = P' \in l'(P')$. 在 $l(P)$ 上另取异于 X 的相异二点 A, B, 设在 f 下 A, B 的像为 $l'(P')$ 上的点 A', B'. 则 A', B'

相异且异于 X, 且 $(XA,BP)=(XA',B'P')$.

设 $AA'\times BB'=S$, 则由 $\{X,A,B\}\leftrightarrow\{X,A',B'\}$ 确定了 $l(P)$ 与 $l'(P')$ 之间以 S 为透视中心的透视对应 φ. 设 $SP\times l'=P''$ 为 P 在 φ 下的对应点. 于是有 $(XA,BP)=(XA',B'P'')=(XA',B'P')$, 从而 $P'=P''$. 即对于 $l(P)$ 上任意的点 P, 均有 $f(P)=\varphi(P)$, 所以 f 是透视对应. 证毕.

在实际应用定理 2.14 时, 我们一般先证明两个同类一维基本形之间的某个对应是射影对应, 然后探究公共元素是否自对应, 若公共元素自对应, 则两个点列成透视对应可证诸线共点; 两个线束成透视对应可证诸点共线.

例 2.9(Pappus 定理) 在共面相异二直线 l_i 上各取定相异三点 $A_i,B_i,C_i(i=1,2)$. 设 $B_1C_2\times B_2C_1=L$, $C_1A_2\times C_2A_1=M$, $A_1B_2\times A_2B_1=N$.

求证: L,M,N 三点共线.

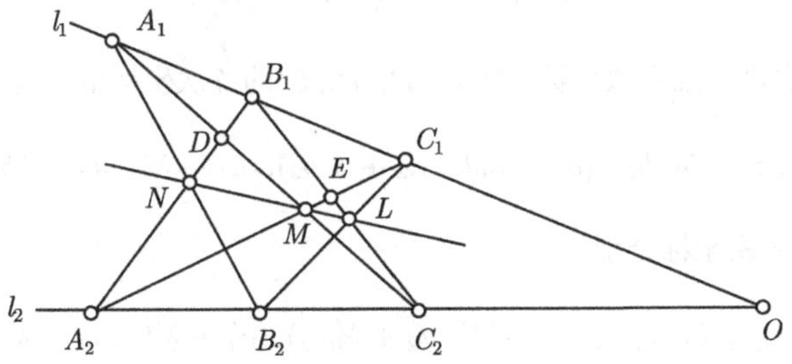

图 2.22

证明 如图 2.22, 有

$$(B_1,D,N,A_2)\overset{(A_1)}{\overline{\overline{\wedge}}}(O,C_2,B_2,A_2)\overset{(C_1)}{\overline{\overline{\wedge}}}(B_1,C_2,L,E),$$

所以

$$(B_1,D,N,A_2)\overline{\wedge}(B_1,C_2,L,E).$$

而在这个射影对应中, 二点列的底的交点 B_1 自对应, 由定理 2.14, 有

$$(B_1,D,N,A_2)\overline{\overline{\wedge}}(B_1,C_2,L,E),$$

因此, DC_2,NL,A_2E 三直线共点, 即 L,M,N 三点共线.

除去证明过程中添加的点 O,D,E, 图 2.22 称为**Pappus 构图**. 有兴趣的读者可进一步探究此构图的性质.

三、射影对应的代数定义

我们给出关于点列之间一维射影对应的代数定义. 事实上, 利用齐次坐标, 从纯代数的观点看, 这个定义也完全适用于两个线束之间或者一点列与一线束之间的一维射影对应.

定义 2.8 设在两个点列上均给定了齐次坐标, 并且 $(x_1,x_2),(x_1',x_2')$ 分别表示这二点列上的对应点的齐次坐标. 称**非奇异线性对应**

$$\begin{cases}\rho x_1' = a_{11}x_1 + a_{12}x_2,\\ \rho x_2' = a_{21}x_1 + a_{22}x_2,\end{cases}\quad \begin{vmatrix} a_{11} & a_{12} \\ a_{21} & a_{22}\end{vmatrix} \neq 0,\quad \rho\neq 0 \tag{2.10}$$

为这两个点列间的一个**一维射影对应**.

定理 2.15 Steiner 定义 $\Leftrightarrow$ 代数定义.

证明 “$\Rightarrow$” 设在两个点列 $l(P)$ 和 $l'(P')$ 之间由相异的三对对应点 $P_i\mapsto P_i'(i=1,2,3)$ 确定了一个射影对应. 设 $P\mapsto P'$ 为其任一对对应点. 则据 Steiner 定义有

$$(P_1P_2,P_3P)=(P_1'P_2',P_3'P').$$

在 l,l' 上分别引进一维齐次坐标. 设 P_1,P_2,P_3,P 的齐次坐标依次为

$$(a_1,a_2),(b_1,b_2),(a_1+\lambda_0 b_1,a_2+\lambda_0 b_2),(a_1+\lambda b_1,a_2+\lambda b_2),$$

且 P_1',P_2',P_3',P' 的齐次坐标分别为

$$(a_1',a_2'),(b_1',b_2'),(a_1'+\lambda_0' b_1',a_2'+\lambda_0' b_2'),(a_1'+\lambda' b_1',a_2'+\lambda' b_2').$$

于是

$$\frac{\lambda_0}{\lambda}=\frac{\lambda_0'}{\lambda'}. \tag{$*$}$$

如果用 $(x_1,x_2),(x_1',x_2')$ 分别表示点 P,P' 的齐次坐标, 则

$$\frac{x_1}{a_1+\lambda b_1}=\frac{x_2}{a_2+\lambda b_2},$$

所以

$$\lambda=\frac{a_2x_1-a_1x_2}{-b_2x_1+b_1x_2}.$$

同理可得

$$\lambda'=\frac{a_2'x_1'-a_1'x_2'}{-b_2'x_1'+b_1'x_2'}.$$

将 λ,λ' 代入 $(*)$, 有

$$\frac{\lambda_0(-b_2x_1+b_1x_2)}{a_2x_1-a_1x_2}=\frac{\lambda_0'(-b_2'x_1'+b_1'x_2')}{a_2'x_1'-a_1'x_2'},$$

所以

$$\begin{cases}\lambda_0(-b_2x_1+b_1x_2)=\rho\lambda_0'(-b_2'x_1'+b_1'x_2'),\\ a_2x_1-a_1x_2=\rho(a_2'x_1'-a_1'x_2'),\end{cases}$$

其中 ρ 为比例常数.

由上式解出 x_1', x_2' 可得

$$\begin{cases} \rho x_1' = a_{11}x_1 + a_{12}x_2, \\ \rho x_2' = a_{21}x_1 + a_{22}x_2, \end{cases}$$

其中 $\rho \neq 0, a_{ij}$ 均为常数, 而且必有行列式

$$D = \begin{vmatrix} a_{11} & a_{12} \\ a_{21} & a_{22} \end{vmatrix} \neq 0.$$

否则, l 上的所有点均对应于 l' 上的一个定点, 与符合 Steiner 定义的射影对应是双射矛盾.

"$\Leftarrow$" 设有非奇异线性对应 (2.10). 则对于 l 上的一个确定的点 $P(x_1, x_2)$, 由 (2.10) 必可确定两个不全为零的数 $(\rho x_1', \rho x_2')$. 因此, P 在 l' 上有唯一确定的像点.

由于 $D \neq 0$, 由 (2.10) 可以求出其逆对应式为

$$\begin{cases} \sigma x_1 = A_{11}x_1' + A_{21}x_2', \\ \sigma x_2 = A_{12}x_1' + A_{22}x_2', \end{cases} \tag{2.11}$$

其中 $\sigma = \dfrac{D}{\rho}$, A_{ij} 是 a_{ij} 在 D 中的代数余子式. 从而, l' 上任一点在 l 上有唯一原像. 这说明 (2.10) 式确定了点列 $l(P)$ 与 $l'(P')$ 之间的一个双射.

以下证明 (2.10) 式保持任意四对对应点的交比不变. 设 P_1, P_2, P_3, P 是点列 $l(P)$ 上四点, 且 $P_1 \neq P_2$. 在 (2.10) 的对应下它们对应于点列 $l'(P')$ 中四点 P_1', P_2', P_3', P', 于是 $P_1' \neq P_2'$. 我们设上述两个四点组中点的齐次坐标依次为

$$P_1(a_1, a_2), P_2(b_1, b_2), P_3(a_1 + \lambda_0 b_1, a_2 + \lambda_0 b_2), P(a_1 + \lambda b_1, a_2 + \lambda b_2),$$

$$P_1'(a_1', a_2'), P_2'(b_1', b_2'), P_3'(a_1' + \lambda_0' b_1', a_2' + \lambda_0' b_2'), P'(a_1' + \lambda' b_1', a_2' + \lambda' b_2').$$

考察前三对对应点的第一坐标分量, 有

$$\begin{aligned} &\rho_1 a_1' = a_{11}a_1 + a_{12}a_2, \\ &\rho_2 b_1' = a_{11}b_1 + a_{12}b_2, \\ &\rho_3(a_1' + \lambda_0' b_1') = a_{11}(a_1 + \lambda_0 b_1) + a_{12}(a_2 + \lambda_0 b_2). \end{aligned}$$

将前二式代入第三式, 整理得

$$(\rho_3 - \rho_1)a_1' = (\lambda_0 \rho_2 - \lambda_0' \rho_3)b_1',$$

再由前三对对应点的第二坐标分量同样可得

$$(\rho_3 - \rho_1)a_2' = (\lambda_0 \rho_2 - \lambda_0' \rho_3)b_2'.$$

由于 P_1' 与 P_2' 相异, 有

$$\begin{vmatrix} a_1' & b_1' \\ a_2' & b_2' \end{vmatrix} \neq 0,$$

因此

$$\rho_3 - \rho_1 = 0, \qquad \lambda_0\rho_2 - \lambda_0'\rho_3 = 0.$$

于是有

$$\frac{\lambda_0}{\lambda_0'} = \frac{\rho_1}{\rho_2}.$$

再考察第一、二、四这三对对应点, 同理可得

$$\frac{\lambda}{\lambda'} = \frac{\rho_1}{\rho_2}.$$

于是得到

$$(P_1P_2, P_3P) = \frac{\lambda_0}{\lambda} = \frac{\lambda_0'}{\lambda'} = (P_1'P_2', P_3'P').$$

综上, 非奇异线性对应 (2.10) 满足 Steiner 定义. 证毕.

例 2.10 求射影对应式, 使 l 上坐标为 $(2,1),(4,1)$ 的点以及无穷远点分别对应于 l' 上的坐标为 $(-1,1),(1,1)$ 的点以及无穷远点.

解 依题意有

$$\begin{array}{ccc} (x_1, x_2) & & (x_1', x_2') \\ (2,1) & \longmapsto & (-1,1) \\ (4,1) & \longmapsto & (1,1) \\ (1,0) & \longmapsto & (1,0) \end{array}$$

设所求射影对应式为

$$\begin{cases} \rho x_1' = a_{11}x_1 + a_{12}x_2, \\ \rho x_2' = a_{21}x_1 + a_{22}x_2, \end{cases} \tag{2.10}$$

只要求出 $a_{11}:a_{12}:a_{21}:a_{22}$ 即可.

把上述三对对应点的坐标依次代入 (2.10), 得

$(2,1) \longmapsto (-1,1)$
$$\begin{cases} -\rho_1 = 2a_{11} + a_{12}, \\ \rho_1 = 2a_{21} + a_{22}, \end{cases}$$

$(4,1) \longmapsto (1,1)$
$$\begin{cases} \rho_2 = 4a_{11} + a_{12}, \\ \rho_2 = 4a_{21} + a_{22}, \end{cases}$$

$(1,0) \longmapsto (1,0)$
$$\begin{cases} \rho_3 = a_{11}, \\ 0 = a_{21}. \end{cases}$$

从此得 $a_{21} = 0$, 代入其他各式可得

$$a_{11}:a_{12}:a_{21}:a_{22} = 1 : -3 : 0 : 1.$$

所求对应式为

$$\begin{cases} \rho x_1' = x_1 - 3x_2, \\ \rho x_2' = x_2. \end{cases}$$

习 题 2.3

1. 求射影对应式, 使直线 l 上齐次坐标为 $(0,1),(1,1),(2,1)$ 的三点顺次对应于直线 l' 上齐次坐标为 $(-1,1),(0,1),(-2,1)$ 的三点.

2. 对于第 1 题, 求每条直线上无穷远点的对应点.

3. 求射影对应式, 使直线 l 上齐次坐标为 $(1,1),(2,1),(3,1)$ 的三点顺次对应于直线 l' 上的三点, 其齐次坐标分别为

(1) $(4,1),(3,1),(2,1)$; (2) $(1,-1),(2,-1),(3,-1)$; (3) $(1,1),(2,1),(3,1)$.

4. 已知点列 $l(P)$ 与 $l'(P')$ 上的三对对应点 $A(3,1),B(0,5),C\left(-1,-\dfrac{1}{3}\right)\mapsto A'(2,-3)$, $B'(6,-7),C'(1,4)$ 由此是否可唯一确定 l 到 l' 的一个射影对应? 为什么?

5. 如果动三点形 ABC 的边 BC,CA,AB 分别通过在同一直线上的三定点 P,Q,R, 又顶点 B,C 各在一条定直线上. 求证: 顶点 A 也在一条定直线上.

6. 设有一个变动的三点形 ABC 的三边 BC,CA,AB 分别通过三个定点 X,Y,Z, 且顶点 B,C 分别在两条定直线 m,l 上 (如图 2.23).

证明: 线束 $Y(A)\barwedge$ 线束 $Z(A)$.

7. 设两定直线 l_1,l_2 交于点 O, 两定点 S_1,S_2 与 O 共线, 动直线 l 通过另一定点 M, 分别交 l_1,l_2 于点 A_1,A_2(如图 2.24).

证明: 直线 S_1A_1,S_2A_2 的交点轨迹为一条直线. 讨论: 此直线在什么条件下经过点 O?

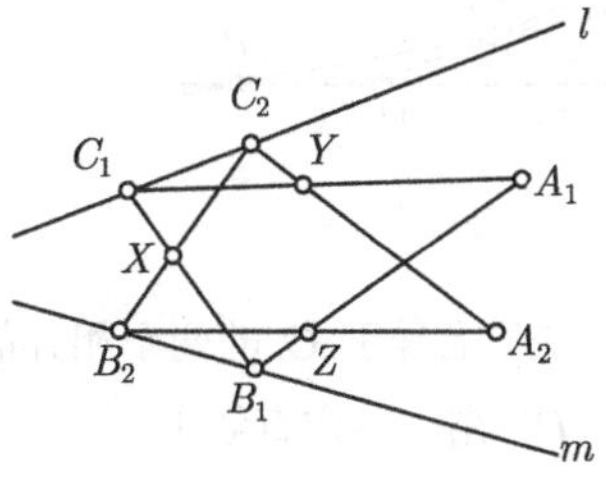

图 2.23

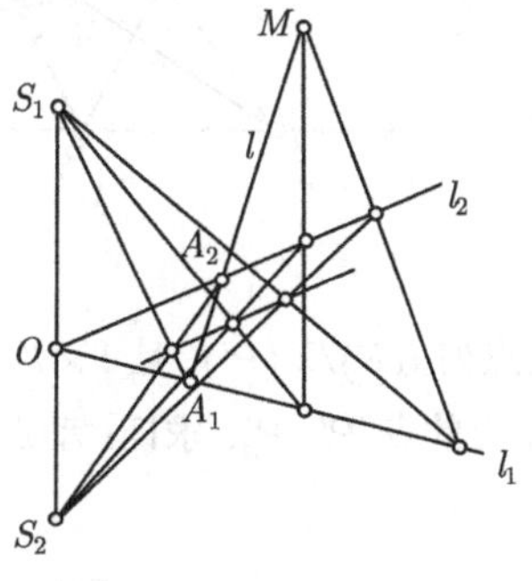

图 2.24

8. 图 2.25 的描述如下: 在同一平面上, l,m,n 为经过定点 A 的三条相异的定直线; S 为不在 l,m,n 上的定点, $l_i(i=0,1,2,3,\cdots)$ 为过 S 的直线; 直线 l_i 依次交 l,m 于点 B_i,D_i; 直线 l_0 交直线 n 于 C_0; $B_0D_i\times D_0B_i=C_i(i=1,2,3,\cdots)$ 均在直线 n 上.

(1) 试根据上面的描述, 构造出尽可能多的几何证明题并给出尽可能多的不同方法的证明 (提示: 将图中某些部分作为未知, 根据剩余的部分去探求未知, 或证明未知部分与剩余部

分等价).

(2) 对于图中没有标出的点 $C_{ij} = B_iD_j \times D_iB_j(i \neq j, i, j = 1, 2, 3, \cdots)$, 试讨论其规律.

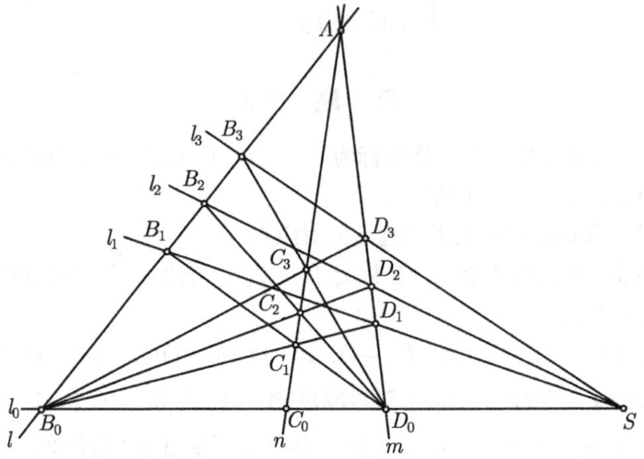

图 2.25

9. 在如图 2.26 所示的 Pappus 构图中, 设 Pappus 线 p 分别交 l_1, l_2 于 P_1, P_2, 且 l_1, l_2 交于点 O. 求证: 在由三双对应点 $A_1 \mapsto A_2$, $B_1 \mapsto B_2$, $C_1 \mapsto C_2$ 所确定的 l_1, l_2 为底的点列的射影对应下, $O \mapsto P_2$, $P_1 \mapsto O$.

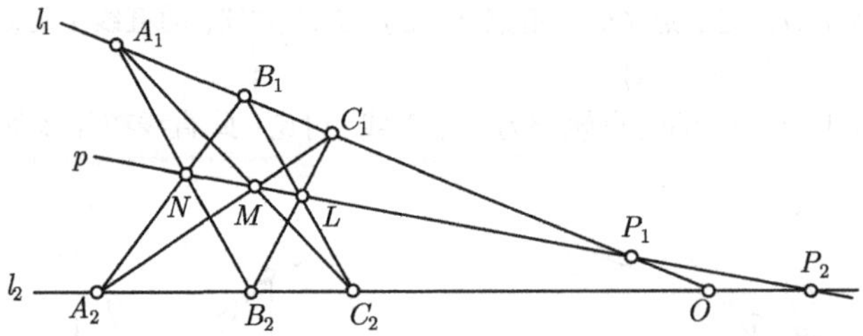

图 2.26

10. 设点列 $l(P)\barwedge l'(P')$, 且 $l \times l' = O$, P_α, P_β 为 $l(P)$ 上异于 O 的两个相异的动点, 其像为 $l'(P')$ 上的点 P'_α, P'_β. 求证: 动点 $X = P_\alpha P'_\beta \times P_\beta P'_\alpha$ 在一条定直线上.

§2.4 一维射影变换

在 §2.3 的基础上, 本节专门研究一维基本形上的射影变换.

一、一维射影变换

1. 定义

根据 §1.1 关于变换的定义, 我们可以基于一维基本形的射影对应来定义一维基本形上的射影变换.

定义 2.9 一个一维基本形到其自身的射影对应称为这个一维基本形上的一个**一维射影变换**.

显然, 射影变换是特殊的射影对应, §2.3 中关于同类一维基本形的射影对应的一般讨论结果都适用于一维射影变换.

2. 一维射影变换的参数表示

一维射影变换的代数表示式就是 (2.10), 此时, 其中对应点的坐标是在同一坐标系下取得的. 我们来给出另一种重要的表示方法, 即参数表示.

定义 2.10 形如 $axx' + bx + cx' + d = 0\ (ad - bc \neq 0)$ 的方程称为关于 x, x' 的**双线性方程**.

显然, 一维射影变换的非齐次坐标表达式为一个双线性方程.

定理 2.16 一维基本形上的一个变换为一维射影变换 $\Leftrightarrow$ 对于取定的基元素, 其对应元素的参数 λ, λ' 满足一个双线性方程

$$a\lambda\lambda' + b\lambda + c\lambda' + d = 0 \quad (ad - bc \neq 0). \tag{2.12}$$

证明 因为点列和线束的非齐次参数表示具有完全相同的代数结构, 所以在本定理的证明中无需特别指明所论一维基本形是点列还是线束.

"$\Rightarrow$" 设 φ 为一维基本形 $[\Delta]$ 上的一个射影变换. 在 $[\Delta]$ 上取定基元素 $A \neq B$, 则对任意的 $P \in [\Delta]$, 有 $P = A + \lambda B$, $\lambda \in \overline{\mathbf{R}}$. 设 φ 由

$$A + \lambda_i B \longmapsto A + \lambda_i' B \quad (i = 1, 2, 3,\ \lambda_i\text{各不相同, 且}\lambda_i'\text{各不相同})$$

决定, 而 $A + \lambda B$ 与 $A + \lambda' B$ 为任一对对应元素. 据 Steiner 定义, 有

$$\frac{(\lambda_1 - \lambda_3)(\lambda_2 - \lambda)}{(\lambda_2 - \lambda_3)(\lambda_1 - \lambda)} = \frac{(\lambda_1' - \lambda_3')(\lambda_2' - \lambda')}{(\lambda_2' - \lambda_3')(\lambda_1' - \lambda')}.$$

由此可以推出 λ 与 λ' 之间的关系必定形如 (2.12). 其中必有 $ad - bc \neq 0$, 否则由 $ad - bc = 0$ 可以推出 $\dfrac{b}{a} = \dfrac{d}{c} = t$, 从而 $b = at, d = ct$ 代入 (2.12), 对任意的 $\lambda \in \overline{\mathbf{R}}$, 总有 $\lambda' = -t$, 与射影变换为双射矛盾.

"$\Leftarrow$" 设 φ 为一维基本形 $[\Delta]$ 上的一个变换, 对 $[\Delta]$ 上取定的基元素 $A \neq B$, φ 的任一对对应元素的参数 λ, λ' 满足 (2.12) 式. 显然, φ 是 $[\Delta]$ 上的一个双射.

设 $\lambda_i, \lambda_i'\ (i = 1, 2, 3, 4)$ 为 φ 的任意四对对应元素的参数. 则

$$\lambda_1' - \lambda_3' = \frac{b\lambda_1 + d}{a\lambda_1 + c} + \frac{b\lambda_3 + d}{a\lambda_3 + c} = \frac{(ad - bc)(\lambda_1 - \lambda_3)}{(a\lambda_1 + c)(a\lambda_3 + c)}.$$

同法可以求出 $\lambda_2'-\lambda_4', \lambda_2'-\lambda_3', \lambda_1'-\lambda_4'$ 的表达式, 立刻可得

$$\frac{(\lambda_1'-\lambda_3')(\lambda_2'-\lambda_4')}{(\lambda_2'-\lambda_3')(\lambda_1'-\lambda_4')}=\frac{(\lambda_1-\lambda_3)(\lambda_2-\lambda_4)}{(\lambda_2-\lambda_3)(\lambda_1-\lambda_4)}.$$

即 φ 保持任意四对对应元素的交比不变. 从而 φ 满足 Steiner 定义, 为 $[\Delta]$ 上的一个一维射影变换.

称 (2.12) 为一维射影变换的**参数表示**或**参数方程**. 对于一维射影对应, 利用参数表示常常会比用代数表示式 (2.10) 更有其方便之处.

由定理 2.16, 我们可以用参数表示的双线性方程 (2.12) 给出一维射影变换的定义.

若考虑两个一维基本形 $[\Delta], [\Delta']$, 在其上各取定基元素 $A\neq B$ 和 $A'\neq B'$, 则定理 2.16 的证明对于一般的射影对应成立. 于是 (2.12) 也可以作为一般一维射影对应的定义.

二、一维射影变换的分类

1. 不变元素

在 §1.1, 我们已经定义了一个变换的不变元素的概念, 现在我们讨论一维射影变换的不变元素.

定理 2.17 在复数范围内, 任一个一维射影变换至少有一个不变元素. 非恒同的一维射影变换具有不多于两个相异的不变元素.

证明 在 (2.12) 中, 令 $\lambda=\lambda'$, 得到

$$a\lambda^2+(b+c)\lambda+d=0 \quad (ad-bc\neq 0). \tag{2.13}$$

这就是求一维射影变换的不变元素参数的方程, 在复数范围内, 这个方程显然有至多两个根, 各对应着一个不变元素.

2. 一维射影变换的分类

考察 (2.13), 其有根情况为

(1) 两个相异的实根 λ_1,λ_2, 则射影变换 (2.12) 有两个相异的实不变元素;

(2) 两个相等的实根 λ_1, 则射影变换 (2.12) 有两个重合的实不变元素, 或者说只有唯一的实不变元素;

(3) 两个共轭虚根 λ_1,λ_2, 则射影变换 (2.12) 有两个共轭的虚不变元素.

定义 2.11 设 φ 为一维射影变换. 如果 φ 有两个相异的实不变元素, 则称之为一个**双曲型射影变换**; 如果 φ 有两个重合的实不变元素, 则称之为一个**抛物型射影变换**; 如果 φ 有两个共轭的虚不变元素, 则称之为一个**椭圆型射影变换**.

3. 不变元素的性质

关于双曲型、椭圆型射影变换和抛物型射影变换, 分别有下列两个结论成立.

定理 2.18 若一个一维射影变换是双曲型的或椭圆型的, 则任一对相异的对应元素与两个不变元素所成的交比为常数, 称为此射影变换的**特征不变量**.

证明 设 X, Y 为一维基本形射影变换的两个相异的不变元素, P, P' 为任一对对应元素 (非不变元素). 只要证 $(PP', XY) =$ 常数.

设 X, Y, P, P' 的坐标依次为 $x, y, x+y, x+\mu y$, 则这 四点的参数分别为 $0, \infty, 1, \mu$. 代入 (2.12) 式并计算可求出 $\mu = -\frac{b}{c}$, 故

$$(PP', XY) = -\frac{c}{b} = \text{常数}.$$

所以在以两个不变元素为基点的参数表示下, 双曲或椭圆型一维射影变换 (2.12) 的特征不变量为 $-\frac{c}{b}$. 证毕.

定理 2.19 设一维抛物型射影变换的不变元素参数为 α, 而 λ, λ' 为任一对相异的对应元素的参数. 则

$$\frac{1}{\lambda - \alpha} - \frac{1}{\lambda' - \alpha} = k(\text{常数}).$$

证明 欲证之式可以变形为

$$\lambda\lambda' - (\alpha - \frac{1}{k})\lambda - (\alpha + \frac{1}{k})\lambda' + \alpha^2 = 0, \tag{$*$}$$

因为 α 为方程

$$a\lambda^2 + (b + c)\lambda + d = 0$$

的二重根, 也即

$$\lambda^2 + \frac{b+c}{a}\lambda + \frac{d}{a} = 0$$

的二重根. 因而

$$\alpha^2 = \frac{d}{a}, \qquad 2\alpha = -\frac{b+c}{a}$$

代入双线性方程

$$\lambda\lambda' + \frac{b}{a}\lambda + \frac{c}{a}\lambda' + \frac{d}{a} = 0,$$

得

$$\lambda\lambda' - (2\alpha + \frac{c}{a})\lambda + \frac{c}{a}\lambda' + \alpha^2 = 0.$$

在此式中令

$$k = -\frac{a}{c + a\alpha}(= \text{常数}),$$

化简即得 $(*)$ 式. 证毕.

例 2.11　设点列 $l(P)$ 上的射影变换 φ 使得相异三点 A, B, C 依次对应于 B, C, A. 求证: φ 为椭圆型的.

证明　设 A, B, C 的坐标依次为 $\alpha, \alpha+\gamma, \gamma$, 则若以 A, C 为基点作参数表示时, 可以求出其参数 λ 各为

$$\begin{aligned} &A: \quad \alpha+0\gamma \quad \Leftrightarrow \quad \lambda=0, \\ &B: \quad \alpha+\gamma \quad \Leftrightarrow \quad \lambda=1, \\ &C: \quad 0\alpha+\gamma \quad \Leftrightarrow \quad \lambda=\infty. \end{aligned}$$

根据题意, 有

$$\begin{array}{cccc} & \lambda & \longmapsto \quad \lambda' & \\ A & 0 & 1 & B \\ B & 1 & \infty & C \\ C & \infty & 0 & A \end{array}$$

设 φ 的变换式为

$$a\lambda\lambda'+b\lambda+c\lambda'+d=0 \Rightarrow \lambda'=-\frac{b\lambda+d}{a\lambda+c}. \tag{$*$}$$

将上述三对参数值依次代入 $(*)$ 得

$$\begin{aligned} &A \longmapsto B: \qquad 1=-\frac{d}{c} \Leftrightarrow c:d=1:-1, \\ &B \longmapsto C: \qquad 0=-\frac{a+c}{b+d} \Leftrightarrow a:c=1:-1, \\ &C \longmapsto A: \qquad 0=-\frac{b}{a} \Leftrightarrow b=0, \end{aligned}$$

所以

$$a:b:c:d=1:0:-1:1.$$

于是 φ 的变换式为下列双线性方程

$$\lambda\lambda'-\lambda'+1=0.$$

显然它有两个虚的不变元素, 为椭圆型的.

习　题　2.4

1. 设在点列 $l(P)$ 上取定了两个基元素的参数表示, 以 $0, 2, -2$ 为参数的点依次对应于以 $\frac{1}{2}, \frac{4}{3}, -2$ 为参数的点. 求由此确定的射影变换的双线性方程.

2. 求下列一维射影变换的不变元素参数.

(1) $\lambda\lambda' - 6\lambda + \lambda' + 6 = 0$;

(2) $\lambda\lambda' - 2\lambda + 1 = 0$;

(3) $2\lambda + \lambda' + 1 = 0$.

3. 设 $A_1A_2A_3$ 为坐标三点形, $O(1,1,1)$, A_2O 交 A_1A_3 于 A, P 是 A_2A_3 上的动点, PO 交 A_1A_2 于 Q, QA 交 A_2A_3 于 P'. 如果 P, P' 的齐次坐标分别为 $(0,\lambda,1)$, $(0,\lambda',1)$. 求射影变换 $l(P)\barwedge l(P')$ 的双线性方程和不变元素.

4. 设 A, B, C 是相异的共线点且有

$$(A,B,C,P,Q,R)\barwedge(B,C,A,Q,R,X).$$

求证: $X = P$.

5. 设 l, l' 为两条相异直线, P 为 l 上的动点, 相异二点 U, V 不在 l, l' 上, $UP \times l' = Q$, $VQ \times l = P'$. 求证: $P \mapsto P'$ 为点列 $l(P)$ 上的射影变换.

6. 如图 2.27, 设 $P, P'; Q, Q'$ 是点列 $l(P)$ 上非抛物型射影变换的两对对应点, E 是不变点, V, V' 是过 E 的直线上的任意两点, $PV \times P'V' = P''$, $QV \times Q'V' = Q''$. 求证: $P''Q''$ 与 l 的交点是另一个不变点.

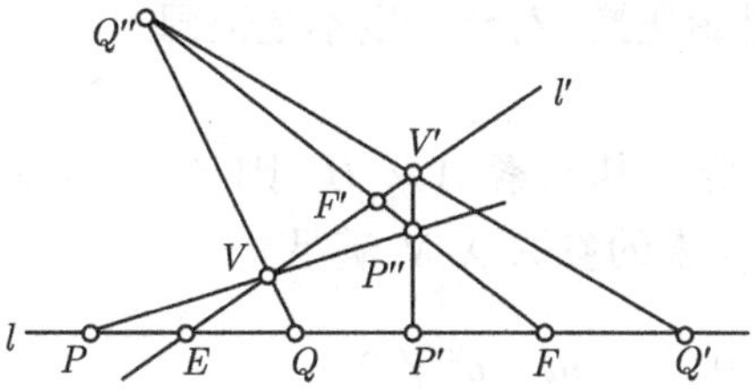

图 2.27

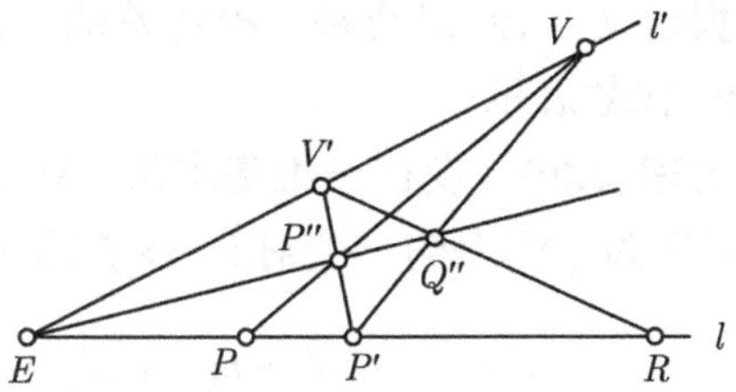

图 2.28

7. 设点列的射影变换 φ 是抛物型的, E 为不变点, $\varphi(P) = P'$, 而 $\varphi(P') = R$(如图 2.28). 求证: $(EP', PR) = -1$.

8. 试根据上述第 6, 第 7 题的结论, 各构造一个几何作图题, 并分别给出解答.

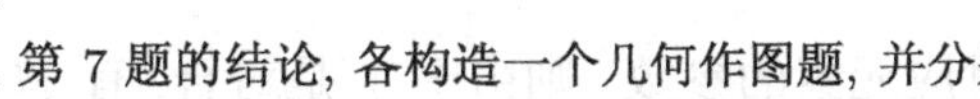

图 2.29

9. 如图 2.29, 设 $A, A'; B, B'; C, C'$ 为点列 $l(P)$ 上的射影变换 $(A, B, C, \cdots) \barwedge (A', B', C', \cdots)$ 的三双相异的对应点. 求作点 D 的对应点 D'.

§2.5 一维基本形的对合

一维基本形的对合是一维射影变换的一种很有趣的特例. 由 §2.4 知, 双曲型、

椭圆型射影变换的两个不变元素与任一对相异的对应元素所成的交比为该射影变换的特征不变量, 而对合则是研究当这个特征不变量为 -1 即调和比的情况.

一、对合的定义

1. 定义

设 f 为一维基本形 $[\Delta]$ 上的一个非恒同的射影变换, $P \in [\Delta]$ 为任一个元素, 我们有 $f(P) = P' \in [\Delta]$, 则若 P 不是不变元素, 总有 $P \neq P'$. 再作 P' 在 f 下的像, 即 $f^2(P) = f(f(P)) = f(P') = P''$. 我们感兴趣的是如果 $P'' = P$, 即 $f^2 = i$ 为恒同变换的情况.

定义 2.12 设 f 为一维基本形 $[\Delta]$ 上的一个非恒同的射影变换. 若 f^2 为 $[\Delta]$ 上的恒同变换, 则称 f 为 $[\Delta]$ 上的一个**对合**.

对于集合上的一个一一变换 f, $f^2 = i$ 为恒同变换的事实等价于 $f = f^{-1}$. 于是定义 2.12 又有下面的等价叙述.

定义 2.12′ 设 f 为一维基本形 $[\Delta]$ 上的一个非恒同的射影变换. 若 f 满足 $f = f^{-1}$, 则称 f 为 $[\Delta]$ 上的一个**对合**.

据定义 2.12, 对合是一类特殊的一维射影变换, 对合一定不是恒同.

2. 代数表示

定理 2.20 设在一维基本形 $[\Delta]$ 上取定了基元素 $A \neq B$. 则 $f: A + \lambda B \mapsto A + \lambda' B$ 为 $[\Delta]$ 上的一个对合 $\Leftrightarrow$ f 的对应元素的参数 λ, λ' 满足

$$a\lambda\lambda' + b(\lambda + \lambda') + d = 0, \qquad ad - b^2 \neq 0. \tag{2.14}$$

证明 “$\Rightarrow$” 设 f 为对合. 则 f 是一个非恒同的射影变换, 设其变换式为 (2.12). 即

$$a\lambda\lambda' + b\lambda + c\lambda' + d = 0 \quad (ad - bc \neq 0).$$

设 p, q 为 f 的一对对应元素的参数. 则由于 f 是对合, 有 $f(p) = q$ 且 $f^{-1}(p) = q$. 将这个事实代入 (2.12) 式, 有

$$apq + bp + cq + d = 0,$$

$$aqp + bq + cp + d = 0,$$

两式相减, 得

$$(b - c)(p - q) = 0.$$

因为 f 非恒同, 所以 $p - q \neq 0$, 于是必有 $b = c$, 即 f 的双线性方程为 (2.14).

“$\Leftarrow$” 在双线性方程 (2.14) 中, λ 与 λ' 的地位完全对称, 正反映了 $f = f^{-1}$ 这一事实, 而且 (2.14) 不是恒同, 即 f 为对合. 证毕.

定理 2.20 说明, (2.14) 式可作为对合的参数定义.

利用线性代数知识和对合的定义, 容易得到下面的结论.

定理 2.21 设在一维基本形 $[\Delta]$ 上取定了齐次坐标系, 则 $[\Delta]$ 上的一个变换 f 为对合 $\Leftrightarrow$ f 使得任意一对对应元素的齐次坐标 $(x_1,x_2),(x_1',x_2')$ 满足

$$\begin{cases} \rho x_1' = a_{11}x_1 + a_{12}x_2, \\ \rho x_2' = a_{21}x_1 - a_{11}x_2, \end{cases} \quad a_{11}^2 + a_{12}a_{21} \neq 0, \quad \rho \neq 0. \tag{2.15}$$

二、确定对合的条件

1. 代数条件

由 (2.14) 式不难看出下面的定理成立.

定理 2.22 一维基本形上的一个对合可由已知其两双相异的对应元素唯一确定.

推论 2.10 在同一对应下, 一个一维基本形的三双对应元素 P_i, P_i' $(i=1,2,3)$ 属于同一对合 $\Leftrightarrow$ 其参数满足

$$\begin{vmatrix} p_1p_1' & p_1+p_1' & 1 \\ p_2p_2' & p_2+p_2' & 1 \\ p_3p_3' & p_3+p_3' & 1 \end{vmatrix} = 0. \tag{2.16}$$

证明 P_i, P_i' 属于同一对合 $\Leftrightarrow$ 其参数满足同一个方程 (2.14), 即

$$ap_ip_i' + b(p_i+p_i') + d = 0 \qquad (i=1,2,3)$$

$\Leftrightarrow$ 上述三式构成的齐次线性方程组对 a,b,d 有非零解 $\Leftrightarrow$(2.16) 式成立. 证毕.

推论 2.11 若已知一个一维基本形中两对相异的对应元素的参数分别为 p_i, p_i' $(i=1,2)$, 则由此确定的对合方程为

$$\begin{vmatrix} \lambda\lambda' & \lambda+\lambda' & 1 \\ p_1p_1' & p_1+p_1' & 1 \\ p_2p_2' & p_2+p_2' & 1 \end{vmatrix} = 0. \tag{2.17}$$

例 2.12 已知一维基本形中两对对应元素的参数为 1 与 $\frac{1}{2}$; 0 与 2. 求由此决定的对合方程.

解 设任一对对应元素的参数为 λ,λ', 则由 (2.17), 所求对合方程为

$$\begin{vmatrix} \lambda\lambda' & \lambda+\lambda' & 1 \\ 1\times\dfrac{1}{2} & 1+\dfrac{1}{2} & 1 \\ 0\times 2 & 0+2 & 1 \end{vmatrix}=0,$$

化简得

$$\lambda\lambda'+\lambda+\lambda'-2=0.$$

2. 几何条件

设 f 为一维基本形上的一个射影变换,

$$(a,b,c,\cdots)\overline{\wedge}(a',b',c',\cdots).$$

如果 f 使得

$$(a,a',b,c,\cdots)\overline{\wedge}(a',a,b',c',\cdots),$$

换句话说, a,a' 这一对对应元素在 f 下满足对合条件, 即 $f(a)=f^{-1}(a)=a'$, 我们也称这个事实为 a,a' 这一对对应元素在 f 下**相互对应**.

定理 2.23 若一维基本形上一个非恒同的射影变换使得一对对应元素相互对应, 则这个射影变换必为对合.

证明 设 f 为一维基本形 $[\Delta]$ 上的一个射影变换, $P_i\mapsto P_i'$ $(i=1,2,3)$ 为 f 的三对相异的对应元素. 则 f 可以由此完全确定. 即

$$(P_1,P_2,P_3,\cdots)\overline{\wedge}(P_1',P_2',P_3',\cdots).$$

现设 P_1,P_1' 相互对应. 则有

$$(P_1,P_1',P_2,P_3,\cdots)\overline{\wedge}(P_1',P_1,P_2',P_3',\cdots),$$

所以

$$(P_1P_1',P_2P_3)=(P_1'P_1,P_2'P_3'). \tag{2.18}$$

假设 $f(P_2')=Q$. 我们来证 $Q=P_2$. 因为

$$(P_1,P_1',P_2,P_2',P_3,\cdots)\overline{\wedge}(P_1',P_1,P_2',Q,P_3',\cdots),$$

所以

$$(P_1P_1',P_2P_2')=(P_1'P_1,P_2'Q)=(P_1P_1',QP_2'),$$

从而有 $Q = P_2$, 于是

$$(P_1, P_1', P_2, P_2', P_3, \cdots)\overline{\wedge}(P_1', P_1, P_2', P_2, P_3', \cdots).$$

即 P_2, P_2' 也相互对应. 同理, f 的任一对对应元素相互对应, 从而 f 为对合. 证毕.

由定理 2.13 和定理 2.23, 以下结论是显然的.

推论 2.12 在同一对应下, 一维基本形的三双相异的对应元素 P_i, P_i' $(i = 1, 2, 3)$ 属于同一对合 $\Leftrightarrow$

$$(P_1P_1', P_2P_3) = (P_1'P_1, P_2'P_3'). \tag{2.19}$$

(2.19) 式称为确定对合的**几何条件**.

三、对合不变元素及其性质

在 (2.14) 中, 令 $\lambda = \lambda'$ 可得确定对合不变元素参数的方程为

$$a\lambda^2 + 2b\lambda + d = 0 \qquad (ad - b^2 \neq 0), \tag{2.20}$$

立刻可得下述结论.

定理 2.24 一维基本形上的任一个对合总有两个相异的不变元素.

据定理 2.24, 一维基本形上的对合按其不变元素分类只有**双曲型对合**和**椭圆型对合**两类, 不存在抛物型对合.

定理 2.25 一个一维射影变换成为对合 $\Leftrightarrow$ 此射影变换存在两个相异不变元素, 而且其余任一对对应元素被两个不变元素调和分离.

证明 "$\Rightarrow$"设 $f:\ (P) \to (P')$ 为对合, E, F 为其两个不变元素, $P, P'(P \neq P')$ 为任一对对应元素. 则由 §2.4 定理 2.18 有

$$(PP', EF) = k(\text{常数}).$$

但是因为 $P, P'; E, E; F, F$ 为同一对合的三双对应元素, 由几何条件有

$$(PP', EF) = (P'P, EF),$$

即 $k^2 = 1$, 而显然 $k \neq 1$. 故 $k = -1$.

"$\Leftarrow$"若对于任意一对对应元素 P, P', 均有 $(PP', EF) = -1$, 则

$$(PP', EF) = (P'P, EF).$$

根据几何条件, $P, P'; E, E; F, F$ 属于同一对合, 由 P 的任意性. 证毕.

定理 2.25 说明对合的特征不变量为 -1.

例 2.13 设 $A, A'; B, B'$ 为一维基本形上一个对合的两对相异的对应元素, E, F 为此对合的两个不变元素. 求证: $A, B; A', B'; E, F$ 是属于另一个对合的三对对应元素.

证明 只要证明满足几何条件. 由题设有

$$(AB', EF) = (A'B, EF),$$

所以

$$(AB', EF) = (BA', FE) \ \Leftrightarrow\ (EF, AB') = (FE, BA'),$$

由几何条件得结论.

例 2.14 已知一维基本形上一个对合的两不变元素的参数为 1, 2. 求这个对合的方程.

解 设所求对合方程为 $a\lambda\lambda' + b(\lambda + \lambda') + d = 0$. 则其不变元素方程为 $a\lambda^2 + 2b\lambda + d = 0$. 据韦达定理, 有

$$\begin{cases} 1 \cdot 2 = \dfrac{d}{a}, \\ 1 + 2 = -\dfrac{2b}{a}, \end{cases} \quad \Longrightarrow \quad \begin{cases} \dfrac{d}{a} = 2, \\ -2\dfrac{b}{a} = 3, \end{cases}$$

解得 $a : b : d = 2 : -3 : 4$. 故所求对合方程为

$$2\lambda\lambda' - 3(\lambda + \lambda') + 4 = 0.$$

四、Desargues 对合定理

定理 2.26(Desargues 对合定理) 不经过顶点的任一直线与完全四点形的三双对边的交点是属于同一对合的三双对应点.

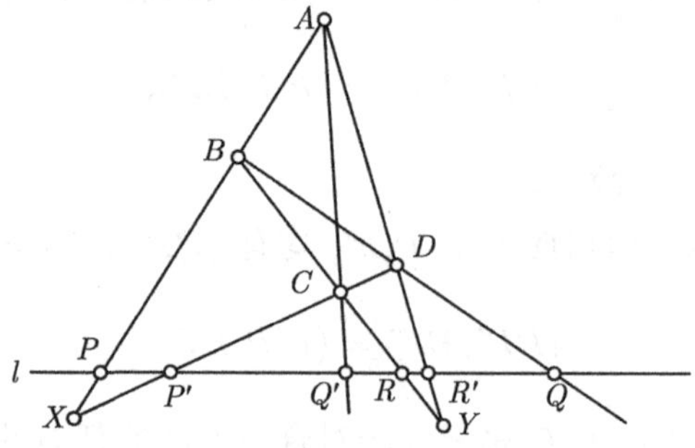

图 2.30

证明 如图 2.30, 设不经过 A,B,C,D 的直线 s 交完全四点形 $ABCD$ 的三双对边于 P,P'; Q,Q'; R,R'. 因为

$$(P,P',Q,R)\overset{(B)}{\overline{\wedge}}(X,P',D,C)\overset{(A)}{\overline{\wedge}}(P,P',R',Q'),$$

所以

$$(P,P',Q,R)\overline{\wedge}(P,P',R',Q').$$

于是

$$(PP',QR)=(PP',R'Q')=(P'P,Q'R'),$$

从而 $P,P';Q,Q';R,R'$ 属于同一对合.

在图 2.30 中, 如果直线 l 恰好经过完全四点形 $ABCD$ 的两个对边点 X,Y, 即 l 为对边三点形的一条边, 则 X,Y 为 l 上的对合的两个不变点, 第三双对边与 l 的交点 Q,Q' 为此对合的一对相异的对应点, 据定理 2.25, 有 $(QQ',XY)=-1$. 于是 Desargues 对合定理就变成了完全四点形的调和性定理. 因此, 可以说 Desargues 对合定理是完全四点形调和性定理的推广.

例 2.15 已知 $P,P';Q,Q'$ 为点列 $l(P)$ 上的对合的两对相异的对应点, R 为 $l(P)$ 上的任一点.

求作: R 在此对合下的对应点 R'.

解 作法: 如图 2.31.

(1) 在 l 外任取一点 X, 作直线 XP,XP';

(2) 过 Q 任作直线交 XP,XP' 于 A,D;

(3) 连 AR 交 XP' 于 C, 连 $Q'C$ 交 XP 于 B;

(4) 连 BD 交 l 于 R' 为所求.

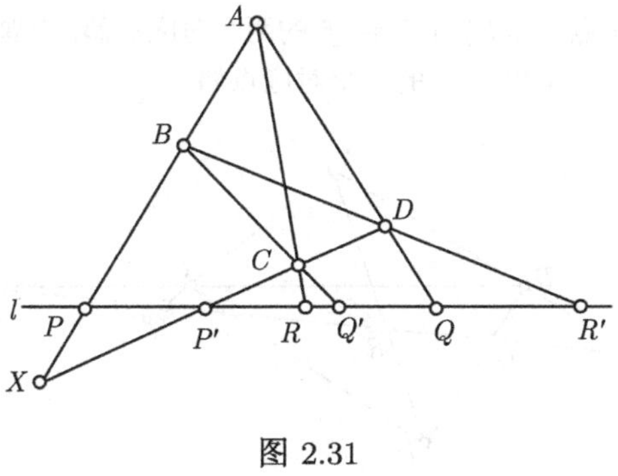

图 2.31

证明: 由作法, $ABCD$ 为完全四点形, l 为不过顶点的直线, P,P'; Q,Q'; R,R' 为直线 l 与完全四点形 $ABCD$ 的三双对边的交点, 根据定理 2.26, P,P'; Q,Q';

R, R' 为属于同一对合的三对对应点.

回顾 §1.6 习题 9, 我们可以仅根据 Desargues 透视定理证明点 R' 的存在唯一性. 由此, 我们可以利用完全四点形来定义点列上的对合.

定义 2.12″ 设 $P, P'; Q, Q'; R, R'$ 为点列 $l(P)$ 上取定的三个对应点偶. 如果存在一个完全四点形, 使得取定的三个对应点偶恰好是该完全四点形的三双对边与 l 的交点, 则称由这三个对应点偶所确定的射影变换为点列 $l(P)$ 上的一个**对合**.

对偶地, 可以利用完全四线形来定义线束中的对合.

习 题 2.5

1. 已知一维基本形上对合的两对对应元素的参数依次为 $2, 2; 1, 4$. 求对合方程.

2. 求第 1 题中对合的不变元素的参数, 并指出它们是哪一种对合.

3. 已知一维基本形上的对合的两个不变元素参数分别为

(1) $2, 3$;

(2) 方程 $\alpha t^2 + 2\beta t + \gamma = 0(\beta^2 - \alpha\gamma \neq 0)$ 的两根;

分别出求对合的方程.

4. 证明定理 2.21.

5. 写出定理 2.26 的对偶命题.

6. 设 A, B, C, D 是点列 $l(P)$ 上相异四点. 求证: 在 $l(P)$ 上有相异二点 P, P' 满足条件 $(AB, DP) = (AB, PC)$, 且 $(AB, PP') = -1$.

7. 设 A, B, C, D, P 为相异的共线五点, 且 $(AB, DP) = (AB, PC)$. 证明: P 是由 $A \leftrightarrow B, C \leftrightarrow D$ 所确定的对合的不变点.

8. 设 A, B, C, D, E, F 为一维基本形 $[\Delta]$ 上相异的元素, 且 $(A, B, C, D, E, F)\barwedge(B, C, D, A, E, F)$. 证明: E, F 为由 $A \leftrightarrow C, B \leftrightarrow D$ 所确定的对合的不变元素.

9. 设在点列 $l(P)$ 上任意给定相异二点 X, Y. 求作 $l(P)$ 上以 X, Y 为不变点的对合的任意两对相异的对应点 $P, P'; Q, Q'$.

10. 设 $P, P'; Q, Q'$ 是点列 $l(P)$ 上对合 f 的两个对应点偶, 点偶 A, B 满足 $(PQ, AB) = (P'Q', AB) = -1$. 求证: A, B 也是 f 的一个对应点偶.

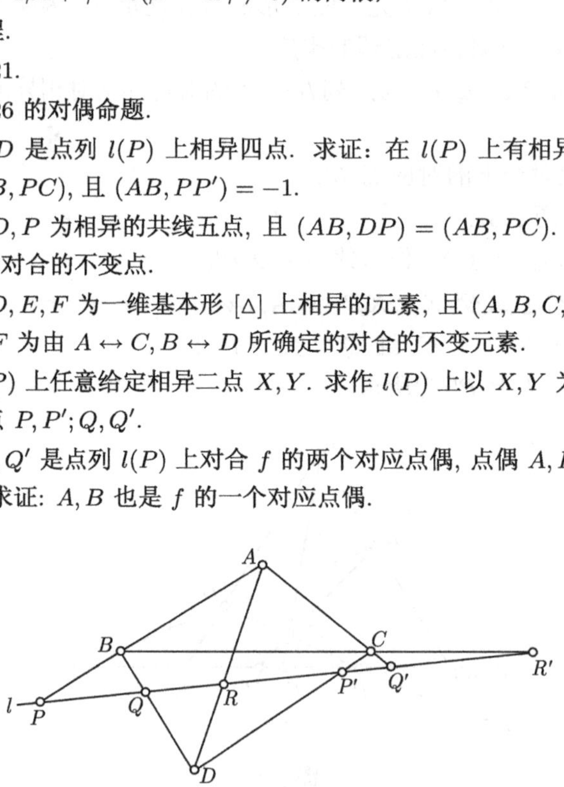

图 2.32

11. 如图 2.32, 设 A, B, C, D 为平面上无三点共线的四个点, l 为平面上的任意直线, l 依

次交 AB, CD 于 P, P'; 交 BD, AC 于 Q, Q'; 交 AD, BC 于 R, R'. 求证: $P, P'; Q, Q'; R, R'$ 是以 l 为底的点列上同一对合的三双对应点.

问: 本题的条件叙述是否有疏漏?

12. 设 $A, A'; B, B'; P, P'$ 是点列 $l(P)$ 上对合 f_1 的三个对应点偶, $A'A''; B'B''; P, P'$ 是 $l(P)$ 上另一个对合 f_2 的三个对应点偶. 求证: $A, B''; A'', B; P, P'$ 是 $l(P)$ 上第三个对合 f_3 的三个对应点偶.

13. 在图 2.33 所示的 Desargues 构图中, 三点形 ABC 与 $A'B'C'$ 的透视轴 XYZ 与对应顶点连线 AA', BB', CC' 的交点依次为 X', Y', Z'. 求证: $X, X'; Y, Y'; Z, Z'$ 是透视轴上的一个对合的三双对应点.

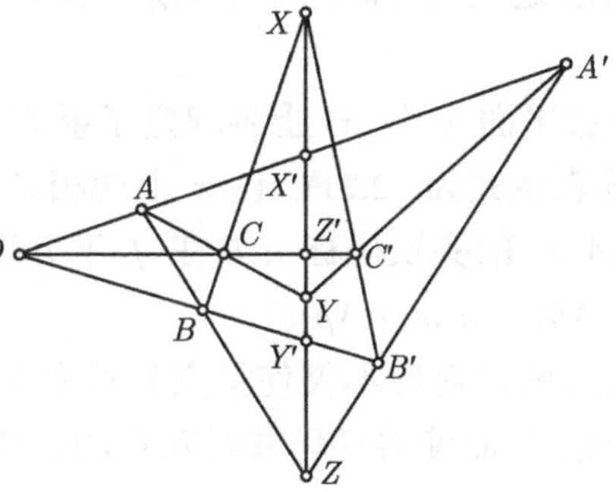

图 2.33

14. 求证: 以通常点为束心的线束的对合中必有一对对应直线相互垂直. 问: 能否有更多对对应直线相互垂直?

§2.6 二维射影变换

本节介绍二维 (同素) 射影变换 (以点场为主) 的定义, 代数表示, 简单性质和二维射影变换的不变元素等知识.

一、二维射影对应

定义 2.13 两个点场间使得对应点连线共点的双射称为点场间的**透视对应**.

透视对应实际上就是平面间的中心射影, 它满足下述定义 2.14 的条件, 因此是射影对应的特例.

定义 2.14(Steiner) 设 π, π' 为两个点场. 若 $\varphi: \pi \to \pi'$ 满足

(1) φ 为双射;

(2) φ 使得共线点变为共线点;

(3) φ 保持共线四点的交比不变,

则称 φ 为点场 π 到点场 π' 的一个**二维射影对应**.

定义 2.15 设在点场 π 和 π' 上各取定了射影坐标系, 称由下式所决定的对应

$$\rho x_i' = \sum_{j=1}^{3} a_{ij}x_j, \qquad i=1,2,3, \quad \rho \neq 0, \quad |A| = |a_{ij}| \neq 0^{①} \tag{2.21}$$

为点场 π 到 π' 的一个**非奇异线性对应**. 其中 $(x_1, x_2, x_3), (x_1', x_2', x_3')$ 为对应点的齐次坐标, A 称为这个非奇异线性对应的矩阵. 如果 $\pi = \pi'$, 且对应点的齐次坐标是关于平面上同一个取定的射影坐标系而论的, 则称 (2.21) 为点场 π 上的一个**非奇异线性变换**.

显然, 非奇异线性对应是点场之间的一个双射. 利用线性代数知识立刻可得下列结论.

定理 2.27 设在射影平面 π 与 π' 上各取定了射影坐标系. 设 $f: \pi \to \pi'$ 为一个非奇异线性对应, 其表达式为 (2.21). 设 π 上的相异二点 A, B 在 f 下分别对应于 π' 上的点 A', B', A, B 的齐次坐标 a, b 在 f 下分别对应于 A', B' 的齐次坐标 $\rho_1 a', \rho_2 b'$. 则有 $f(a+\lambda b) = \rho_1 a' + \lambda \rho_2 b'$.

定理 2.27 说明非奇异线性对应不仅使得点列对应于点列, 而且保持点列的非齐次参数表示的参数不变, 从而使得任何共线四点的交比等于其对应四点的交比. 因此, 我们有

定理 2.28 点场间的任何非奇异线性对应都是一个二维射影对应.

定理 2.29(Möbius) 设 P_1, P_2, P_3, P 与 P_1', P_2', P_3', P' 为 π 和 π' 上任意的四点组 (其中各组内均无三点共线). 则存在唯一非奇异线性对应 $\varphi: \pi \to \pi'$, 使得 $\varphi(P_i) = P_i'(i=1,2,3)$, $\varphi(P) = P'$.

证明 若 $(P_1P_2P_3|P)$ 以及 $(P_1'P_2'P_3'|P')$ 恰好分别为 π 和 π' 上原始的射影坐标系, 则结论显然成立, 此时唯一的非奇异线性对应 φ 即为 RP^2 上的恒同变换, 其矩阵为三阶单位阵.

不妨设 $(P_1P_2P_3|P)$ 以及 $(P_1'P_2'P_3'|P')$ 都不是 π 和 π' 上原始的射影坐标系. 设 π, π' 上原始的射影坐标系分别为 $(A_1A_2A_3|I)$ 和 $(A_1'A_2'A_3'|I')$. 由 §1.4 推论 1.7, 在 π 上存在唯一非奇异线性变换 φ_1 将四点 P_1, P_2, P_3, P 依次变为 A_1, A_2, A_3, I, 且其变换式为应用定理 1.25 所求得的 (1.19) 式; 同时, 在 π' 上存在唯一非奇异线性变换 φ_2 将四点 P_1', P_2', P_3', P' 依次变为 A_1', A_2', A_3', I', 且其变换式也形如应用定理 1.25 所求得的 (1.19) 式. 注意到 RP^2 上的恒同变换是将 A_1, A_2, A_3, I 依次变为 A_1', A_2', A_3', I' 的非奇异线性对应, 在作变换的乘法时可以将恒同变换忽略. 所以,

$$\varphi = \varphi_2^{-1}\varphi_1: \quad \pi \to \pi'$$

即为所求非奇异线性对应. 存在性证毕.

假设还有非奇异线性对应 $\overline{\varphi}: \quad \pi \to \pi'$ 也使得 P_1, P_2, P_3, P 依次变为 P_1', P_2', P_3', P', 我们来证 $\overline{\varphi} = \varphi$.

---

①为缩减篇幅, 在不致引起混淆的情况下, 本书常用 (a_{ij}) 表示一个方阵, 而用 $|a_{ij}|$ 表示这个方阵的行列式.

因为 $\varphi_2\overline{\varphi}$ 是使得 P_1, P_2, P_3, P 依次变为 A_1, A_2, A_3, I 的非奇异线性对应, 由推论 1.7, 这样的非奇异线性对应唯一存在为 φ_1, 即 $\varphi_2\overline{\varphi} = \varphi_1$, 于是 $\overline{\varphi} = \varphi_2^{-1}\varphi_1 = \varphi$. 唯一性证毕.

定理 2.30 设 $\varphi : \pi \to \pi'$ 为一个二维射影对应. 则在取定射影坐标系后,φ 必为非奇异线性对应.

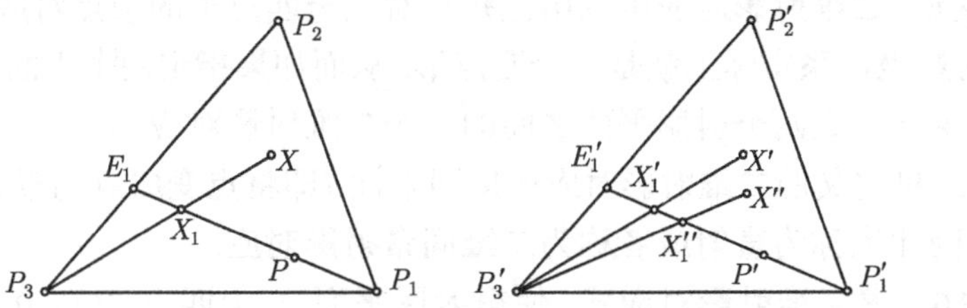

图 2.34

证明 如图 2.34, 设 P_1, P_2, P_3, P 为 π 上取定的无三点共线的四点组, 且 $\varphi(P_i) = P_i'(i = 1, 2, 3)$, $\varphi(P) = P'$. 则显然 P_1', P_2', P_3', P' 是 π' 上的一个无三点共线的四点组. 由定理 2.29, 存在唯一一个非奇异线性对应 $f : \pi \longrightarrow \pi'$, 使得 $f(P_i) = P_i'(i = 1, 2, 3)$, $f(P) = P'$. 我们来证 $\varphi = f$. 为此, 设 X 为 π 上任一点, 且 $\varphi(X) = X'$, 而 $f(X) = X''$. 只要证明 $X'' = X'$. 如图 2.34, 设 P_1P 交 P_2P_3 于 E_1, $\varphi(E_1) = E_1'$. 则 E_1' 必定为 $P_1'P$ 与 $P_2'P_3'$ 的交点, 且据定理 2.27 必有 $f(E_1) = E_1'$. 现设 P_1P 交 P_3X 于 X_1, $\varphi(X_1) = X_1'$. 则 X_1' 为 $P_1'P'$ 与 $P_3'X'$ 的交点. 设 $f(X_1) = X_1''$. 则 X_1'' 为 $P_1'P'$ 与 $P_3'X''$ 的交点. 根据 Steiner 定义和定理 2.27, 我们有

$$(P_1'P', X_1'E_1') = (P_1P, X_1E_1) = (P_1'P', X_1''E_1').$$

从而, $X_1' = X_1''$, 即 X'' 必在直线 $P_3'X'$ 上. 同理 X'' 必在 $P_2'X'$ 上, 即 $X'' = X'$. 证毕.

定义 2.16 设在点场 π 和 π' 上各取定了齐次射影坐标系, 称非奇异线性对应 (2.22) 为点场 π 与 π' 之间的一个**二维射影对应**.

我们也将定义 2.16 称为二维射影对应的代数定义, 或者将 (2.21) 称为二维射影对应的代数表示.

利用线性代数知识不难证明, (2.21) 式不仅给出了两个点场之间的射影对应, 而且也同时给定了同底两线场之间的射影对应. 因此, (2.21) 共诱导了下列四个式子:

	点场 $\longleftrightarrow$ 点场	线场 $\longleftrightarrow$ 线场
φ	$\rho x_i' = \sum\limits_{j=1}^{3} a_{ij}x_j, \quad (i = 1, 2, 3)$	$\lambda u_i' = \sum\limits_{j=1}^{3} A_{ij}u_j, \quad (i = 1, 2, 3)$
φ^{-1}	$\sigma x_i = \sum\limits_{j=1}^{3} A_{ji}x_j', \quad (i = 1, 2, 3)$	$\mu u_i = \sum\limits_{j=1}^{3} a_{ji}u_j', \quad (i = 1, 2, 3)$

其中 A_{ij} 为 a_{ij} 的代数余子式, 由 (2.21) 的限制条件 $\rho \neq 0, |A| \neq 0$, 上述表格中各对应式的系数矩阵均非异, 且有比例常数 $\lambda \neq 0, \sigma \neq 0, \mu \neq 0$. 注意到相差一个非零比例常数的三阶非异方阵是同一个二维射影对应的矩阵, 因此在上表中可以用

矩阵 A 的伴随矩阵 A^* 代替其逆矩阵 A^{-1}.

下列定理是显然的.

定理 2.31 任一个二维射影对应可以由已知四对对应点 (每一方的四点中无三点共线) 唯一确定.

换句话说, 二维射影对应可以由已知一对完全四点形的顶点对应唯一确定. 注意到二维射影坐标系实际上就是完全四点形, 从而如果指定两个平面上的坐标系的对应, 也可唯一确定两个射影平面之间的一个二维射影对应.

显然, 这里定义的二维射影对应保持同素性 (即将点变成点, 直线变成直线) 和关联关系, 因此也称为**直射**或者称为**二维同素射影对应**.

例 2.16 求二维射影对应式, 使得射影平面 π 上四点 $P_1(1,0,0)$, $P_2(0,1,0)$, $P_3(0,0,1)$, $P_4(1,1,1)$ 依次对应于射影平面 π' 上四点 $P'_1(1,0,1)$, $P'_2(0,1,1)$, $P'_3(1,1,1)$, $P'_4(0,0,1)$.

解 容易验证, 已知的两个四点组均无三点共线. 设所求对应式为

$$\begin{cases} \rho x'_1 = a_{11}x_1 + a_{12}x_2 + a_{13}x_3, \\ \rho x'_2 = a_{21}x_1 + a_{22}x_2 + a_{23}x_3, \\ \rho x'_3 = a_{31}x_1 + a_{32}x_2 + a_{33}x_3, \end{cases} \quad |A| = |a_{ij}| \neq 0,\ \rho \neq 0. \tag{2.21}$$

依次将每对对应点的坐标代入, 得

$$P_1(1,0,0) \mapsto P'_1(1,0,1) \quad \begin{cases} \rho_1 = a_{11}, \\ 0 = a_{21}, \\ \rho_1 = a_{31}; \end{cases}$$

$$P_2(0,1,0) \mapsto P'_2(0,1,1) \quad \begin{cases} 0 = a_{12}, \\ \rho_2 = a_{22}, \\ \rho_2 = a_{32}; \end{cases}$$

$$P_3(0,0,1) \mapsto P'_3(1,1,1) \quad \begin{cases} \rho_3 = a_{13}, \\ \rho_3 = a_{23}, \\ \rho_3 = a_{33}; \end{cases}$$

$$P_4(1,1,1) \mapsto P'_4(0,0,1) \quad \begin{cases} 0 = a_{11} + a_{12} + a_{13}, \\ 0 = a_{21} + a_{22} + a_{23}, \\ \rho_4 = a_{31} + a_{32} + a_{33}. \end{cases}$$

从上述 12 个式子中消去 ρ_i(即解一个关于 ρ_i 和 a_{ij} 的 13 个未知数 12 个方程的齐次线性方程组), 解出 a_{ij} 的一组比值为

$$\begin{aligned}&a_{11}:a_{12}:a_{13}:a_{21}:a_{22}:a_{23}:a_{31}:a_{32}:a_{33}\\=&1:0:-1:0:1:-1:1:1:-1.\end{aligned}$$

故所求射影对应式为

$$\begin{cases}\rho x_1' = x_1 \quad\quad -x_3,\\ \rho x_2' = \quad\quad x_2 \; -x_3,\\ \rho x_3' = x_1 + x_2 - x_3.\end{cases}$$

二、二维射影变换

定义 2.17 同底的点场或线场之间的射影对应称为**二维射影变换**.

显然, 二维射影变换是特殊的二维射影对应, 变换是相对于射影平面上一个取定的射影坐标系进行的, (2.21) 式表示了一个点与其像点的坐标之间的关系, 二维射影变换具有二维射影对应的全部性质. 同时, 如果我们将 (x_1, x_2, x_3) 与 (x_1', x_2', x_3') 看成同一个点在平面上不同的射影坐标系下的坐标, 则 (2.21) 式即为射影坐标变换式. 于是, 从相对运动的角度说, 射影坐标变换也可以视为射影变换.

我们来讨论二维射影变换的不变元素问题.

1. 不变点

点 $P(y_1, y_2, y_3)$ 为射影变换 $\rho x_i' = \sum\limits_{j=1}^{3} a_{ij}x_j$ 的不变点 $\Leftrightarrow y_1 : y_2 : y_3 = y_1' : y_2' : y_3'$ $\Leftrightarrow$ 存在 $\alpha \neq 0$, 使得 $y_i' = \alpha y_i \ (i = 1, 2, 3) \Leftrightarrow$

$$\rho\alpha y_i = \sum_{j=1}^{3} a_{ij}y_j \qquad (i = 1, 2, 3),$$

令 $\lambda = \rho\alpha \Leftrightarrow$

$$\begin{cases}(a_{11}-\lambda)y_1 + a_{12}y_2 + a_{13}y_3 = 0,\\ a_{21}y_1 + (a_{22}-\lambda)y_2 + a_{23}y_3 = 0,\\ a_{31}y_1 + a_{32}y_2 + (a_{33}-\lambda)y_3 = 0.\end{cases} \tag{2.22}$$

$\Leftrightarrow$ 存在 λ 使得

$$\begin{vmatrix} a_{11}-\lambda & a_{12} & a_{13}\\ a_{21} & a_{22}-\lambda & a_{23}\\ a_{31} & a_{32} & a_{33}-\lambda \end{vmatrix} = |A-\lambda E| = f(\lambda) = 0, \tag{2.23}$$

于是我们得到下列定理.

定理 2.32　二维射影变换 φ 有不变点 $\Leftrightarrow$ φ 的矩阵 A 的特征多项式有根.

因为 $f(\lambda)=0$ 为三次代数方程, 由代数基本定理, 它至少有一个实根. 从而有

推论 2.13　任一个二维射影变换至少有一个实不变点.

2. 不变直线

直线 $l[v]$ 为射影变换 $\mu u_i=\sum\limits_{j=1}^{3}a_{ji}u_j'$ 的不变直线 $\Leftrightarrow v_1:v_2:v_3=v_1':v_2':v_3'$ $\Leftrightarrow$ 存在 $\kappa\neq 0$, 使得 $v_i=\kappa v_i'$ $(i=1,2,3)$ $\Leftrightarrow$

$$\mu\kappa v_i=\sum_{j=1}^{3}a_{ji}v_j \qquad (i=1,2,3)$$

(这里, 为方便计, 我们去掉“′”), 令 $\gamma=\mu\kappa$ $\Leftrightarrow$

$$\begin{cases}(a_{11}-\gamma)v_1+a_{21}v_2+a_{31}v_3=0,\\ a_{12}v_1+(a_{22}-\gamma)v_2+a_{32}v_3=0,\\ a_{13}v_1+a_{23}v_2+(a_{33}-\gamma)v_3=0\end{cases} \tag{2.22$'$}$$

$\Leftrightarrow$ 存在 γ 使得

$$\begin{vmatrix}a_{11}-\gamma & a_{21} & a_{31}\\ a_{12} & a_{22}-\gamma & a_{32}\\ a_{13} & a_{23} & a_{33}-\gamma\end{vmatrix}=|A^{\mathrm{T}}-\gamma E|=|(A-\gamma E)^{\mathrm{T}}|=f(\gamma)=0. \tag{2.23$'$}$$

于是有下列定理.

定理 2.32′　二维射影变换 φ 有不变直线 $\Leftrightarrow$ φ 的矩阵 A 的特征多项式有根.

注意到 $f(\lambda)$ 与 $f(\gamma)$ 为同一多项式, 有下列定理.

推论 2.13′　任一个二维射影变换至少有一条实不变直线.

例 2.17　求二维射影变换

$$\begin{cases}\rho x_1' &= \quad x_1+x_2-2x_3,\\ \rho x_2' &= -x_1+2x_2+x_3,\\ \rho x_3' &= \quad x_2-x_3\end{cases} \tag{1}$$

的不变元素.

解　(一)　列出特征方程并求特征根.

射影变换 (1) 的矩阵的特征方程为

$$\begin{vmatrix} 1-\lambda & 1 & -2 \\ -1 & 2-\lambda & 1 \\ 0 & 1 & -1-\lambda \end{vmatrix} = 0,$$

即

$$(1-\lambda)(1+\lambda)(2-\lambda) = 0.$$

于是特征根为 $\lambda_1 = 1, \lambda_2 = -1, \lambda_3 = 2$.

(二) 求不变点.

射影变换 (1) 的不变点方程组为

$$\begin{cases} (1-\lambda)x_1 + x_2 - 2x_3 = 0, \\ -x_1 + (2-\lambda)x_2 + x_3 = 0, \\ x_2 - (1+\lambda)x_3 = 0. \end{cases} \tag{2}$$

将 $\lambda_1 = 1$ 代入 (2), 得

$$\begin{cases} x_2 - 2x_3 = 0, \\ -x_1 + x_2 + x_3 = 0, \\ x_2 - 2x_3 = 0, \end{cases}$$

解之, 得不变点坐标为 $(3, 2, 1)$.

将 $\lambda_2 = -1$ 代入 (2), 得

$$\begin{cases} 2x_1 + x_2 - 2x_3 = 0, \\ -x_1 + 3x_2 + x_3 = 0, \\ x_2 = 0, \end{cases}$$

解之, 得不变点坐标为 $(1, 0, 1)$.

将 $\lambda_3 = 2$ 代入 (2), 得

$$\begin{cases} -x_1 + x_2 - 2x_3 = 0, \\ -x_1 + x_3 = 0, \\ x_2 - 3x_3 = 0, \end{cases}$$

解之, 得不变点坐标为 $(1, 3, 1)$.

(三) 求不变直线.

射影变换 (1) 的不变直线方程组为

$$\begin{cases} (1-\lambda)u_1 - u_2 = 0, \\ u_1 + (2-\lambda)u_2 + u_3 = 0, \\ -2u_1 + u_2 - (1+\lambda)u_3 = 0. \end{cases} \tag{2'}$$

将 $\lambda_1 = 1$ 代入 $(2')$, 得

$$\begin{cases} u_2 = 0, \\ u_1 + u_2 + u_3 = 0, \\ -2u_1 + u_2 - 2u_3 = 0, \end{cases}$$

解之, 得不变直线坐标为 $[1, 0, -1]$.

将 $\lambda_2 = -1$ 代入 $(2')$, 得

$$\begin{cases} 2u_1 - u_2 = 0, \\ u_1 + 3u_2 + u_3 = 0, \\ -2u_1 + u_2 = 0, \end{cases}$$

解之, 得不变直线坐标为 $[1, 2, -7]$.

将 $\lambda_3 = 2$ 代入 $(2')$, 得

$$\begin{cases} -u_1 - u_2 = 0, \\ u_1 + u_3 = 0, \\ -2u_1 + u_2 - 3u_3 = 0, \end{cases}$$

解之, 得不变直线坐标为 $[1, -1, -1]$.

习 题 2.6

1. 在点场 π 上设四点 $A(0,0,1)$, $B(1,2,3)$, $C(2,-1,4)$, $D(-1,0,1)$ 依次对应于四点 $A'(1,4,5)$, $B'(-1,\ 13,\ 14)$, $C'(11,23,28)$, $D'(-1,1,2)$. 求射影变换式.

2. 在点场 π 上设四点 $(0,0,1)$, $(1,0,0)$, $(-1,1,1)$, $(1,1,0)$ 依次对应于四点 $(1,-1,1)$, $(2,1,0)$, $(-2,0,1)$, $(1,3,0)$. 求射影变换式, 并求由此诱导的同底线场上的射影变换式.

3. 设有射影变换

$$\rho\begin{pmatrix} x_1' \\ x_2' \\ x_3' \end{pmatrix} = \begin{pmatrix} 1 & -2 & 1 \\ 4 & -2 & 3 \\ 1 & -1 & 0 \end{pmatrix}\begin{pmatrix} x_1 \\ x_2 \\ x_3 \end{pmatrix}.$$

求点 $P(1,3,2)$, $Q(-1,2,5)$, $R(0,4,-3)$ 在此射影变换下的像点的坐标.

4. 求射影变换

$$\begin{cases} \rho x_1' = x_1 + x_2, \\ \rho x_2' = x_2, \\ \rho x_3' = x_3 \end{cases}$$

的不变元素.

5. 求射影变换

$$\begin{cases} \rho x_1' = x_1 - x_3, \\ \rho x_2' = x_1 + 2x_2 + x_3, \\ \rho x_3' = 2x_1 + 2x_2 + 3x_3 \end{cases}$$

的不变元素.

6. 设 φ 为点场 π 上的一个非恒同的射影变换. 若取 φ 的不变点构成无三点共线的 n 点组, 或取 φ 的不变直线构成无三线共点的 n 线组, 试问: n 的最大值为多少? 为什么?

第三章　变换群与几何学

Klein(克莱因) 变换群观点是研究几何学的一个重要思想. 根据这个思想, 一门几何学乃是研究在某一变换群之下保持不变的几何性质和几何量 (统称为不变性) 的科学, 利用变换群观点还可以对几何学进行分类与比较. 本章将利用变换群思想重新审视我们以前所学过的几何学, 对其进行归纳与比较, 我们仅讨论二维即平面几何学.

§3.1　射影仿射平面

作为实射影平面的模型的拓广平面, 其上的点均称为拓广点, 直线均称为拓广直线, 不再有通常元素和理想元素之区分, 在前面的章节中, 我们在这个模型上展开了射影平面几何有关内容. 但是, 我们也曾不时地在拓广平面上论及无穷远点、无穷远直线等概念, 严格地说, 论及这些概念就已经不是在射影平面上的讨论, 本节将对这些做法进行规范.

一、射影仿射平面

如果我们在拓广平面上指定一条直线作为无穷远直线, 尽管平面上点的集合与直线的集合没有变化, 但是从几何结构来说, 已经将拓广平面特殊化, 我们给出下面的定义.

定义 3.1　在拓广平面上, 指定一条直线为无穷远直线, 记作 l_∞, 并约定选取射影坐标系, 使得 l_∞ 的方程为 $x_3 = 0$. 称这样的平面为**实射影仿射平面**, 称所取定的无穷远直线 l_∞ 为实射影仿射平面上的**绝对形**.

依照定义 3.1, 在拓广平面上指定无穷远直线的同时, 对其上射影坐标系的选取也作了约束, 即 l_∞ 必须总是作为坐标三点形的边 $x_3 = 0$. 这样的射影坐标系称为**射影仿射坐标系**. 根据 §1.4 的讨论, 两个射影仿射坐标系之间的**射影仿射坐标变换**的逆式必定形如

$$\rho\begin{pmatrix} x_1 \\ x_2 \\ x_3 \end{pmatrix} = \begin{pmatrix} p_1 & q_1 & r_1 \\ p_2 & q_2 & r_2 \\ 0 & 0 & r_3 \end{pmatrix}\begin{pmatrix} x_1' \\ x_2' \\ x_3' \end{pmatrix}, \quad 0 \neq \rho \in \mathbf{R}, 0 \neq r_3 \in \mathbf{R}, \tag{3.1}$$

其中 $(p_1, p_2, 0), (q_1, q_2, 0), (r_1, r_2, r_3)$ 分别为新的坐标三点形的顶点 A_1', A_2', A_3', 单位点规则为

$$\rho(e_1, e_2, e_3) = (p_1, p_2, 0) + (q_1, q_2, 0) + (r_1, r_2, r_3), \quad 0 \neq \rho \in \mathbf{R}.$$

去掉无穷远直线之后的射影仿射平面就成了通常的平面, 而且以无穷远直线为一边的射影仿射坐标系也就变成了 §1.1 所定义的仿射坐标系.

我们也引入复元素, 将实射影仿射平面拓展为实 – 复射影仿射平面, 并迳称为射影仿射平面.

需要指出的是, 定义 3.1 并不是实射影仿射平面的一般定义, 如同拓广平面是实射影平面的一个模型一样, 我们实际上仅定义了实射影仿射平面的一个模型, 但是这不影响我们研究内容的展开. 于是, 在前面的章节中提及或使用无穷远元素概念的场合, 实际上就是在射影仿射平面上进行的讨论.

注意, 由于平面上的一条直线被特殊化, 一般的对偶原则在射影仿射平面上也不再成立.

二、射影仿射变换与仿射变换

定义 3.2 在射影仿射平面上, 称保持无穷远直线 $x_3 = 0$ 不变的射影变换为**射影仿射变换**.

定理 3.1 平面上的射影变换 φ

$$\begin{cases} \rho x_1' = a_{11}x_1 + a_{12}x_2 + a_{13}x_3, \\ \rho x_2' = a_{21}x_1 + a_{22}x_2 + a_{23}x_3, \\ \rho x_3' = a_{31}x_1 + a_{32}x_2 + a_{33}x_3, \end{cases} \quad |A| = |a_{ij}| \neq 0,\ \rho \neq 0, \tag{3.2}$$

为一个射影仿射变换 $\Leftrightarrow$ 在 (3.2) 中 $a_{31} = a_{32} = 0$.

证明 “$\Rightarrow$” 设 φ 为一个射影仿射变换. 则 φ 使得 $x_3 = 0$ 对应于 $x_3' = 0$, 在 (3.2) 中必有 $a_{31}x_1 + a_{32}x_2 \equiv 0$, 即 $a_{31} = a_{32} = 0$. 从而 (3.2) 式变成

$$\begin{cases} \rho x_1' = a_{11}x_1 + a_{12}x_2 + a_{13}x_3, \\ \rho x_2' = a_{21}x_1 + a_{22}x_2 + a_{23}x_3, \\ \rho x_3' = \phantom{a_{31}x_1 + a_{32}x_2 +} a_{33}x_3, \end{cases} \quad |A| = |a_{ij}| \neq 0,\ \rho \neq 0. \tag{3.3}$$

“$\Leftarrow$” 在 (3.2) 式中, 若令 $a_{31} = a_{32} = 0$. 则 (3.2) 成为 (3.3), 显然保持 $x_3 = 0$ 不变, 于是 φ 为一个射影仿射变换. 证毕.

(3.3) 即为射影仿射变换的一般形式.

在 (3.3) 中, $|A| \neq 0$, 即 $a_{33}A_{33} \neq 0$, 从而 $a_{33} \neq 0$, 且 $A_{33} \neq 0$. 将 (3.3) 的前二式的两边分别除以 $\rho x_3'$ 和 $a_{33}x_3$, 化为非齐次得

$$\begin{cases} x' = a_1x + b_1y + c_1, \\ y' = a_2x + b_2y + c_2, \end{cases} \quad \begin{vmatrix} a_1 & b_1 \\ a_2 & b_2 \end{vmatrix} \neq 0. \tag{3.4}$$

显然, 当我们将 (3.3) 式化为非齐次得到 (3.4) 式时, 已经将射影仿射平面上的无穷远直线去掉, 因而 (3.4) 式是作用于通常平面上的变换即为 §1.1 所定义的仿射变换.

射影仿射变换是射影变换的一个重要的特例, 而仿射变换则为射影仿射变换的有穷远部分. 记 KA 表示射影仿射平面上的全体射影仿射变换的集合, A 表示仿射平面上的全体仿射变换的集合. 则上述齐次与非齐次的关系实际上是 KA 与 A 之间的一个自然的双射.

三、射影相似变换与相似变换

§1.4 习题 8 表明, 平面上所有的圆都经过无穷远直线上的一对共轭虚点 $I(1,\mathrm{i},0)$, $J(1,-\mathrm{i},0)$; §2.5 习题 14 表明, 经过 I 或 J 的有穷远直线都是虚直线, 而且与其自身"垂直". 因此, 这一对共轭的虚无穷远点有着很有趣的性质.

定义 3.3 在射影仿射平面上, 称无穷远点 $I(1,\mathrm{i},0), J(1,-\mathrm{i},0)$ 为**圆环点或圆点**.

定义 3.4 在射影仿射平面上, 保持两个圆环点不变的射影仿射变换称为**射影相似变换**.

定理 3.2 在射影仿射平面上, 射影仿射变换 (3.3) 成为射影相似变换 $\Leftrightarrow$ 在 (3.3) 中有 $a_{22} = a_{11}$ 且 $a_{21} = -a_{12}$ 或者 $a_{22} = -a_{11}$ 且 $a_{21} = a_{12}$.

证明 "$\Rightarrow$" 情形 1. 设 (3.3) 使得 $I \to I, J \to J$. 分别代入 (3.3), 得

$$\begin{cases} \rho_1 = a_{11} + a_{12}\mathrm{i}, \\ \rho_1\mathrm{i} = a_{21} + a_{22}\mathrm{i}, \end{cases} \qquad \begin{cases} \rho_2 = a_{11} - a_{12}\mathrm{i}, \\ -\rho_2\mathrm{i} = a_{21} - a_{22}\mathrm{i}, \end{cases}$$

根据复数的性质, 从上述两式均可得到 $a_{22} = a_{11}$ 且 $a_{21} = -a_{12}$.

情形 2. 设 (3.3) 使得 $I \to J, J \to I$. 分别代入 (3.3), 得

$$\begin{cases} \rho_3 = a_{11} + a_{12}\mathrm{i}, \\ -\rho_3\mathrm{i} = a_{21} + a_{22}\mathrm{i}, \end{cases} \qquad \begin{cases} \rho_4 = a_{11} - a_{12}\mathrm{i}, \\ \rho_4\mathrm{i} = a_{21} - a_{22}\mathrm{i}, \end{cases}$$

根据复数的性质, 从上述两式均可得到 $a_{22} = -a_{11}$ 且 $a_{21} = a_{12}$.

"⇐" 设 (3.3) 满足 $a_{22}=a_{11}$ 且 $a_{21}=-a_{12}$ 或者 $a_{22}=-a_{11}$ 且 $a_{21}=a_{12}$. 通过直接验证可以证明这样的射影仿射变换保持 I,J 两点不变. 证毕.

于是, 在射影仿射平面上, 射影相似变换的一般形式为

$$\begin{cases}\rho x_1' = a_{11}x_1 - a_{12}x_2 + a_{13}x_3, \\ \rho x_2' = a_{12}x_1 + a_{11}x_2 + a_{23}x_3, \\ \rho x_3' = \qquad\qquad\qquad\quad a_{33}x_3,\end{cases} \quad a_{33}(a_{11}^2+a_{12}^2)\neq 0,\ \rho\neq 0. \tag{3.5}$$

或者

$$\begin{cases}\rho x_1' = a_{11}x_1 + a_{12}x_2 + a_{13}x_3, \\ \rho x_2' = a_{12}x_1 - a_{11}x_2 + a_{23}x_3, \\ \rho x_3' = \qquad\qquad\qquad\quad a_{33}x_3,\end{cases} \quad a_{33}(a_{11}^2+a_{12}^2)\neq 0,\ \rho\neq 0. \tag{3.6}$$

由齐次坐标的性质, 在 (3.5), (3.6) 中我们可以重新选取非零常数 ρ, 使得 $a_{33}=1$. 因为 $A_{33}=\pm(a_{11}^2+a_{12}^2)\neq 0$. 如果记 B 表示由 A_{33} 的元素所构成的二阶矩阵, 则

$$BB^{\mathrm{T}}=B^{\mathrm{T}}B=(a_{11}^2+a_{12}^2)E.$$

因此, B 与二阶正交矩阵仅相差一个正常数. 于是, 在笛氏直角坐标系下, (3.5), (3.6) 的非齐次表达式即为 §1.1 中的相似变换式 (1.11). 所以, 射影相似变换是射影仿射变换的特例, 相似变换是射影相似变换的有穷远部分. 在全体射影相似变换的集合 KS 与全体相似变换的集合 S 之间也有一个自然的双射.

显然, 在无穷远直线上必定存在一个椭圆型对合 (§2.5, 习题 14), 以 I,J 两点为其不变点.

定义 3.5 称无穷远直线上以两个圆环点为不变元素的椭圆型对合为射影仿射平面上的**绝对对合**, 经过两个圆环点之一的虚直线称为**迷向直线**.

显然, 无穷远直线上的绝对对合对每个以通常点为束心的线束都规定了其中的一个对合. 这个对合使得任意一对对应直线相互垂直, 以两条迷向直线作为其不变直线, 称为通常平面上的绝对对合.

推论 3.1 射影相似变换保持射影仿射平面上的绝对对合不变.

因此, 相似变换保持通常平面上的绝对对合不变, 从而使得相互垂直的直线变成相互垂直的直线.

四、射影正交变换与正交变换

定义 3.6 对于射影仿射平面上的射影相似变换 (3.5) 或 (3.6), 如果 $a_{11}^2+a_{12}^2=1$, 则称这样的射影相似变换为**射影正交变换**.

射影正交变换是射影相似变换的特例, 当在通常平面上取定笛氏直角坐标系得到射影正交变换的有穷远部分的表达式即为 §1.1 中的正交变换 (1.1) 或 (1.2). 在全体射影正交变换的集合 KM 与全体正交变换的集合 M 之间也有一个自然的双射.

习 题 3.1

1. 求证: 圆环点的方程为 $u_1^2+u_2^2=0$.

2. 求证: 虚直线 $m:\ y=kx+b$ 为迷向直线 $\Leftrightarrow m$ 上任意两个有穷远点之间的距离为零.

*3. 求证: (**Laguerre 定理**) 设 l_1,l_2 为过平面上一个通常点 S 的两条非迷向直线, m_1,m_2 为过 S 的两条迷向直线, 且 l_1,l_2 的夹角为 ϑ, $(l_1l_2,m_1m_2)=\mu$. 则必有

$$\vartheta=\frac{1}{2\mathrm{i}}\ln\mu.$$

*4. 由上题结论, 证明 $l_1\perp l_2\Leftrightarrow \mu=-1$.

§3.2 平面上的几个变换群

一、群与变换群

作为工具性知识, 我们先简要给出群的概念, 读者可以在任何一本《近世代数》教科书中找到关于群及其性质的详细论述, 因此我们只列出所需要的结论而不给出证明.

定义 3.7 设 G 为非空集合. 在 G 上定义一种代数运算, 称为乘法. 如果满足以下公理, 则称 G 对于这个乘法构成**群**, 记作 G.

Ⅰ 封闭性. $\forall a,b\in G$, 有 $ab\in G$.

Ⅱ 乘法满足结合律. $\forall a,b,c\in G$, 有 $a(bc)=(ab)c$.

Ⅲ 存在单位元. 存在 $e\in G$, 使得 $\forall a\in G$, 有 $ae=ea=a$.

Ⅳ 每一元素存在逆元素. $\forall a\in G$, 存在 $a^{-1}\in G$, 使得 $aa^{-1}=e=a^{-1}a$.

事实上, 群的例子我们已经见过不少. 比如, 全体非零有理数的集合 Q^* 对于通常数的乘法构成群; 仅含有数 1 的集合 $\{1\}$ 对于通常数的乘法构成群; 实数域上全体 n 阶可逆方阵的集合对于矩阵的乘法构成群, 等等.

群是一种代数概念, 或者叫做一种代数系统. 满足定义 3.7 的一种乘法称为赋予集合 G 以一个群的代数结构. 在群中只有一种代数运算即乘法, 这比我们通常了解的代数系统要弱得多, 群的乘法一般不满足交换律. 在代数中, 由定义 3.7 即可以用逻辑推理的方法导出群的全部代数性质.

定义 3.8 设 G 为群, $H\subseteq G, H\neq\phi$. 若 H 对于 G 的乘法仍然构成群, 则称 H 为 G 的一个**子群**.

定理 3.3 设 $H \subseteq G$. H 为 G 的子群 $\Leftrightarrow$

(1) 若 $h_1, h_2 \in H$, 则 $h_1 h_2 \in H$;

(2) 若 $h \in H$, 则 $h^{-1} \in H$.

定义 3.9 设 G, G' 为群. 若存在双射 $f: G \to G'$ 使得 $\forall a, b \in G$, 均有 $f(ab) = f(a)f(b) = a'b' \in G'$. 则称群 G 与群 G'**同构**, 记作 $G \cong G'$.

简言之, 群之间的同构就是一个能保持群的乘法运算的双射, 即同构的群具有相同的群结构.

由非空集合 S 上一一变换的乘法的定义及其性质, 下面的定理是显然的.

定理 3.4 非空集合 S 上的全体一一变换的集合对于变换的乘法构成群, 称为集合 S 上的**全变换群**.

定理 3.5 设 G 为集合 S 上的全变换群的一个非空子集. 则 G 对于变换的乘法构成群 $\Leftrightarrow$

(1) 若 $g_1, g_2 \in G$, 则 $g_1 g_2 \in G$;

(2) 若 $g \in G$, 则 $g^{-1} \in G$.

称 G 为全变换群的一个子群.

定义 3.10 设 G 为集合 S 上的全变换群的一个子群. 则称 G 为集合 S 上的一个**变换群**.

二、平面上的几个变换群

1. 射影变换群

定理 3.6 射影平面上全体射影变换的集合 K 对于变换的乘法构成变换群, 称变换群 K 为**射影变换群**.

证明 只要验证 K 对于变换的乘法满足定理 3.5.

(1) 设 $\kappa_1, \kappa_2 \in K$. 其中

$$\kappa_1: \quad \rho \begin{pmatrix} x_1' \\ x_2' \\ x_3' \end{pmatrix} = A \begin{pmatrix} x_1 \\ x_2 \\ x_3 \end{pmatrix}, \qquad |A| \neq 0, \rho \neq 0,$$

$$\kappa_2: \quad \sigma \begin{pmatrix} x_1' \\ x_2' \\ x_3' \end{pmatrix} = B \begin{pmatrix} x_1 \\ x_2 \\ x_3 \end{pmatrix}, \qquad |B| \neq 0, \sigma \neq 0.$$

设一点 X 经 κ_1 变成点 X', 而点 X' 经 κ_2 又变成点 X'', 换句话说, 点 X 经过 κ_1, κ_2

的乘积变换变成点 X''. 于是我们有

$$\rho\sigma\begin{pmatrix}x_1''\\x_2''\\x_3''\end{pmatrix}=B\left(\rho\begin{pmatrix}x_1'\\x_2'\\x_3'\end{pmatrix}\right)=(BA)\begin{pmatrix}x_1\\x_2\\x_3\end{pmatrix}.$$

令 $\rho\sigma=\lambda$, $BA=C$, 则显然, $\lambda\neq 0, |C|\neq 0$. 即 κ_1 与 κ_2 的乘积变换

$$\kappa:\quad \lambda\begin{pmatrix}x_1'\\x_2'\\x_3'\end{pmatrix}=C\begin{pmatrix}x_1\\x_2\\x_3\end{pmatrix},\qquad |C|\neq 0,\ \lambda\neq 0$$

仍然是射影变换, 即 $\kappa\in K$ 从而 K 对于变换的乘法是封闭的.

(2) 因为任一射影变换都是非奇异线性变换, 故逆变换总存在, 且逆变换仍然是射影变换, 即对于任意的 $\kappa\in K$, 总存在 $\kappa^{-1}\in K$.

综上, K 是变换群. 证毕.

2. 射影仿射变换群与仿射变换群

仿照定理 3.6, 可以证明下面的定理.

定理 3.7 射影仿射平面上全体射影仿射变换的集合 KA 对于变换的乘法构成群, 称群 KA 为**射影仿射变换群**; 仿射平面上全体仿射变换的集合 A 对于变换的乘法构成群, 称群 A 为**仿射变换群**.

显然, 射影仿射变换群 KA 与仿射变换群 A 之间有一个自然的同构, 我们直接给出定理 3.8.

定理 3.8 射影仿射变换群 KA 为射影变换群 K 的一个子群, 而且 $KA\cong A$.

3. 射影相似变换群与相似变换群

仿照定理 3.6, 可以证明下面的定理.

定理 3.9 射影仿射平面上全体射影相似变换的集合 KS 对于变换的乘法构成群, 称群 KS 为**射影相似变换群**; 通常平面上全体相似变换的集合 S 对于变换的乘法构成群, 称群 S 为**相似变换群**.

显然, 射影相似变换群 KS 与相似变换群 S 之间有一个自然的同构, 我们直接给出定理 3.10.

定理 3.10 射影相似变换群 KS 为射影仿射变换群 KA 的一个子群, 而且 $KS\cong S$.

4. 射影正交变换群与正交变换群

类似地, 可以得到下列两个结论.

定理 3.11 射影仿射平面上全体射影正交变换 KM 对于变换的乘法构成群, 称 KM 为**射影正交变换群**; 通常平面上全体正交变换的集合 M 对于变换的乘法构成群, 称群 M 为**正交变换群**.

定理 3.12 射影正交变换群 KM 为射影相似变换群 KS 的子群, 而且 $KM \cong M$.

综上, 我们在射影平面和仿射平面 (通常平面) 上各得到了一个变换群系列, 记 P 与 PA 分别表示射影平面和仿射平面 (或通常平面), 则上述两个系列的变换群有如下的关系

$$\begin{array}{lccccccc} P: & K & \supset & KA & \supset & KS & \supset & KM \\ & & & \cong & & \cong & & \cong \\ PA: & & & A & \supset & S & \supset & M \end{array}$$

习 题 3.2

*1. 试给出定理 3.7~3.12 的证明.

§3.3 变换群与几何学

基于对欧几里得几何《原本》中"第五公设"即平行公理近两千年的争论, 到十九世纪, 出现了一些非欧几里得几何学, 比如射影几何, 仿射几何, 双曲几何 (Lobatchevsky 几何), 椭圆几何 (Riemann 几何) 等等. 其时, 有两大问题困扰着数学界. 一是这些几何学之间的逻辑关系问题; 二是非欧几里得几何学的相容性问题. 关于第二个问题, 最为知名的漂亮解决是由 Poincaré 在 1882 年给出的, 常被称为 (双曲几何的)Poincaré 模型. 本节主要介绍由 F. Klein 给出的关于第一个问题的解答, 即 Klein 变换群观点.

利用变换群观点对几何学进行定义和分类, 常称为**Klein 变换群观点**. 这个思想是德国数学家 F. Klein 于 1872 年在德国 Erlangen 大学所作的题为"近世几何学研究的比较评述"的讲演中首次提出的, 该讲演后来被称为 F. Klein 观点或 Erlangen 纲领. 它将当时已有的一些几何学统一于变换群观点之下, 给出了建立抽象空间所对应的几何学的一种方法, 对几何学的发展起到了巨大的促进和推动作用, 甚至对物理学、力学的发展也产生了影响. 科学发展到现今, Erlangen 纲领已经远不能概括许多新的几何学, 但是, 事实上这个纲领统治了其后几乎半个世纪的几何学研究与发展.

一、Klein 变换群观点

定义 3.11 设 S 为一个非空集合, G 为 S 上的一个变换群. 称 S 为**空间**, S 的元素称为点, S 的子集 F 称为图形, G 称为空间 S 的**主变换群**. 研究空间 S 中图形所决定的在 G 的每一个元素的作用下保持不变的性质 (称为 G 不变性) 和数量 (称为 G 不变量) 的科学称为一门**几何学**(S,G).

由定义 3.11, 每给定非空集合 S 上的一个变换群 G, 就可以构成一门几何学. 事实上, 设 F,F' 为空间 S 中的两个图形 (即 S 的子集), 若有 $g\in G$, 使得 $g(F)=F'$. 则称图形 F 与 F' 等价, 记作 $F\sim F'$. 容易证明, "$\sim$" 是空间 S 中所有图形构成的集合上的一个等价关系. 即

(1) 反身性. $F\sim F$, 任一个图形与它自己等价. 只要取 $g=e$ 为 G 中的单位元 (即恒同变换) 即可;

(2) 对称性. 若 $F\sim F'$, 则 $F'\sim F$. 因为在变换群 G 中任一元素都在 G 中有逆元素, 所以, 在 G 中既存在将 F 变为 F' 的变换 g, 就一定存在将 F' 变为 F 的逆变换 g^{-1};

(3) 传递性. 若 $F\sim F'$, 而 $F'\sim F''$, 则 $F\sim F''$. 这是因为变换群对于乘法的封闭性, 即若 g,f 分别是将 F 变为 F' 和将 F' 变为 F'' 的变换, 则显然在 G 中有变换 gf, 将 F 变为 F''.

由上述讨论, G 必可将 S 中所有图形分为等价类, (比如在射影变换群的作用下, 射影平面上的所有点列属于同一等价类; 所有线束是同一类; 所有三点形属于同一类; 所有完全四点形属于同一类; $\cdots$), 同一等价类中图形所共有的性质就是关于所论变换群的不变性.

当我们在 S 上给定不同的变换群时, 就得到了不同的几何学, 特别地, 有下述定义.

定义 3.12 设 (S,G) 为一个几何学, 群 H 是 G 的子群. 则称几何学 (S,H) 为几何学 (S,G) 的一个**绝对子几何学**, 简称**子几何学**.

设 $\Sigma\subset S$, $\Sigma\neq\phi$, H 为 G 的子群, 且对于任意的 $g\in H$, 都有 $g(\Sigma)=\Sigma$, 又 H_Σ 为 Σ 上的一个变换群, 且 $H_\Sigma\cong H$ 则称 (Σ,H_Σ) 为 (S,G) 的一个以 (S,H) **为伴随绝对子几何学的相对子几何学**, 并称 $B=S\setminus\Sigma$ 为 (Σ,H_Σ) 的**绝对形**.

例如, $KA\subseteq K$, 对于任意的 $\tau\in KA$, 有 $\tau(P\setminus l_\infty)=P\setminus l_\infty$, 对于射影仿射平面而言, $\Sigma=P\setminus l_\infty=PA$, 因为 $A\cong KA$, 于是, (PA,A) 为 (P,K) 的一个以 (P,KA) 为伴随绝对子几何学的相对子几何学, 其中 l_∞ 为绝对形.

子几何学中研究的是关于 G 的子群 H 的不变性和不变量, 这些不变性和不变量可能有的未必在群 G 下保持不变. 但是, 由于 H 是 G 的子群, 所以所有关于 G 的不变性和不变量必定都被子几何学 (S,H) 所继承, 继续保持不变. 这就是说, 变

换群越大, 可研究的几何学内容就可能越少, 变换群越小, 几何学的内容就可能越丰富, 换句话说, 子几何学的内容要比母几何学丰富. 但是, 变换群越大, 其讨论的内容在这个几何学系列中就一定越具有纲领性意义.

综上讨论, 我们得到如下几何学系列:

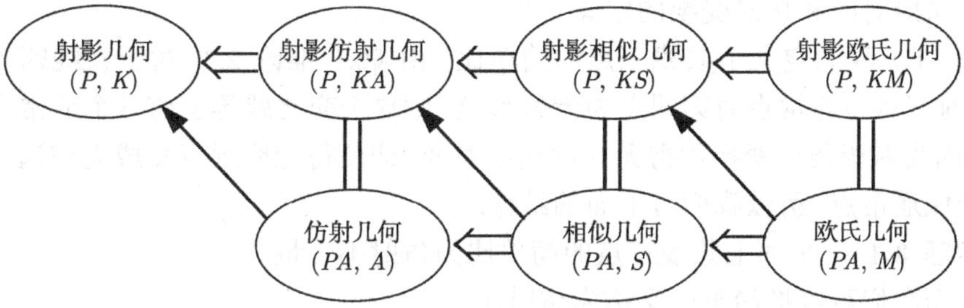

图 3.1

注 在图 3.1 中, “$\Leftarrow$”表示后者为前者的绝对子几何学; “$\leftarrow$”表示后者为前者的相对子几何学; “$=$”表示伴随关系, 相对子几何学的绝对形均为 l_∞.

二、平面上几种几何学的比较

1. 射影几何学

射影几何学是以射影平面作为空间, 以射影变换群 (其元素是二维射影变换) 为主变换群的几何学. 射影几何学研究图形的射影不变性和不变量. 由前面两章, 我们已经看到, 最基本的射影不变性有同素性 (即点的像仍然是点; 直线的像仍然是直线)、关联性 (即点与直线的关联关系: 某点在某直线上, 某直线通过某点), 最基本的射影不变量是交比. 所有其他射影不变性和不变量都是由这些基本的不变性和不变量演绎出来的性质和数量.

2. 射影仿射几何学与仿射几何学

射影仿射几何学是以射影仿射平面为空间, 射影仿射变换群为主变换群的几何学. 事实上, 因为无穷远直线在射影仿射变换群下保持不变, 故以无穷远直线作为绝对形的仿射几何学是射影仿射几何学的有穷远部分, 除了无穷远直线, 两者具有相同的研究内容. 在射影仿射平面上, 无穷远直线的存在使得射影仿射几何比仿射几何多了一些研究手段, 其本身并不具有仿射性质. 我们也常常去掉无穷远直线, 直接研究仿射几何学, 而在需要时又借助射影仿射几何的研究手段, 在不产生矛盾的场合下, 对仿射几何学与射影仿射几何学不加严格区分, 都直接作为射影几何学的子几何学.

作为射影几何学的子几何学, 仿射几何的研究内容首先包含射影几何学的所有研究内容. 但是此外, 它还有自己独特的研究内容而不属于射影几何.

下面的定理是显然的.

定理 3.13 仿射变换保持直线的平行性不变.

我们曾用透视对应 (即中心射影) 的链来定义射影对应, 而要保持平行性不变, 透视中心只能取在无穷远直线上. 当透视中心为无穷远点时, 这样的透视对应就成了平行投影, 因此仿射对应乃是有限次平行投影的结果, 于是我们回归到了 §1.1 关于透视仿射对应和仿射变换的定义.

在 §1.1 我们定义了共线三点的简单比, 由 §2.1 推论 2.3, 对于共线四点的交比, 若前三点为通常点而第四点为无穷远点, 则这个交比就等于前三个通常点的简单比. 因为射影仿射变换使得无穷远直线不变, 即使得无穷远点变成无穷远点而通常点变成通常点, 所以我们有下面的结论.

定理 3.14 平面上共线三点的简单比为仿射不变量.

从而我们可以把简单比又称为仿射比.

除了拥有射影几何的所有不变性和不变量之外, 仿射几何所特有的基本不变性就是平行性, 基本不变量就是共线三点的简单比. 其余所有的仿射不变性和不变量都是能够由此演绎出来的性质和数量. 比如, 我们可以演绎出: 平行线段的比、两个三角形的面积之比等等都是仿射不变量; 线段的中点、三角形的重心、梯形、平行四边形等都是仿射不变图形.

3. 射影相似几何学与相似几何学

射影相似几何学是以射影仿射平面为空间, 射影相似变换群为主变换群的几何学. 射影相似变换不仅保持无穷远直线不变, 还保持绝对对合不变. 以无穷远直线作为绝对形、且保持圆环点的集合 $\{I, J\}$ 不变的射影相似几何学是射影仿射几何学的一个子几何学. 在有穷远部分, 相似几何与射影相似几何具有相同的研究内容, 因此也常常直接研究相似几何学以替代对射影相似几何学的研究, 而在需要时借助射影相似几何的研究手段, 在不矛盾的场合, 不区分地将相似几何学与射影相似几何学都作为射影仿射几何学的子几何学.

作为仿射几何学的子几何学, 相似几何的研究内容首先包含仿射几何学的所有研究内容. 但是此外, 它还有自己独特的研究内容而不属于仿射几何, 相似几何基本的不变性和不变量有任意两条线段的比值和两直线的夹角.

相似几何学也称为抛物几何学. 实际上, 初等几何学的研究内容在很大程度上都属于相似几何学.

4. 射影欧氏几何学与欧氏几何学

射影欧氏几何学是以射影仿射平面为空间, 以射影正交变换为主变换群的几何学. 欧氏几何学是以欧氏平面为空间, 以无穷远直线为绝对形, 以正交变换群作为主变换群的几何学. 作为相似几何的子几何学, 欧氏几何的研究内容首先包含相似几何学的全部内容, 再加上正交变换特有的不变性和不变量即平面上两点间的距离.

两点间的距离是正交变换的基本不变量, 由此可以演绎出正交变换的全部不变性和不变量, 如角度、面积、体积、全等形等等欧氏几何内容. 在正交变换下, 任一个平面图形都变成与它全等的图形, 这个事实我们通常称为正交变换保持图形的合同性, 这是正交变换的基本不变性.

综上讨论, 对于图 3.1 所示的两个几何学系列中的每一个, 我们可以说, 子几何学的研究内容比原几何学丰富, 而原几何学的研究内容比子几何学更为基本. 比如, 射影几何学具有最大的变换群, 因而具有最少但是最具纲领性意义的内容, 射影欧氏几何学在所论几何学系列中具有最小的变换群, 因而具有最丰富的内容.

习 题 3.3

1. 下列图形各是何种几何学 (指具有尽可能大的变换群) 的讨论对象?

(1) 梯形; (2) 三角形的重心;

(3) 平行四边形; (4) 圆;

(5) 三角形的垂心; (6) 调和点列;

(7) 线段的垂直平分线; (8) 完全四点形;

(9) 两个透视的三点形; (10) 正方形.

2. 下列几何量各是何种几何学 (指具有尽可能大的变换群) 的讨论对象?

(1) 线段的长度; (2) 两直线的夹角;

(3) 三角形的面积; (4) 点到直线的距离;

(5) 两平行线间的距离; (6) 共线四点的交比;

(7) 共线三点的简单比; (8) 圆锥曲线的离心率.

3. 下列几何性质各是何种几何学 (指具有尽可能大的变换群) 的讨论对象?

(1) 平行; (2) 垂直;

(3) 平行四边形的对角线互相平分; (4) 共线点或共点线;

(5) 全等三角形; (6) 相似三角形.

4. 正方形、菱形的哪些性质是仿射不变的?

第四章　二次曲线理论

本章将在射影平面和射影仿射平面上, 分别讨论二次曲线的射影性质和仿射性质.

§4.1　二次曲线的射影定义

一、二次曲线的代数定义

定义 4.1　坐标满足

$$S \equiv \sum_{i,j=1}^{3} a_{ij}x_i x_j = 0 \quad (a_{ij} = a_{ji}) \tag{4.1}$$

的所有点 (x_1, x_2, x_3) 的集合称为一条**二阶曲线**. 其中 $A = (a_{ij})$ 称为二阶曲线的矩阵, 秩 $(A) \geqslant 1$.

定义 4.1′　坐标满足

$$T \equiv \sum_{i,j=1}^{3} b_{ij}u_i u_j = 0 \quad (b_{ij} = b_{ji}) \tag{4.1′}$$

的所有直线 $[u_1, u_2, u_3]$ 的集合称为一条**二级曲线**. 其中 $B = (b_{ij})$ 称为二级曲线的矩阵, 秩 $(B) \geqslant 1$.

显然, 二阶曲线与二级曲线的代数形式完全相同, 都表示三元实二次型全体零点的集合. 二阶曲线与二级曲线统称为**二次曲线**. 应用高等代数知识, 二次曲线的方程可以写为不同的表达形式. 比如二阶曲线方程可写为

$$S \equiv (x_1, x_2, x_3)\begin{pmatrix} a_{11} & a_{12} & a_{13} \\ a_{12} & a_{22} & a_{23} \\ a_{13} & a_{23} & a_{33} \end{pmatrix}\begin{pmatrix} x_1 \\ x_2 \\ x_3 \end{pmatrix} = 0, \qquad \text{秩}(a_{ij}) \geqslant 1.$$

若记 $X = (x_1, x_2, x_3)$, 上述方程又可写为

$$S \equiv XAX^{\mathrm{T}} = 0, \qquad A = A^{\mathrm{T}},\ \text{秩}(A) \geqslant 1.$$

定义 4.2　若定义 4.1 中的二次齐式 S 可以分解为两个一次因式的乘积 (复数范围内), 则称二阶曲线 $S = 0$ 为**退化**的, 否则称为**非退化**的.

定义 4.2′　若定义 4.1′ 中的二次齐式 T 可以分解为两个一次因式的乘积 (复数范围内), 则称二级曲线 $T = 0$ 为**退化**的, 否则称为**非退化**的.

显然, 退化二阶曲线的几何形态为直线, 退化二级曲线的几何形态为点. 利用高等代数中关于二次型的知识可以证明, $S = 0$ 退化 $\Leftrightarrow |a_{ij}| = 0$; $T = 0$ 退化 $\Leftrightarrow |b_{ij}| = 0$.

二、二次曲线的射影定义

定理 4.1 不同心的两个成射影对应的线束对应直线交点的全体构成一条过此二线束束心的二阶曲线.

定理 4.1′ 不同底的两个成射影对应的点列对应点连线的全体构成一条含此二点列的底的二级曲线.

证明 只证明定理 4.1. 在平面上取定射影坐标系, 设 $O(p)\overline{\wedge}O'(p')$. 在线束 $O(p)$ 中取定二直线

$$l_1:\quad A\equiv a_1x_1+a_2x_2+a_3x_3=0,\qquad l_2:\quad B\equiv b_1x_1+b_2x_2+b_3x_3=0.$$

则 $O(p)$ 中任一直线的方程可表为 $A+\lambda B=0(\lambda\in\overline{\mathbf{R}})$. 同理, 线束 $O'(p')$ 中任一直线方程可表为 $A'+\lambda'B'=0(\lambda'\in\overline{\mathbf{R}})$.

因为 $O(p)\overline{\wedge}O'(p')$, 设这个射影对应的参数方程为

$$a\lambda\lambda'+b\lambda+c\lambda'+d=0,\quad ad-bc\neq 0.$$

于是, λ,λ' 满足

$$\begin{cases} A+B\lambda=0,\\ A'+B'\lambda'=0,\\ a\lambda\lambda'+b\lambda+c\lambda'+d=0.\end{cases}$$

由上述方程组消去 λ,λ', 得

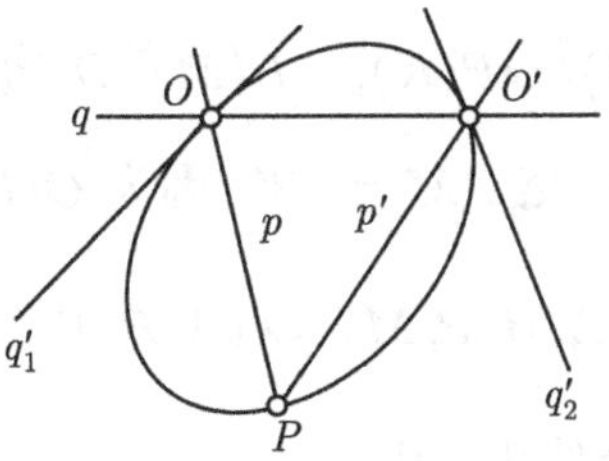

图 4.1

$$aAA'+dBB'-bAB'-cA'B=0. \tag{4.2}$$

容易看出 (4.2) 式为关于 x_1,x_2,x_3 的二次齐次方程, 形如 (4.1), 是一条二阶曲线. 此外

$$O:\ \begin{cases} A=0,\\ B=0,\end{cases}\qquad O':\ \begin{cases} A'=0,\\ B'=0\end{cases}$$

为 O,O' 的坐标, 满足 (4.2), 即 O,O' 在二阶曲线 (4.2) 上. 证毕.

图 4.1 示意了由 $O(p)\barwedge O'(p')$ 生成的二阶曲线 Γ.

思考: 在定理 4.1(4.1′) 中, 是否可以舍弃"不同心"("不同底") 的条件?

定理 4.2　设非退化二阶曲线 Γ 由射影线束 $O(p)\barwedge O'(p')$ 生成. 则在 Γ 上任意取定相异二点 A,B 与 Γ 上的动点 M 连线得到两个射影线束 $A(AM)\barwedge B(BM)$.

定理 4.2′　设非退化二级曲线 Γ' 由射影点列 $l(P)\barwedge l'(P')$ 生成. 则在 Γ' 上任意取定相异二直线 a,b 与 Γ' 上的动直线 m 相交得到两个射影点列 $a(a\times m)\barwedge b(b\times m)$.

证明　我们用综合法证明定理 4.2. 设二阶曲线 Γ 由 $O(p)\barwedge O'(p')$ 生成. 则如图 4.2 有 $O(P)\barwedge O'(P)$.

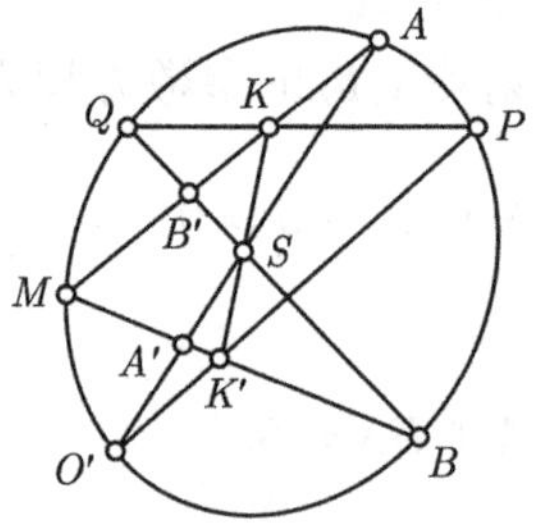

图 4.2

设 A,B 为 Γ 上取定二点,M 为 Γ 上任一点, 且 $AM\times OP=K$, $BM\times O'P=K'$. 则

$$A(M)\overline{\overline{\barwedge}}OP(K),\quad B(M)\overline{\overline{\barwedge}}O'P(K').$$

连 $O'A$ 交 BM 于 A', 连 OB 交 AM 于 B'. 因为 $O(P)\barwedge O'(P)$, 所以

$$O(A,B,P,M)\barwedge O'(A,B,P,M).$$

分别以 AM,BM 截上述两个线束, 得

$$AM(A,B',K,M)\barwedge BM(A',B,K',M).$$

注意到在上述射影对应中公共元素 M 自对应, 所以

$$(A,B',K,M)\overline{\overline{\barwedge}}(A',B,K',M).$$

于是这两个点列对应点的连线共点, 特别地, AA',BB',KK' 共点于 S. 注意到 $S=AA'\times BB'=AO'\times BO$ 为定点, 所以当 M 变动时,KK' 过定点 S, 即 $OP(K)\overline{\overline{\barwedge}}O'P(K')$. 从而 $A(M)\barwedge B(M)$. 证毕.

综合定理 4.1 与定理 4.2, 我们有下面的结论.

推论 4.1 平面上五个点 (其中无三点共线) 唯一确定一条非退化二阶曲线.

推论 4.1′ 平面上五条直线 (其中无三线共点) 唯一确定一条非退化二级曲线.

证明 设 O, O', P_1, P_2, P_3 为平面上满足条件的五点. 以 O, O' 为束心与 P_i 相连得两个线束 $O(P_i)$ 与 $O'(P_i)$. 令与同一点相连的直线为对应直线, 则可唯一确定 $O(P)\overline{\wedge}O'(P)$. 于是由定理 4.1, 存在一条非退化二阶曲线过此五个已知点, 据定理 4.2, 这条二阶曲线是唯一的.

从代数的观点看本推论是显然的, 因为系数矩阵 $A = (a_{ij})$ 是对称阵, 由齐次性该矩阵中的 6 个元素中只有 5 个独立. 显然, 如果上述推论括号中的条件不满足, 则可能确定退化的二次曲线.

推论 4.2 任一二阶曲线可由两个射影线束生成.

推论 4.2′ 任一二级曲线可由两个射影点列生成.

推论 4.3 非退化二阶曲线上任一点与此曲线上四个定点连线所得四直线的交比为定值.

推论 4.3′ 非退化二级曲线上任一直线与此曲线上四条定直线相交所得四个交点的交比为定值.

定义 4.3 在射影平面上, 称两个射影线束对应直线交点的全体为一条二阶曲线.

定义 4.3′ 在射影平面上, 称两个射影点列对应点连线的全体为一条二级曲线.

定义 4.3 和 4.3′ 称为**二次曲线的射影定义**, 也称为二次曲线的 Steiner 定义. 这个定义与代数定义的等价性已由上述讨论基本给出. 注意, 本定义包含了由透视对应或一维射影变换所生成的退化二次曲线的情况.

例 4.1 求由两个射影线束 $x_1 - \lambda x_3 = 0, x_2 - \lambda' x_3 = 0(\lambda + \lambda' - 1 = 0)$ 生成的二阶曲线方程.

解 令

$$A \equiv x_1 = 0, \quad B \equiv -x_3 = 0,$$

$$A' \equiv x_2 = 0, \quad B' \equiv -x_3 = 0,$$

于是得到以 $\lambda + \lambda' - 1 = 0$ 为参数方程的两个射影线束

$$\begin{cases} A + \lambda B = 0, \\ A' + \lambda' B' = 0. \end{cases}$$

由定理 4.1 的证明, 这两个射影线束生成的二阶曲线的方程为

$$aAA' + dBB' - bAB' - cA'B = 0. \tag{1}$$

将 $a=0, b=c=1, d=-1$ 代入 (1), 得

$$x_1x_3+x_2x_3-x_3^2=0,$$

即

$$x_3=0,\quad x_1+x_2-x_3=0.$$

这是一条退化二阶曲线.

例 4.2 设有一个变动的三点形, 其三边分别通过不共线的三个定点, 其两个顶点又分别在两条定直线 (不经过上述定点) 上移动. 求第三个顶点的轨迹.

解 设三点形 ABC 的边 AB, BC, CA 分别通过三个定点 P, Q, R, 两个顶点 A, B 分别在两条定直线 a, b 上移动, 假设 $A_1B_1C_1$, $A_2B_2C_2$, $\cdots$ 为其移动过程中的位置 (如图 4.3). 由题意得

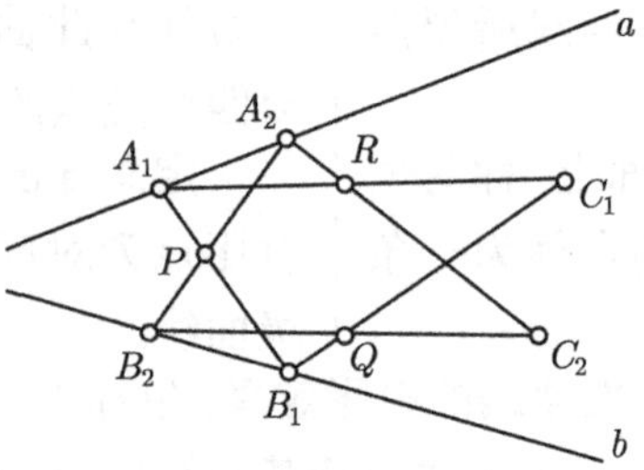

图 4.3

$$R(C_1, C_2, \cdots)\overline{\overline{\wedge}}P(A_1, A_2, \cdots),$$

$$Q(C_1, C_2, \cdots)\overline{\overline{\wedge}}P(B_1, B_2, \cdots).$$

所以

$$R(C_1, C_2, \cdots)\overline{\wedge}Q(C_1, C_2, \cdots).$$

由定义 4.3 可知, 顶点 C 的轨迹为一条经过两个定点 Q, R 的二阶曲线.

请读者将此例与 §2.3 习题 6 相比较.

三、二阶曲线的切线与二级曲线的切点

在本部分中, 总假设所论二次曲线是非退化的.

1. 二阶曲线的切线

定义 4.4 平面上与二阶曲线 Γ 交于两个重合的点的直线称为 Γ 的**切线**.

我们来讨论二阶曲线的切线方程. 设已知二阶曲线

$$\Gamma:\ S\equiv\sum_{i,j=1}^{3}a_{ij}x_ix_j=0,\quad (a_{ij}=a_{ji}),\quad |a_{ij}|\neq 0. \tag{4.3}$$

$P(p_i)$ 为平面上取定的一点. 求过点 P 的 Γ 的切线方程. 设 $Q(q_i)$ 为平面上的动点, 则直线 PQ 上的动点的齐次坐标可表示为 $x_i=p_i+\lambda q_i(i=1,2,3)$. 于是,$PQ$ 为 Γ 的切线 $\Leftrightarrow$ 将 $x_i=p_i+\lambda q_i$ 代入 (4.3) 后只有一个解. 代入得

$$\sum_{i,j=1}^{3}a_{ij}(p_i+\lambda q_i)(p_j+\lambda q_j)=0,$$

即

$$\sum_{i,j=1}^{3}a_{ij}(p_ip_j+\lambda p_iq_j+\lambda q_ip_j+\lambda^2q_iq_j)=0,$$

整理得

$$\lambda^2\sum_{i,j=1}^{3}a_{ij}q_iq_j+\lambda\left(\sum_{i,j=1}^{3}a_{ij}p_iq_j+\sum_{i,j=1}^{3}a_{ij}q_ip_j\right)+\sum_{i,j=1}^{3}a_{ij}p_ip_j=0. \tag{4.4}$$

为方便计, 引入记号

$$\begin{cases} S_{pp}\equiv\sum\limits_{i,j=1}^{3}a_{ij}p_ip_j, & S_{qq}\equiv\sum\limits_{i,j=1}^{3}a_{ij}q_iq_j,\\ S_{pq}\equiv\sum\limits_{i,j=1}^{3}a_{ij}p_iq_j, & S_{qp}\equiv\sum\limits_{i,j=1}^{3}a_{ij}q_ip_j,\\ S_{p}\equiv\sum\limits_{i,j=1}^{3}a_{ij}p_ix_j, & S_{q}\equiv\sum\limits_{i,j=1}^{3}a_{ij}q_ix_j,\end{cases} \tag{4.5}$$

因为 $a_{ij}=a_{ji}$, 所以 $S_{pq}=S_{qp}$. 代入 (4.4), 得

$$S_{qq}\lambda^2+2S_{pq}\lambda+S_{pp}=0. \tag{4.6}$$

从而,Q 为 Γ 的过 P 的切线上的点 $\Leftrightarrow$ 方程 (4.6) 对 λ 有重根, 即

$$S_{pq}^2=S_{qq}S_{pp}. \tag{4.7}$$

(4.7) 即动点 $Q(q_i)$ 为 Γ 的过点 P 的切线上点的充要条件, 按习惯将其中的流动变量 q_i 改写为 x_i 得到 Γ 过点 P 的切线方程为

$$S_p^2=S_{pp}S. \tag{4.8}$$

若 P 在 Γ 上, 则在 (4.8) 中有 $S_{pp}=0$, 从而得到 Γ 的点 P 处的切线方程为

$$S_p=0. \tag{4.9}$$

注意,(4.9) 式可以有不同的写法, 比如利用数学分析中的偏导函数记号, 有

$$S_p\equiv\left(\frac{\partial S}{\partial x_1}\right)_p x_1+\left(\frac{\partial S}{\partial x_2}\right)_p x_2+\left(\frac{\partial S}{\partial x_3}\right)_p x_3=0, \tag{4.10}$$

亦即

$$S_p\equiv\left(\frac{\partial S}{\partial x_1}\right)p_1+\left(\frac{\partial S}{\partial x_2}\right)p_2+\left(\frac{\partial S}{\partial x_3}\right)p_3=0, \tag{4.11}$$

或者写为矩阵格式

$$S_p\equiv(p_1,p_2,p_3)\begin{pmatrix}a_{11}&a_{12}&a_{13}\\a_{12}&a_{22}&a_{23}\\a_{13}&a_{23}&a_{33}\end{pmatrix}\begin{pmatrix}x_1\\x_2\\x_3\end{pmatrix}=0. \tag{4.12}$$

2. 二级曲线的切点

与二阶曲线的切线完全对偶, 可以得到关于二级曲线的切点的讨论. 设所论二级曲线为

$$\Gamma':\ T\equiv\sum_{i,j=1}^{3}b_{ij}u_iu_j=0,\ \ (b_{ij}=b_{ji}),\ |b_{ij}|\neq 0. \tag{4.3$'$}$$

定义 4.4′ 若过平面上一点有且只有二级曲线 Γ' 的一条直线, 则称此点为 Γ' 的一个**切点**.

与研究二阶曲线的过平面上一点 P 的切线方程一样, 我们来讨论在平面内一直线 $l[l_i]$ 上的二级曲线的切点方程. 以动直线 $m[m_i]$ 与直线 l 相交, 得交点 $l\times m$, 如果 $l\times m$ 为切点, 可以导出其方程.

因为线束 $l\times m$ 中任一直线的坐标可以表为 $\xi_i=l_i+\lambda m_i,(i=1,2,3)$, 代入 Γ' 的方程, 得

$$T_{mm}\lambda^2+2T_{lm}\lambda+T_{ll}=0. \tag{4.6$'$}$$

这里各记号的意义完全与对二阶曲线的讨论对偶. 于是, $l\times m$ 为 Γ' 的切点 $\Leftrightarrow$ 上述方程对 λ 有重根 $\Leftrightarrow$

$$T_{lm}^2=T_{ll}T_{mm}. \tag{4.7$'$}$$

将流动线坐标 m_i 改写为 u_i, 上式变为

$$T_l^2=T_{ll}T. \tag{4.8$'$}$$

这就是一般情况下的在直线 l 上的二级曲线的切点方程. 特别地, 如果 $l \in \Gamma'$, 我们有, 切点方程为 $T_l = 0$, 此即

$$\left(\frac{\partial T}{\partial u_1}\right)_l u_1 + \left(\frac{\partial T}{\partial u_2}\right)_l u_2 + \left(\frac{\partial T}{\partial u_3}\right)_l u_3 = 0. \tag{4.10'}$$

如同二阶曲线过其上一点 P 处的切线方程 $S_p = 0$, 二级曲线在其上一直线 l 上的切点方程 $T_l = 0$ 也有多种不同的表达式. 请读者自行写出.

四、二阶曲线与二级曲线的统一

二阶曲线与二级曲线分别是关于点和直线的齐次坐标的二次齐次方程. 下面的定理刻画了这两者之间的关系.

定理 4.3(Maclaurin 定理) 一条非退化二阶曲线全体切线的集合构成一条非退化二级曲线.

定理 4.3′(Maclaurin 定理) 一条非退化二级曲线全体切点的集合构成一条非退化二阶曲线.

证明 只要证明定理 4.3.

设有非退化二阶曲线

$$\Gamma:\ S \equiv \sum_{i,j=1}^{3} a_{ij}x_ix_j = 0 \quad (a_{ij} = a_{ji}), \qquad |(a_{ij})| \neq 0.$$

设 Γ 在点 $P(p_i)$ 处的切线为 $[u_1, u_2, u_3]$ 即 $u_1x_1 + u_2x_2 + u_3x_3 = 0$. 但是已知 Γ 在 P 处的切线为 $S_p = 0$ 即 $\left(\frac{\partial S}{\partial x_1}\right)_p x_1 + \left(\frac{\partial S}{\partial x_2}\right)_p x_2 + \left(\frac{\partial S}{\partial x_3}\right)_p x_3 = 0$, 故有

$$\frac{\left(\frac{\partial S}{\partial x_1}\right)_p}{u_1} = \frac{\left(\frac{\partial S}{\partial x_2}\right)_p}{u_2} = \frac{\left(\frac{\partial S}{\partial x_3}\right)_p}{u_3} = \text{常数},$$

即

$$\frac{a_{11}p_1 + a_{12}p_2 + a_{13}p_3}{u_1} = \frac{a_{12}p_1 + a_{22}p_2 + a_{23}p_3}{u_2} = \frac{a_{13}p_1 + a_{23}p_2 + a_{33}p_3}{u_3} = \rho,$$

即

$$\begin{cases} a_{11}p_1 + a_{12}p_2 + a_{13}p_3 - \rho u_1 = 0, \\ a_{12}p_1 + a_{22}p_2 + a_{23}p_3 - \rho u_2 = 0, \\ a_{13}p_1 + a_{23}p_2 + a_{33}p_3 - \rho u_3 = 0, \\ u_1p_1 + u_2p_2 + u_3p_3 = 0. \end{cases} \quad (\rho \neq 0\text{为常数})$$

从而,$[u_1,u_2,u_3]$ 为 $\varGamma$ 上点 P 处的切线的充要条件是上述方程组对 (p_1,p_2,p_3,ρ) 有非零解, 即

$$\begin{vmatrix} a_{11} & a_{12} & a_{13} & u_1 \\ a_{12} & a_{22} & a_{23} & u_2 \\ a_{13} & a_{23} & a_{33} & u_3 \\ u_1 & u_2 & u_3 & 0 \end{vmatrix} = 0. \tag{4.13}$$

展开得

$$T' \equiv \sum_{i,j=1}^{3} A_{ij}u_iu_j = 0, \qquad 且 A_{ij} = A_{ji}, |A_{ij}| = |a_{ij}|^2 \neq 0.$$

显然, $T'=0$ 为一条非退化二级曲线. 证毕.

由定理 4.3 的证明过程可以看出下列推论成立.

推论 4.4 对于方程形如 (4.1) 和 (4.1′) 的非退化二阶曲线和非退化二级曲线, 若存在 $0 \neq \alpha \in \mathbf{R}$, 使得 $b_{ij} = \alpha A_{ij}$, 则 $S=0$ 与 $T=0$ 为同一条二次曲线.

由推论 4.4, 对于方程形如 (4.1) 和 (4.1′) 的非退化二阶曲线和非退化二级曲线, 若 AB 为一个数量矩阵, 则 $S=0$ 与 $T=0$ 为同一条二次曲线.

五、二阶曲线束

利用二阶曲线束的概念, 往往可以使得关于二阶曲线的某些研究变得简便.

设给定两条相异的二阶曲线

$$\varGamma_1: \ f \equiv \sum_{i,j=1}^{3} a_{ij}x_ix_j = 0 \qquad (a_{ij} = a_{ji}),$$

$$\varGamma_2: \ g \equiv \sum_{i,j=1}^{3} b_{ij}x_ix_j = 0 \qquad (b_{ij} = b_{ji}),$$

联立

$$\begin{cases} f = 0, \\ g = 0 \end{cases}$$

可以得到 $\varGamma_1$ 与 $\varGamma_2$ 的公共点 (交点). 显然, 在复数范围内, 上述方程组一般有 4 个解, 即 $\varGamma_1$ 与 $\varGamma_2$ 一般有四个公共点. 于是我们有下列定理.

定理 4.4 平面上两条相异的二阶曲线一般有四个公共点.

定义 4.5 设 $f=0, g=0$ 为平面上两条相异的二阶曲线, 则称由

$$f + \lambda g = 0, \qquad \lambda \in \overline{\mathbf{R}} \tag{4.14}$$

所决定的二阶曲线的全体为以 $f=0, g=0$ 的四个交点为**基点的二阶曲线束**. 如果 $f=0, g=0$ 交于四个相异点, 则称此二阶曲线束为**二阶曲线的四点形束**.

(4.14) 也称为以 $f=0, g=0$ 为基线的**二阶曲线束的参数方程**.

定理 4.5　经过平面上任一点 P(不是四个基点之一), 必有一条二阶曲线属于已知二阶曲线束 $f+\lambda g=0$.

证明　因为 $P(p_i)$ 不是 $f=0$ 与 $g=0$ 的交点, 所以 f_{pp} 与 g_{pp} 不同时为零. 不妨设 $g_{pp}\neq 0$. 令

$$\lambda=-\frac{f_{pp}}{g_{pp}},$$

则 $f+\left(-\frac{f_{pp}}{g_{pp}}\right)g=0$ 为经过 $f=0$ 与 $g=0$ 的四个交点和 P 的二阶曲线. 证毕.

定理 4.6　平面上任一二阶曲线束中必有三条退化的二阶曲线. 对于二阶曲线的四点形束, 这三条退化二阶曲线是以四个基点作为顶点的完全四点形的三双对边.

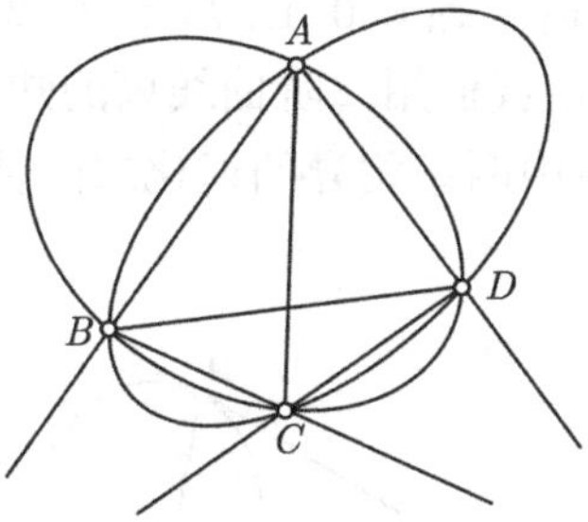

图 4.4

我们略去本定理的证明.

定理 4.6 直观理解: 取一完全四点形 $ABCD$(如图 4.4), 则以 A, B, C, D 为基点的二阶曲线束中的三条退化的二阶曲线分别为

$\varGamma_1^0$:　$AB\cdot CD=0$,

$\varGamma_2^0$:　$BC\cdot AD=0$,　(其中记号 $AB=0,\cdots$ 表示直线 AB 的方程,$\cdots$)

$\varGamma_3^0$:　$AC\cdot BD=0$.

由此, 在我们求二阶曲线束的参数表示时, 可以取其中退化的二阶曲线为基线. 这就给我们提供了一个求二阶曲线方程的捷径. 注意, 因为两条二阶曲线相交可能出现多重交点的情况, 因此定理 4.6 中的三条退化二阶曲线将会出现不同的极限情况. 在实际应用中, 我们总是希望取到二阶曲线束中的两条相异的退化二阶曲线, 而如果二阶曲线束中的非退化二阶曲线出现重数大于 2 的交点, 则在这样的二阶曲线束中不存在两条相异的退化二阶曲线, 从而失去应用价值.

例 4.3 已知平面上相异五点 A,B,C,D,E(其中无三点共线) 的坐标, 求由此五点确定的二阶曲线的方程.

解 利用二阶曲线束, 我们给出求解此类题目的一般方法.

(一) 任取其中四点, 如 A,B,C,D, 则由此四点可以确定一个二阶曲线的四点形束. 任求出此二阶曲线束中的三条退化二阶曲线中的两条 (当然, 实际做题时取较易求者), 比如求出 $f\equiv AB\cdot CD$ 和 $g\equiv AC\cdot BD$, 则此二阶曲线束的参数方程为 $f+\lambda g=0$.

(二) 将 E 的坐标代入, 求出

$$\lambda=-\frac{f_{ee}}{g_{ee}},$$

代入 $f+\lambda g=0$ 即可得所求二阶曲线的方程.

例 4.4 设已知二阶曲线 $\varGamma$ 过点 $A(1,0,1)$, $C(0,0,1)$, $E(3,2,1)$, 并且已知 $\varGamma$ 的两条切线的方程分别为 $x_1-3x_2-x_3=0$, 和 $2x_1-x_2=0$. 求 $\varGamma$ 的方程.

解 易见点 A 在 $x_1-3x_2-x_3=0$ 上, 点 C 在 $2x_1-x_2=0$ 上, 于是 $\varGamma$ 与已知直线切于点 A,C(如图 4.5). 我们用二阶曲线束的知识来求解.

第一步, 求出二阶曲线束中两条相异的退化二阶曲线方程. 令 $A\equiv B, C\equiv D$, 因为

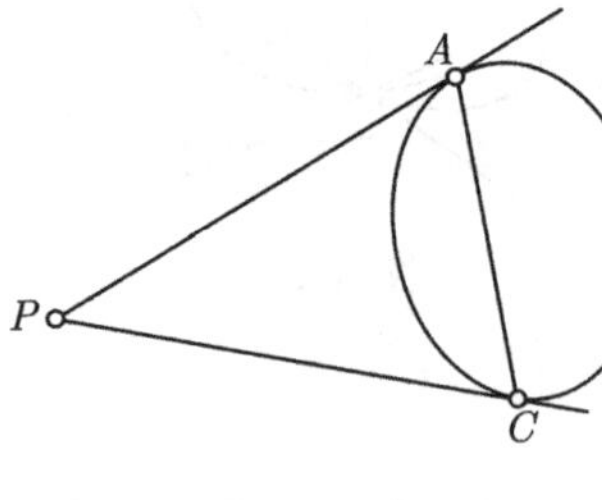

图 4.5

$$AB:\ x_1-3x_2-x_3=0,\qquad CD:\ 2x_1-x_2=0,$$

$$AC:\ x_2=0,\qquad BD:\ x_2=0.$$

于是过 A,B,C,D 四点的二阶曲线束的参数方程为

$$AB\cdot CD+\lambda AC\cdot BD=0,$$

即

$$(x_1-3x_2-x_3)(2x_1-x_2)+\lambda x_2^2=0.$$

第二步, 将 $E(3,2,1)$ 代入上式, 得 $\lambda=4$. 故所求二阶曲线方程为

$$2x_1^2+7x_2^2-7x_1x_2-2x_1x_3+x_2x_3=0.$$

例 4.5 设点 $P(p_1,p_2,p_3),Q(q_1,q_2,q_3)$ 不在非退化二阶曲线 $\Gamma:S=0$ 上, 过 P 作 Γ 的两切线的切点为 H_1,K_1, 过 Q 作 Γ 的两切线的切点为 H_2,K_2(如图 4.6). 求证: H_1,K_1,P,H_2,K_2,Q 在同一条二阶曲线上.

证明 因为 P 不在二阶曲线 Γ 上, 所以自 P 到 Γ 的两条切线方程为

$$S_{pp}\cdot S=S_p^2,$$

则切点 H_1,K_1 的坐标必满足下列方程组

$$\begin{cases}S_{pp}\cdot S=S_p^2,\\ S=0,\end{cases}$$

即 $S_p=0$, 故 $S_p=0$ 是直线 H_1K_1 的方程.

同理, H_2K_2 的方程为 $S_q=0$.

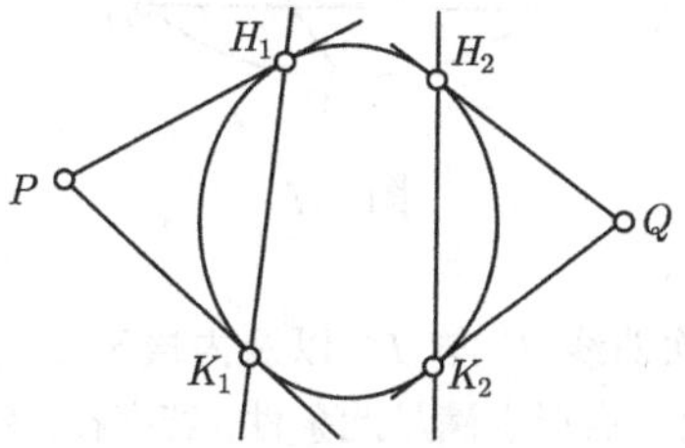

图 4.6

因此, 这里有两条二阶曲线都经过 H_1,K_1,H_2,K_2 四点, 其中一条是 Γ, 另一条是由两直线 H_1K_1,H_2K_2 合成的退化二阶曲线. 过四点 H_1,K_1,H_2,K_2 的二阶曲线束的方程可以写为

$$S_p\cdot S_q+\lambda S=0. \qquad (*)$$

将点 $P(p_1,p_2,p_3)$ 的坐标代入 $(*)$, 确定出 λ 为

$$\lambda=-S_{qp}(=-S_{pq}),$$

故经过五点 H_1,K_1,P,H_2,K_2 的二阶曲线方程为

$$S_p\cdot S_q-S_{pq}\cdot S=0.$$

易验证点 $Q(q_1,q_2,q_3)$ 也在此曲线上. 证毕.

习 题 4.1

1. 求通过五点 $(1,0,-1)$, $(1,0,1)$, $(1,2,1)$, $(1,2,-1)$, $(1,3,0)$ 的二阶曲线方程.

2. 求通过五点 $(1,0,0)$, $(0,1,0)$, $(0,0,1)$, $(1,1,1)$, (a_1,a_2,a_3) 的二阶曲线方程.

3. 求通过点 $(1,0,1)$, $(0,1,1)$, $(0,-1,1)$, 且以 $x_1-x_3=0$ 和 $x_2-x_3=0$ 为切线的二阶曲线方程.

4. 求由下列射影线束生成的二阶曲线方程:

(1) $x_1-x_2-x_3+\lambda x_3=0$ 与 $x_1+2x_2-x_3+\lambda'(x_1-4x_2+x_3)=0$, 且 $\lambda-\lambda'=0$;

(2) $x_1+2x_2+\lambda(x_1-x_3)=0$ 与 $x_1+x_2+x_3+\lambda'(x_2-2x_3)=0$, 且 $2\lambda\lambda'+\lambda-2\lambda'+3=0$.

5. 如图 4.7, 设三点形 ABC 与 $A'B'C'$ 同时外切于一条非退化二次曲线. 求证它们也同时内接于一条非退化二次曲线.

6. 证明上题的逆命题成立.

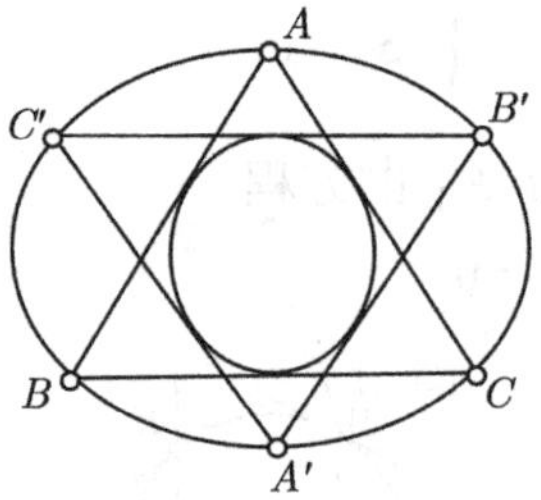

图 4.7

7. 设已知两条非退化二次曲线 $\varGamma$ 与 $\varGamma'$ 以及内接于 $\varGamma$ 并同时外切于 $\varGamma'$ 的一个三点形 ABC. 试讨论是否存在其他三点形也满足此条件, 若存在, 有多少?

8. 设点 $P(p_1,p_2,p_3)$ 在二阶曲线 $\varGamma: x_2^2-2px_1x_3=0$ 上. 求通过 P 的 $\varGamma$ 的切线方程.

9. 设给定二级曲线 $u_1^2+u_2^2-17u_3^2=0$ 与直线 $[1,4,1]$. 求曲线在此直线上的切点.

10. 求证: 下列的点坐标方程与线坐标方程表示同一条曲线.

(1) $x_2^2=2px_1x_3$ 与 $u_2^2=\dfrac{2}{p}u_1u_3$;

(2) $\dfrac{x_1^2}{a^2}+\dfrac{x_2^2}{b^2}=x_3^2$ 与 $a^2u_1^2+b^2u_2^2=u_3^2$;

(3) $x_1x_3-x_2^2=0$ 与 $4u_1u_3-u_2^2=0$;

(4) $x_1x_2=c^2x_3^2$ 与 $4c^2u_1u_2=u_3^2(c\neq 0)$.

§4.2 Pascal 定理和 Brianchon 定理

本节讨论与二次曲线有关的两个古老而著名的定理, 在几何证明题和作图题中都有重要的应用. 在这两个定理中, 涉及二次曲线的内接简单六点形和外切简单六线形及其极限情况. 所谓内接简单六点形是指以二阶曲线上的点为顶点构成的简单六点形; 而外切简单六线形则是以二级曲线上的直线为边构成的简单六线形.

在应用中, 要用到**简单六点形的对边和简单六线形的对顶概念**. 对于简单六点形 $A_1A_2A_3A_4A_5A_6$, 我们规定其三双对边分别为 A_1A_2 与 A_4A_5; A_2A_3 与 A_5A_6; A_3A_4 与 A_6A_1. 根据对偶原则, 同样可规定简单六线形 $a_1a_2a_3a_4a_5a_6$ 的三双对顶.

一、Pascal 定理和 Brianchon 定理

定理 4.7(Pascal 定理) 内接于非退化二阶曲线 Γ 的简单六点形的三双对边的交点共线, 称为**Pascal 线**.

定理 4.7′(Brianchon 定理) 外切于非退化二级曲线 Γ' 的简单六线形的三双对顶的连线共点, 称为**Brianchon 点**.

证明 我们只证明定理 4.7. 如图 4.8, 设简单六点形 $A_1A_2A_3A_4A_5A_6$ 内接于非退化二阶曲线 Γ. 设 $A_1A_2 \times A_4A_5 = L$, $A_2A_3 \times A_5A_6 = M$, $A_3A_4 \times A_6A_1 = N$. 由定理 4.2 有

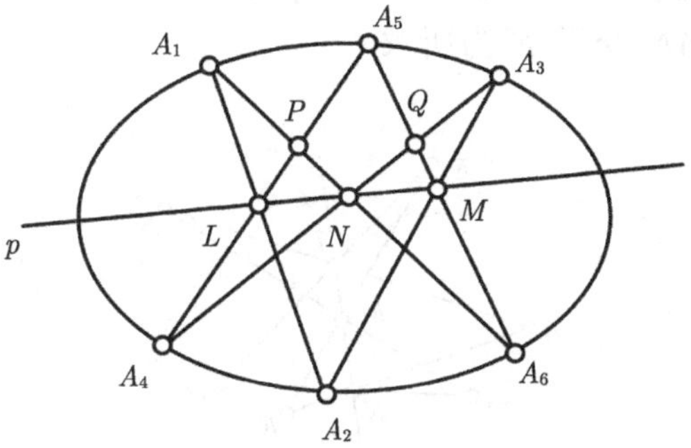

图 4.8

$$A_1(A_2, A_4, A_5, A_6)\barwedge A_3(A_2, A_4, A_5, A_6).$$

又设 $A_1A_6 \times A_4A_5 = P$, $A_3A_4 \times A_5A_6 = Q$. 则

$$A_1(A_2, A_4, A_5, A_6)\doublebarwedge(L, A_4, A_5, P), \quad A_3(A_2, A_4, A_5, A_6)\doublebarwedge(M, Q, A_5, A_6).$$

于是

$$(L, A_4, A_5, P)\barwedge(M, Q, A_5, A_6).$$

注意到其中 A_5 自对应, 所以

$$(L, A_4, A_5, P)\doublebarwedge(M, Q, A_5, A_6).$$

于是 LM, A_4Q, PA_6 三线共点, 即 L, M, N 三点共线. 证毕.

在 Pascal 定理的证明中, 我们思考反向的问题. 若已知 L, M, N 三点共线, 将上述证明过程反推回去, 即可得到

$$A_1(A_2, A_4, A_5, A_6)\barwedge A_3(A_2, A_4, A_5, A_6).$$

这说明该简单六点形的六个顶点在同一条二阶曲线上. 从而得到 Pascal 定理和 Brianchon 定理的逆定理如下.

定理 4.8 若一个简单六点形的三双对边的交点共线, 则此六点形内接于一条二阶曲线 Γ.

定理 4.8′ 若一个简单六线形的三双对顶的连线共点, 则此六线形外切于一条二级曲线 Γ'.

运用定理 4.8 可以进行二阶曲线的作图.

例 4.6 已知平面上相异五点 A, B, C, D, E(其中无三点共线). 求作由此五点所确定的二阶曲线 Γ 上任一点 F.

解 作法: (1) 连结 AB, DE 交于 L. 过 L 任作不过已知点的直线 p.

(2) 连结 BC 交 p 于 M, 连结 CD 交 p 于 N.

(3) 连结 EM,AN 交于 F 为所求.

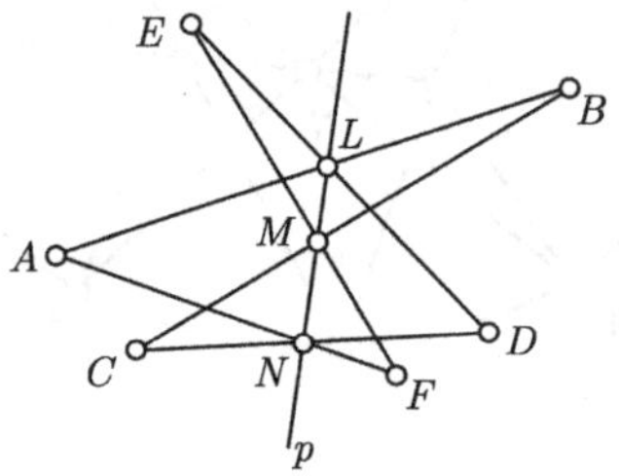

图 4.9

证明: 考察简单六点形 $ABCDEF$. 由作法知, 其三双对边的交点 L, M, N 共线于 p, 据 Pascal 定理的逆定理 4.8, 六点形 $ABCDEF$ 内接于一条二阶曲线 Γ, 故 F 是由 A, B, C, D, E 所确定的二阶曲线 Γ 上的点. 变动直线 p, 即可得到 Γ 上的其他点.

二、Pascal 定理的极限形式

我们仅讨论**Pascal 定理的极限形式**, 由对偶原则, 不难得到**Brianchon 定理的极限形式**. 所谓 Pascal 定理的极限形式, 是指二阶曲线的内接简单六点形有某些相邻顶点重合的情况. 显然, 当某两个相邻顶点重合时, 连结这两个顶点的边就变成了二阶曲线在这对重合顶点处的切线.

1. 一对相邻顶点重合

定理 4.9 内接于非退化二阶曲线 Γ 的简单五点形某点处的切线与其对边的交点必在其余两对不相邻边交点的连线上.

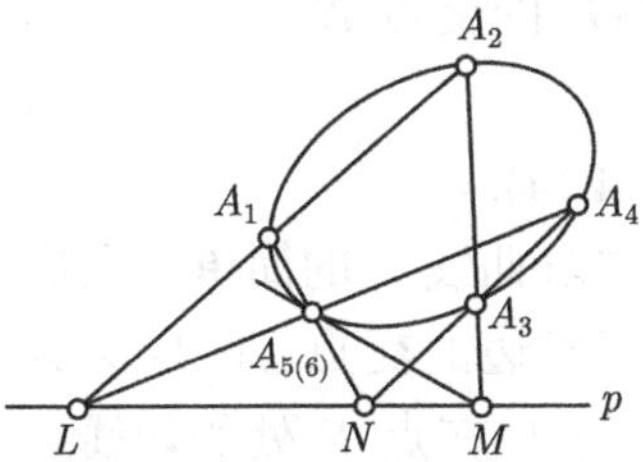

图 4.10

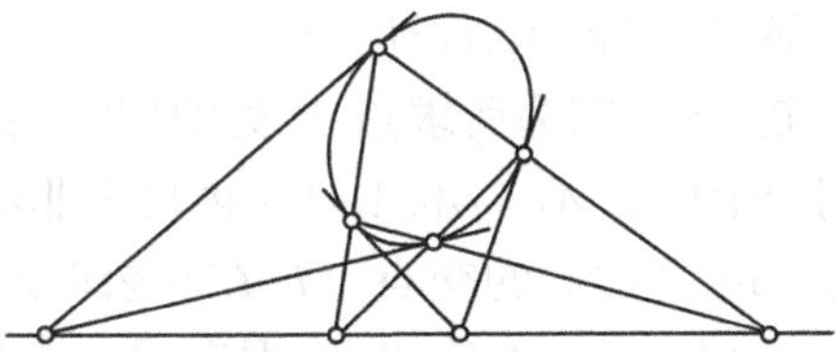

图 4.11

2. 两对相邻顶点重合

定理 4.10 内接于非退化二阶曲线的简单四点形两组对边的交点和两组对顶处切线的交点必四点共线.

定理 4.11 内接于非退化二阶曲线的简单四点形一对对边的交点与另一对对边各与相应顶点处切线的交点三点共线.

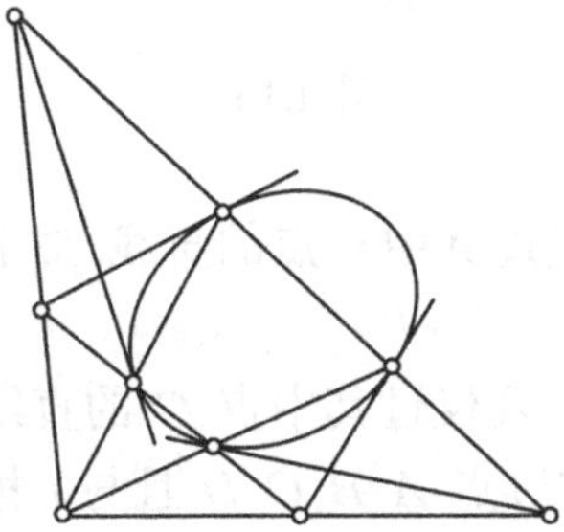

图 4.12

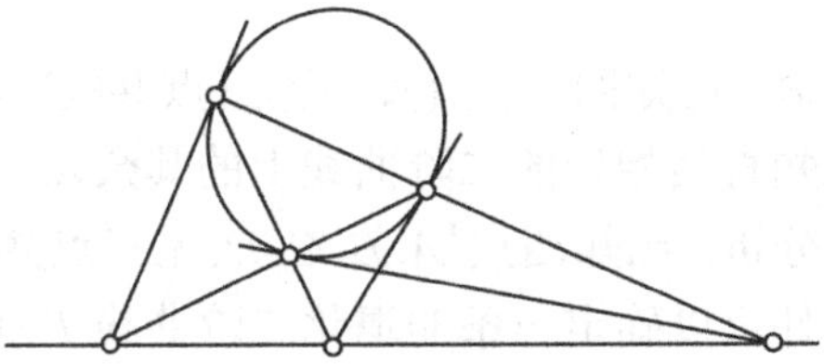

图 4.13

3. 三对相邻顶点重合

定理 4.12 内接于非退化二阶曲线的三点形各顶点处的切线与对边的交点三点共线.

读者可参照图 4.10~ 图 4.13 考虑定理 4.9~ 定理 4.12 的证明, 而且这些定理的逆命题均成立, 其对偶命题即为 Brianchon 定理的极限形式, 请读者思考并写出.

将 Pascal 定理与例 2.9 关于 Pappus 定理的证明相比较, 可以看出其过程非常地相似. 事实上, 当一条二阶曲线退化为两条直线时, 只要将简单六点形的六个顶点依次交错地排列在这两直线上, Pascal 定理就退化为 Pappus 定理. 所以, 可以把 Pappus 定理看成是 Pascal 定理在曲线退化时的特例.

三、Pascal 定理与 Brianchon 定理的应用

Pascal 定理和 Brianchon 定理及其极限形式在关于二次曲线的作图以及几何

证明题中有着重要的应用, 举例如下.

例 4.7 已知非退化二阶曲线 Γ 以及 Γ 上一点 P, 求作 Γ 在点 P 处的切线.

解 作法: (1) 在 Γ 上任取不同于 P 的相异四点 A_1, A_2, A_3, A_4;

(2) 作 A_1A_2 与 A_4P 的交点 L, A_3A_4 与 A_1P 的交点 N;

(3) 连 LN 交 A_2A_3 于 M;

(4) 连 PM 即为所求点 P 处的切线 (如图 4.14).

证明: 由作法, $A_1A_2A_3A_4P$ 是内接于非退化二阶曲线 Γ 的简单五点形. 而 PM 与 P 的对边 A_2A_3 的交点 M 在其余两对不相邻边的交点 $A_1A_2 \times A_4P = L$ 与 $A_3A_4 \times PA_1 = N$ 的连线上, 据定理 4.9, PM 为 Γ 在点 P 处的切线.

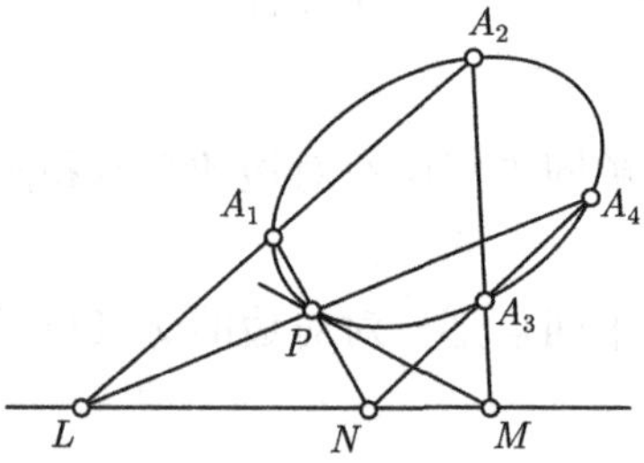

图 4.14

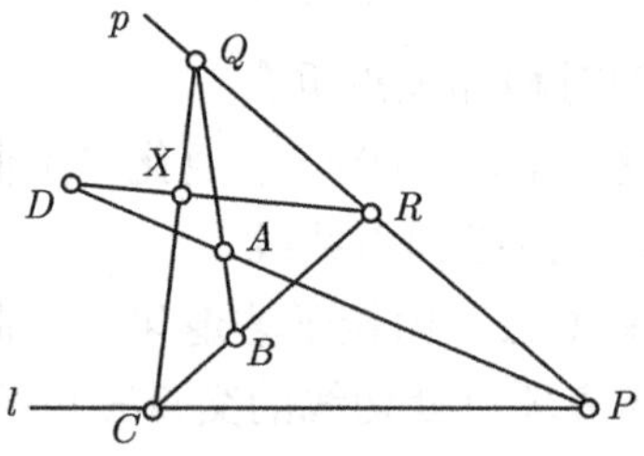

图 4.15

例 4.8 已知四个点 (其中无三点共线) 及仅过其中一点的直线, 试作过这四点且与已知直线相切的二阶曲线上的其余点.

解 分析: 已知四点 A, B, C, D(无三点共线) 及仅过其中点 C 的直线 l, 则由此五个条件可以确定一条非退化二阶曲线 Γ 使它过点 A, B, C, D 且与 l 相切于 C.

运用 Pascal 定理极限形式的逆定理, 把 C 看成两个重合的点, 将所求的点 X 看成第六点. 如果考虑简单六点形 $DABCCX$, 则三双对边的交点为

$$DA \times CC(l) = P, \quad AB \times CX = Q, \quad BC \times DX = R,$$

为共线三点.

作法: 如图 4.15

(1) 作 $AD \times l = P$;

(2) 过 P 任作一条 Pascal 线 $p(\neq l)$;

(3) 作 $AB \times p = Q$, $BC \times p = R$;

(4) 则 $CQ \times DR = X$ 为所求.

证明: 根据 Pascal 定理的极限形式 (五点形) 之逆定理, 因为 P, Q, R 三点共线, 所以 X 位于过 A, B, C, D 四点且与 l 切于 C 的二阶曲线上. 由于这里的 Pascal 线是任意作的, 所以每作一条直线 p 就可以获得曲线上的一个点.

综合例 4.6 和例 4.8 可以体会到, 如确定二阶曲线的条件一样, 要能够完成作图, 我们也需要五个独立条件.

例 4.9 如图 4.16, 已知三点形 ABC 与 $A'B'C'$ 内接于圆, 又

$$AB \times A'B' = X, \quad BC \times B'C' = Y, \quad CA' \times C'A = Z.$$

求证: X, Y, Z 三点共线.

证明 考察圆的内接简单六点形 $ABCA'B'C'$, X, Y, Z 恰为其三双对边的交点. 根据 Pascal 定理有, X, Y, Z 三点共线.

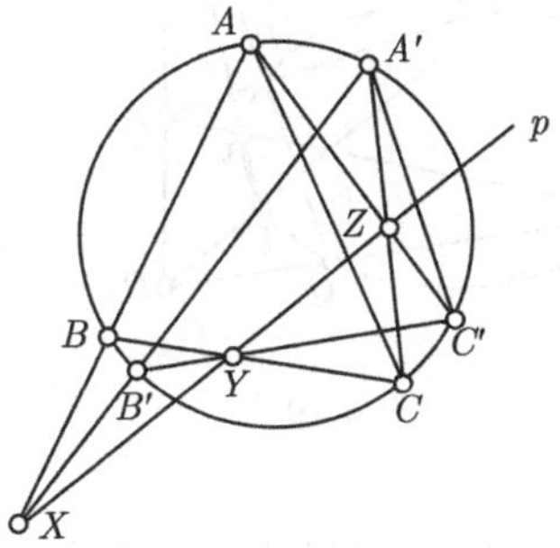

图 4.16

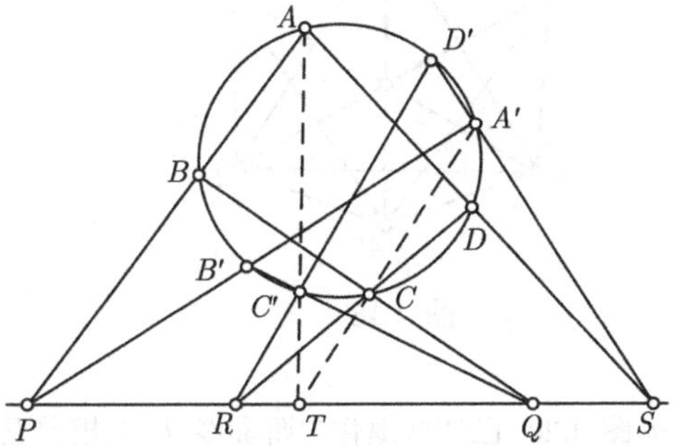

图 4.17

例 4.10 内接于圆的两个四点形 $ABCD$ 与 $A'B'C'D'$, 若交点 $AB \times A'B' = P$, $BC \times B'C' = Q$, $CD \times C'D' = R$ 在同一直线上, 则交点 $DA \times D'A' = S$ 也在此直线上 (如图 4.17).

证明 圆是非退化二阶曲线, 先考虑内接简单六点形 $ABCA'B'C'$, 它的三双对边的交点为

$$AB \times A'B' = P, \qquad BC \times B'C' = Q, \qquad CA' \times C'A = T.$$

由 Pascal 定理知, P, Q, T 三点共线.

再考虑内接简单六点形 $ADCA'D'C'$, 同理可得 S, R, T 三点共线, 又已知 P, Q, R 三点共线, 所以 P, Q, R, S 共线.

在上面两个例子中, 完全没有必要提及圆, 将圆改为任何非退化二阶曲线结论均成立.

习 题 4.2

1. 试讨论: 对于非退化二阶曲线上取定的六个点, 按其不同的次序可以得到多少条不同的 Pascal 线?

2. 分别证明定理 4.9∼ 定理 4.12.

3. 分别写出定理 4.9∼ 定理 4.12 的对偶命题及其逆命题.

4. 设共面的三点形 ABC 与 $A'B'C'$ 满足 Desargues 透视定理的条件 (如图 4.18). 求证: 六直线 AB', AC', BC', BA', CA', CB' 属于同一条二级曲线.

5. 设 A, B 在二阶曲线 Γ 上,C, D 不在 Γ 上,AC, BD 分别交 Γ 于 P, Q; AD, BC 分别交 Γ 于 U, V(如图 4.19). 求证:CD, PQ, UV 三直线共点.

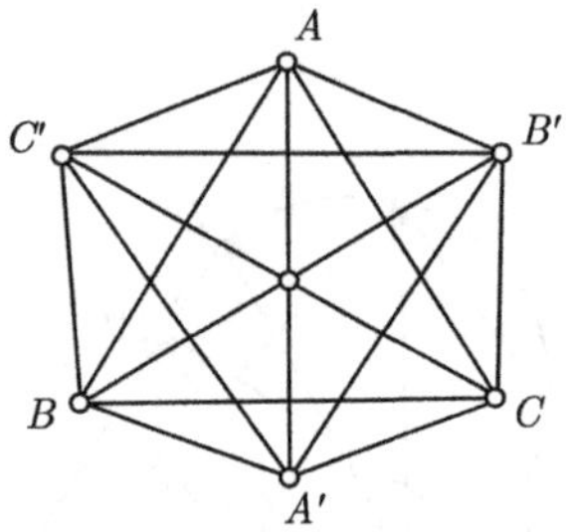

图 4.18

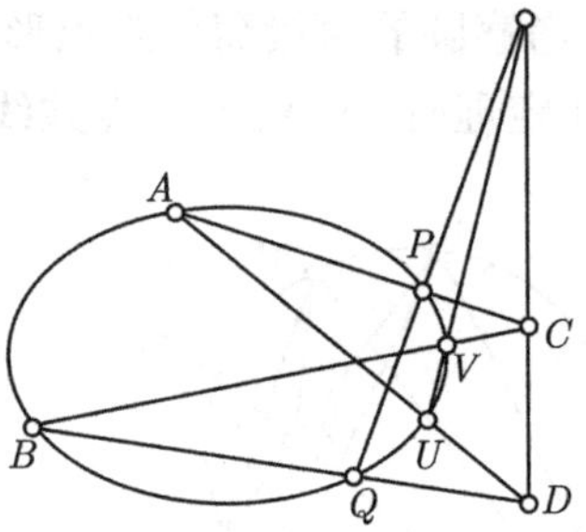

图 4.19

6. 如图 4.20, 已知非退化二阶曲线 Γ 上相异五点 A, B, C, D, E 以及过点 C 的直线 c(非切线), 求作 Γ 与直线 c 的另一个交点 F.

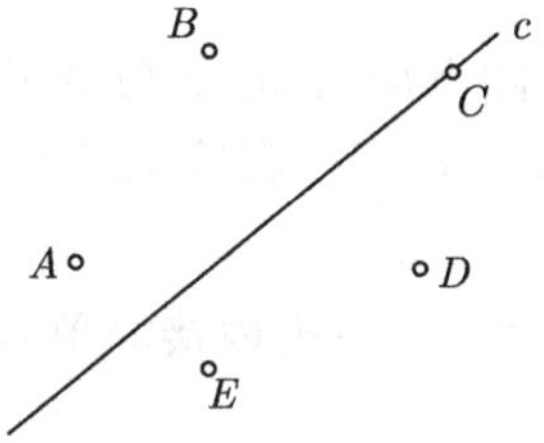

图 4.20

7. 如图 4.21, 设三点形 ABC 的三边 BC, CA, AB 分别与非退化二阶曲线 Γ 切于 P, Q, R, 且 $QR \times BC = X$. 求证: $(BC, XP) = -1$.

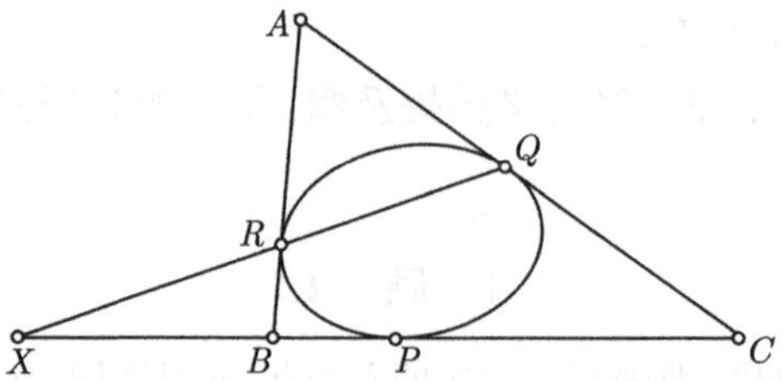

图 4.21

8. 如图 4.22, 设过非退化二阶曲线 Γ 外一点 T 所作 Γ 的两切线的切点为 P,Q, l 为过 T 不与 Γ 相切的任一直线, Γ 上异于 P,Q 的点 R 处的切线 m 平行于 l 且与过 T 的两切线分别交于 E,F, RP,RQ 分别交 l 于 H,K. 求证: $HT=TK$.

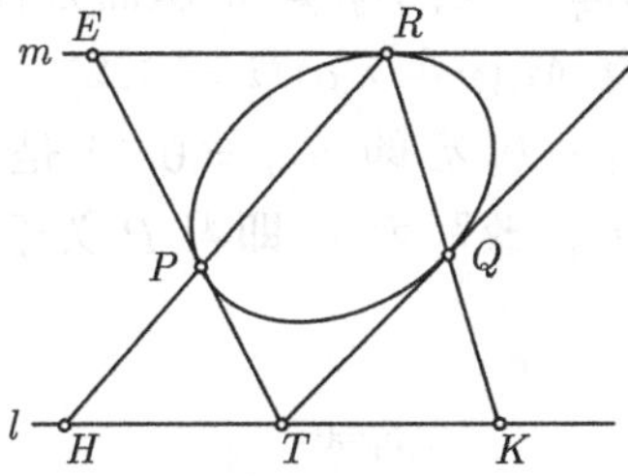

图 4.22

9. 设 A,B,C,D 为非退化二阶曲线 Γ 上的四个定点,P,Q 为 Γ 上的动点, $PA\times QC=X$, $PB\times QD=Y$. 求证: XY 过定点.

10. 试利用定理 4.10~ 定理 4.12 之一, 构造一个几何作图题并求解.

§4.3 配 极 变 换

为了进一步研究二次曲线的性质及其应用, 我们引入一个重要的概念 —— 配极变换, 并给出实现对偶原则的另一种途径, 即配极对偶原则. 本节的讨论以二阶曲线为主, 由对偶原则不难得到关于二级曲线的类似讨论. 本节总假定所论二次曲线是非退化的.

一、极点与极线

定义 4.6 如果平面上相异二点调和分离其连线与二阶曲线 Γ 的两个交点, 则称此二点为关于 Γ 的一对**调和共轭点**简称**共轭点**.

定理 4.13 点 $P(p_i)$ 关于二阶曲线 Γ 共轭点的轨迹为一直线 p, 方程为 $S_p=0$.

证明 设二阶曲线

$$\Gamma:\quad S\equiv\sum_{i,j=1}^{3}a_{ij}x_ix_j=0\quad(a_{ij}=a_{ji}),|a_{ij}|\neq 0,$$

又设 $P(p_1,p_2,p_3)$ 为不在 Γ 上的定点, $Q(q_1,q_2,q_3)$ 为不在 Γ 上的任意点. 则直线 PQ 上任一点的坐标可以写成

$$x_i=p_i+\lambda q_i\quad(i=1,2,3).$$

PQ 与 Γ 的交点 $M(\xi_i = p_i + \lambda q_i)$ 满足方程

$$S_{qq}\lambda^2 + 2S_{pq}\lambda + S_{pp} = 0. \tag{4.15}$$

因为 P, Q 均不在 Γ 上, 故 $S_{pp} \neq 0, S_{qq} \neq 0$, 从而方程 (4.15) 必有两个根, 分别决定了 PQ 与 Γ 的两个交点 $M_i(p + \lambda_i q)\,(i = 1, 2)$. 从而, P, Q, M_1, M_2 调和共轭 $\Leftrightarrow \lambda_1/\lambda_2 = -1$, 即 $\lambda_1 + \lambda_2 = 0$, 亦即 $S_{pq} = 0$. 于是 $S_{pq} = 0$ 为点 P, Q 关于二阶曲线 Γ 共轭的充要条件. 将 q_i 改写为 x_i 即得 P 关于 Γ 的共轭点的轨迹为一直线 p, 方程为 $S_p = 0$. 证毕.

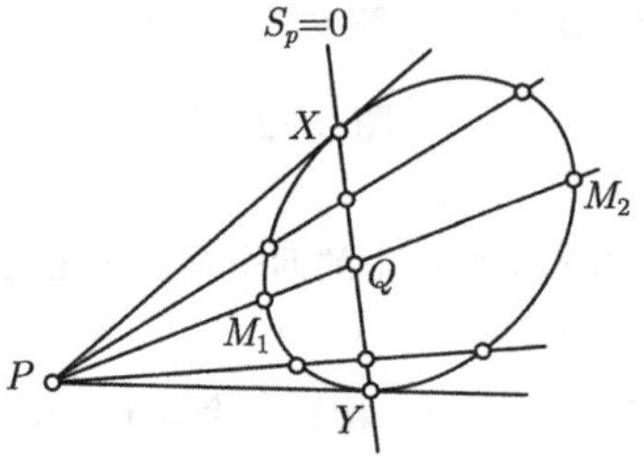

图 4.23

推论 4.5　两点 P, Q 关于二阶曲线 Γ 共轭的充要条件为 $S_{pq} = 0$, 即

$$(p_1, p_2, p_3)\begin{pmatrix} a_{11} & a_{12} & a_{13} \\ a_{12} & a_{22} & a_{23} \\ a_{13} & a_{23} & a_{33} \end{pmatrix}\begin{pmatrix} q_1 \\ q_2 \\ q_3 \end{pmatrix} = 0. \tag{4.16}$$

显然, 定理 4.13 的证明未能包含其极限情况, 即 Q 为 $S_p = 0$ 与 Γ 的交点. 由推论 4.5, 若某点 P 在 Γ 上, 则 $S_{pp} = 0$. 从此我们约定 Γ 上的点均为关于 Γ 的**自共轭点**. 如图 4.23 所示, Γ 上的点 X, Y 在点 P 关于 Γ 的共轭点的轨迹 $S_p = 0$ 上, 于是 X, Y 不仅自共轭, 而且也都与 P 关于 Γ 共轭. 事实上, 如我们将要看到的, Γ 上任一点关于 Γ 自共轭而且与 Γ 在该点处的切线上任一点关于 Γ 共轭.

定义 4.7　设 P 为平面上一点, Γ 为非退化二阶曲线. 若 P 不在 Γ 上, 则称 P 关于 Γ 的共轭点的轨迹直线 p 为**点 P 关于 Γ 的极线**; 若 P 在 Γ 上, 则称 Γ 在 P 处的切线 p 为 **P 关于 Γ 的极线**, 反之, 称点 P 为直线 p **关于 Γ 的极点**.

由推论 4.5, 我们可以给出定义 4.6 的等价形式.

定义 4.6′　设 Γ 为平面上一条非退化二阶曲线. 称相互在对方极线上的两点为关于 Γ 的一对**共轭点**.

推论 4.6　平面上任一点 P 关于二阶曲线 Γ 的极线唯一存在, 方程为 $S_p = 0$. 反之, 平面上任一条直线 p 关于 Γ 的极点唯一存在.

证明 只要证明后一半结论. 设有直线 $u: u_1x_1+u_2x_2+u_3x_3=0$. 我们来求其极点. 假设 $P(p_i)$ 为 u 的一个极点. 因为 P 有唯一极线为 $S_p=0$, 即

$$\left(\frac{\partial S}{\partial x_1}\right)_p x_1+\left(\frac{\partial S}{\partial x_2}\right)_p x_2+\left(\frac{\partial S}{\partial x_3}\right)_p x_3=0,$$

据假设,u 也是 P 的极线, 故 u 与 $S_p=0$ 为同一直线. 即

$$\left(\frac{\partial S}{\partial x_i}\right)_p=\rho u_i,\qquad \rho\neq 0, i=1,2,3,$$

即

$$\begin{cases}\rho u_1=a_{11}p_1+a_{12}p_2+a_{13}p_3,\\ \rho u_2=a_{12}p_1+a_{22}p_2+a_{23}p_3,\\ \rho u_3=a_{13}p_1+a_{23}p_2+a_{33}p_3,\end{cases}\qquad |a_{ij}|\neq 0. \tag{4.17}$$

对于给定的直线 u, (4.17) 对 (p_1,p_2,p_3) 有唯一解而且必定是非零解, 方程组 (4.17) 称为**极点方程组**. 证毕.

利用定义 4.6′, 可以对偶地给出下列定义.

定义 4.8 相互通过对方极点的两直线称为关于二阶曲线 Γ 的**共轭直线**.

利用 Maclaurin 定理及对偶原则, 立即可得, 两直线 $p[p_1,p_2,p_3]$, $q[q_1,q_2,q_3]$ 关于非退化二阶曲线 $\Gamma: S=0$ 共轭 $\Leftrightarrow$

$$(p_1,p_2,p_3)\begin{pmatrix}A_{11}&A_{12}&A_{13}\\A_{12}&A_{22}&A_{23}\\A_{13}&A_{23}&A_{33}\end{pmatrix}\begin{pmatrix}q_1\\q_2\\q_3\end{pmatrix}=0, \tag{4.18}$$

其中 A_{ij} 为 a_{ij} 在 (a_{ij}) 中的代数余子式, 这恰好是这两直线关于 Γ 的对应二级曲线 $T\equiv 0$ 共轭的解析条件 $T_{pq}=0$.

例 4.11 已知二阶曲线 Γ:

$$3x_1^2+5x_2^2+x_3^2+7x_1x_2+4x_1x_3+5x_2x_3=0.$$

(1) 求点 $P(1,-1,0)$ 关于 Γ 的极线;

(2) 求直线 $p[0,1,0]$ 关于 Γ 的极点.

解 容易验证, 所给二阶曲线 Γ 为非退化二阶曲线.

(1) 因为 Γ 的方程可写为

$$S\equiv(x_1,x_2,x_3)\begin{pmatrix}3&7/2&2\\7/2&5&5/2\\2&5/2&1\end{pmatrix}\begin{pmatrix}x_1\\x_2\\x_3\end{pmatrix}=0,$$

所以极线方程为 $S_p=0$, 即

$$(1,-1,0)\begin{pmatrix}3 & 7/2 & 2\\ 7/2 & 5 & 5/2\\ 2 & 5/2 & 1\end{pmatrix}\begin{pmatrix}x_1\\ x_2\\ x_3\end{pmatrix}=0,$$

即 $x_1+3x_2+x_3=0$.

(2) 所求的极点坐标满足下列方程组:

$$\rho\begin{pmatrix}0\\ 1\\ 0\end{pmatrix}=\begin{pmatrix}3 & 7/2 & 2\\ 7/2 & 5 & 5/2\\ 2 & 5/2 & 1\end{pmatrix}\begin{pmatrix}x_1\\ x_2\\ x_3\end{pmatrix},$$

解得极点坐标为 $(3,-2,-1)$.

注 因为 (4.17) 是一个非齐次线性方程组, 在实际求解时可取 $\rho=1$.

二、配极变换

由上述讨论, 任一条非退化二阶曲线 Γ 通过关于其极点与极线的关系规定了同底点场与线场间的一个双射. 我们给出这个规律的定义如下.

定义 4.9 在射影平面上, 称由非奇异线性变换

$$\rho u_i=\sum_{j=1}^{3}a_{ij}x_j. \qquad a_{ij}=a_{ji},(i=1,2,3),|a_{ij}|\neq 0 \tag{4.19}$$

决定的同底点场与线场之间的变换为关于非退化二阶曲线

$$\Gamma:\quad S\equiv\sum_{i,j=1}^{3}a_{ij}x_ix_j=0\quad(|a_{ij}|\neq 0)$$

的**配极变换**.

显然, 配极变换是点的集合与直线的集合之间的变换, 称为异素变换. 异素射影变换也称为**对射**, 而以前所讨论的射影变换是同素射影变换, 称为**直射**.

在射影平面 π 上任意给定一条非退化二次曲线 Γ, 就唯一确定了 π 上的一个配极变换. 从代数的角度说, 任意给定一个三阶非异实对称阵, 就确定了 π 上的一个配极变换, 而且相差一个非零比例常数的两个三阶非异实对称阵确定同一个配极变换. 容易验证, 射影平面上的全体配极变换构成一个变换群, 是射影变换变换群的一个子群.

配极变换有着非常重要的应用, 以下我们讨论配极变换的基本性质.

定理 4.14(配极原则) 点 P 关于非退化二次曲线 Γ 的极线 p 经过点 $Q \Leftrightarrow$ 点 Q 关于 Γ 的极线 q 经过点 P.

定理 4.14′(配极原则) 直线 p 关于非退化二次曲线 Γ 的极点 P 在直线 q 上 $\Leftrightarrow$ 直线 q 关于 Γ 的极点 Q 在直线 p 上.

证明 只对二阶曲线的情况证明定理 4.14. 设 $\Gamma: S=0, P(p_i), Q(q_i)$. P 的极线经过点 $Q \Leftrightarrow S_{pq}=0$. 但是 $S_{pq}=S_{qp}$, 故 $S_{qp}=0 \Leftrightarrow Q$ 的极线经过点 P. 证毕.

推论 4.7 两点连线的极点是这二点的极线的交点.

推论 4.7′ 两直线交点的极线是这二直线的极点的连线.

证明 我们证推论 4.7. 设 A, B 两点连线的极点为 C, 这等价于 C 的极线为 AB. 因为 C 的极线通过 A 和 B, 根据配极原则有点 A 和 B 的极线均通过点 C. 从而 A, B 的极线交于点 C. 证毕.

推论 4.8 共线点的极线必共点.

推论 4.8′ 共点线的极点必共线.

证明 我们证明推论 4.8. 设点 $A, B, C, \cdots$ 共线于 p, 且直线 p 的极点为 P. 因为 A 在 p 上, 所以点 P 的极线过 A, 由配极原则知, 点 A 的极线必过点 P, 同理, $B, C, \cdots$ 的极线经过点 P, 从而共线点的极线必共点. 证毕.

推论 4.9 关于非退化二次曲线的配极变换使得平面上一个点列对应于一个线束, 一个图形对应于其对偶图形.

因为配极变换是非奇异线性变换, 由定理 2.27, 非奇异线性变换是保交比的, 因此有下面的推论成立.

推论 4.10 关于非退化二次曲线的配极变换使得共线四点的交比等于其对应共点四直线的交比. 因此, 配极变换确定了平面上一个点列与其对应线束之间的一个射影对应.

综上, 我们由关于非退化二次曲线的配极变换出发, 实际上得到了平面上的一种对偶原则, 称为**配极对偶原则**. 从代数的观点看, 它是比我们以前所使用的代数对偶更为一般的代数对偶原则.

定义 4.10 若一个三点形的每个顶点关于一条非退化二次曲线 Γ 的极线是其对边, 则称这个三点形为关于 Γ 的一个**自极三点形**.

由配极原则, 二阶曲线的自极三点形的任一顶点都不在二阶曲线上.

定理 4.15 顶点在非退化二阶曲线 Γ 上的完全四点形的对边三点形为关于 Γ 的一个自极三点形.

定理 4.15′ 边在非退化二级曲线 Γ 上的完全四线形的对顶三线形为关于 Γ 的一个自极三线形.

证明 我们证明定理 4.15. 如图 4.24, 在完全四点形 $ABCD$ 中有, $(BC, EX) = -1, (AD, FX) = -1$, 所以,$E, F$ 在 X 的极线上, 即 X 的极线为 YZ.

同理可证 Y 的极线为 XZ, Z 的极线为 XY.

在实际应用中, 我们常常将定理 4.15′ 重新表述为

定理 4.15′ 外切于非退化二阶曲线 $\varGamma$ 的完全四线形的对顶三线形为关于 $\varGamma$ 的一个自极三线形.

例 4.12 如图 4.25, ABC 是二阶曲线 $\varGamma$ 的自极三点形, 弦 RP 通过 B, RC 与 $\varGamma$ 的另一个交点为 Q. 求证: PQ 通过 A.

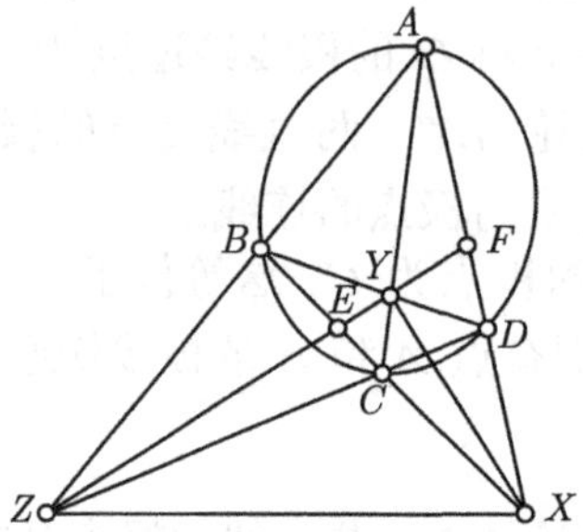

图 4.24

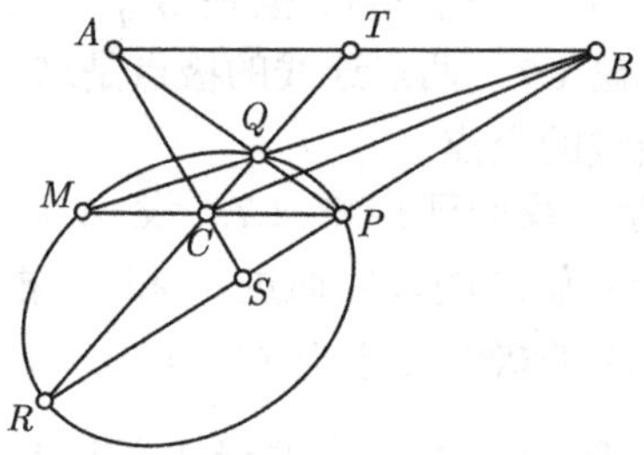

图 4.25

证明 设 AC, RQ 分别交 RB, AB 于 S, T; 因 ABC 为自极三点形, 所以

$$(BS, RP) = -1, \qquad (TC, RQ) = -1.$$

因此, 有

$$(B, S, R, P) \ \overline{\wedge} \ (T, C, R, Q).$$

又因为上述两个射影点列底的交点 R 为自对应点, 所以上述射影对应成为透视对应, 于是对应点的连线 BT, SC, PQ 共点, 而 BT 与 SC 的交点即为 A, 故 PQ 也通过 A.

例 4.13 已知平面上一点 P 和非退化二阶曲线 $\varGamma$, 求作 P 关于 $\varGamma$ 的极线 p.

解 情形 1. 点 P 在 $\varGamma$ 上.

p 即为 $\varGamma$ 在 P 处的切线, 问题化为前节的利用 Pascal 定理作切线的作图.

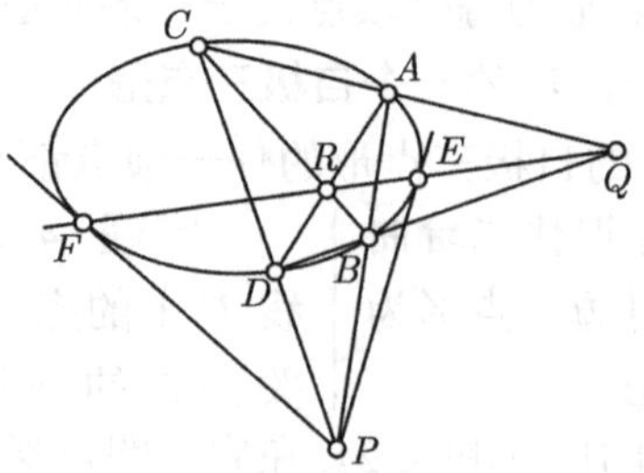

图 4.26

情形 2. 点 P 不在 $\varGamma$ 上.

作法: (1) 过 P 任作二直线, 分别交 Γ 于 A, B, C, D(如图 4.26).

(2) 连结 BC, AD 交于 R, 连结 AC, BD 交于 Q;

(3) 连结 QR 即为所求极线 p.

证明: 利用定理 4.15 直接可得.

在图 4.26 中, 设直线 QR 交 Γ 于 E, F. 则连 PE, PF 为过 Γ 外一点 P 的两条切线, 这样我们又得到了过二阶曲线外一点求作这曲线切线的一种方法.

例 4.14 已知平面上一直线 p 及非退化二阶曲线 Γ, 求作 p 关于 Γ 的极点.

解 我们只给出作法梗概, 请读者自行作图并证明.

情形 1. p 与 Γ 不相切.

作法: 在直线 p 上任取不在 Γ 上的相异二点 A, B, 分别作出它们的极线 a, b, 则 a, b 的交点 P 即为所求.

情形 2. p 与 Γ 相切.

作法: 在 p 上任意取定不在 Γ 上的一点 A, 按上例作出 A 关于 Γ 的极线 GF, 则 GF 与 p 的交点即为 p 关于 Γ 的极点 (即切点).

习 题 4.3

1. 验证下列点偶是关于所给非退化二阶曲线的共轭点.

(1) 点偶 $(1,0,1),(6,1,0)$ 关于 $3x_1^2-6x_1x_2+5x_2^2-4x_1x_3-6x_2x_3+10x_3^2=0$;

(2) 点偶 $(3,3,1),(3,0,1)$ 关于 $2x_1^2-4x_1x_2+x_2^2-2x_1x_3+6x_2x_3-3x_3^2=0$;

(3) 点偶 $(0,3,1),(1,0,1)$ 关于 $4x_1^2+2x_1x_2-6x_1x_3-10x_2x_3+15x_3^2=0$;

(4) 点偶 $(1,-1,0),(1,0,-1)$ 关于 $3x_1^2+7x_1x_2+5x_2^2+4x_1x_3+5x_2x_3+x_3^2=0$.

2. 求下列各点关于给定二阶曲线的极线.

(1) 点 $(5,1,7)$ 关于 $2x_1^2+3x_2^2+x_3^2-6x_1x_2-2x_1x_3-4x_2x_3=0$;

(2) 点 $(6,4,1)$ 关于 $2x_1^2+6x_2^2+6x_1x_3-2x_2x_3=0$.

3. 求下列直线关于给定二阶曲线的极点.

(1) 直线 $3x_1-x_2+6x_3=0$ 关于 $x_1^2-2x_1x_2+x_2^2-2x_1x_3+6x_2x_3=0$;

(2) 直线 $x_1-x_2+3x_3=0$ 关于 $2x_1^2-3x_2^2-5x_3^2+6x_1x_2+3x_1x_3+16x_2x_3=0$.

4. 给定两条二阶曲线 $\Gamma_1: Ax_1^2=2x_2x_3$, $\Gamma_2: 2x_1x_2=Ax_3^2$. 试求一点, 使其关于两条二阶曲线的极线为同一条直线.

5. 如图 4.27, $ABCD$ 是非退化二阶曲线 Γ 的内接四点形, XYZ 为其对边三点形. 求证: B, C 处的切线与 YZ 共点, A, D 处的切线也与 YZ 共点.

6. 如图 4.28, 设 PQR 是非退化二阶曲线 Γ 的一个自极三点形. 过点 Q 异于边的直线交 Γ 于相异两点 A, B, AR 交 Γ 于另一点 C, QC 交 Γ 于另一点 D. 求证: A, D, P 三点共线 (请将本题与例 4.12 相比较).

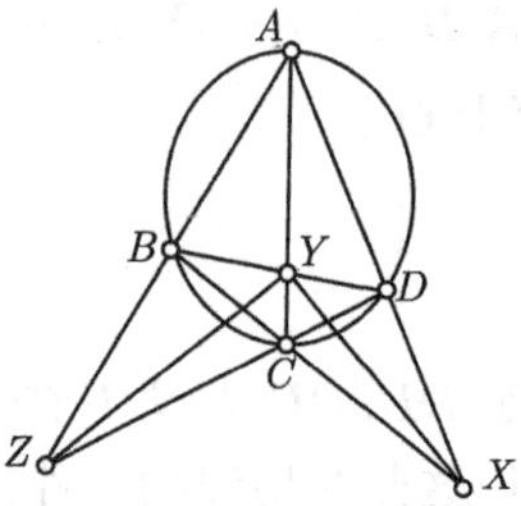

图 4.27

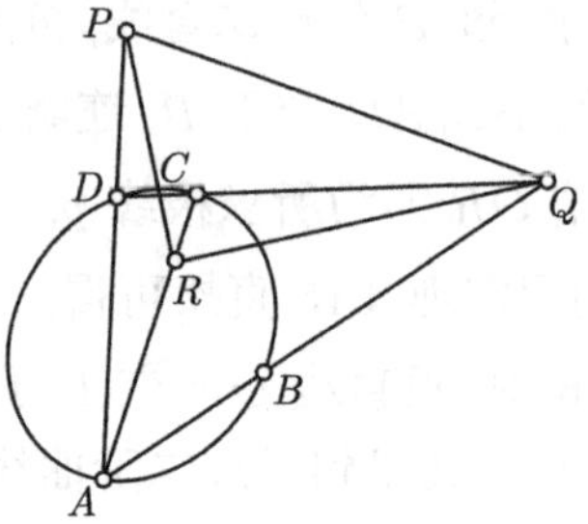

图 4.28

7. 若三点形 PQR 是非退化二阶曲线 Γ 的一个自极三点形, 则必定存在一个内接于 Γ 的完全四点形, 以 PQR 为其对边三点形. 问: 这样的完全四点形是否唯一存在?

8. 如图 4.29, 设三点形 ABC 的三边 BC, CA, AB 分别与非退化二阶曲线 Γ 切于 P, Q, R, 且 $QR \times BC = X$. 求证: $(BC, XP) = -1$(请将本题与 §4.2 习题 7 相比较).

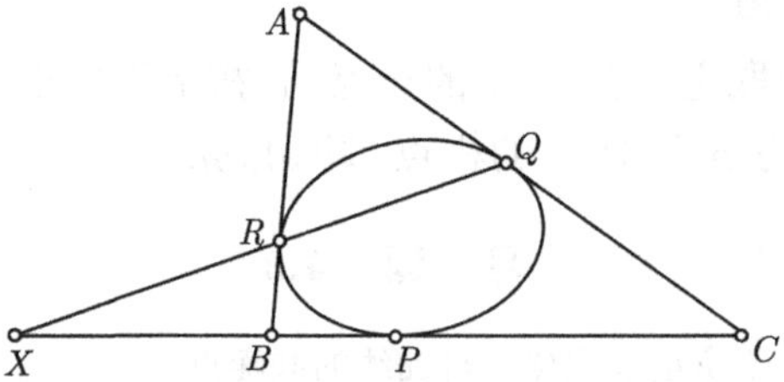

图 4.29

9. 给定一条非退化二阶曲线 Γ. 证明: 在不与 Γ 相切的直线上有无穷多个关于 Γ 的共轭点偶, 它们构成以此直线为底的点列上的一个对合. 试问, 此对合的不变元素是什么?

10. 给定一条非退化二阶曲线 Γ. 证明: 在以不属于 Γ 的点为束心的线束中有无穷多个关于 Γ 的共轭直线偶, 它们构成以此点为束心的线束中的一个对合. 试问, 此对合的不变元素是什么?

11. 设非退化二阶曲线 Γ 上的动点 X, Y 处的切线交点在一条定直线上. 证明: 动直线 XY 经过一个定点.

*§4.4 二次点列上的射影变换

本节总假定所论二阶曲线是非退化的. 我们仅以非退化二阶曲线为对象, 讨论二次点列上的射影变换. 对偶地, 也可引入二次线束上的射影变换概念, 但是本书不予讨论.

一、二次点列上的射影对应

定义 4.11 二阶曲线 Γ 上全体点的集合称为一个**二次点列**, Γ 称为这个点列的**底**. 记作 $\Gamma(A,B,C,\cdots)$, 也可迳记为 Γ, 读作二次点列 Γ.

相对于二次点列, 以前讨论的点列就是一次的或线性的.

定义 4.12 设 A,B,C,D 为二次点列 Γ 上的四点, S 为 Γ 上的任意一点. 记 $\Gamma(AB,CD)$ 表示 Γ 上四点 A,B,C,D 依此次序构成的一个**交比**, 定义为

$$\Gamma(AB,CD)=S(AB,CD).$$

在定义 4.12 中, 若 S 与 A,B,C,D 之一重合, 则 S 与该点的连线即为 Γ 在该点处的切线. 由推论 4.3, 这个定义是合理的.

如果

$$\Gamma(AB,CD)=-1,$$

则称这四点构成二次点列 Γ 上的一个**调和点组**.

定义 4.13 设 $x(P_1)$ 为点列, S 为二次点列 Γ 上任一点, 直线 SP_1 交 Γ 于点 P. 则称线束 $S(P)$ 以及点列 $x(P_1)$ 均与二次点列 $\Gamma(P)$ 成**透视对应**. 分别记作 $S(P)\overline{\overline{\wedge}}\Gamma(P)$ 和 $x(P_1)\overline{\overline{\wedge}}\Gamma(P)$.

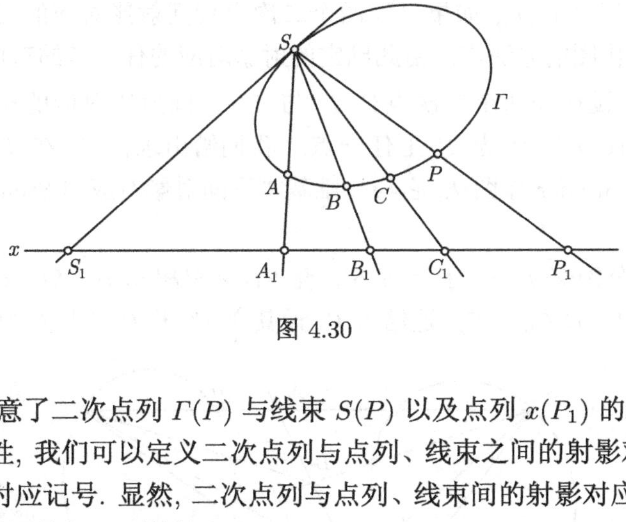

图 4.30

图 4.30 示意了二次点列 $\Gamma(P)$ 与线束 $S(P)$ 以及点列 $x(P_1)$ 的透视对应. 依射影对应的传递性, 我们可以定义二次点列与点列、线束之间的射影对应, 并仍然采用通常的射影对应记号. 显然, 二次点列与点列、线束间的射影对应是保交比的双射. 我们更感兴趣的是下面的情况.

定义 4.14 如果 $S(P)\overline{\overline{\wedge}}\Gamma(P)$, $S'(P')\overline{\overline{\wedge}}\Gamma'(P')$ 且 $S(P)\overline{\wedge}S'(P')$. 则称二次点列 $\Gamma(P)$**射影对应**于二次点列 $\Gamma'(P')$, 记作 $\Gamma(P)\overline{\wedge}\Gamma'(P')$.

图 4.31 示意了定义 4.14 的 $\Gamma(P)\overline{\wedge}\Gamma'(P')$. 如已知, 只要指定两线束间三双相异元素的对应, 就可以唯一确定两个线束间的一个射影对应. 由定义 4.13, 指定线束间的三双相异的对应元素可以通过指定 Γ 与 Γ' 之间的三双相异的对应元素实现. 于是, $\Gamma(P)\overline{\wedge}\Gamma'(P')$ 与上述定义中的点 S,S' 在 Γ,Γ' 上的选取无关.

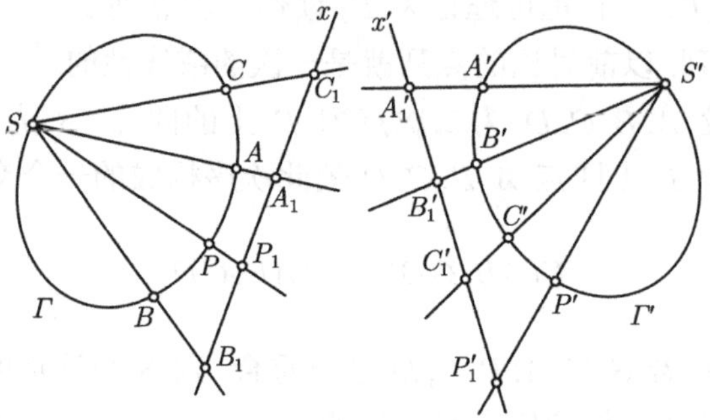

图 4.31

由定义 4.14, 下面的定理是显然的.

定理 4.16　(1)　两个二次点列间的射影对应可由相异的三双对应点唯一确定.

(2)　两个二次点列间的一个双射是射影对应的充要条件是它使任何四点的交比等于其对应四点的交比.

于是, 我们也可以类似地给出二次点列间射影对应的 Steiner 定义. 根据定义 4.14 以及定理 4.16(1), 如果已知两个二次点列间射影对应的三双相异的对应点, 我们可以用作图的方法作出由此确定的射影对应的任一点的对应点.

如图 4.32, 设已知两个二次点列 Γ 与 Γ' 之间射影对应的相异的三双对应点 A, A'; B, B';C, C', P 为 Γ 上任一点. 我们给出求作 P 在 Γ' 上对应点 P' 的方法, 也称为 Steiner 作图法, 它与一维基本形间射影对应的 Steiner 作图法非常地相似.

连结 AA' 分别交 Γ, Γ' 于点 S, S'. 设 $SB \times S'B' = B_0$, $SC \times S'C' = C_0$. 连结 B_0C_0. 设 $SP \times B_0C_0 = P_0$. 连结 $S'P_0$ 设其交 Γ' 于 P', 则 P' 为所求的对应点.

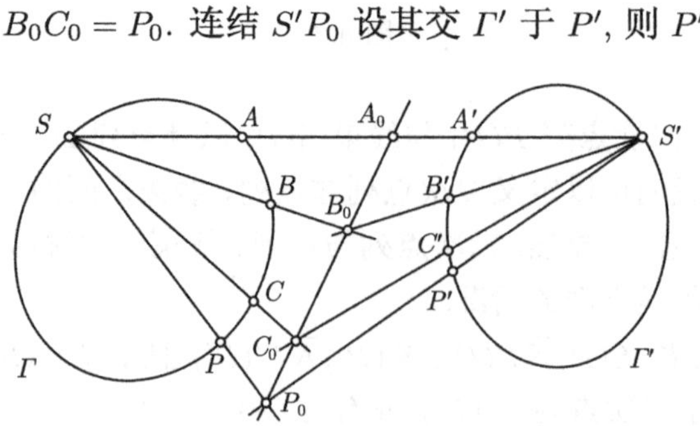

图 4.32

上述作图的正确性是显然的. 顺便指出, 在图 4.32 中, 直线 B_0C_0 称为 Γ 与 Γ' 的射影对应的**透视轴**. 有趣的是, 对于同一个射影对应, 其透视轴并不唯一存在. 比如在上述作图中, 若先连结 BB' 得到其与 Γ 和 Γ' 的交点 S, S', 则作图中所得的透视轴将是另一条直线. 但是, 无论如何, P 的对应点 P' 却是唯一存在的.

二、二次点列上的射影变换

在定义 4.14 中, 若 $\Gamma = \Gamma'$, 则称 $\Gamma(P)\barwedge\Gamma(P')$ 为**二次点列 Γ 上的射影变换**. 与一次点列相比, 二次点列上的射影变换具有一些独特的有趣性质.

定理 4.17(Steiner) 设 f 为二次点列 Γ 上的一个非恒同的射影变换. 则存在唯一的直线 p_0, 使得对于 f 的任何两双对应点 $A, A'; B, B'$, 都有点 $P_{AB} = AB' \times A'B$ 在直线 p_0 上.

证明 如图 4.33, 设 f 由其相异的三双对应点 $A, A'; B, B'; C, C'$ 唯一确定. 由 Pascal 定理立刻可得三点 P_{AB}, P_{AC}, P_{BC} 共线于 p_0. 设 D, D' 为异于已知三双对应点的 f 的任意一对对应点. 则 $\Gamma(AB, CD) = \Gamma(A'B', C'D')$, 从而 $A'(AB, CD) = A(A'B', C'D')$. 于是 $A'(A, B, C, D)\overline{\barwedge}A(A', B', C', D')$, 由此推得点 P_{AD} 在 p_0 上. 同理, 点 P_{BD}, P_{CD} 也在 p_0 上, 即 p_0 唯一存在. 证毕.

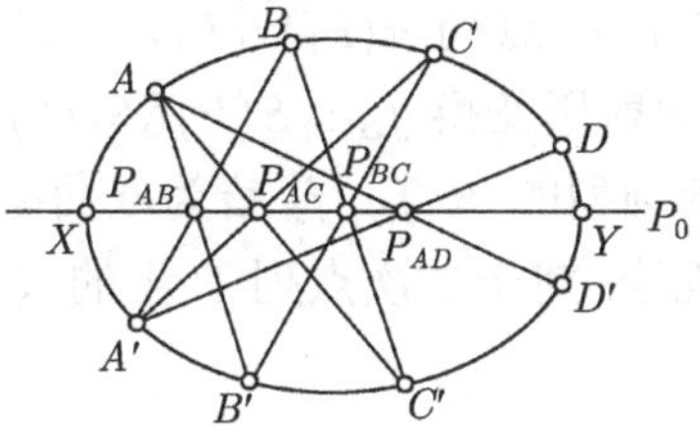

图 4.33

定义 4.15 定理 4.17 中的直线 p_0 称为二次点列 Γ 上射影变换 f 的**射影轴**或迳称**轴**.

推论 4.11 二次点列 Γ 上非恒同的射影变换 f 的轴 p_0 可以由已知 f 的相异的三双对应点唯一确定.

由定理 4.17 容易看出, 若已知二次点列 Γ 上非恒同的射影变换 f 的轴 p_0 及任一对相异的对应点, 则可以用作图的方法作出 Γ 上任一点在 f 下的像. 这一作图方法也称为 Steiner 作图法. 据此又可得到下面的推论成立.

推论 4.12 二次点列 Γ 上的任一个非恒同的射影变换 f 可由其轴和一对相异的对应点唯一确定.

由定理 4.17, 若 Γ 上非恒同的射影变换 f 的轴 p_0 与 Γ 交于点 X, 则 X 必为 f 的不变点. 一般地, p_0 与 Γ 的相交情况为: 交于两个相异的实点; 交于两个重合的实点 (相切); 交于一对共轭虚点. 类似于一维基本形可以给出下面的定义.

定义 4.16 二次点列 Γ 上的一个非恒同的射影变换 f 称为是**双曲型**的或**抛物型**的或**椭圆型**的, 如果 f 有两个相异的实不变点或一对重合的实不变点或一对共轭的虚不变点.

二次点列上的双曲型, 抛物型, 椭圆型射影变换的示意图各见图 4.33 和图 4.34.

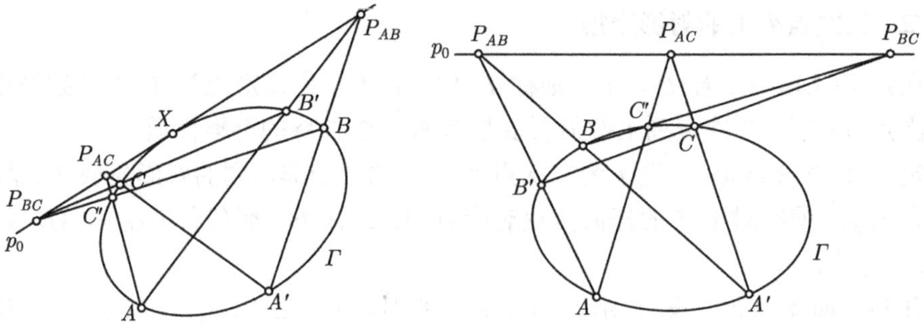

图 4.34

由定义 4.13, 显然有下述定理.

定理 4.18 设 $f: \Gamma(P)\barwedge\Gamma(P')$ 为二次点列 Γ 上的一个射影变换, 又线束 $S(P)\overline{\barwedge}\Gamma(P)$, $S(P')\overline{\barwedge}\Gamma(P')$, 点列 $x(P_1)\overline{\barwedge}\Gamma(P)$, $x(P_1')\overline{\barwedge}\Gamma(P')$. 则由 f 分别诱导了线束 S 和点列 x 上的射影变换 $f_S: S(P)\barwedge S(P')$, $f_x: x(P_1)\barwedge x(P_1')$. 而且 f 为双曲型的或抛物型的或椭圆型的 $\Leftrightarrow f_S, f_x$ 皆为双曲型的或抛物型的或椭圆型的.

作为上述定理的直接推论, 对于二次点列 Γ 上的双曲型或椭圆型射影变换, 我们有下面的定理成立.

定理 4.19 设 X, Y 是二次点列 Γ 上非恒同的射影变换 f 的两个相异的不变点, P, P' 为 f 的任一对对应点 $(P \neq P')$, 则

$$\Gamma(PP', XY) = k(\text{常数}),$$

其中常数 k 称为射影变换 f 的**特征不变量**.

例 4.15 已知点列 x 上射影变换的相异的三双对应元素和一条非退化二阶曲线 Γ. 求作点列 x 上射影变换的不变元素.

解 如图 4.35, 已知以直线 x 为底的点列上射影变换的三双相异的对应点 A_1, A_1'; B_1, B_1'; C_1, C_1' 以及一条非退化二阶曲线 Γ. 求作点列 x 上射影变换的不变点.

作法: (1) 在 Γ 上任取不在直线 x 上的一点 S, 以 S 为投射中心, 将 x 上的点 A_1, A_1'; B_1, B_1'; C_1, C_1' 分别投射到 Γ 上, 设其像依次为 A, A'; B, B'; C, C'.

(2) 连结 $AB', A'B$, 设其交点为 P_{AB}; 连结 $BC', B'C$, 设其交点为 P_{BC}.

(3) 连结 $P_{AB}, P_{BC} = p_0$, 设 p_0 交 Γ 于点 X, Y.

(4) 以 S 为投射中心, 将 X, Y 投射到 x 上, 设其像为 X_1, Y_1. 则 X_1, Y_1 为所求不变点.

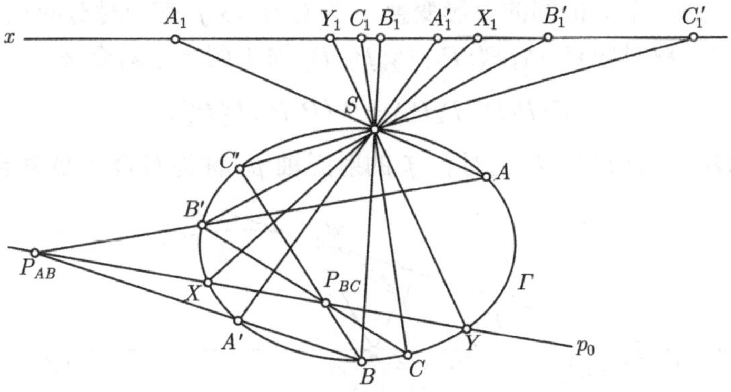

图 4.35

证明: 据作法有

$$x(A_1, B_1, C_1, X_1, Y_1, \cdots) \overline{\overline{\wedge}} S(A, B, C, X, Y, \cdots) \overline{\overline{\wedge}} \Gamma(A, B, C, X, Y, \cdots),$$

$$x(A_1', B_1', C_1', X_1, Y_1, \cdots) \overline{\overline{\wedge}} S(A', B', C', X, Y, \cdots) \overline{\overline{\wedge}} \Gamma(A', B', C', X, Y, \cdots),$$

所以

$$\Gamma(A, B, C, X, Y, \cdots) \overline{\wedge} \Gamma(A', B', C', X, Y, \cdots),$$

所以 X_1, Y_1 为点列 x 上射影变换的不变点.

讨论: 若上述直线 p_0 与 Γ 不相交 (交于虚点), 则 x 上的射影变换为椭圆型的. 若 p_0 与 Γ 相交, 则交点经 S 投射到 x 上即为实的不变点, p_0 与 Γ 有两个相异交点则为双曲型, p_0 与 Γ 相切则为抛物型的. 这样的分析看上去十分完美, 但是仔细思考一下, 我们将会对此作图法的可靠性产生怀疑. 首先是我们无法可靠区分出双曲型和抛物型, 哪怕看上去 p_0 是与 Γ 相切, 但如何断定是相切呢? 再者, 如果画图时稍有误差, 如何能肯定 p_0 与 Γ 确实是相交或是不相交呢? 所以这种作图方法也许只能用在比较粗略的场合, 尽管理论上是正确的.

三、二次点列上的对合

定义 4.17 二次点列 Γ 上的一个非恒同的射影变换 f 称为**对合**, 如果任取 Γ 上一点 S 与 f 的对应点连线而得的线束 S 中的射影变换 f_0 为对合.

显然, 上述定义中 f 为对合与点 S 在 Γ 上的选取无关. 从而我们可以说, 二次点列的对合由一个与之透视的线束中的对合所诱导. 有关线束中对合的一般性质都可以移植到二次点列上来. 特别地, 我们有下列定理.

定理 4.20 对于二次点列 Γ, 下列结论成立.

(1) Γ 上的对合可由其相异的两对对应点唯一确定.

(2) Γ 上的一个非恒同的射影变换 f 为对合 $\Leftrightarrow$ f 有一对对应点相互对应.

(3) Γ 上三双对应点 $P_1, P_1'; P_2, P_2'; P_3, P_3'$ 属于同一个对合 $\Leftrightarrow$

$$\Gamma(P_1P_1', P_2P_3) = \Gamma(P_1'P_1, P_2'P_3').$$

定义 4.18 二次点列 Γ 上对合 f 的射影轴 p_0 称为对合 f 的**对合轴**.

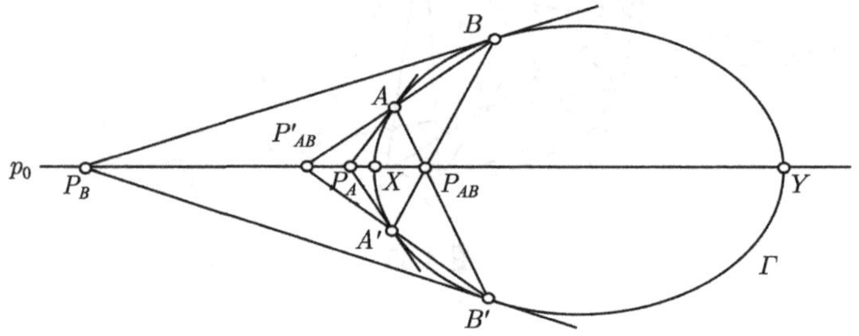

图 4.36

由射影轴及对合的定义, 立刻可得下述结论.

定理 4.21 对于二次点列 Γ 上的对合 f,

(1) f 的对合轴可由其相异的两双对应点唯一确定.

(2) 对合 f 可由其对合轴唯一确定.

(3) 在对合 f 的任一对相异的对应点处 Γ 的切线交于 f 的对合轴.

由定义 4.17, 二次点列上不存在抛物型对合, 二次点列上的对合或者是双曲型或者是椭圆型的. 显然, 对合轴与 Γ 的交点 (两个相异实点或一对共轭虚点) 就是对合不变点, 而且有下列结论.

定理 4.22 二次点列 Γ 上对合 f 的任一对相异的对应点被其两个不变点调和分离, 即对合的特征不变量为 -1.

此外, 由定理 4.21(3), 根据配极原则可知, Γ 上的对合 f 的任一双对应点的连线必过定点, 此点作为对合轴 p_0 的极点而唯一存在. 进而有下面的定理.

定理 4.23 二次点列 Γ 上的对合 f 的任一双对应点的连线必过定点; 反之, 以不在 Γ 上的任一点为束心的线束中每一直线与 Γ 的交点为 Γ 上同一对合的一双对应点.

证明 只要证后一结论. 如图 4.37, 设 P_0 为不在 Γ 上的任一定点, 过 P_0 的直线与 Γ 分别交于 A, A'; B, B'; C, C'; $\cdots$. 由配极原则, 这些点偶处的切线交点共线为点 P_0 的极线, 记作 p_0.

首先, 易见下列的点 $P_{AB} = AB' \times A'B$, $P_{AC} = AC' \times A'C$, $P_{BC} = BC' \times B'C$ 均在 P_0 的极线 p_0 上, 所以, 在 Γ 上有

$$\Gamma(A, B, C, \cdots) \barwedge \Gamma(A', B', C', \cdots).$$

然后, 由于点 $P'_{AB}=AB\times A'B'$ 也在 p_0 上, 从而上述射影变换使得一双双应点 B,B' 相互对应, 故为对合. 证毕.

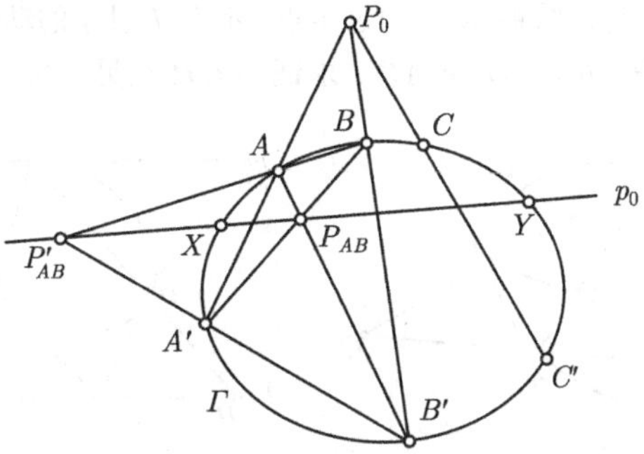

图 4.37

定义 4.19 二次点列 Γ 上的对合 f 的对合轴 p_0 关于 Γ 的极点 P_0 称为对合 f 的**对合中心**.

推论 4.13 二次点列 Γ 上的对合 f 可由其对合中心唯一确定.

习 题 4.4

1. 从一点 T 作二阶曲线 Γ 的两切线 TX,TY, X,Y 为切点, 再过 T 作 Γ 的割线 TAB 交 Γ 于 A,B. 求证: $\Gamma(AB,XY)=-1$.

2. 在上题中, 设 R 为 Γ 上任一点, RX,RY 分别交 AB 于 P,Q. 求证: $(PQ,AB)=-1$.

3. 设 A,B,C,D 为二阶曲线 Γ 上四点, 且 $\Gamma(AB,CD)=-1$. 求证: 直线 AB 与 CD 为关于 Γ 的共轭直线.

4. 设 $A,A';B,B'$ 为二次点列 Γ 上对合的两对对应点, X,Y 是其两个不变点. 求证: $A,B;A',B';X,Y$ 是 Γ 上另一个对合的三对对应点.

5. 已知点列 $x(P_1)$ 上对合 f 的两对相异的对应点以及一条非退化二阶曲线 Γ. 求作 f 的不变点.

6. 如图 4.38, 设 A 是两条二阶曲线 Γ 与 Γ' 的一个交点, PQ 为 Γ 的弦通过不在 Γ 上一个定点 P_0, AP,AQ 分别交 Γ' 于点 P',Q'. 求证: 直线 $P'Q'$ 通过一个定点.

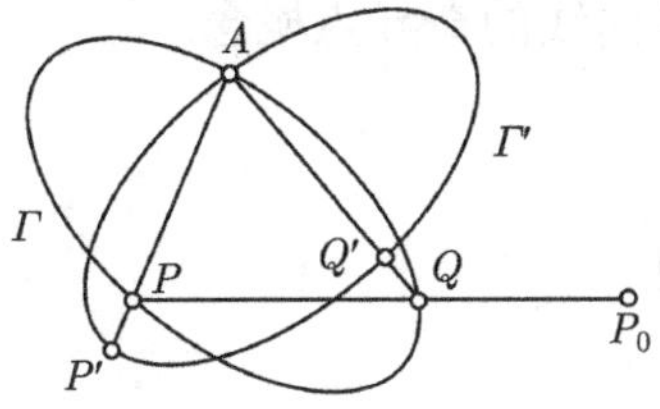

图 4.38

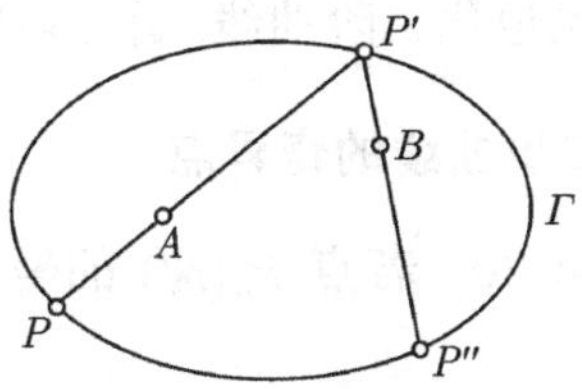

图 4.39

7. 如图 4.39, 设 A, B 为不在二阶曲线 Γ 上的两个定点, $PP', P'P''$ 为分别通过 A, B 的 Γ 的两条动弦. 求证: $\Gamma(P)\barwedge\Gamma(P')$; $\Gamma(P')\barwedge\Gamma(P'')$ 都是 Γ 上的对合. 此时必有 $\Gamma(P)\barwedge\Gamma(P'')$, 问: 这个射影变换是否为 Γ 上的对合?

8. 如图 4.40, 设 PP' 为二阶曲线 Γ 的过定点 (不在 Γ 上) 的动弦, 又 A, B 为 Γ 上的两个定点, 且 $Q = AP \times BP'$, $R = BP \times AP'$. 求证: Q, R 在另一条二阶曲线上.

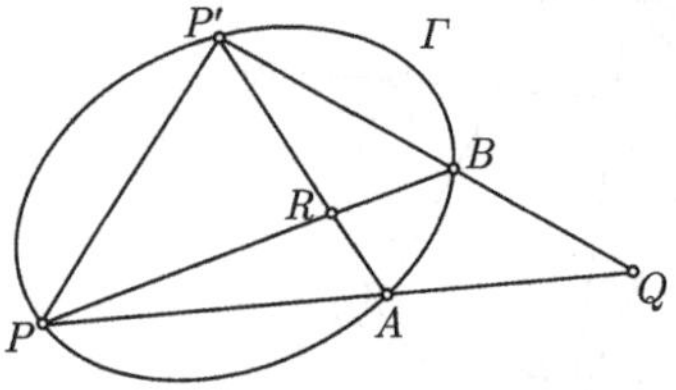

图 4.40

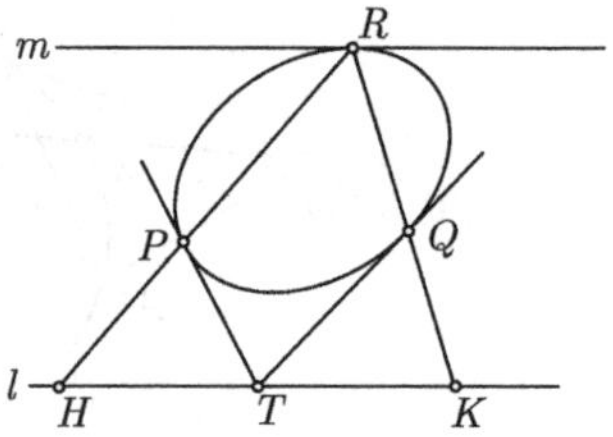

图 4.41

9. 如图 4.41, 设过非退化二阶曲线 Γ 外一点 T 所作 Γ 的两切线的切点为 P, Q, l 为过 T 不与 Γ 相切的任一直线, Γ 上异于 P, Q 的点 R 处的切线 m 平行于 l, RP, RQ 分别交 l 于 H, K. 求证: $HT = TK$(请与 §4.2 习题 8 相比较).

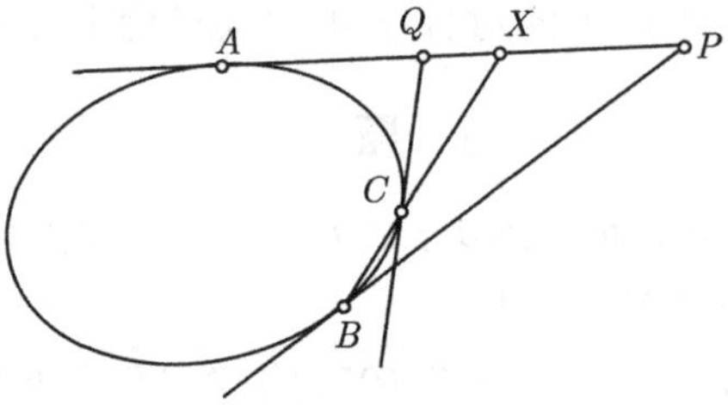

图 4.42

10. 如图 4.42, 非退化二阶曲线 Γ 上相异二点 A, B 处的切线交于点 P, 异于 A, B 的点 C 处的切线交 AP 于 Q, BC 交 AP 于 X. 求证: $(AX, QP) = -1$.

§4.5 二次曲线的射影分类

本节在射影变换群下, 讨论二阶曲线的等价类并给出每一个等价类的标准方程.

为讨论退化二阶曲线, 首先研究关于二阶曲线的奇异点概念.

一、二阶曲线的奇异点

定义 4.20 若点 $P_0(p_i^0)$ 的坐标是方程组

$$\sum_{j=1}^{3} a_{ij}x_j = 0, \qquad a_{ij} = a_{ji}, i = 1, 2, 3, \text{秩}(a_{ij}) \geqslant 1.$$

的非零解, 则称 P_0 为二阶曲线 $\Gamma : S \equiv \sum\limits_{i,j=1}^{3} a_{ij}x_ix_j = 0$ 的一个**奇异点**.

显然, Γ 有奇异点的充要条件是 Γ 为退化的二阶曲线. 而且, Γ 的奇异点一定在 Γ 上. 由线性代数知识可以看出, 退化二阶曲线的奇异点个数与其矩阵的秩有关, 秩为 2, 有唯一奇异点; 秩为 1 则有无穷多奇异点, 并构成一条直线. 如果我们将极点和极线的定义应用于退化二阶曲线, 则此时的配极不再是一个双射. 可以证明, 对于平面上任一点 P, 其极线 $S_p = 0$ 必定过奇异点 P_0; 不经过奇异点 P_0 的直线的极点可以取作为 P_0. 这样, 在关于退化二阶曲线的配极下, 奇异点 P_0 对应着无穷多的极线 (为不过 P_0 的直线); 过奇异点 P_0 的直线对应着无穷多的极点 (在经过 P_0 的另一条直线上), 因此, 关于退化二阶曲线的配极是奇异的.

定理 4.24 二阶曲线上一点是奇异点的充要条件是该点与曲线上任意点连线上的点皆在此二阶曲线上.

我们略去本定理的证明, 留作习题.

二、二阶曲线的射影分类

二阶曲线的矩阵的秩和二阶曲线有无奇异点以及奇异点的个数均在射影变换下不变, 这是二阶曲线射影分类的依据. 所谓射影分类, 是将平面上的二阶曲线在射影变换群之下分为射影等价类, 并对每一个等价类给出其射影标准方程.

设给定二阶曲线

$$\Gamma : S \equiv \sum_{i,j=1}^{3} a_{ij}x_ix_j = 0 \qquad (a_{ij} = a_{ji}\ \text{秩}(a_{ij}) \geqslant 1), \tag{4.1}$$

我们分情况来讨论其射影分类问题.

1. $|a_{ij}| \neq 0$ 即 (a_{ij}) 的秩为 3.

此时 Γ 为非退化的, 必存在自极三点形. 任取定 Γ 的一个自极三点形 $A_1'A_2'A_3'$ 作为新的坐标三点形, 设三个顶点在原坐标系下的坐标依次为 $A_1'(p_i), A_2'(q_i), A_3'(r_i)$. 按照单位点规则取点 $E'(p_i+q_i+r_i)$ 为新的单位点建立射影坐标系, 由 §1.4 的 (1.19) 式, 可直接写出射影坐标变换的逆式为

$$\rho\begin{pmatrix} x_1 \\ x_2 \\ x_3 \end{pmatrix} = \begin{pmatrix} p_1 & q_1 & r_1 \\ p_2 & q_2 & r_2 \\ p_3 & q_3 & r_3 \end{pmatrix}\begin{pmatrix} x_1' \\ x_2' \\ x_3' \end{pmatrix}, \tag{1.19}$$

将上述坐标变换式代入 (4.1) 式可得

$$\sum_{i,j=1}^{3} a'_{ij}x'_ix'_j = 0 \qquad (a'_{ij} = a'_{ji}), \tag{4.20}$$

因为在新坐标系下 $A'_1(1,0,0)$ 的对边 $A'_2A'_3$ 的方程为

$$x'_1 = 0. \tag{4.21}$$

另一方面,$A'_1(1,0,0)$ 的极线为

$$a'_{11}x'_1 + a'_{12}x'_2 + a'_{13}x'_3 = 0. \tag{4.22}$$

因为 (4.21) 与 (4.22) 表示同一直线, 所以有

$$a'_{12} = 0, \quad a'_{13} = 0, \quad a'_{11} \neq 0.$$

同理可得

$$a'_{23} = 0, \quad a'_{22} \neq 0, \quad a'_{33} \neq 0,$$

所以 (4.20) 式化为

$$a'_{11}x'^2_1 + a'_{22}x'^2_2 + a'_{33}x'^2_3 = 0. \tag{4.23}$$

再作仅改变单位点的射影坐标变换

$$\rho x'_i = \frac{1}{\sqrt{|a'_{ii}|}}x''_i \qquad (i = 1,2,3),$$

可将 (4.23) 进一步化为

$$\pm x''^2_1 \pm x''^2_2 \pm x''^2_3 = 0. \tag{4.24}$$

注意到 x_1, x_2, x_3 三个射影坐标分量的地位平等, 所以上述方程只有下列两种情况

$$\begin{aligned} x''^2_1 + x''^2_2 - x''^2_3 = 0, \\ x''^2_1 + x''^2_2 + x''^2_3 = 0. \end{aligned} \tag{4.25}$$

(4.25) 即为**非退化二阶曲线的射影标准方程**, 其中第一个方程为**实二阶曲线**, 也称为长圆曲线; 第二个方程表示的曲线为**虚二阶曲线**, 其上没有实点.

2. $|a_{ij}| = 0$ 且 (a_{ij}) 的秩为 2.

此时, Γ 为具有唯一奇异点的退化二阶曲线. 取奇异点作为新坐标三点形的顶点, 设其在原坐标系下的坐标为 $A'_3(r_i)$. 任取不在曲线上的一点为 $A'_2(q_i)$, 再于 A'_2 的极线 (过 A'_3 的另一直线) 上任取异于 A'_3 的一点为 $A'_1(p_i)$. 取 $E'(p_i + q_i + r_i)$ 为

新的单位点, 建立射影坐标系, 同上可以写出射影坐标变换的逆式. 此时, 由于 $\varGamma$ 只有一个奇异点, 据定理 4.24, $\varGamma$ 退化为交于奇异点的两条直线, 对于新坐标系而言,$\varGamma$ 即为过新坐标三点形的顶点 A_3' 的两条直线. 所以, 将坐标变换的逆式代入 (4.1) 之后, 必可化为

$$a_{11}'x_1'^2 + a_{22}'x_2'^2 = 0. \tag{4.26}$$

再作坐标变换

$$\begin{cases} \rho x_i' = \dfrac{1}{\sqrt{|a_{ii}'|}} x_i'' \qquad (i = 1, 2), \\ \rho x_3' = x_3'', \end{cases}$$

方程 (4.26) 化为

$$\pm x_1''^2 \pm x_2''^2 = 0. \tag{4.27}$$

由于 x_1, x_2 地位相同,(4.27) 式只有下述两种情况

$$x_1''^2 - x_2''^2 = 0,$$

$$x_1''^2 + x_2''^2 = 0.$$

上述第一个方程表示两条实直线 $x_1'' + x_2'' = 0$ 和 $x_1'' - x_2'' = 0$; 而第二个方程表示两条共轭虚直线 $x_1'' + \mathrm{i}x_2'' = 0$ 和 $x_1'' - \mathrm{i}x_2'' = 0$.

3. $|a_{ij}| = 0$ 且 (a_{ij}) 的秩为 1.

此时二阶曲线 $\varGamma$ 退化, 并且含有一条由奇异点构成的直线. 取这条直线为新坐标三点形的一边, 比如 $x_1' = 0$, 建立新的射影坐标系. 设在新坐标系下, $\varGamma$ 的方程化为

$$\sum_{i,j=1}^{3} a_{ij}'x_i'x_j' = 0 \qquad (a_{ij}' = a_{ji}'), \tag{4.28}$$

则由于在新坐标系下, 任何坐标形如 $(0, p_2, p_3)(p_2^2 + p_3^2 \neq 0)$ 的点总是奇异点, 即其坐标满足 (4.28), 从而在 (4.28) 中必有 $a_{11}' \neq 0, a_{12}' = a_{13}' = a_{22}' = a_{33}' = 0$. 于是, $\varGamma$ 的方程在新坐标系下化为

$$x_1'^2 = 0. \tag{4.29}$$

这是两条重合实直线.

综上讨论, 平面上的二阶曲线可以在射影变换下分为 5 个射影等价类. 列出如下 (为表达方便, 我们略去“′”和“″”):

$$\Gamma: \sum_{i,j=0}^{3} a_{ij}x_ix_j = 0 \begin{cases} |a_{ij}| \neq 0,\ 秩 = 3 \begin{cases} x_1^2 + x_2^2 - x_3^2 = 0 & 实二阶曲线 \\ x_1^2 + x_2^2 + x_3^2 = 0 & 虚二阶曲线 \end{cases} \\ |a_{ij}| = 0 \begin{cases} 秩(a_{ij}) = 2 \begin{cases} x_1^2 - x_2^2 = 0 & 一对相交实直线 \\ x_1^2 + x_2^2 = 0 & 一对共轭虚直线 \end{cases} \\ 秩(a_{ij}) = 1 \quad x_1^2 = 0 \quad 一对重合实直线 \end{cases} \end{cases}$$

我们将上述五种形式的方程称为二阶曲线各射影等价类的**射影标准方程**. 对于平面上任意一条二阶曲线, 必定可以通过射影坐标变换, 将其方程化为上述五个射影标准方程中的一个. 属于同一个射影等价类的二阶曲线, 具有相同的射影标准方程, 不属于同一个射影等价类的二阶曲线具有不同的射影标准方程.

例 4.16 求射影坐标变换, 将二阶曲线

$$\Gamma: \quad x_1^2 + x_2^2 + x_3^2 + 2x_2x_3 + 2x_1x_3 - 6x_1x_2 = 0 \tag{$*$}$$

化为射影标准方程.

解 容易验证, 秩 $(a_{ij}) = 3$. 故 Γ 为一条非退化二阶曲线.

第一步, 选取自极三点形.

显然, $P(1,0,0)$ 不在 Γ 上 (在满足条件的情况下, 可尽量选取坐标数字简单的点), 取其作为第一点. 求出 P 关于 Γ 的极线为: $l_p : x_1 - 3x_2 + x_3 = 0$.

易见, $Q(0,1,3)$ 在 l_p 上但不在 Γ 上, 取其为第二点 (同样尽量取坐标数字简单的符合条件的点). 求出 Q 关于 Γ 的极线为 $l_q : x_2 + x_3 = 0$.

取 $l_p \times l_q = R(4,1,-1)$ 为第三点.

综上, 我们得到了 Γ 的一个自极三点形 PQR.

第二步, 求射影坐标变换式.

分别以 P,Q,R 作为新坐标三点形的三个顶点 A_1', A_2', A_3', 并令 $E'(p_i+q_i+r_i) = (5,2,2)$ 作为新坐标三点形的单位点, 由 §1.4 的 (1.19) 式, 得到射影坐标变换的逆式为

$$\rho\begin{pmatrix} x_1 \\ x_2 \\ x_3 \end{pmatrix} = \begin{pmatrix} 1 & 0 & 4 \\ 0 & 1 & 1 \\ 0 & 3 & -1 \end{pmatrix}\begin{pmatrix} x_1' \\ x_2' \\ x_3' \end{pmatrix}.$$

第三步, 化标准方程.

将上述坐标变换的逆式代入 $(*)$ 式, 化简, 得

$$x_1'^2 + 16x_2'^2 - 16x_3'^2 = 0. \tag{$**$}$$

再作仅改变单位点的射影坐标变换

$$\begin{cases} \rho x_1' = x_1'', \\ \rho x_2' = \dfrac{1}{4}x_2'', \\ \rho x_3' = \dfrac{1}{4}x_3'', \end{cases}$$

代入 (**) 得

$$x_1''^2 + x_2''^2 - x_3''^2 = 0.$$

这就是所求标准方程, 因此所给二阶曲线为非退化实二阶曲线.

习 题 4.5

1. 求射影坐标变换, 将下列二阶曲线的方程化为射影标准方程.

(1) $2x_1^2 + x_2^2 + 3x_3^2 - 4x_1x_2 - 4x_1x_3 + 6x_2x_3 = 0$;

(2) $4x_1^2 + 15x_2^2 - 5x_3^2 + 16x_1x_2 - 8x_1x_3 - 22x_2x_3 = 0$;

(3) $x_1x_2 + x_1x_3 + x_2x_3 = 0$;

(4) $x_1^2 + 4x_2^2 + 9x_3^2 + 4x_1x_2 + 6x_1x_3 + 12x_2x_3 = 0$.

2. 证明定理 4.24.

3. 如果坐标三点形是由二阶曲线 Γ 的两条切线及切点连线构成. 求证: Γ 的方程可以写为 $c_1x_1x_3 + c_2x_2^2 = 0$.

4. 如果两条非退化二阶曲线相交于相异四点. 求证: 在同一坐标系下, 两曲线的方程可以写为 $\Gamma_1 : a_1x_1^2 + a_2x_2^2 + a_3x_3^2 = 0\,(a_1a_2a_3 \neq 0)$ 与 $\Gamma_2 : b_1x_1^2 + b_2x_2^2 + b_3x_3^2 = 0\,(b_1b_2b_3 \neq 0)$.

5. 设有二阶曲线 $4x_1^2 - 16x_1x_2 + 16x_2^2 - 2x_1x_3 + 22x_2x_3 + 7x_3^2 = 0$ 与三点 $P(1,0,1)$, $Q(1,-1,0)$, $R(1,1,-1)$.

(1) 证明 PQR 为已知二阶曲线的一个自极三点形.

(2) 以 PQR 为新坐标三点形, 适当选取单位点建立射影坐标系, 求已知二阶曲线在新坐标系下的方程.

§4.6 二次曲线的仿射理论

本节在射影仿射平面上讨论二次曲线的仿射性质. 从而可以与解析几何中的二次曲线理论建立紧密联系. 由第三章, 无穷远直线是仿射几何的绝对形, 因此, 二次曲线的仿射理论与无穷远直线有着必然的联系. 而且, 当我们用代数法在射影仿射平面上讨论二次曲线时, 必须是在射影仿射坐标系下的讨论, 即 l_∞ 必须总是作为坐标三点形的一边 $x_3 = 0$.

一、二阶曲线与无穷远直线的关系

定义 4.21 设 Γ 为平面上的任意一条二阶曲线. 则 Γ 与无穷远直线 l_∞ 必定相交, 或者交于两个相异实点, 或者交于两个重合实点 (相切), 或者交于两个共轭虚点. 对应于上述三种情况, 我们分别称 Γ 为**双曲型**的, 或**抛物型**的, 或**椭圆型**的曲线. 如果 Γ 非退化, 则分别称为**双曲线**, **抛物线**或**椭圆**.

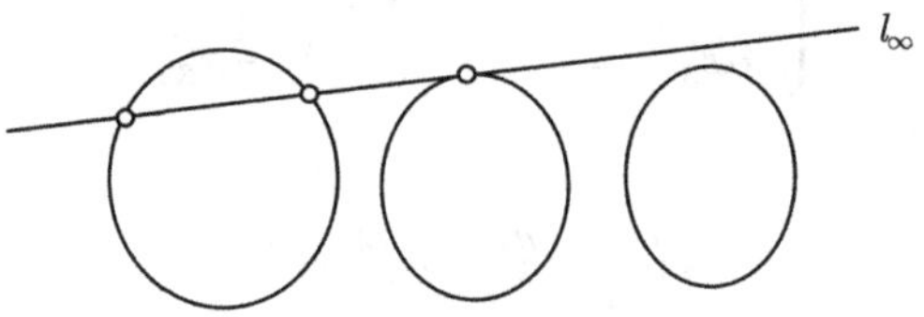

图 4.43

从代数角度, 也不难看出在射影仿射平面上, 二阶曲线被划分为双曲型, 抛物型和椭圆型三个等价类. 设给定二阶曲线

$$\Gamma: \quad S \equiv \sum_{i,j=1}^{3} a_{ij}x_ix_j = 0 \qquad (a_{ij} = a_{ji}), \tag{4.1}$$

其中秩 $(a_{ij}) \geqslant 1$, 且 x_i 表示点的射影仿射坐标. 联立

$$\begin{cases} S = 0, \\ x_3 = 0, \end{cases}$$

即为 Γ 与 l_∞ 的交点. 显然, 交点的前两个坐标分量由下式决定.

$$a_{11}x_1^2 + 2a_{12}x_1x_2 + a_{22}x_2^2 = 0. \tag{4.30}$$

从而, 对于 x_1/x_2, 上式有两个相异实根, 或两个相同实根或两个共轭虚根 $\Leftrightarrow$

$$\begin{vmatrix} a_{11} & a_{12} \\ a_{12} & a_{22} \end{vmatrix} = A_{33} \begin{cases} < 0 \\ = 0 \\ > 0 \end{cases} \Leftrightarrow \Gamma\text{为} \begin{cases} \text{双曲型} \\ \text{抛物型曲线} \\ \text{椭圆型} \end{cases}$$

由上述讨论, 我们有下列定理.

定理 4.25 对于射影仿射平面上的二阶曲线 $\Gamma : S = 0$, A_{33} 的符号为仿射不变性.

在本节以下的讨论中, 总假设所论二阶曲线 Γ 在某射影仿射坐标系下的方程为 (4.1), 且为非退化的.

二、二阶曲线的中心

定义 4.22 无穷远直线关于二阶曲线 Γ 的极点称为 Γ 的**中心**.

定理 4.26 双曲线和椭圆各有一个中心为有穷远点, 抛物线的中心为无穷远点.

证明 设 Γ 的中心为 $C(c_1, c_2, c_3)$. 则 C 为 $l_\infty : x_3 = 0$ 的极点. 于是有中心方程组

$$\begin{pmatrix} a_{11} & a_{12} & a_{13} \\ a_{12} & a_{22} & a_{23} \\ a_{13} & a_{23} & a_{33} \end{pmatrix} \begin{pmatrix} c_1 \\ c_2 \\ c_3 \end{pmatrix} = \rho \begin{pmatrix} 0 \\ 0 \\ 1 \end{pmatrix}, \qquad \rho \neq 0, \tag{4.31}$$

即

$$\begin{cases} a_{11}c_1 + a_{12}c_2 + a_{13}c_3 = 0, \\ a_{12}c_1 + a_{22}c_2 + a_{23}c_3 = 0, \end{cases} \tag{4.32}$$

也就是

$$\begin{cases} \left.\dfrac{\partial S}{\partial x_1}\right|_C = 0, \\ \left.\dfrac{\partial S}{\partial x_2}\right|_C = 0, \end{cases} \tag{4.33}$$

解之, 得 $c_1 : c_2 : c_3 = A_{31} : A_{32} : A_{33}$. 故中心坐标为

$$\text{双曲线与椭圆：}\quad (A_{31}, A_{32}, A_{33}), \qquad \text{抛物线：}\quad (A_{31}, A_{32}, 0). \tag{4.34}$$

对于抛物线, 由于已知其中心为无穷远点, 所以 $c_3 = 0$, 于是只要求解

$$\begin{cases} a_{11}c_1 + a_{12}c_2 = 0, \\ a_{12}c_1 + a_{22}c_2 = 0, \end{cases}$$

即可求得抛物线的中心坐标更为简捷的表达为 $(a_{12}, -a_{11}, 0)$ 或 $(a_{22}, -a_{12}, 0)$.

由定义 4.22 结合交比的性质可以看出, 通常点 C 为二阶曲线 Γ 的中心的充要条件是 C 为 Γ 的对称中心, 这正好与解析几何的定义一致. 当我们去掉无穷远直线后, 抛物线的中心消失, 所以我们称双曲线和椭圆为**有心二阶曲线**, 而称抛物线为**无心二阶曲线**. 显然, 判别二阶曲线为无心的还是有心的依据是 A_{33} 是否为零.

三、直径与共轭直径

定义 4.23 一个无穷远点关于二阶曲线 Γ 的极线若为有穷远直线, 则称之为 Γ 的一条**直径**. 二阶曲线 Γ 的一条直径 l 上的无穷远点的极线 l' 若也是 Γ 的一条直径, 则称 l' 为 l 的**共轭直径**. Γ 的两条相互共轭的直径所在方向称为 Γ 的一对**共轭方向**.

由定义 4.23 立即可得下列结论.

定理 4.27 有心二阶曲线的任一直径平分与其共轭方向平行的一组弦, 并且平行于其共轭直径与 Γ 交点处的切线; 抛物线的直径相互平行, 而且任一直径平分一组与该直径和 Γ 的有穷远交点处切线平行的弦.

由定理 4.27 及抛物线的中心坐标, 可以直接写出抛物线的直径方程

$$a_{11}x_1 + a_{12}x_2 + bx_3 = 0, \text{或 } a_{12}x_1 + a_{22}x_2 + bx_3 = 0 \quad (b \text{ 为常数}). \tag{4.35}$$

现在我们讨论有心二阶曲线的直径与共轭直径之间的关系及其几何意义. 对于给定有心二阶曲线 Γ, 取两个无穷远点 $(1,0,0),(0,1,0)$ (易见, 这二点是 l_∞ 上的绝对对合的一双对应点), 可以求得其所对应的直径 (极线) 方程为

$$\begin{aligned} l_1: &\quad a_{11}x_1 + a_{12}x_2 + a_{13}x_3 = 0, \\ l_2: &\quad a_{12}x_1 + a_{22}x_2 + a_{23}x_3 = 0, \end{aligned} \qquad \text{即} \qquad \begin{aligned} \frac{\partial S}{\partial x_1} &= 0, \\ \frac{\partial S}{\partial x_2} &= 0. \end{aligned}$$

因而,Γ 的任一直径 l 的方程可表为

$$l: \quad \frac{\partial S}{\partial x_1} + k\frac{\partial S}{\partial x_2} = 0, \qquad k \in \overline{\mathbf{R}}. \tag{4.36}$$

上式中的 k 实际上是 l 的共轭直径的斜率, 因为由上式不难看出,l 为点 $(1,k,0)$ 的极线.

现在讨论两直径共轭的条件. 设方程为 (4.36) 的直径 l 的共轭直径为 l', 则 l' 为 l 上的无穷远点 $(a_{12}+ka_{22}, -(a_{11}+ka_{12}), 0)$ 的极线, 从而可以写出 l' 的方程为

$$\frac{\partial S}{\partial x_1}(a_{12}+ka_{22}) - \frac{\partial S}{\partial x_2}(a_{11}+ka_{12}) = 0, \quad \text{即} \quad \frac{\partial S}{\partial x_1} + k'\frac{\partial S}{\partial x_2} = 0. \tag{4.37}$$

于是有

$$k' = -\frac{a_{11}+ka_{12}}{a_{12}+ka_{22}}. \tag{4.38}$$

即

$$a_{22}kk' + a_{12}(k+k') + a_{11} = 0, \qquad a_{11}a_{22} - a_{12}^2 = A_{33} \neq 0. \tag{4.39}$$

(4.39) 式即为两直径 l, l' 共轭的充要条件, 这表明, 在以有心二阶曲线的中心为束心的线束中, 直径与共轭直径的对应成为一个对合. 但是这个对合却未必是绝对对合, 除非任意一对共轭直径都相互垂直.

例 4.17 已知二阶曲线 $\Gamma: x_1^2 - x_2^2 + 3x_1x_3 + x_2x_3 - 2x_3^2 = 0$, 求其一条直径使得被它平分的弦平行于直线 $l: 2x_1 + x_2 = 0$.

解 设所求直径方程为

$$\frac{\partial S}{\partial x_1} + \lambda\frac{\partial S}{\partial x_2} = 0,$$

即 $\left(x_1+\dfrac{3}{2}x_3\right)+\lambda\left(-x_2+\dfrac{1}{2}x_3\right)=0$, 根据 λ 的几何意义可知被此直径所平分的弦的斜率为 -2. 从而 $\lambda=-2$. 故所求直径方程为

$$2x_1+4x_2+x_3=0.$$

例 4.18 如图 4.44, T 是有心二阶曲线 Γ 的弦 QQ' 的极点, O 是中心, OT 交 QQ' 于 V, 交 Γ 于 U,U'. 求证: (1) $QV=VQ'$; (2) $OU^2=OV\cdot OT$.

证明 (1) 令 QQ' 上的无穷远点为 X_∞. 因为 O 是中心, 即 O 为 l_∞ 的极点, 又 T 的极线 QQ' 过 X_∞, 由配极原则知, X_∞ 的极线过 T. 而 X_∞ 的极线是直径, 必过中心 O, 所以 X_∞ 的极线为 OT. 由极线的定义有

$$(QQ',VX_\infty)=-1,$$

所以 V 为 QQ' 的中点, 即 $VQ'=QV$.

(2) 因为 T 的极线是 QQ', 所以 $(UU',TV)=-1$. 展开此式并利用 O 为 UU' 的中点及有向线段加法, 整理可得

$$OU^2=OV\cdot OT.$$

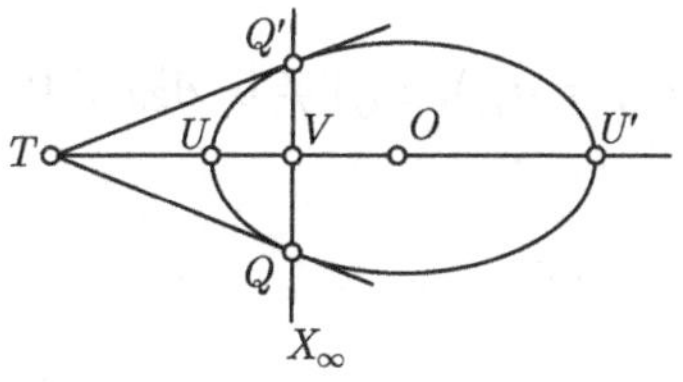

图 4.44

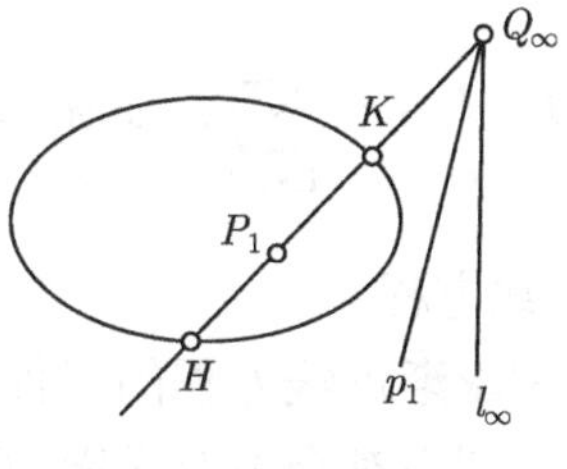

图 4.45

例 4.19 求证: 二阶曲线的以 P_1 为中点的弦 HK 平行于 P_1 的极线 p_1(如图 4.45). 又如果 $P_1(y_1,y_2,y_3)$, 求 HK 的方程.

证明 设 HK 交 l_∞ 于 Q_∞, 则

$$(HK,P_1Q_\infty)=-1.$$

故 P_1,Q_∞ 为关于二阶曲线 Γ 的一对共轭点. 所以 Q_∞ 在 P_1 的极线上. 即 HK 与 P_1 的极线交于 Q_∞, 所以 HK 平行于 P_1 的极线 p_1.

若 $P_1(y_1,y_2,y_3)$, 则直线 p_1 的方程为 $S_y=0$. 又 l_∞ 的方程为 $x_3=0$, 故 HK 的方程必定形如

$$S_y+\lambda x_3=0,$$

这是以 Q_∞ 为束心的线束方程. 因为 $P_1(y_1,y_2,y_3)$ 在 HK 上, 所以 $S_{yy}+\lambda y_3=0$, 于是得

$$\lambda=-\frac{S_{yy}}{y_3},$$

从而 HK 的方程为

$$S_y-\frac{S_{yy}}{y_3}x_3=0.$$

四、有心二阶曲线的渐近线

定义 4.24 二阶曲线在其上无穷远点处的有穷远切线称为二阶曲线的**渐近线**. 与渐近线平行的方向称为二阶曲线的**渐近方向**.

由定义可见, 双曲线有两条实渐近线, 椭圆有两条虚渐近线, 而抛物线没有渐近线. 因此, 本小节只讨论有心二阶曲线.

根据配极原则, 渐近线必过二阶曲线的中心. 因此渐近线不仅是直径而且是自共轭的直径. 于是, 在由直径与共轭直径的对应所确定的二阶曲线的中心为束心的线束的对合下, 渐近线是两条不变直线, 从而, 有心二阶曲线的两条渐近线调和分离其任意一对相异的共轭直径.

例 4.20 已知有心二阶曲线

$$\Gamma:\quad S\equiv\sum_{i,j=1}^{3}a_{ij}x_ix_j=0.\qquad(a_{ij}=a_{ji}),|a_{ij}|\neq 0,A_{33}\neq 0,\tag{4.40}$$

求 Γ 的渐近线方程.

我们介绍求渐近线方程的三种方法.

解法一 利用对合不变元素. 写出

$$a_{22}kk'+a_{12}(k+k')+a_{11}=0.$$

令 $k=k'$, 得

$$a_{22}k^2+2a_{12}k+a_{11}=0.$$

这是求直径与共轭直径的对合不变元素的方程, 亦即求渐近方向的方程. 若 $A_{33}<0$, 则可求出两个实根 k_i, 此时 Γ 为双曲线; 若 $A_{33}>0$, 则可求出两个共轭虚根 k_i, 此时 Γ 为椭圆. 将求出的 k_i 分别代入

$$\frac{\partial S}{\partial x_1}+k\frac{\partial S}{\partial x_2}=0,$$

即可求出两条渐近线的方程.

解法二 利用中心与渐近方向. 联立

$$\begin{cases} S=0, \\ x_3=0, \end{cases}$$

得

$$a_{11}x_1^2+2a_{12}x_1x_2+a_{22}x_2^2=0.$$

这是 Γ 上的两个无穷远点的坐标应该满足的方程. 另一方面, 这又表示过原点的两条直线, 其上无穷远点即为 Γ 与无穷远直线的交点, 因而这两直线平行于渐近方向. 化为非齐次, 得

$$a_{11}x^2+2a_{12}xy+a_{22}y^2=0.$$

设中心的非齐次坐标为 (ξ,η). 则两条渐近线的非齐次方程为

$$a_{11}(x-\xi)^2+2a_{12}(x-\xi)(y-\eta)+a_{22}(y-\eta)^2=0.$$

解法三 利用切线方程. 因为过 Γ 外一点 P 到 Γ 的切线方程为 $S_{pp}S=S_p^2$. 若 P 为中心, 则 $P(A_{31},A_{32},A_{33})$, 代入即可得两渐近线方程. 我们对这个方法进行简化. 因为

$$S_p=\left(\frac{\partial S}{\partial x_1}\right)_p x_1+\left(\frac{\partial S}{\partial x_2}\right)_p x_2+\left(\frac{\partial S}{\partial x_3}\right)_p x_3,$$

而 P 为中心, 所以有 $\left(\frac{\partial S}{\partial x_1}\right)_p=0,\ \left(\frac{\partial S}{\partial x_2}\right)_p=0$. 从而

$$S_p=\left(\frac{\partial S}{\partial x_3}\right)_p x_3.$$

将 P 的坐标代入, 得

$$S_p=(a_{31}A_{31}+a_{32}A_{32}+a_{33}A_{33})\cdot x_3=|a_{ij}|x_3.$$

从而又有

$$S_{pp}=|a_{ij}|A_{33},$$

于是, 渐近线方程为

$$|a_{ij}|A_{33}S=|a_{ij}|^2x_3^2, \qquad \text{即} \qquad A_{33}\cdot S=|a_{ij}|\cdot x_3^2.$$

令 $\lambda=-|a_{ij}|/A_{33}$, 渐近线的方程可以写为

$$S+\lambda x_3^2=0. \tag{4.41}$$

例 4.21 求双曲线 $x_1^2+3x_1x_2-4x_2^2+2x_1x_3-10x_2x_3=0$ 的渐近线方程.

解法一 设所求渐近线的方程为

$$\frac{\partial S}{\partial x_1}+k\frac{\partial S}{\partial x_2}=0, \tag{$*$}$$

则 k 必是下列方程的根

$$1+3k-4k^2=0,$$

解得 $k_1=-\dfrac{1}{4},k_2=1$. 分别代入 $(*)$ 得两渐近线方程为

$$5x_1+20x_2+18x_3=0, \qquad 5x_1-5x_2-8x_3=0.$$

解法二 先求得中心的齐次坐标 $(-14,26,-25)$, 并改写为非齐次坐标可得所求渐近线方程为

$$\left(x-\frac{14}{25}\right)^2+3\left(x-\frac{14}{25}\right)\left(y+\frac{26}{25}\right)-4\left(y+\frac{26}{25}\right)^2=0.$$

解法三 由于 (4.41) 表示两条直线方程, 将其视为退化二阶曲线, 有

$$\begin{vmatrix} 1 & 3/2 & 1 \\ 3/2 & -4 & -5 \\ 1 & -5 & 0+\lambda, \end{vmatrix}=0,$$

解得 $\lambda=-\dfrac{144}{25}$, 代入 $S+\lambda x_3^2=0$ 并化简, 得渐近线方程为

$$25x_1^2+75x_1x_2-100x_2^2+50x_1x_3-250x_2x_3-144x_3^2=0.$$

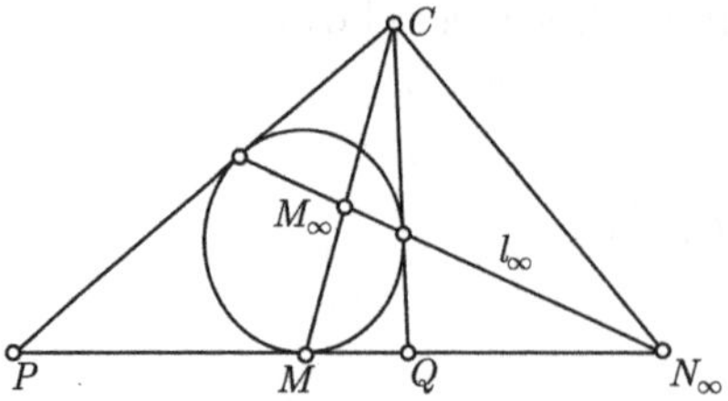

图 4.46

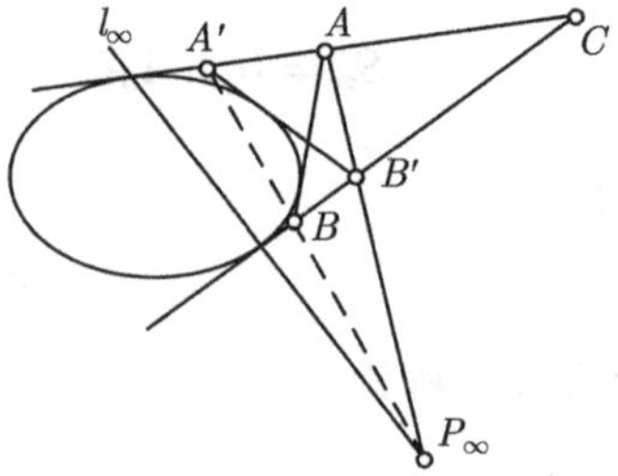

图 4.47

例 4.22 双曲线的任一条切线交两条渐近线于两点. 求证：切点是此二点所连线段的中点.

证明 如图 4.46, 设双曲线在 M 点处的切线交两条渐近线于 P,Q, C 是双曲线的中心. 设 $PQ \times l_\infty = N_\infty$, 连结 CM, CN_∞, 设 $CM \times l_\infty = M_\infty$. 因为 C 的极线为 l_∞, M 的极线为 PQ, 从而 CM 的极点为 $l_\infty \times PQ = N_\infty$. 同理, CN_∞ 的极点为 M_∞. 于是, CM, CN_∞ 为一对共轭直径, 从此得

$$C(PQ, MN_\infty) = (PQ, MN_\infty) = -1,$$

故 M 为 PQ 的中点.

例 4.23 求证: 双曲线上任一点处的切线与两渐近线所围成的三角形的面积为定值.

证明 如图 4.47, 设双曲线的两条切线依次交两渐近线于 A, B 和 A', B'. 于是, 两切线与两渐近线构成双曲线的一个外切四线形, 据定理 4.10 的对偶命题 (外切于非退化二次曲线的简单四线形的两双对顶的连线及两双对边上切点的连线必四线共点) 可知, $AB', A'B, l_\infty$ 共点. 即 $AB' // A'B$. 从而三角形 $A'B'A$ 与 $AB'B$ 等积, 于是, 三角形 ABC 与 $A'B'C$ 等积.

习 题 4.6

1. 试说明下列二阶曲线是何种类型的曲线, 并求出各曲线的中心坐标.

(1) $2x_1^2 + x_1x_2 + x_2^2 - 6x_1x_3 - 5x_2x_3 + x_3^2 = 0$;

(2) $x_1^2 - 2x_1x_2 + x_2^2 - 2x_1x_3 + x_2x_3 - x_3^2 = 0$.

2. 求二阶曲线 $\varGamma : x_1^2 + 2x_1x_2 + 2x_2^2 + 4x_1x_3 + 2x_2x_3 + x_3^2 = 0$ 的过点 $A(1,1,1)$ 的直径及其共轭直径.

3. 给定二阶曲线 $\varGamma : x_1^2 + 4x_1x_2 - 2x_2^2 + 10x_1x_3 + 4x_2x_3 = 0$.

(1) 证明 $\varGamma$ 是双曲线;

(2) 求中心坐标;

(3) 求斜率为 $\dfrac{3}{2}$ 的直径及其共轭直径;

(4) 求渐近线方程.

4. 求下列双曲线的渐近线方程.

(1) $x_1^2 + 2x_1x_2 - 3x_2^2 + 2x_1x_3 - 4x_2x_3 = 0$;

(2) $x_1x_2 + x_2^2 - x_1x_3 - 3x_2x_3 - 2x_3^2 = 0$;

(3) $x_1x_2 - a^2x_3^2 = 0$($a \neq 0$为常数).

5. 求二阶曲线 $\varGamma_1 : 3x_1^2 + 10x_1x_2 + 3x_2^2 - 22x_1x_3 - 26x_2x_3 + 3x_3^2 = 0$ 与 $\varGamma_2 : x_1^2 - 4x_1x_2 + x_2^2 + 6x_2x_3 + 15x_3^2 = 0$ 的公共共轭直径的方程.

6. 求证: 椭圆的两平行切线的切点连线是一条直径.

7. 如图 4.48, 自无穷远点 P_∞, Q_∞ 各作椭圆的切线, 构成椭圆的一个外切四边形 $ABCD$. 求证: 这个外切四边形的对角线 AC 与 BD 的交点 O 是椭圆的中心.

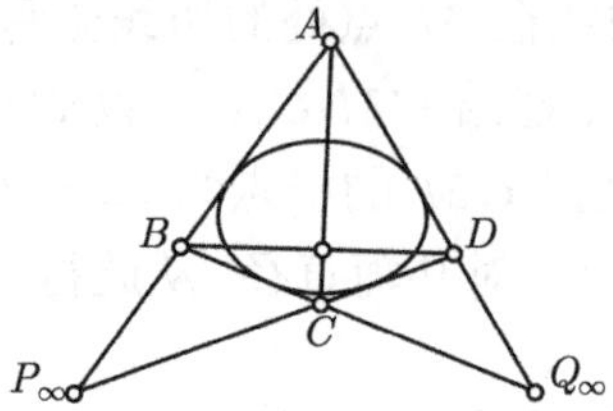

图 4.48

8. 求证: 过不在渐近线上的一定点所作二阶曲线诸弦中点的轨迹构成另一条二阶曲线.

9. 求证: 任一直线交双曲线与两渐近线成相等的线段 (参见图 4.49).

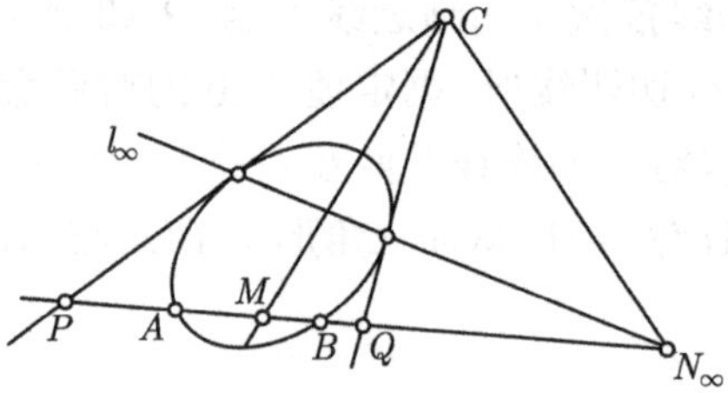

图 4.49

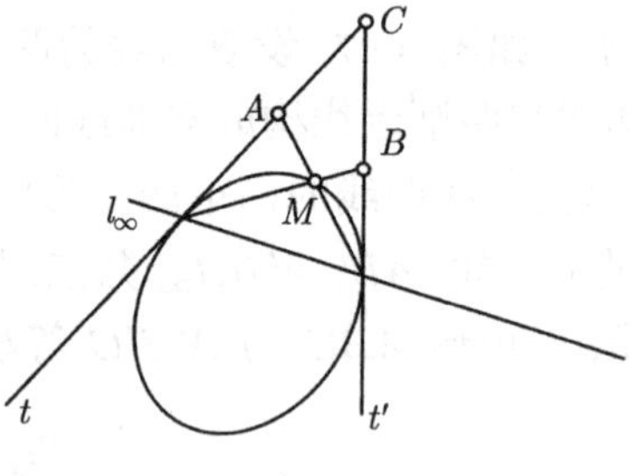

图 4.50

10. 从双曲线上任一点作平行于两渐近线的直线. 求证: 这两直线与渐近线所成平行四边形的面积为定值 (参见图 4.50).

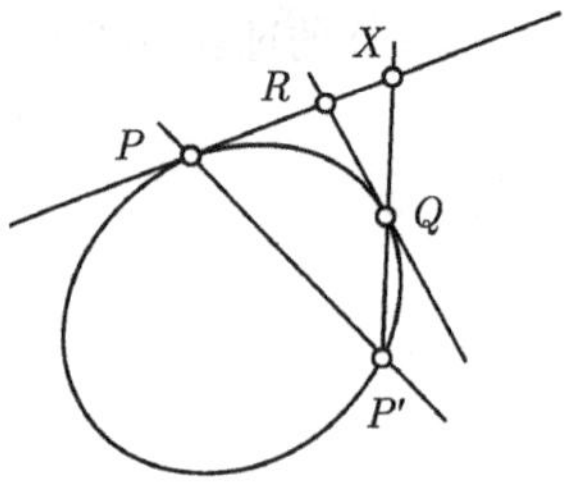

图 4.51

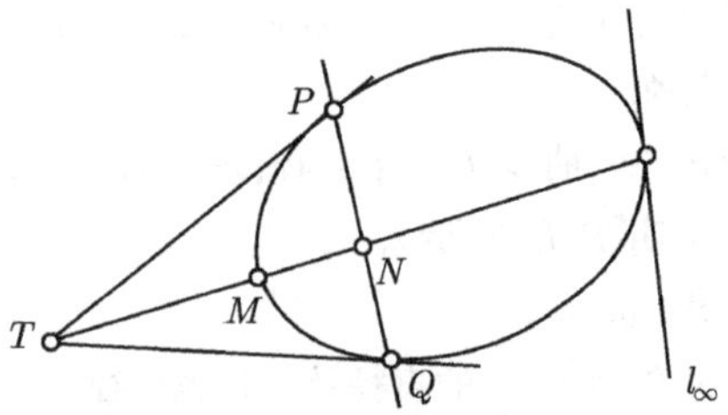

图 4.52

11. 如图 4.51, 设 PP' 是二阶曲线的直径, 且 P 不是无穷远点. 任何点 Q 处的切线与 P 处的切线交于 R, $P'Q \times PR = X$. 求证: $PR = RX$(请与 §4.4 习题 10 相比较).

12. 如图 4.52, 设 T 为抛物线的弦 PQ 的极点, 过 T 的直径交弦 PQ 于 N. 证明: 线段 TN 被抛物线平分.

§4.7 二次曲线的仿射分类

本节讨论二次曲线的仿射分类, 即在射影仿射变换下, 将二次曲线划分为等价类, 并对每一个等价类给出其射影仿射标准方程.

设在某射影仿射坐标系下给定二阶曲线

$$\Gamma:\ S\equiv\sum_{i,j=1}^{3}a_{ij}x_ix_j=0,\quad (a_{ij}=a_{ji}\ 秩(a_{ij})\geqslant 1), \tag{4.1}$$

我们来讨论其射影仿射分类, 并对每一个类导出其射影仿射标准方程.

一、非退化二阶曲线的射影仿射分类

此时, $|a_{ij}|\neq 0$, 秩 $(a_{ij})=3$, 依据 A_{33} 是否为零, 又分为下列两种情况.

1. $A_{33}\neq 0$.

Γ 为有心二阶曲线即椭圆或双曲线, 与无穷远直线不相切. 可选取中心为新坐标系的 A_3', 任取一对相异的共轭直径, 将其与 l_∞ 的交点取作 A_1', A_2'. 则新射影仿射坐标系的坐标三点形是 Γ 的一个自极三点形. 适当选取单位点, 仿照 §4.5, 可将 Γ 的方程化为

$$\pm x_1''^2\pm x_2''^2\pm x_3''^2=0. \tag{4.42}$$

由于其中 x_1, x_2 地位平等, 而 x_3 的地位特殊, 故 (4.42) 共可分为三个射影仿射等价类 (为方便计, 我们略去流动坐标的上标“$'$”和“$''$”等).

$$A_{33}>0\quad\begin{cases}x_1^2+x_2^2-x_3^2=0, & \text{实椭圆},\\ x_1^2+x_2^2+x_3^2=0, & \text{虚椭圆},\end{cases} \tag{4.43}$$

$$A_{33}<0\qquad x_1^2-x_2^2-x_3^2=0,\qquad \text{双曲线}. \tag{4.44}$$

2. $A_{33}=0$.

Γ 为无心二阶曲线即抛物线, 不存在以 l_∞ 为一边的自极三点形. 取中心 (无穷远切点) 为 A_1', 取一直径与 Γ 的有穷远交点为 A_3', 取 A_3' 处的切线与 l_∞ 的交点为 A_2', 适当选取单位点构成新的射影仿射坐标系. 设在此坐标系下, Γ 的方程化为

$$\sum_{i,j=1}^{3}a_{ij}'x_i'x_j'=0. \tag{4.45}$$

因为 $A_2'(0,1,0)$ 的极线为 $a_{21}'x_1'+a_{22}'x_2'+a_{23}'x_3'=0$, 此式应与 $x_2'=0$ 表示同一直线, 所以在 (4.45) 中必有 $a_{21}'=a_{23}'=0$, 而 $a_{22}'\neq 0$. 同理可得 $a_{11}'=a_{12}'=0$, $a_{13}'\neq 0$; $a_{32}'=a_{33}'=0$, $a_{31}'\neq 0$. 从而 (4.45) 即为

$$a_{22}'x_2'^2+2a_{13}'x_1'x_3'=0. \tag{4.46}$$

再作一次仅改变单位点的射影仿射坐标变换

$$\begin{cases} \rho x_1' = \dfrac{a_{22}'}{a_{13}'} x_1'', \\ \rho x_2' = x_2'', \\ \rho x_3' = x_3'', \end{cases}$$

得到 (我们同样略去流动坐标的上标“′”和“″”等)

$$x_2^2 + 2x_1x_3 = 0. \tag{4.47}$$

这就是抛物线的射影仿射标准方程, 请读者将此与习题 4.5 第 3 题的结论相对照.

综上, 非退化二阶曲线共分为四个射影仿射等价类. 这些等价类的非齐次形式即为对应的仿射分类和仿射标准方程.

二、退化二阶曲线的射影仿射分类

此时,$|a_{ij}| = 0$, $1 \leqslant$ 秩$(a_{ij}) \leqslant 2$.

1. 秩 $(a_{ij}) = 2$.

$\varGamma$ 退化且具有唯一奇异点.

(1) 奇异点为有穷远点. 在无穷远直线上取 A_1', A_2', 然后仿照 §4.5, 可将 $\varGamma$ 的方程化为

$$\pm x_1''^2 \pm x_2''^2 = 0. \tag{4.48}$$

注意到 x_1'', x_2'' 的地位平等, (4.48) 即 (略去“″”)

$$\begin{aligned} &x_1^2 - x_2^2 = 0, \qquad \text{两条相交实直线;} \\ &x_1^2 + x_2^2 = 0, \qquad \text{两条共轭虚直线.} \end{aligned} \tag{4.49}$$

(2) 奇异点为无穷远点, 且无穷远直线上没有曲线的其他点. 取奇异点为 A_2', 另在无穷远直线上取 A_1', 仿照 §4.5, 可将 $\varGamma$ 的方程化为 (略去“″”)

$$\begin{aligned} &x_1^2 - x_3^2 = 0, \qquad \text{一对平行实直线;} \\ &x_1^2 + x_3^2 = 0, \qquad \text{一对平行虚直线.} \end{aligned} \tag{4.50}$$

(3) 奇异点为无穷远点, 且无穷远直线上还有曲线的其他点. 此时无穷远直线必整个属于 $\varGamma$. 仍取奇异点为 A_2', 再于曲线上取一无穷远点为 A_1', 取曲线上一个有穷远点为 A_3', 适当选取单位点建立新的射影仿射坐标系, 在此坐标系下二阶曲线的方程必定化为

$$x_1'x_3' = 0, \qquad \text{一条通常直线和一条无穷远直线.} \tag{4.51}$$

2. 秩 $(a_{ij})=1$.

由 §4.5 讨论, 此时 Γ 退化为两条重合直线, 且这直线由奇异点构成.

(1) 奇异点所在直线为有穷远直线, 以此直线为 $x_1'=0$, Γ 的方程可化为

$$x_1'^2=0, \qquad \text{一对重合的通常直线.} \tag{4.52}$$

(2) 奇异点所在直线为无穷远直线, 则以此直线为 $x_3'=0$, Γ 的方程可化为

$$x_3'^2=0, \qquad \text{一对重合的无穷远直线.} \tag{4.53}$$

综上, 退化二阶曲线共分为七个射影仿射等价类. 请读者思考, 在仿射平面上, 退化二阶曲线有几个仿射等价类, 并分别写出其仿射标准方程.

例 4.24 求射影仿射坐标变换, 化下述二阶曲线 Γ 的方程为射影仿射标准方程.

$$x_1^2+2x_1x_2+2x_2^2-6x_1x_3-2x_2x_3+9x_3^2=0.$$

解 第一步, 因为

$$|a_{ij}|=\begin{vmatrix} 1 & 1 & -3 \\ 1 & 2 & -1 \\ -3 & -1 & 9 \end{vmatrix}=-4\neq 0,$$

所以, Γ 为非退化的二阶曲线. 又

$$A_{33}=\begin{vmatrix} 1 & 1 \\ 1 & 2 \end{vmatrix}=1>0,$$

故 Γ 为一个椭圆.

第二步, 选取新的坐标系.

求出 $A_{31}=5, A_{32}=-2$, 得中心坐标为 $(5,-2,1)$. 取中心 $R(5,-2,1)$ 为新坐标三点形的顶点 A_3'. 在 l_∞ 上取不在 Γ 上的一点 $P(1,0,0)$ 为 A_1'.

求出 P 的极线与 l_∞ 的交点 $Q(1,-1,0)$ 作为 A_2'. 则 $A_1'A_2'A_3'$ 必为 Γ 的一个自极三点形, 以它作为新的射影仿射坐标三点形, 并取 $D(7,-3,1)$ 作为新的单位点 E'.

第三步, 作射影仿射坐标变换并化简方程.

由新坐标三点形及其单位点的选取, 据 (3.1) 式, 我们可以直接写出射影仿射坐标变换的逆式

$$\rho\begin{pmatrix} x_1 \\ x_2 \\ x_3 \end{pmatrix}=\begin{pmatrix} 1 & 1 & 5 \\ 0 & -1 & -2 \\ 0 & 0 & 1 \end{pmatrix}\begin{pmatrix} x_1' \\ x_2' \\ x_3' \end{pmatrix}, \tag{*}$$

将 (*) 代入原方程, 展开化简得新方程为

$$x_1'^2 + x_2'^2 - 4x_3'^2 = 0.$$

再作一次仅改变单位点的射影仿射坐标变换

$$\mu \begin{pmatrix} x_1' \\ x_2' \\ x_3' \end{pmatrix} = \begin{pmatrix} 1 & 0 & 0 \\ 0 & 1 & 0 \\ 0 & 0 & 1/2 \end{pmatrix} \begin{pmatrix} x_1'' \\ x_2'' \\ x_3'' \end{pmatrix},$$

可得 Γ 的射影仿射标准方程为

$$x_1''^2 + x_2''^2 - x_3''^2 = 0.$$

这是一个实椭圆.

习　题　4.7

1. 求射影仿射坐标变换, 将下列各二阶曲线的方程化为射影仿射标准方程.

(1)　$x_1^2 + 4x_1x_2 - 2x_2^2 + 10x_1x_3 + 4x_2x_3 = 0$;

(2)　$x_1^2 - 2x_1x_2 + 2x_2^2 - 4x_2x_3 + 3x_3^2 = 0$;

(3)　$4x_1^2 + 4x_1x_2 + x_2^2 + 4x_1x_3 + 2x_2x_3 - 18x_3^2 = 0$;

(4)　$2x_1^2 - 2x_1x_2 - x_2^2 + 2x_1x_3 + 5x_2x_3 - 8x_3^2 = 0$;

(5)　$x_1^2 - 2x_1x_2 + x_2^2 - 2x_1x_3 + 2x_2x_3 + x_3^2 = 0$.

2. 求证: 在仿射坐标系下,

$$(\alpha x + \beta y + \gamma)^2 + 2(px + qy + r) = 0 \quad \left(\begin{vmatrix} \alpha & \beta \\ p & q \end{vmatrix} \neq 0 \right)$$

表示一条抛物线. 试说明 $\alpha x + \beta y + \gamma = 0$ 与 $px + qy + r = 0$ 的几何意义.

3. 在平面上某取定的射影仿射坐标系下, 已知两条二阶曲线

$$\Gamma_1: \ 5x_1^2 + 6x_1x_2 + 5x_2^2 - 26x_1x_3 - 22x_2x_3 - 5x_3^2 = 0,$$

$$\Gamma_2: \ 5x_1^2 - 6x_1x_2 + 5x_2^2 - 14x_1x_3 + 2x_2x_3 - 19x_3^2 = 0.$$

(1)　证明: Γ_1, Γ_2 均为非退化有心二阶曲线, 并分别求出其中心坐标;

(2)　证明: 存在一个公共的射影仿射坐标系, 使得在这个坐标系下两曲线的方程均可表为只有平方项而没有交叉项的形式;

(3)　求出 (2) 中公共的射影仿射坐标系的坐标三点形各顶点在原有坐标系下的坐标, 并适当选取单位点, 写出射影仿射坐标变换的逆式.

第五章　几何学寻踪

几何学伴随着人类文明而产生, 对于人类文明进步作出了不可磨灭的贡献. 同时, 它也从人类文明的发展进程中吸取营养, 得到不断地发展进步. 几何学的发展史与人类文明史密不可分, 其绚丽的画卷在人类历史长河中无处不见. 我们无法用简短的文字反映几何学的灿烂历史, 只能展示几何之海中若干明亮的闪光点, 但愿能够引起广大读者科海寻贝的兴趣.

§5.1　Euclid 几何学

几何学这个词, 来源于希腊文 geometrein, 其本来的文字含义是土地测量. 中文将“几何”一词用于几何学是从徐光启、Matteo Ricci(利玛窦, 1552~1610) 翻译 Euclid(欧几里得) 的几何《原本》开始的.

远古时代, 几何学甚至于数学都几乎没有作为学科而存在. 在生产实践中, 人们从一、二到许多, 逐渐地认识数, 认识一些图形, 这些杂乱的知识基本上来自于实践或实验, 应简单交易、土地面积计算、在陶瓷等器皿上绘制简单几何图案等实际需要的刺激而发展. 经过实践总结出来的一些计算法则和公式也往往未必准确或正确, 总体上还算过得去, 满足于大概差不多. 比如以圆的周长平方的十二分之一即相当于 3 作为圆周率, 我国古代以直径为边的正方形面积的九分之八作为圆的面积, 相当于取 3.16 作为圆周率. 但是一些比较正规形状的面积、体积计算, 也有正确的. 值得一提的是我国的勾股定理 (西方叫 Pythagoras 定理), 割补法等. 在这一时期, 尼罗河下游三角洲的古埃及, 美索不达米亚平原上的古巴比伦, 印度河与恒河沿岸的印度, 黄河流域的中国这四大文明古国, 都在生产实践中积累了大量而不成体系的数学知识.

数学史上的一颗灿烂明珠是古希腊文明时期, 这一时期数学、特别是几何学发达到了惊人的程度, 将数学由实用推向了理论, 创造了数学史上的一大丰功伟绩. 古希腊文明大致分布于现在的地中海周围, 这个时期大致时间为公元前 6 世纪到公元 641 年. 古希腊文明时期的数学先后相继地在地中海沿岸的几个地方发展起来, 每个地方都由一群学者在一两个伟大的学者领导下开展活动, 形成了一些著名的学派, 这些学派对于 Euclid 几何学的形成有着重大的影响.

公元前 640 年到公元前 546 年左右, Thales 在 Ionia 的 Miletus 创立了 Ionia 学派, 他利用相似三角形原理由金字塔的影子长度算出金字塔的高度, 他发现了一些有关三角形的重要定理, 提出了数学命题的演绎证明思想.

Pythagoras 曾就学于 Thales, 之后到处游历, 以他为代表, 公元前 585 年左右至公元前 400 年左右在现今土耳其西岸小岛 Samos 形成了 Pythagoras 学派, 他们以"万物皆为数"为最高信条, 对几何以及天文、音乐、算术等进行研究, 把研究数学作为净化灵魂的手段. 他们证明了勾股定理, 研究数论问题, 发现了 $\sqrt{2}$, 证明 $\sqrt{2}$ 与 1 不可公度, 引起了数学史上的"第一次危机".

不可公度比问题刺激着古希腊数学家急切地思考离散与连续的关系, 这方面值得提到大约公元前 400 余年到 300 余年以 Zeno 为首的 Elea 学派, 他们提出了一些悖论, 其中包括 4 个著名的数学 (运动) 悖论, 对数学、哲学思想的发展都有深远影响.

公元前 479 年, 随着波斯人在 Mycale 战败, 雅典成为地中海地区最大的商业、文化中心, 包括各个学派的学者被吸引到了雅典, 崇尚学术自由辩论加之大量学者的聚集, 在这个时期形成了雅典的巧辩学派 (sophist), 其研究范围远不止数学. 在数学上, 巧辩学派研究的中心内容之一是用数学来了解宇宙的运转, 产生的许多数学结果都与"古典数学的三大作图难题"有关. 规定仅用无刻度直尺和圆规, 三等分任意一个角 (三等分角问题); 作一个正方形使其与已知圆等积 (化圆为方问题); 作一个立方体使之具有已知立方体的 2 倍体积 (倍立方问题)①. 对这些问题的研究, 产生了很多重要的数学思想和结论.

在那个时期, 知名度最高的要数 Plato(柏拉图) 学派. Plato(公元前 427~347 年) 是那个时代最有学问的人, 他本身不是数学家, 但是热心于数学, 并深信数学对于哲学和了解宇宙的重要作用. 雅典的 Plato 学院门口高悬警示牌:"不懂几何学的学生, 禁止入内", 不仅奠定了西方世界尊重数学的基础, 也许还是造成东、西方人思维差异的根源. 公元前 300 年左右, Plato 学派的重要活动中心移到亚历山大 (Alexandria), 这里的学院派活动维持了 900 年之久. Plato 学派非常重视几何学与算术, 发展了证明理论中的分析证明方法, 与以往常用的综合证明方法相互补充; 研究了数学方法论, 用几何学方法总结古巴比伦的代数学; 研究了正多面体理论及比例理论; 发展了用演绎逻辑方法系统整理零散的数学知识的思想. 所有这些, 都为 Euclid《原本》的出现奠定了根基.

Euclid(约公元前 330~275 年), 在 Plato 学院获得教育, 并在亚历山大城当教师授徒. Euclid 的伟大功绩在于, 他将此前浩如烟海的几何学成果进行精心整理、归纳、升华, 写成伟大著作《原本》(Elements, 也常被称为《几何原本》), 创立了欧氏几何学. 要使得如此浩瀚的知识系统化, 按 Plato 学派的精神, 必须以一定的科学原理和哲学认识论为依据, 遵从任何科学命题都可以由一定的前提通过逻辑推理而得到的原则. Euclid 的《原本》成功地树立了数学演绎体系的最初典范, 可以说是现今纯粹数学的原型. 所谓纯粹, 就是不依靠经验而且不包括实际应用. 纯粹数学

①这三个问题包括 5 次以上多项式的公式解等问题, 随着 Galois(1811~1832) 的研究成果的公布, 利用后来发展起来的 Galois 理论, 都已经被证明为不可能求解的问题.

的任一命题都必须经过严格的演绎证明, 而证明方法就是所谓的"公理法". 《原本》不仅对几何学, 而且对数学科学和其他科学都产生了深远的影响. 自《原本》问世以来, 经历 2000 余年而不衰, 现今任何一个中学生仍然都要学习其一部分内容.

Euclid 的《原本》共分为十三卷, 其内容不仅包括平面几何、立体几何, 也包括数论等. 它不仅是对几何学作逻辑讲解的一本教科书, 也是涵盖欧氏之前时代的一部数学史.

Euclid 的《原本》是一部公理法几何学. 他首先构造了一个由一些定义、公设和公理 (他把有关几何的公理称为公设) 构成的系统, 然后由这个系统出发, 演绎推导出其他各种结论, 几乎包括了当时的全部几何成就.

遗憾的是, Euclid《原本》的纸草书手稿已经失传, 现今所说的《原本》都是根据流传下来的各种抄本整理的, 公元 4 世纪亚历山大城 Theon 的修订本是后来传世的主要底本, 目前最流行的英文译本是 Thomas L. Heath(1861~1940) 的《The Thirteen Books of Euclid's Elements》(Cambridge, 1908). 对现代中学课本影响最大的是法国数学家 Joseph Louis Lagrange (1736~1813) 对《原本》的改编本.

我们依 Heath 的顺序, 枚举 Euclid《原本》第一卷的定义、公设与公理.

定义

1. 点是没有部分的那种东西.

2. 线是没有宽度的长度.

3. 一线的两端是点.

4. 直线是与其中各点看齐的线.

5. 面是只有长度和宽度的那种东西.

6. 面的边缘是线.

7. 平面是与其上直线看齐的那种面.

8. 平面角是在一平面内但是不在一直线上的两条相交线的相互倾斜度.

9. 当包含角的线是直线时, 这个角叫做平角.

10. 当一条直线竖立在另一条直线上使得相邻的角彼此相等时, 这每一个相等的角是直角, 竖立在另一条之上的直线叫做垂直于它所竖立的直线.

11. 钝角是大于直角的角.

12. 锐角是小于直角的角.

13. 边界是物体的尽头.

14. 图形是被一个或多个边界包围的.

15. 圆是包含在一线里的那种平面图形, 使得从其内某一点连到该线的直线彼此都相等.

16. 上述那个点叫做圆的中心, 简称圆心.

17. 圆的一条直径是通过圆心而且两端终于圆周的任一直线, 而且这样的直线也把圆平分.

18. 半圆是由直径和它所截得的圆周所围成的图形. 半圆的中心与圆心相同.

19. 直线形是由直线所围成的. 三边形由三条直线所围成, 四边形是由四条直线围成, 多边形由多于四条直线围成.

20. 在三边形中, 三条边都相等叫等边三角形, 只有两条边相等叫等腰三角形, 三条边都不等的叫不等边三角形.

21. 在三边形中, 有一个角是直角叫直角三角形, 有一个角是钝角叫钝角三角形, 三个角都是锐角的叫做锐角三角形.

22. 在四边形中, 各边相等且各角都是直角的叫做正方形, 各角都是直角而边不全等的叫长方形, 各边都相等但角不都是直角的叫做菱形, 对边相等而且对角相等但是边不全等的叫做长菱形, 除此之外的四边形叫做不规则四边形.

23. 平行直线是在同一平面内向两个方向无限延长后在两个方向上都不会相交的直线.

公设

1. 从任意一点到任意一点可以作直线.

2. 一条有限直线可以不断地延长.

3. 以任意一点为中心和任意直径可以画圆.

4. 所有的直角彼此都相等.

5. 若一条直线落在两直线上所构成的同旁内角的和小于两直角, 把两直线无限延长它们将在同旁内角小于两直角的一侧相交.

公理

1. 与同一个量相等的量彼此相等.

2. 等量加等量, 其和相等.

3. 等量减等量, 其差相等.

4. 彼此重合的图形是全等的.

5. 整体大于部分.

在公元前, 能够总结、创造出如此严密的系统, 并由此演绎出整部几何学, 确实是十分伟大的. 但是我们现在都可以看出, Euclid 的上述系统显然存在着缺陷. 事实上, 在《原本》问世后的漫漫历史进程中, 有许多数学家都注意到了这个系统在逻辑、叙述等方面的缺陷, 对其中的一些定义进行修改, 企图消除这些缺陷. 特别是企图删除或更改第五公设的努力, 导致了非欧几何的产生, 关于此, 我们将另行叙述.

除了《原本》, Euclid 还有其他一些著作, 比如关于数学的《数据》、《图形的剖分》、《圆锥曲线》、《辩伪术》、《衍论》、《曲面轨迹论》, 关于物理学的《光学》、《镜面反射》和关于天文学的《现象》等, 其中大部分都已失传.

比 Euclid 稍晚一些而几乎属于同一时代的几何学家还有 Apllonius(约公元前 262 ~ 190 年), 他对几何学和天文学都有巨大贡献, 著有《圆锥曲线论》. 该书共有 8 卷, Euclid 失传的《圆锥曲线》的主要内容被收录于其前三卷中. 《圆锥曲线论》保存下来的前四卷为希腊文本, 五到七卷为阿拉伯文本, 第八卷已失传. 事实上, 对圆锥曲线的研究是推动几何学发展的主要动力之一.

§5.2 从 Pappus 到射影几何学

与古希腊文明同时存在于世的是古罗马文明, 然而不幸的是, 数学并不受到信奉基督教的罗马统治者的欢迎, 数学家被归入“占星术士”一类, 而占星术却是被罗马君王所严禁的. 在公元前 750 年至公元 476 年这一千多年时间内, 罗马与希腊之间有过多次征战. 公元前 48 年, 罗马人攻到亚历山大城并烧毁谬司图书馆. 公元 398 年, 罗马人再次攻入亚历山大, 再次烧毁重建后的谬司图书馆, 狂热的基督徒还以残忍的手段杀害了著名女数学家 Hypatia. 公元 529 年, 东罗马帝国以传授“异端邪说”为由, 关闭了 Plato 学院和其他希腊学校, 还在其法典中记载着“关于恶棍、数学家”的条款, 规定“绝对禁止应受到取缔的数学艺术”, 数学的亚历山大鼎盛时期宣告结束. 公元 640 年, 阿拉伯人攻占亚历山大, 残留的数学典籍又遭到灭顶之灾, 他们认为这些典籍所包括的内容要么已经被古兰经所包括, 要么是违反古兰经的, 所以都不应该保留, 因此在长达 6 个月的时间内, 亚历山大的浴室都用这些典籍来烧水, 焚毁了全部典籍. 有许多数学家逃离那里, 迁居波斯或君士坦丁堡, 使得数学文明得以留存. 另外, 在这一时期, 公元 476 年日耳曼灭了西罗马, 这些变革敲响了西方奴隶社会的丧钟, 宣告了封建黑暗的中世纪数学时代的开始.

Pappus(约公元 3 世纪) 的数学活动大约在公元 300 年至公元 350 年之间, 他是亚历山大后期最伟大的数学家. Pappus 的《数学汇编》是一部总结前人结果的著作, 该书共有八卷, 其中有部分已经失传. 该部著作提供了古希腊时期许多珍贵的数学资料, 给出了 Euclid、Apllonius 和 Archimedes (阿基米德) 的许多命题的新证法及辅助定理, 提出了许多新的发现和推广, 对古典数学著作进行了综述与评介, 被称为古希腊数学的大全. Pappus 把几何问题分为平面问题、立体问题和线性问题三类. Pappus 在这部著作中提出了其后属于射影几何学的例如交比、对合比等概念, 其第七卷的命题 139(本教材例 2.9, Pappus 定理), 成为射影几何学中的一个重要定理. 可以说, 射影几何从 Pappus 的工作开始萌芽.

从 Pappus 时代到公元 1100 年, 数学的发展基本上处于停滞状态. 其后十字军东征 (约公元 1100~1300 年) 使得欧洲获得了希腊的数学著作, 文艺复兴 (约公元 1200 至 1600 年) 带来了科学的再生. 十五、六世纪, 作画、作图的需要而逐渐产生了透视法, 由此人们发现, 图形与其影像有着明显的不同但是又有着一些共同的几何性质. Girard Desargues(1591~1661) 首先对这些问题进行研究, 引入了无穷远点、无穷远直线的概念; 给出了 Desargues 透视定理及其逆定理; 证明了交比在透视之下保持不变; 对由 Pappus 引入的对合予以定名并进行研究, 给出了 Desargues 对合定理; 利用对合引入调和点组概念, 并证明调和点组在透视之下仍然变为调和点组; 对于圆锥曲线引入了极点、极线概念并进行了研究, 从而创立了射影几何.

有趣的是, Desargues 是自学成才的, 他首先当陆军军官, 然后又当建筑师, 他的主要著作《试论锥面截一平面所得结果的初稿》(1639), 由于术语怪异, 令人难以接受, 许多人称他是个怪人. Descartes(笛卡儿) 先是怀疑他的工作, 在得知其细节后又对 Desargues 倍加推崇, Fermat(费马) 称赞他的书思想丰富但一般人却不会欣赏, 于是 Desargues 灰心丧气退休回家. Desargues 的朋友 Abraham Bosse(1602~1676) 在《运用 Desargues 透视法的一般讲解》中对 Desargues 的创造进行了通俗的介绍.

Desargues 的另一位朋友 Blaise Pascal(1623~1662) 是对射影几何做出贡献的第二个主要人物. Pascal 在微积分、概率论、物理等方面都有重要贡献, 他甚至还是一位散文大师. 他在 Desargues 的影响下也对透视法进行了研究, 并写了关于圆锥截线方面的著作, 关于二次曲线的著名的 Pascal 定理就是他的.

尽管 Desargues 和 Pascal 的工作意味着一个新的几何学的诞生, 但是由于他们的工作都比较零散而无体系, 且仍然建立于 Euclid 几何的基础之上, 所以当时所有这些结果都被归入了 Euclid 几何的范畴. 人们并没有认识到射影几何是研究射影不变性的科学, 也没有认识到在添加无穷远元素之后, 这个平面根本就不再是 Euclid 平面. 此外, 由于解析几何的蓬勃发展, 代数与分析的方法统治着几何学研究, Desargues 和 Pascal 的工作很快就被人们忘却, 射影几何的发展又进入了低潮.

到 19 世纪, Gaspard Monge(1746~1818) 和 Lazare N. M. Carnot(1753~1823) 等开始复兴综合几何. 在他们的影响下, Jean Vicotor Poncelet(1788~1867) 投身于射影几何的复兴之中. Poncelet 毕业于巴黎工科大学, 1812 年在拿破仑远征军里当工兵营中尉, 兵败后成为俄罗斯战俘, 1813 年被关进俄罗斯监狱. 在监狱的艰苦条件下, Poncelet 开始回忆大学数学知识, 并用从火盆里偷偷留下的一些木炭条, 在墙上画图研究射影几何, 后来终于设法弄到一些纸, 将这些研究成果记录下来. 1814 年 6 月, 他带着 7 大本“狱中笔记”被释放回法国. 回国后, 他又到工程兵部队担任上尉, 利用业余时间, 整理他的研究成果, 写成著作《论图形的射影性质》, 1822 年在巴黎出版. 之后 Poncelet 又对该书进行修改、扩充, 定名为《分析学与几何学的应用》于 1862 至 1864 年分为两卷出版. 这些著作将 17 世纪关于射影几何的不成体系的结果发展为一般理论, 奠定了射影几何学的基础, 使得射影几何成为数学的一个新的分支, 因此可以说 Poncelet 是近世综合射影几何的奠基人. Poncelet 是综合几何的热心支持者, 尽管承认分析学的威力, 但是他相信能够赋予综合几何学以同样的威力.

Poncelet 提出, 射影几何就是研究图形在射影变换下的不变性的几何学, 他确立了射影几何中一个基本不变量为交比. Poncelet 在射影几何方面的建树主要是提出了三个方面的观念. 第一, 他将连续有限次透视对应构成的链作为射影对应, 确立其作为研究射影性质的基本途径. 第二, 他提出了"连续性原理", 他在《论图形的射影性质》中指出:"如果一个图形是从另一个图形经过连续变化得到, 并且后者与前者也一样地一般, 那么马上可以断定, 第一个图形所具有的任何性质第二个图形也有." 但是如何判定两个图形都是一般的呢? 他没有解释. 他用这种原理证明了许多结论, 并引申这个原理到各种虚的图形. 尽管这种连续性原理被人们承认在直观上是明显的, 尽管 Poncelet 本人在"狱中笔记"里作过分析方法的检验, 但是并没有得到严格的证明, 巴黎科学院的一些院士包括 Augustin Louis Cauchy(1789~1857) 对这个原理持批评态度, 但是连续性原理在实用中确实是有效的. 第三, 他给出了关于圆锥曲线的极点与极线的一般表达, 并用作为建立许多定理的方法. Poncelet 研究关于圆锥曲线配极的一个目的就是为了建立对偶原则, 因为在他之前人们就已经注意到对偶现象, 他试图利用配极来确立对偶原则. 后来经过与 Joseph Diez Gergonne(1771~1859), Möbius, Chasles, Plücker 等进行讨论, 弄清了配极与一般对偶之间的关系, 但是还没有能够给出对偶原则的逻辑证明.

Jacob Steiner(1796~1863) 接受了 Poncelet 的影响, 偏爱综合方法而嫌恶分析学, 他推进了综合射影几何的发展. 他是瑞士农民的儿子, 19 岁之前一直在农场干活, 靠自学而成了柏林的教授. 主要著作有《几何形的相互依赖性的系统发展》, 他运用射影的概念从简单的结构 (如点、线、点列、线束等) 创建出更为复杂的结构, 他的结果不是特别新的, 但是他的方法是新的. 他一开始就用对偶原则, 利用点列、线束将圆锥曲线的定义对偶化, 引入了线曲线概念, 使得射影几何作为一门学科向着系统化方向有了新的迈进. Michel Chasles(1793 ~1880) 也是那一时期对射影几何的发展做出贡献的人, 著有《论高等几何》、《论圆锥曲线》等.

从 Desargues 到 Chasles, 射影几何里都使用了长度概念, 但是该概念却不属于射影几何, 因此射影几何学与 Euclid 几何学的逻辑关系并不清楚. Erlangen 大学的 von Staudt(1798~1867) 对改变这种现象做出了努力. 他在著作《位置的几何学》中提出了一种方案叫"投的代数", 在射影的基础上引入了一种类似于长度的概念, 得到了类似于现在的非齐次射影坐标的东西, 但是在连续公理还远远没有出现的当时, 这种方案只能是不严密的. von Staudt 在引入这个概念之后, 对交比进行了解析的表示, 即为现在所使用的格式. von Staudt 的主要贡献是指明了射影几何其实比 Euclid 几何还要基本, 显示了射影几何是与欧氏距离无关的学科.

用代数法研究射影几何主要归功于 Augustus Ferdinand Möbius(1790~1868) 和 Julius Plücker(1801~1868). 他们引进了齐次坐标概念, 实现了射影几何内容的代数表达. 特别地, Plücker 对于用代数来处理对偶性的努力使他得到了齐次线坐标概念, 利用这些, 他给出了对偶原则的代数表述和证明. 代数方法的引入, 更推动了射影几何的发展.

Plücker 等还对高次平面曲线和高次曲面进行了研究.

使得射影几何达到登峰造极的是 Felix Klein(1849~1925). 从 Poncelet 开始, 人们就已经感到射影几何应该是比欧氏几何更为基本的几何学, 但是其逻辑关系并不明确. 有许多数学家其中包括 Edmond Laguerre(1834~1886) 和 Arthur Cayley(1821 ~1895), 他们试图利用射影概念来建立 Euclid 几何度量. 同时, 在这一时期内, 形形色色的非 Euclid 几何不断诞生, 所有这些几何学之间, 究竟应该具有怎样的逻辑联系, 这是受到大家关注的问题. Klein 通过选择绝对形, 利用射影几何导出了 Euclid 几何以及双曲、椭圆等非 Euclid 几何的度量, 从而说明了射影几何在逻辑上独立于 Euclid 几何, 而且 Euclid 几何与非 Euclid 几何都可以看作射影几何的特例或子几何. 1872 年 Klein 被接纳进入 Erlangen 大学教授会, 发表了题为《近世几何学研究的比较评述》的讲演, 提出了著名的变换群观点, 不再仅基于非度量和度量的性质以及各种度量间的区别, 而是以变换群为特征来刻画几何学. 他在讲演中列举了当时存在的各种几何学的变换群, 给出了对应各变换群的几何学及其不变量, 对这些几何学进行了分类和比较, 这个讲演后来被称为 Erlangen 纲领. Klein 的纲领不仅把 Euclid 几何与非 Euclid 几何, 而且也把代数几何、拓扑学等都归入了射影几何门下, 这个纲领对几何学产生了长达半个世纪的影响, 所以 19 世纪曾有句名言称:"一切几何学都是射影几何学". 在 Klein 之后, 尽管几何学的发展使得他的分类有增加和细分的可能, 但是随着科学的进步, Erlangen 纲领最终还是无法做到包罗一切, 至少现代许多新的几何学都不能被置于 Klein 的方案之中.

§5.3 Descartes 与解析几何学

René Descartes(1596~1650) 是西方近代哲学家, 近代生理学的奠基人, 是一流的物理学家, 只偶然地是个数学家, 但是他的名字在数学书籍中出现的次数一点也不比一般的数学家少. Descartes 出身于一个富有的律师家庭, 大学毕业后做过律师, 当过兵, 并受聘当过瑞典女王的教师. 与 Descartes 分享解析几何创始人资格的还应该有 Pierre de Fermat (1601~1665), 有趣的是 Fermat 的职业也不是数学而是律师, 但却享有业余数学家之王的美誉. 他在数学中最著名的贡献是作为代数数论、代数几何等分支创建和发展动力的 Fermat 大定理①. 此外, 由于各种媒体的介入, 一个 Fermat 大定理牵动了万人之心, 所以现今知道 Fermat 的人恐怕不会比知道 Descartes 的少, 但却可能并不知道 Fermat 对解析几何的贡献.

Descartes 和 Fermat 对解析几何的贡献都是从探寻曲线研究的一般方法开始的.

Descartes 通过哲学、自然科学和应用三个途径来研究数学. 他追求两大目标, 一是研究并总结随着力学进步而发展起来的数学方法; 二是运用这种统一的方法论去构造一个能说明整个哲学、数学、物理学、天文学以及生理学等各个领域问题的宏大平台, 后一个目标他并没有能够实现, 但是他对哲学、数学和科学都做出了不可磨灭的贡献.

由于 Descartes 对方法的兴趣和具有专门的代数知识, 加之要实现应用的目标, 于是他将方法应用于几何, 也就是把代数应用于几何. 他不满意 Euclid 几何学, 认为它过于抽象, 过多地依赖图形, 每一个证明总是需要某种新的、往往是奇妙的技巧, 说"它只能使人在想像力大大疲乏的情况下, 去练习理解力". 他也不满意代数学, 批评它"成为一种充满混杂与晦暗、故意用来阻碍思想的艺术, 而不像一门改进思想的科学". 他表示:"我想应当去寻求另外一种包括这两门科学的优点而没有它们的缺点的方法", 于是他积极思考、研究, 据称是由 1619 年 11 月 10 日夜在军营里的三个梦境而获得魔钥, 他"开始懂得这惊人发现的基本原理", 得到了创建解析几何的线索.

Descartes 关于解析几何的研究成果总结于他的著作《几何学》中. 该书共有三卷, 第一卷是关于"仅用圆和直线的作图问题"; 第二卷是"论曲线的性质"; 第三卷是"关于立体与'超立体'的作图". 第一卷实际上是利用代数的方法来求解几何问题, 不再拘泥于 a, b 等表示线段、a^2 表示正方形的面积、ab 表示长方形的面积等传统观念, 放手让表示线段的字母参加代数的四则运算和开方, 由解方程可以求出未知的线段, 即把未知线段用已知线段表出, 然后再回到几何学中把未知线段作出. 之后, 从求解 Pappus 的一个问题入手, 得到了关于 x 与 y 的二次方程, 于是就有了坐标系和曲线的方程概念, 可惜他的坐标系基本上局限于第一象限. 进而, 他又在同一个坐标系考虑两条不同的曲线, 并联立两个方程求出这两条曲线的交点. 《几何学》的第二卷是研究曲线. 希腊人把曲线分为平面曲线、立体曲线和线性曲线, 平面曲线就是可以用圆规和直尺作出的曲线, 立体曲线是圆锥曲线, 而

①Fermat 大定理即不存在正整数 x, y, z 以及 $n > 2$ 使得 $x^n + y^n = z^n$. 该定理于 1994 年由 Andrew Wiles 和 R. L. Taylor 给出了证明, 见 A. Wiles, *Modular elliptic curves and Fermat's Last Theorem*, Ann. Math. 141(3)(1995), 443~551; R. L. Taylor and A. Wiles, *Ring-theoretic properties*, Ann. Math. 141(3)(1995), 553~572.

其他都是线性曲线. Descartes 改造了这种观点, 他将曲线分为几何曲线和机械曲线两种, 几何曲线就是可以唯一地用含 x 与 y 的有限次代数方程来表示的曲线, 其余都是机械曲线① . Descartes 进一步考虑了几何曲线的分类, 他按曲线方程的次数分类, 一次的和二次的为第一类, 并指出圆锥曲线是二次的; 三次方程的和四次方程的为第二类; 五次、六次为第三类;$\cdots$; 每一类中, 他认为高次的那个可以化为低次的, 正如四次方程的解可以通过三次方程的解来求出, 这当然是不对的. 第三卷再次回到解决几何作图问题, 即解决用代数语言叙述时, 要用到三次和高次方程, 并且需要用到圆锥曲线和高次曲线那些几何作图问题. 但是实际上, 尽管他所求解的未知量满足三次或高次方程, 而作图法却仍然与希腊时期并无二致. Descartes 还指出, 多项式 $f(x)$ 的零点个数至少与它的次数相同, 而且仅当 a 是 $f(x)$ 的零点时, $f(x)$ 才可以被 $(x-a)$ 整除. 他提出的"待定系数法"至今还是一种重要方法.

Descartes 的伟大贡献在于他创建了曲线与方程相结合的方法并引入了变数概念. 正如恩格斯在《自然辩证法》中指出:"数学中的转折点是笛卡儿的变数. 有了变数, 运动进入了数学, 有了变数, 辩证法进入了数学, 有了变数, 微分和积分也就立刻成为必要的了."《几何学》一书写得简略而且难以读懂, Descartes 认为, 他的工作好比是建筑师, 他负责制定计划而把手工操作部分留给那些木工和瓦工. 他说:"对于那些自命为无所不知的人, 如果我写得能让他们充分理解, 他们将不失机会地说我所写的都是他们已经知道的东西."他之所以删去绝大多数定理的证明, 是认为如果有人不嫌麻烦而去系统地考查书中的例题, 一旦弄清楚这些例题, 一般定理的证明就是显然的了, 而且这样学习是更为有益的. 事实上, 后代人对 Descartes 在《几何学》中所反映的思想要比对该书本身重视得多.

《几何学》出版后受到了 Fermat 的批评, 他说书中删去了极大值和极小值, 曲线的切线以及立体轨迹的作图法, 而这些是值得所有几何学家注意的. 确实从现代观点来看, Fermat 强调轨迹方程是更为恰当的. Fermat 著的《轨迹引论》直到他去世后才于 1679 年出版.

Descartes 与 Fermat 之后, 坐标几何没有很快被人接受, 发展缓慢. 一方面, Descartes 坚持要把他的书写得让人读不懂; 另一方面, 数学家们不能接受或者反对将几何与代数混为一谈; 再者, 当时的代数还被人认为缺乏严密性, 也许这些因素合在一起制约了坐标几何的发展. 当然也还有一些数学家在逐渐地采用和完善坐标几何思想, 包括 van Schooten(1615~1660), John Wallis (1616~1703), Isaac Newton(1642~1727), James Bernoulli(1655~1705), La Hire (1640~1718) 等, 都在这一时期对坐标几何的完善与发展做出过贡献, Newton 和 James Bernoulli 对特

①Gottfried Wilhelm Leibniz(1646 ~1716) 将代数的、机械的曲线分别称为代数曲线和超越曲线.

殊的曲线引入了极坐标系, 1729 年 Jacob Hermann(1678~1733) 正式宣布极坐标系方法是普遍可行的, 可以用来自由地研究曲线, 并给出了由直角坐标到极坐标的变换式.

到 18 世纪, 平面解析几何得到了广泛的探讨并趋于完善. 随着物理学的发展, 对空间解析几何的需要越发迫切. 三维坐标几何在 Fermat, Descartes 和 La Hire 的著作中已经初见端倪, 18 世纪数学家首先对三维坐标系进行改善. 经过 Antoine Parent(1666~1716), John Bernoulli (1667~1748), Alexis-Claude Clairaut(1713~1765) 和 Jacob Hermann, Leonhard Euler (1707~1787) 等的贡献, 空间解析几何得到了充分的发展, 不仅研究了各种空间曲面和曲线, 也研究了高次平面曲线.

§5.4 第五公设之争与非欧几何学

自从公元前 3 世纪 Euclid 的《原本》问世, 数学家也许包括 Euclid 本人, 都对《原本》的第五公设即平行公理不满意. 开始并没有人怀疑它的真理性, 仅仅对于它的叙述格式不喜欢, 后来就不断地有人希望能够对第五公设做点什么, 主要工作可概括为两个方面的尝试. 第一是试图改变这个公理的叙述, 当然这还包括了对 Euclid 的有限直线如何延长和最终认为可以延长至无限, 于是经过逐渐的演变, 得到了第五公设的等价叙述, 即在现今中学几何课本上能够见到的平行公理: 过平面上直线外一点有而且只有一条直线平行于已知直线. 第二方面的尝试是第五公设是否为多余的, 即它能否由其余 9 个公理推导出来, 最终发现如果要推导出平行公理, 就得加进除原有公理以外的其他公理, 因此无法从其余 9 个公理推导出平行公理. 长期努力而徒劳无功, 令人十分恼火, 甚至有人把第五公设问题称为“几何原理中的家丑”. 我们不再一一列举对这些讨论做出过艰苦努力的历代人士的名字. 但是, 正是由于这些讨论中所萌生的某些启发, 终于导致非 Euclid 几何以不可阻挡之势横空出世.

非欧几何的创始人之一 Nikolai Ivanovich Lobatchevsky(罗巴切夫斯基, 1793 ~ 1856) 出身于俄罗斯 Novgorod 一个贫苦小职员家庭. 他 7 岁丧父, 在母亲的抚养下, 自幼聪明好学才思过人,15 岁考入帝国 Kazan 大 (喀山) 学数学 - 物理系, 19 岁获得硕士学位留在 Kazan 大学任教, 22 岁升为副教授, 24 岁升为教授, 之后于 1820 年到 1825 年担任 Kazan 大学数学 - 物理系主任, 1827 年到 1848 年担任 Kazan 大学校长, 还被选为 Göttingen 科学协会通讯会员, 他的学术活动和巨大贡献奠定了 Kazan 大学兴盛和光荣的基础. Lobatchevsky 被后人誉为“几何学上的哥白尼”, 为纪念这位伟人, 1893 年在 Kazan 竖立了 Lobatchevsky 纪念像.

Lobatchevsky 起初也曾尝试“证明”第五公设, 但是很快发现证明是错误的. 于是他另辟蹊径, 假定“过直线外一点可以有不止一条直线与已知直线不相交”,

并以此代替第五公设进行演绎推导. 定义过直线外一点在两个方向上与已知直线不相交的直线中的极限直线为在各个方向上与已知直线平行的直线, 并引入了平行角的概念. 经过推导, 他得到了一系列前后连贯的命题, 构成了逻辑上没有矛盾但是又与 Euclid 几何完全不同的另外一种几何学系统, 他称这个新的几何学系统为"虚几何学". 在这个几何学中, 三角形的内角和不再是 180 度, 而是小于 180 度甚至不同的三角形有不同的内角和; 凸四边形的内角和不再是 360 度, 而是一律小于 360 度; 不存在矩形, 也不存在相似形; 只要两个三角形的三对对应角相等, 这两个三角形就全等; 两条平行线之间的距离不再处处相等, 而是沿着平行线的方向越来越小; 垂直于一个锐角一条边的直线与该锐角的另一条边不一定相交;……; 如此等等, 匪夷所思, 与人们所能看到的物理空间相比, 简直就是一种虚幻之境. 1826 年 2 月 23 日, Lobatchevsky 在 Kazan 大学数学–物理系的学术会议上宣读了他的论文《几何原理概述及平行线定理的严格证明》, 这一天被认为是非欧几何诞生的日子. Kazan 大学将他的论文交付审查, 结果是石沉大海, 连原稿也遗失了. Lobatchevsky 仍然继续他的研究, 1829~1830 年在 Kazan 大学学报上发表了《论几何基础》, 1835~1837 年又在该学报上发表了论文《具有平行的完全理论的几何新基础》, 1837 年用法文发表了《虚几何学》, 1840 年用德文写成专著《平行理论的几何研究》, 向国外介绍他的新学术, 这是 Lobatchevsky 影响最大的一本专著.

Lobatchevsky 的新几何学术违背了 2000 余年的传统, 动摇了神圣不可侵犯的 Euclid 几何权威, 也违反了人的视觉常识, 他的论述发表后, 遭到了社会上和学术界百般攻击甚至侮辱、谩骂, 俄国科学院不接受他的论文, 大主教宣布其学说为"邪说", 权威们说他是"疯子", 指责他的学说是"荒唐透顶的伪科学", 是一场"笑话". 尽管如此, Lobatchevsky 毫不畏惧, 坚信自己的学说是正确的, 他逝世前一年, 在双目失明的情况下, 还用口授的方法, 写成了俄、法两种文字的非 Euclid 几何著作《泛几何学》. Lobatchevsky 的学说直到他去世将近 20 年后才得到世人的承认, 把他的学说称为"Lobatchevsky 几何学", 即今常说的"罗氏几何".

发现和创立非 Euclid 几何学的还有 Carl Friedrich Gauss(1777~1855) 和匈牙利的 John Bolyai(1802~1860). Gauss 在 19 世纪初期也曾企图证明 Euclid 的第五公设, 大约在 1816 年左右就发现了非 Euclid 几何的原理, 但是没有发表. 按照 Gauss 的说法, 他永远也不愿意发表这方面的成果, 因为怕"Beotians 人的嚷嚷"即怕被凡夫俗子们耻笑, 但是 Gauss 在这方面的研究并没有终止, 他甚至不辞辛劳地亲自去测量由三个相距遥远的山峰所构成的三角形的内角和, 以验证 Euclid 几何与他的非 Euclid 几何在实际应用中的差别. 当然, 由于测量误差, 其结果不能说明问题. Gauss 在这方面的许多研究成果是在他去世后从手稿、书信中发现的. Gauss 在 1846 年 11 月 28 日给他的朋友 Schumacher 的信中说:"不久以前, 我有机会再次读到 Lobatchevsky 的论文,……Lobatchevsky 称之为‘假想的’几何学. 您知道,我对此有同样的观念已经有 54 年了. 从那时起, 并没有任何改变, 这种观念使我获得了这个论题的思想. 在 Lobatchevsky 的著作中, 我没有找到对自己是新的东西,但是他的叙述却与我的不同, 作者叙述了作为一个真正几何学家所提出的论题. 我建议您研究一下这样的著作, 它会使您得到益处.”

Bolyai 是一个匈牙利军官, 他的父亲是 Gauss 的朋友. Bolyai 从青年时代起就醉心于平行公理的证明, 终于建立了非 Euclid 几何. 在 1823 年 11 月 23 日给他父亲的信上说:“我已经从乌有中创造了另一个新奇的世界.”当他父亲把 Bolyai 的研究成果写信告诉 Gauss 后, Gauss 感到十分地吃惊, 回信说:“这和我 40 年来沉思的结果不谋而合”. Bolyai 看到回信, 反而怀疑 Gauss 剽窃他的成果, 从此消沉, 不再研究这一问题. Bolyai 将他发现的非 Euclid 几何称为绝对几何, 所写论文《绝对空间的科学》作为其父一本著作的附录于 1832~1833 年出版, Bolyai 的研究工作与 Lobatchevsky 的十分地相像. 当 Bolyai 第一次看到 Lobatchevsky 的著作时, 他认为那是抄袭了他自己的文章. 而当 Gauss 读到 Bolyai 的文章后, 在给 Bolyai 父亲的信中说, 他不能称赞那篇文章, 因为否则就是称赞他自己的工作. 总之, 如果不是 Gauss 的谨慎, 没有 Bolyai 的消沉, 非 Euclid 几何也许会提早一些年出现.

随着晚些时候 Riemann 几何的出现, 人们把 Euclid 几何称为“抛物几何”(在其中, 平面上过直线外一点有且只有一条直线与已知直线不相交 (平行), 平面三角形的内角和等于 180 度), 把 Lobatchevsky 几何称为“双曲几何”(在其中, 平面上过直线外一点有无穷多条直线与已知直线不相交 (但是平行的只有一条), 平面三角形的内角和小于 180 度), 而把 Riemann 几何称为“椭圆几何”(在其中, 平面上任何两条直线必定相交 (不存在平行直线), 平面三角形的内角和大于 180 度). Klein 的变换群观点解决了这些几何学的逻辑关系问题. 关于非 Euclid 几何的相容性是困扰着数学家们的另一个问题. 所谓相容, 就是说该几何学中没有固有的矛盾. 不解决这个问题, Gauss, Lobatchevsky, Bolyai, Riemann 以及 Klein 等的工作将变得没有意义. 解决这个问题的基础是承认 Euclid 几何是相容的. 关于 Riemann 几何, 二重椭圆几何很容易利用球面几何作为模型得到解决, 因为球面是 Euclid 几何的一个部分, 承认 Euclid 几何相容就得到球面几何的相容. 最大的困难是关于单重椭圆几何和双曲几何的相容性研究. Eugenio Beltrami(1835~1900), Jules Henri Poincaré (1854~1912), Felix Klein(1849~1925) 等在这方面做出了贡献. 特别是由 Beltrami 结合 Klein 的工作给出, 经 Poincaré 改进的双曲几何的 Poincaré 模型等工作, 使得非 Euclid 几何得到了数学界的普遍承认, 非 Euclid 几何尤其是 Lobatchevsky 几何不再是虚幻的想像中的东西, 而是实实在在的一种几何学. 这三种几何学就其空间而言, 所不同的仅仅是曲率而已, 或者按 Klein 的观点仅仅是变换群不同而已.

非 Euclid 几何学的创立被认为是 19 世纪所有复杂的技术创造中最为深刻的一个, 是继古希腊时代以来数学中一个重大的革新. 其深刻之处在于使得数学家们从根本上改变了对数学的性质的理解, 改变了对数学与物质世界的关系的理解, 引发了一些新的重要数学分支, 引发了关于数学基础的许多问题, 这些问题到了 20 世纪甚至至今仍然处于争论之中.

§5.5 Gauss, Riemann 与微分几何学

作为继 Euclid 几何学之后数学中的一个最大的创造, 从 17 世纪起, 两位巨匠 Newton, Leibniz 的名字就与他们创立的微积分学一起永载史册. 微积分学的创立不仅为科学的进步打开了闸门, 也为数学本身的发展打开了视野, 提供了十分奇妙的思想和工具. 随着微积分的创立和解析几何的发展, 微分几何的历史也就开始了.

微分几何这一术语是由 Luigi Bianchi(1856～1928) 在 1894 年首次使用的. 实际上, 微分几何尤其是古典微分几何在很大程度上是微积分本身问题的自然产物. 17 世纪后期起, 微积分被用来解决很多实际问题, 比如关于平面和空间曲线的曲率, 曲线族的包络, 曲面上的测地线, 光线以及光的波阵面的研究, 沿曲线及曲面受约束运动的动力学问题, 地图绘制等等, 促使了微分几何学科的诞生和迅速发展.

从开始阶段到整个 18 世纪, 微分几何的分析味还不够浓厚, 大家都把几何论证与分析论证结合在一起. Christian Huygens(1629～1695) 在《钟表的振动》中提出并研究了曲线的渐开线, 随后他又研究了渐屈线, 并给出了曲线在一点处的曲率中心和曲率半径, 对其进行了分析的表达. Newton 在他的《解析几何》中也引进了曲率中心和曲率半径, 并提出了密切圆的概念. John Bernoulli 也对平面曲线展开了研究, 得到了关于包络的一些结果.

Alexis-Claude Clairaut 以空间曲线理论的研究开创了三维微分几何的重大发展. 他 16 岁时出版了《关于双重曲率曲线的研究》, 17 岁入选法国科学院. 他称空间曲线为双曲率曲线, 考虑空间曲线在两个垂直平面上的投影, 于是将空间曲线的曲率分解为两条平面曲线的曲率. 他还得到了空间曲线的弧长表达式以及求一些曲面面积的公式.

Euler 也对空间曲线进行了研究, 他用曲线的弧长作参数给出空间曲线的参数方程, 对 Clairaut 提出的两个曲率中的一个完成了标准化. 另一个曲率后来称为挠率, 由 Michel-Ange Lancret (1774～1807) 求出了其显式表示, 并在曲线任一点处定义了切线、主法线和次法线, 于是挠率即为曲线在次法线方向关于弧长的变化率. Cauchy, Alfred Serret(1819～1885), Frédederic-Jean Frénet(1816～1900) 利用方向余弦、弧长微分研究了空间曲线, 给出了关于曲率、挠率的三个著名的 Serret-Frénet

公式.

空间曲面理论始于曲面上测地线的研究, John Bernoulli, James Bernoulli, Euler 都对此作出了贡献. 1760 年 Euler 在其著作《关于曲面上曲线的研究》中建立了曲面的理论. Gaspard Monge(1746~1818) 独立地研究了可展曲面问题, 他在三维微分几何方面的贡献远远超过 Euler, Monge 1807 年出版的《分析在几何学上的应用》是数学史上第一本系统的微分几何论著. 在 Monge 的研究中, 分析与几何是相辅相成的, 他主张对于一个问题要从几何与分析两个方面考虑, 并以其研究实践说明这点, 这对于鼓励纯粹几何的复活起到了积极的作用. Monge 被认为是继 Desargues 之后在综合几何方面第一个真正的革新者. Monge 在画法几何、解析几何、微分几何、常微分方程和偏微分方程等数学领域中都有著名的贡献, 此外在物理学、化学、冶金学和机械学等方面他都做出过贡献. Monge 是一个伟大的教师, 他曾组织和领导了一个几何学派, 他的学生中至少有十多人为 19 世纪早期最著名的人物, 据信巴黎高师即起源于 Monge 创办的一所高等师范学校 (Ecole Normale). Monge 不仅对可展曲面进行了深入研究, 还在曲面族研究中作出了对偏微分方程具有重要意义的工作.

近代数学的奠基人之一、数学王子 Carl Friedrich Gauss(1777~1855), 关于他怎样神速地计算出从 1 加到 100 的故事广为流传, 他的一生在数学的数论、几何、分析、代数、统计等方面都有突出的贡献, 数学家们评论说:“在数学世界里, Gauss 处处留芳”. Gauss 认为, 除了哲学以外, 数学是人类知识发展的主要工具, 数学是科学之王. 他不仅是伟大的数学家, 而且在天文学、物理学、大地测量学等自然科学领域都有卓越的贡献. Gauss 自 1816 年起就在大地测量、地图绘制等方面做了大量的工作, 发表了很多文章, 激起了他对微分几何的兴趣. 1827 年他发表的文章《关于曲面的一般研究》开创了近代微分几何的先河. Euler 曾提出空间曲面上任一点的坐标可以用两个参数来表示的思想, 这样, 类似于用单参数参数方程表示空间曲线, 可以把空间曲面表示成双参数的参数方程. Gauss 从这点出发对曲面理论进行了系统研究, 推证出弧长微分, 曲面上两曲线之间的夹角, 曲率, 测地线等等内在性质与曲面所在的三维空间无关. 于是提出了两个重要的思想, 首先是曲面本身可以看作一个空间, 因为其性质完全被弧长微分所确定, 但是如果把曲面本身看成空间, 它具有哪一种几何学呢? 若把测地线看作曲面上的直线, 则这个几何学是非 Euclid 的. 其次, 随着弧长微分式中不同的参数函数的选取, 可以在同一个曲面上得到不同的几何学, 进而在三维空间中选取弧长微分的不同表达式就可以得到该空间中不同的几何学.

把 Gauss 在几何学中的创造性思想推广到任何空间, 是由 Georg Friedrich Bernhard Riemann(1826~1866) 继承并发展的. Riemann 出身于德国一个清贫而和睦的家庭, 6 岁上小学, 14 岁入大学预科, 19 岁进入 Göttingen 大学, 在 Gauss 指导下取得博士学位. 在博士学位论文中, 他引入了 Riemann 曲面概念, 确立了复变函数几何理论的基础. 1859 年, 他的论文《在给定大小之下的素数个数》引起数学界的轰动, 该文提出著名的"Riemann 猜想"后来在 Hilbert 的 23 个问题中被列为第 8 问题. 他在 Göttingen 大学从编外讲师到副教授最后当教授, 面对贫寒生活却不放弃为科学而奋斗, 短暂而光辉的一生仅有 39 岁, 但是他的研究工作却几乎影响每一个学科, 他将数学向前推进了几代人的时间, 以他的名字命名的数学术语众多, 比如"Riemann 猜想","Riemann 假设","Riemann 问题","Riemann 曲面","Riemann 映射定理","Riemann 几何","Riemann 四指标记号","Riemann ζ 函数"等等, 他对数学与科学的贡献是十分巨大的. 1854 年, Riemann 为了取得 Göttingen 大学教授资格, 由 Gauss 指定以几何基础作为题目向全体教员发表讲演, 该讲演在 1868 年以《关于作为几何学基础的假设》为题发表. 1861 年, Riemann 为竞争巴黎科学院的奖金写了一篇关于热传导的文章, 后称为《巴黎之作》, 该文对他前述讲演中关于几何学的研究作了进一步的加工. 这些工作宣布了 19 世纪重大创造之一 Riemann 几何的诞生, Riemann 几何不仅包括 Euclid 几何和许多非 Euclid 几何为其特例, 而且引起了整个空间观念的深刻变革. 由 Gauss, Lobatchevsky, Bolyai 等的工作, 引起人们思考这样的问题, 关于物理空间的几何我们可以相信一些什么? 于是 Riemann 重新考虑研究空间的整个途径. 他认为 Euclid 的几何公理与其说是自明的, 不如说是经验的, 依靠分析我们可以从关于空间无疑是先验的东西出发而导出必然结论. Riemann 将 Gauss 关于 Euclid 空间中曲面的内蕴几何学发展到任一空间的内蕴几何学. Riemann 把 n 维空间称为一个 n 维流形, 用 n 个可变参数的一组指定的特定值表示 n 维流形中的一个点, 这 n 个可变参数称为流形的坐标, 当这些参数连续变化时, 对应的点就遍历整个流形. 他提出了流形的曲率概念, 流形曲率可以由一些量来定义, 而这些量完全由流形自身所确定, 从而无需把流形想像成位于某一更高维的流形中, 并试图通过它去刻画 Euclid 空间和更一般的空间, 在这种空间中图形可以挪动而不改变其形状和大小. 他在对常曲率流形研究后得知, 正曲率的流形对应一个球面空间, 零曲率流形对应一个 Euclid 空间, 他也提及可能有负的常曲率曲面存在的可能性 (即后来的伪球面). 他认为, Euclid 几何的公理只能是物理空间的近似写照, 他与 Lobatchevsky 一样, 都相信天文学将判定哪种几何更符合于空间.

果然, 到了 20 世纪, Albert Einstein(1879~1955) 在花了数年的时间, 试图形成引力实际上只是空间的曲率这种可能性的时候, 却不知道如何从数学上加以表达, 于是求助于他的朋友数学家 Marcel Grossmann(1878~1936), 说:"Grossman, 你必须帮助我, 否则我会发疯的." Grossman 告诉他 Bernhard Riemann 有关弯曲空间的工作成果已经于 60 年前完成且正待使用. 这才使得伟大的物理学家 Einstein 没有发疯而得出著名的公式 $E=mc^2$, 发明了伟大的广义相对论.

Riemann 逝世后两年, 1868 年他的论文发表激起了数学界的强烈兴趣, 许多数学家开始忙着去充实他所概述的思想并加以推广. Riemann 的直接继承者 Eugenio Beltrami(1835~1900), Elwin Bruno Christoffel(1829~1900) 和 Rudolph Lipschitz (1832~1903)等对他的思想进行了进一步的发展, 对微分形式和微分形式的不变量进行了深入的研究.

在 Riemann 及其继承者关于微分形式的不变量研究的基础上, Gregorio Ricci-Curbastro (1853~1925) 与他的学生 Tullio Levi-Civita(1873~1941) 开展了为几何性质和物理规律的表达式寻找一种在坐标变换下不变的形式的研究, 于 1901 年发表了一篇总结性文章《绝对微分法及其应用》, 他们的研究成果后被 Einstein 称为张量分析. 他们提出了协变张量, 反变张量, 协变微分等概念, 证明了张量的相等与坐标系无关, 将许多复杂的分析运算过程变成了关于张量的形式运算. 张量的性质在相对论中有重要意义, 在相对论中, 每个观测者都有自己的坐标系, 而客观的物理规律是对所有观测者都成立的规律, 为了反映与坐标系的无关性, 这些规律都表示为张量. 利用张量概念, Riemann 几何中从空间曲率到其他许多概念都可以表示为张量形式, 而 Einstein 的空 – 时 Riemann 几何曲率正是利用了 $n = 4$ 时的张量形式. 广义相对论对数学本身的触动是使得人们对张量分析和 Riemann 几何兴趣的增长. 1917 年 Levi-Civita 引进了向量平移概念, 将平行向量概念引入 Riemann 几何空间, 建立了利用平行向量来描述各种空间曲率的方法.

之后, 经过数学家们的共同奋斗, 微分几何学不断取得新的发展. 到了 Elie Cartan(1869~1951), 以联络概念为基础, 利用李群和他创建的外微分法为工具, 研究空间或流形的性质, 又把微分几何的研究推进到了一个新的阶段.

§5.6 从 Cantor 和 Poincaré 到拓扑学

“拓扑”一词是原文 topology 的音译. 拓扑学起源于 19 世纪, 大发展于 20 世纪. 起初, 这门学科被人们称为“位置分析”, 后来才称为拓扑学, 它是几何学的一个新分支. 粗略地说, 拓扑学是研究图形在弯曲 (不得自身穿越)、拉伸 (不得断裂) 之下保持不变的性质的几何学, 所以经常通俗地称拓扑学为“橡皮膜几何学”. 从数学的角度说, 若一个双射满足它与其逆都是连续的, 则称这个双射为一个“同胚”, 拓扑学是研究图形在同胚变换下不变性的科学, 早在 1872 年 Klein 的 Erlangen 纲领中, 就已经对拓扑学这一重要的新领域进行了勾画. 到 20 世纪, 拓扑学被分成点集拓扑, 代数拓扑, 还有微分拓扑等分支.

要介绍拓扑学, 我们首先要从 Cantor 及其创立的集合论谈起. 现今大家都承认, 集合论是现代数学各科不可或缺的基础, 可是它从诞生到受承认却经历了艰苦的过程. Georg Cantor (1845~1918) 生于俄国后随父母迁居德国, 1863 年进入柏林大学, 1867 年获得博士学位. 1869 年担任 Halle 大学讲师, 1879 年担任该校副教授, 旋即升为教授. 1874 年 Cantor 29 岁时在《数学杂志》(Journal für Mathematik) 上发表了关于无穷集合理论的第一篇革命性论文, 标志着集合论的诞生. 之后, Cantor 又继续发表有关集合论和超限数方面的论文直到 1897 年.

19 世纪下半叶, 随着数学分析的严密化, 促使人们必须弄清楚实数集合的结构, 而这方面的拦路虎就是无穷这个概念. 从古希腊时期开始, 人们就一直为无穷所困惑, 不少人为之奋斗, 或者得到种种悖论, 或者因为“不可理解”而放弃, 或者卷入形而上学甚至归到神灵那里去. Cantor 勇敢地向这一神秘莫测的领域发起挑战, 他定义了集合, 并定义能够与它的真子集构成一一对应的集合为无穷集合. 他引入可数概念, 并证明不仅有理数集是可数的, 而且代数数集也是可数的, 但是实数集不是可数的. 他不仅向人们展示了实数集可以和一条线段内部的点一一对应, 而且一厘米长的线段内部的点居然能够和太平洋内的点、和地球内部的点一样多! 于是他研究无穷集合的基数, 用 $\aleph_0$ 来表示自然数集合的基数 (其中 $\aleph$ 是西伯来字母), 这个数不同于一般的无穷大. 接着用 c 来表示实数集的基数 (连续统 Continuum 的第一个字母), 并证明了 $c>\aleph_0$. 然后证明了一个具有基数 $\aleph_0$ 的集合中所有子集的集合的基数是 $2^{\aleph_0}$, 而且有$c=2^{\aleph_0}$. 他又引进了 $\aleph_0$ 的后继者 $\aleph_1$, 而且 $\aleph_1\leqslant c$. 但是对于 $\aleph_1=c$是否成立, 他无法证明. 事实上, 这后来成为著名的连续统假设, 在 1900 年的世界数学家大会上被 Hilbert 列为他的 23 个问题中的第一个. Cantor 的工作解决了不少经久未能解决的问题, 也颠倒了许多前人的想法, 自然不能立刻被人们接受. 他的工作遭到了许多学者的反对和攻击, 有人认为他的集合论是一个有趣的“病理学情形”, 认为他是“疯子”, 认为他的超限基数 $\aleph$ 是“雾中之雾”, 更有甚者是他的老师 Leopold Kronecker (1823~1891) 竟然粗暴地攻击他达 10 年之久. Cantor 终于在这样的压力下精神崩溃, 被送进了医院. 然而也有很多人支持 Cantor, 其中最坚决的有 Hilbert, 他将 Cantor 的集合论思想在德国广为传播, 他称赞 Cantor 的超限算术为“数学思想的最惊人的产物, 在纯粹理性的范畴中人类活动的最美的表现之一”, “没有人能把我们从 Cantor 为我们创造的乐园中开除出去”. 哲学家、数学家 Bertrand Russell (1872~1970) 将 Cantor 的工作评价为“可能是这个时代所能夸耀的最伟大的工作”. 事实上, 人们在对 Cantor 的工作争论的几乎同时就发现, 他的思想不仅在分析中有重要应用, 而且对测度论和拓扑学更是至关重要的.

点集理论本来并不涉及变换与拓扑性质. 由于集合论的出现, 人们开始把集合概念引入函数空间, Hilbert 空间、Banach 空间相继出现, 泛函分析迅速发展, 人们开始认识到拓扑的重要性, 并逐步抽象出在点集上添加空间结构以使得点与点之间具有空间联系的方法, 这就是在点集上定义拓扑以形成拓扑空间. 当然, 在 Euclid 空间距离就是一种结构, 对于一般的集合能否也给出一种结构呢? 法国数学家 Maurice Fréchet (1878~1973)1906 年在他的博士论文中对泛函分析进行了深入的研究, 把集合概念引入泛函分析, 在函数空间中抽象出一种类似距离的概念, 定义了距离空间, 他可以在这样的定义下展开空间以及定义于其上的泛函的许多性质. Fréchet 指出, 给点集以空间结构来"捆扎"其中的点, 未必一定只能用 Euclid 的距离函数, 可以抽象出许多与距离函数有相同性质的概念, 从而推广了距离概念, 引入了度量空间概念. 甚至还可以利用邻域概念给出具有邻域的拓扑空间. Felix Hausdorff(1868~1942) 在他 1914 年出版的《点集论纲要》中也使用邻域概念建立了抽象空间的完整理论. 可以说, 点集拓扑或叫做一般拓扑就这么开始了. 在 Fréchet, Hausdorff 和 Paul S. Urysohn (1898~1924), Poincaré, Luitzen E. J. Brouwer(1881~1967) 等以及许多当代数学家的共同努力下, 一般拓扑学得以迅速地发展完善, 成为几何学大家庭的一个新的成员.

与点集拓扑一起发展起来的还有代数拓扑学, 过去也叫做组合拓扑学. 在代数拓扑形成学科之前, 就已经有许多数学家对代数拓扑中某些课题进行了研究. 比如在 17 世纪, Leibniz 就在他的《几何特性》里提出过某些想法, "我相信我们缺少另一门分析的学问, 它是真正几何的和线性的, 它能直接地表示位置, 如同代数表示量一样". Euler 于 1750 年发表了关于凸多面体的顶点数、棱数和面数的公式并于次年给出了证明, 此即著名的 Euler 示性数公式, 他试图用它来对多面体进行分类, 1735 年由 Euler 解决的 Königsberg 七桥问题, 也是拓扑思想的体现. Gauss 经常谈到研究图形的基本性质的必要性, 但是他本人没有实质性贡献, 他的学生 Johann B. Listing(1806~1882) 于 1848 年出版了《拓扑学的初步研究》, 并在 1858 年发表了《空间复形的概述》, 寻求几何图形的定性规律, 企图推广 Euler 公式. 作为对拓扑研究的本性给出恰当提法的第一人 Möbius 也对多面体进行了研究, 1858 年, 他和 Listing 各自独立地发现了单侧曲面, 其中有著名的 Möbius 带. 属于拓扑范畴的还有一个著名的问题, 即由一位名不见经传的数学家 Francis Guthrie 于 1852 年提出的"四色问题", 这个看似简单的问题却难倒了全世界的数学家, 至今还没能给出其理论证明①. 随着 Riemann 几何的出现, 就有了关于连通曲面亏格问题的研究以及与闭 Riemann 曲面拓扑等价曲面的研究, 开展了在球面上加球柄或交叉帽以及 Klein 瓶、射影平面等闭曲面的研究.

前人研究成果的不断积累, 为代数拓扑自立门户准备了条件, 于是就出现了公

①四色定理的机器证明: 1976 年, 美国数学家 K. Appel, W. Haken 和 J. Koch 宣布, 他们穷举各种情况, 利用电子计算机耗费 1200 机时的计算证明了四色定理, 其成果发表于 1977 年. K. Appel and W. Haken, *Every map is four-colorable, I, Discharging,* Illinois J. Math. 21(3)(1977), 429~490; K. Appel and W. Haken, *Every map is four-colorable, II, Reducibility,* Illinois J. Math. 21(3)(1977), 491~567.

认的代数拓扑奠基人 Poincaré. 他出生于法国的 Nancy, 小时候的神经系统疾病以及白喉给他留下了一些后遗症, 他的视力和书写能力不及他人, 但是他在课堂上全神贯注, 完全靠听讲、记忆、思考, 养成了能够在大脑中完成复杂计算、构思长篇论文的能力, 成绩优秀. 上大学后先学工科, 后迷于数学, 1878 年向巴黎科学院提交了探讨微分方程一般解的论文并以此于 1879 年获得数学博士学位. 之后, 他先在 Caen 大学教数学分析, 后受聘到巴黎大学教书, 并于 1886 年升为巴黎大学数学和物理学教授. 1887 年入选巴黎科学院. Poincaré 从小到成人都被认为是一个"笨人", 甚至当他被公认为数学家时, 心理学家通过试验仍然给出他是一个"笨人"的结论.

从 19 世纪 90 年代起, Poincaré 开始发表拓扑学的论文, 尽管他当时的文章漏洞百出, 显然不符合数学的严密性 (当然, 当时的代数、几何按现在的观点来看也是不够严格的), 但是他从 1894 年到 1904 年的 10 年间发表的 6 篇代数拓扑方面的论文, 却是代数拓扑的奠基性文献. 他对一般曲面展开研究, 定义了 Betti 数 (Eurico Betti(1823～1892), 意大利数学家), 发明了单纯形同调论的系统方法, 推广了 Euler 公式, 得到了 Euler-Poincaré 示性数, 提出了同调概念, 发现了流形同调的对偶定理, 宣告代数拓扑的重要理论 —— 同调论的开始. Poincaré 在这些论文中还提出了复形的基本群概念, 后来称为 Poincaré 群或第一同伦群, 这个重要概念又引出了代数拓扑中的另一重要理论 —— 同伦论. Poincaré 还提出了一些重要的猜想, 留给后人研究, 有的已经解决, 有的仍然没有解决.

Poincaré 在谈及他的研究工作心得时说:"如果一方面有意识的工作在它之前, 另一方面又被有意识的工作尾随其后, 那么这就是可能的, 而且肯定是富有成果的." Poincaré 是一个勇于创新, 勇于奋斗的科学家, 他说:"人生就是持续斗争", "假如我们的精力、我们的警惕性松懈片刻, 我们将失去先辈为我们赢得的斗争成果". 在其博士论文发表后的 34 年中, 他大约发表了 500 篇论文, 出版了 30 多部著作. 美国数学史家 M. Kline 评价说:"他被认为是 19 世纪最末四分之一和 20 世纪初的领袖数学家, 并且是对于数学及其应用具有全面知识的最后一个人." Poincaré 撰写的大量研究论文、教材、通俗论文几乎涉及数学的所有基本领域, 因此人们称他为数学全才, 认为他的数学成就可与 Gauss 相比美. 不仅如此, 他还在理论物理、电磁理论、动力学、流体力学和天文学等诸多领域有过杰出的贡献. 列宁在《唯物主义与经验批判主义》中称 Poincaré 是"一位卓越的物理学家、渺小的哲学家". Poincaré 不仅赢得过法国政府的最高荣誉, 还得到过英国、俄国、瑞典、匈牙利等国家政府的奖励. 他一生担任过的外国科学院院士职务 30 多个, 他的著作被译成十多种文字在世界上出版发行, 他逝世后, 巴黎科学院为他出版了《Poincaré 全集》.

L. E. J. Brouwer 通过函数论的问题对拓扑产生了兴趣, 他提出了关于复形的维数不变性, 与他的名字相联系的“不动点定理”, 已经发展成不动点理论.

拓扑学自 19 世纪后期产生伊始, 就在全世界数学家的共同努力下开始迅猛发展, 许多数学家为之作出了杰出的贡献. 到 20 世纪前半叶, 同调论、同伦论逐渐成熟, 到 20 世纪 50 至 70 年代, 微分拓扑又迅速地崛起, 非常热门. 如今, 拓扑学已经渗透到数学的各个分支甚至数学以外的其他科学之中, 由拓扑学的发展又带动产生了一些新的数学分支, 如同调代数、范畴与函子等.

§5.7 Hilbert 与《几何基础》

我们再次回到对 Euclid《原本》的争论. 自问世起的两千多年中, 对它的研究和争论就一直存在, 除第五公设问题外, 人们对 Euclid 的《原本》还在其对于点、线、面等的定义, 对于认为能够叠合的图形就是全等图形等诸多方面进行质疑, 试图改善它的努力一直没有停止. 数学哲学家 Bertrand Russell 在 1902 年说:“每当 Euclid 被考虑作为教科书, 而由于他的冗长, 他的晦涩, 或者他的拘泥形式遭到攻击时, 总是习惯于为他辩护, 据以辩护的理由是: 他的逻辑的优点是超群的, 而且给不成熟的推理能力提供非常宝贵的训练. 然而, 仔细地推敲一下, 上述理由就化为乌有了. 他的定义并不总是下了定义的, 他的公理并不总是不可证明的, 他的证明需要许多他还没有完全意识到的公理. 一个正确的证明, 即使没有画出图形, 也仍然保持其论证的力量. 但在这个检验面前, Euclid 的许多早期的证明就站不住脚了 ……”

19 世纪 70 年代, 随着人们认识到射影几何是一门基础的几何学, 几何基础的研究工作也就开始了. 人们最初是想先探求射影几何的基础, 但是由于夹杂着同时要建立度量几何, 所以这方面的研究工作都没有能按照不同的几何学分离开来.

在几何基础方面第一个值得提到的工作是 Moritz Pasch(1843~1930), 他的《新几何学》出版于 1882 年, 修订版出于 1926 年. 他对 Euclid 几何公理作了严密化处理, 并给出了射影几何的一些公理. 对射影几何方面更令人满意的工作是由 Giuseppe Peano(1858~ 1932) 给出的. 另外还有许多数学家对建立射影几何公理做出了贡献. 现代受到广泛认可使用最多的是 Hilbert 几何公理系统.

David Hilbert(1862~1943) 出生于东普鲁士的 Königsberg①, 通过 Euler 解决奇妙的“七桥问题”使得数学与这个城市的名字联在了一起, 数学界几乎没有人不知道 Königsberg. Hilbert 小时候并未有什么天才表现, 只是对数学表现出强烈的兴趣. 他于 1880 年进入 Göttingen 大学读书, 在大学期间, 小他两岁的高一班学生 Hermann Minkowski(1864~1909) 和副教授 Adolf Hurwitz(1859~1919) 与 Hilbert 交往最多, 他们三人每天下午准 5 点到校园里的苹果树下散步, 交流学习心得、

①即今俄罗斯的加里宁格勒.

最新获得的成果、彼此的研究计划、数学界的大事等等, 成就了彼此的科学理想, 结成了终身的友谊. 大学生活的后期, 在以证明了 π 是超越数而闻名于世的数学家 Ferdinand Lindemann(1852~1939) 的建议下, Hilbert 以关于“不变量理论”的研究作为博士论文选题, 他敢于向“不变量之王”Paul Gordan(1837~1912) 挑战, 以初步满意的结果于 1885 年 2 月 7 日取得博士学位, 之后又继续这一领域的研究, 终于在 1888 年取得了令数学界惊奇, 令 Gordan 佩服的突出成就, 以至于有的数学家说 Hilbert 扼杀了不变量的研究, 因为他已经处理了所有的问题. 取得博士学位后他先后在德国、法国访问了许多数学家, 其中包括 Klein, Poincaré 等, 1892 年到 Göttingen 大学接替 Hurwitz 担任副教授, 1895 年起担任 Göttingen 大学教授职务直到 1930 年退休, 在他之前, Göttingen 大学数学教授这张椅子上还曾先后坐过 Gauss, Riemann, Klein 等世界级大师.

Hilbert 是 20 世纪的领头数学家, 在不变量理论、数论、积分方程、公理化理论、数学物理、数学基础等方面都有卓越贡献. 1900 年, 第二届世界数学家大会在巴黎举行. Hilbert 在 8 月 8 日的报告中提出了 23 个问题, 后来被称为“Hilbert 问题”, 出乎预料的是, 这个报告竟然成了 20 世纪数学研究工作的纲领性文件. Minkowski 在给 Hilbert 的信中说:“世界上每个数学家无疑都会阅读你的讲演, 通过这次讲演, 我相信你对于青年数学家的吸引力将会大大增加 —— 如果还可能增加的话.”人们称颂 Hilbert 为数学界的亚历山大, 无冕数学之王, Göttingen 的 Hilbert 墓碑上镌刻着这样的话:“我们必须知道, 我们必将知道”. 在纪念 Hilbert 诞生 100 周年大会上, 著名数学家 Richard Courand(1888~1972) 在讲演中说:“Hilbert 以他感人的榜样向我们证明 …… 在纯粹数学与应用数学之间不存在鸿沟, 数学与科学总体之间能够建立起果实丰满的结合体. 因此我确信, Hilbert 那种有感染力的乐观主义, 即使到今天也在数学中保持着它的生命力. 惟有 Hilbert 精神, 才会引导数学继往开来, 不断成功.”

在 Euclid 几何的所有公理系统中, 概念和陈述最简单、路子最接近 Euclid 而且最受人们欢迎的公理集是 Hilbert 的公理系统. Hilbert 的《几何基础》于 1899 年出版了第一版, 之后又经过了许多次的修改再版, 在他生前出到第七版. 1898 年冬天, 当 Göttingen 大学的学子们听说 Hilbert 教授将讲授几何基础, 都感到非常的惊讶, 因为在此之前他一直是“只谈数域”. 其实, 他对几何基础的思考自 1891 年就已经开始了, 那时他就对人说过: 在一切几何命题中, “我们必定可以用桌子、椅子、啤酒杯来代替点、线、面”.

Hilbert 认为无需给不定义的概念指定明确的意义, 像点、线、面以及其他元素, 可以用桌子、椅子、啤酒杯或者别的什么东西来代替. 他首先列出不定义的概念, 点、线、面, 位于 …… 上面, 在 …… 之间以及一对点重合、角重合等. 然后给出了分为五组的公理系统.

I. 关联公理

I_1. 对于每两个点 A 和 B, 必有一条直线 a 位于它们上面.

I_2. 对于每两个点 A 和 B, 只有一条直线位于它们上面.

I_3. 一条直线上至少有两个点. 不位于同一直线上的点, 至少有三个.

I_4. 对于不位于一条直线上的任意三点 A, B 与 C, 都有一张平面 α, 位于这三点上. 每一张平面至少有一个点.

I_5. 对于不位于一条直线上的任意三点 A, B 与 C, 只能有一张平面包含它们.

I_6. 如果一条直线上有两个点位于平面 α 上, 那么这条直线上所有的点都位于 α 上.

I_7. 如果两张平面 α 和 β 有一个公共点 A, 那么它们至少还有另外一个点 B 是公共的.

I_8. 不在同一张平面上的点, 至少是四个点.

II. 顺序公理

II_1. 如果一点 B 位于点 A 和 C 之间, 那么 A, B 和 C 是同一条直线上的三个不同的点, 并且 B 也位于 C 和 A 之间.

II_2. 对于任意两点 A 和 C, 直线 AC 上至少有一点 B, 使 C 位于 A 和 B 之间.

II_3. 在一条直线上的任意三点中, 只有一个点位于其他两点之间.

定义 设 A 和 B 是直线 a 上的两点. 点对 A, B 或者点对 B, A 就叫做线段 AB. 位于 A 和 B 之间的点称为这线段的点或者这线段的内点. A 和 B 叫做这线段的端点. 直线 a 上的所有其他的点都被说成是在这线段的外部.

II_4. (Pasch 公理) 设 A, B 和 C 是不位于同一条直线上的三个点, 并设 a 是 A, B, C 所在平面上不经过 (不位于)A, B 或 C(上) 的任意一条直线. 如果 a 经过线段 AB 上的一个点, 那么它必定还经过线段 AC 上的或者线段 BC 上的一个点.

III. 合同公理

III_1. 如果 A, B 是直线 a 上的两个点, A' 是 a 上或另一条直线 a' 上的一个点, 那么在直线 a' 上, 在 A' 的给定的一侧 (预先已经规定好), 可以找到一点 B', 使线段 AB 和线段 $A'B'$ 合同. 记为 $AB \equiv A'B'$.

III_2. 如果 $A'B'$ 和 $A''B''$ 都与 AB 合同, 那么 $A'B' \equiv A''B''$.

III_3. 设 AB 和 BC 是直线 a 上没有公共内点的两条线段, 并设 $A'B'$ 和 $B'C'$ 是直线 a' 上没有公共内点的两条线段. 如果 $AB \equiv A'B', BC \equiv B'C'$, 那么 $AC \equiv A'C'$.

III_4. 设 $\angle(h, k)$ 位于平面 α 中, 并设直线 a' 位于平面 α' 中, a' 在 α' 中的确定的一侧已经给出. 设 h' 是从 a' 上的点 O' 出发的射线. 则在 α' 中有且只有一条射线 k', 使 $\angle(h, k)$ 和 $\angle(h', k')$ 合同, 且 $\angle(h', k')$ 的所有内点都位于 a' 的给定的一侧. 每一个角与其自身是合同的.

III_5. 在两个三角形 ABC 和 $A'B'C'$ 中, 如果 $AB \equiv A'B'$, $AC \equiv A'C'$, $\angle BAC \equiv \angle B'A'C'$, 那么 $\angle ABC \equiv \angle A'B'C'$.

IV. 平行公理

设 a 是一条直线, A 为不在 a 上的一个点. 那么在 a 和 A 所在的平面上, 最多只有一条经过 A 并与 a 不相交的直线.

V. 连续公理

V_1. (Dedekind 公理) 如果 AB 和 CD 是任意两条线段, 那么在直线 AB 上存在若干个点 $A_1, A_2, \cdots, A_n$, 使得线段 AA_1, A_1A_2, A_2A_3, $\cdots$, $A_{n-1}A_n$ 都与 CD 合同, 并使 B 位于 A 和 A_n 之间.

V_2. (直线完备性公理) 直线上的点构成一个满足公理 I_1, I_2, II, III 和 V_1 的点集, 而且不可能再把它扩大成一个继续满足这些公理的更大的集合.

Hilbert 的《几何基础》第七版包括五组公理, 公理的相容性和相互独立性, 比例论, 平面上的面积论, Desargues 定理, Pascal 定理, 根据公理的几何作图等内容. 在给出了五组公理之后, Hilbert 指出, 作为一个完整的几何公理系统, 它必须满足下列的逻辑要求:

相容性. 从这些公理出发不可能推出任何相互矛盾的定理.

独立性. 如果从这组公理中删去任何一条公理, 至少就会有某些定理不可能得到证明.

完备性. 这个公理系统的任意两个模型都是同构的.

Poincaré 认为 Hilbert 的《几何基础》是一部经典之作. 他说, 当代有些几何学家觉得: 在承认以否定平行公设为基础的可能的非欧几何方面, 他们已经达到了极限. 如果他们读一读 Hilbert 教授的这部著作, 那么这种错觉就会消除, 在这部著作中, 他们将会发现: 他们作茧自缚的屏障, 已经被彻底冲垮了.

无独有偶, Hilbert 在研究几何基础的同时, 也对实数系的处理提出了一个公理方法. 我们将他的公理列于下面, 以便读者将其与几何公理相比较. 在列出这些公理之前, Hilbert 还介绍了不定义的词以及用 a, b, c 等代表数.

I. 连接公理

I_1. 从数 a 与数 b 经过加法产生一个确定的数 c, 用符号表出便是

$$a+b=c \quad \text{或} \quad c=a+b.$$

I_2. 若 a 与 b 是给定的两数, 则存在唯一的一个数 x 与唯一的一个数 y, 使

$$a+x=b \quad \text{与} \quad y+a=b.$$

I_3. 存在一个确定的数, 记为 0, 使得对每一个 a 都有

$$a+0=a \quad \text{与} \quad 0+a=a.$$

I_4. 从数 a 与数 b 经过另一方法, 乘法, 产生一个确定的数 c, 用符号表出便是

$$ab = c \quad \text{或} \quad c = ab.$$

I_5. 若 a 与 b 是任意给定的两数, 且 a 不是 0, 则存在唯一的一个数 x 与唯一的一个数 y, 使

$$ax = b \quad \text{与} \quad ya = b.$$

I_6. 存在一个确定的数, 记为 1, 使得对每一个 a 都有

$$a \cdot 1 = a \quad \text{与} \quad 1 \cdot a = a.$$

II. 运算公理

II_1. $a + (b + c) = (a + b) + c$.

II_2. $a + b = b + a$.

II_3. $a(bc) = (ab)c$.

II_4. $a(b + c) = ab + ac$.

II_5. $(a + b)c = ac + bc$.

II_6. $ab = ba$.

III. 顺序公理

III_1. 若 a 与 b 是任意两个不同的数, 则其中一个必定大于另一个, 称后者小于前者. 用符号表出便是

$$a > b \quad \text{与} \quad b < a.$$

III_2. 若 $a > b$ 且 $b > c$, 则 $a > c$.

III_3. 若 $a > b$, 则下述关系成立

$$a + b > b + c \quad \text{与} \quad c + a > c + b.$$

III_4. 若 $a > b, c > 0$, 则 $ac > bc$ 与 $ca > cb$.

IV. 连续公理

IV_1. (Dedekind 公理) 若 $a > 0$ 与 $b > 0$ 是两个任意的数, 则总可以把 a 自己相加足够的次数使

$$a + a + \cdots + a > b.$$

IV_2. (完备公理) 对于数系, 不可能加入任何集合的元素使加入后的集合满足前述公理. 扼要地说, 数构成一个对象系, 它在保持上述公理全部成立的情况下不能扩大.

Hilbert 指出, 这些公理并不是相互独立的. 但是可以肯定, 在上述的实数概念下, 那些反对无限集合存在的论点是站不住脚的. 不过当时 Hilbert 没有觉察到, 实数公理的相容性是很难证明的.

Hilbert 的《几何基础》激起了数学界的"公理化"研究热潮, 许多数学家尝试了在不同的数学分支中推行公理化方法.

我们列出比较通行的实射影平面几何的公理系统. 其中包含着一些不定义的基本概念, 比如点, 直线, 以及点与直线的关联 (即前述位于 $\cdots\cdots$ 上面), 点偶的分离等.

I. 关联公理

I_1. 对于每两个点 A 和 B, 必有一条直线 a 位于它们上面.

I_2. 对于每两个点 A 和 B, 只有一条直线位于它们上面.

I_3. 一条直线上至少有三个点. 不位于同一直线上的点, 至少有三个.

I_4. 对于每两条直线 a 和 b, 必有一个公共的点.

I_5. Desargues 定理.

II. 顺序公理

II_1. 对于任意直线 a 上的任意三个相异的点 A,B,C, 在 a 上必定存在一个点 D, 使得点偶 A,B 分离点偶 C,D. 如果点偶 A,B 分离点偶 C,D, 则 A,B,C,D 是位于同一直线 a 上的四个相异的点.

II_2. 如果点偶 A,B 分离点偶 C,D, 则点偶 B,A 分离点偶 C,D, 且点偶 C,D 分离点偶 A,B.

II_3. 对于位于任意直线 a 上的四个相异的点 A,B,C,D, 总有唯一的方法将它们划分为两个分离的点偶.

II_4. 对于位于任意直线 a 上的五个相异的点 A,B,C,D,E, 如果点偶 C,D 分离点偶 A,B, 且点偶 C,E 分离点偶 A,B, 则点偶 D,E 不分离点偶 A,B.

II_5. 对于位于任意直线 a 上的五个相异的点 A,B,C,D,E, 如果点偶 C,D 不分离点偶 A,B, 且点偶 C,E 不分离点偶 A,B, 则点偶 D,E 不分离点偶 A,B.

II_6. 设 A,B 和 C,D 是位于直线 a 上的两个点偶, 而 A',B' 和 C',D' 分别是它们从任意中心到任意直线 a' 上的射影. 如果点偶 A,B 分离点偶 C,D, 则点偶 A',B' 分离点偶 C',D'.

在列出连续公理之前, 需要在射影直线从其上一点"切开" (Dedekind 切割) 后引入"在 $\cdots\cdots$ 之间"的概念.

定义 设 P_∞ 是某通常直线 a 上的无穷远点, A,B,C 是 a 上另外三个相异的点. 如果点偶 CP_∞ 分离点偶 A,B, 则说在直线 a 上点 C 位于点 A 与 B 之间.

III. 连续公理(Dedekind 公理) 设 a 是任意的射影直线. 在其上任意取定一点 P_∞, 将 a 在 P_∞ 处切开, 把 a 上剩余的点分成两个类, 使得: (1) 每个点属于而且只属于一个类; (2) 每个类中至少有一个点; (3) 在直线 a 上的两个线性顺序的一个里, 第一个类的每个点都在第二个类的每个点的前面. 则或者使得第一个类里有着一个点, 它在这个类的所有其他点的后面, 或者第二个类里有着一个点, 它在这个类的所有其他点的前面.

由这个公理系统, 可以导出实射影平面几何的全部内容.

重建几何基础, 并没有能够解决所有的问题, 曲线问题就是一例. 有些曲线是靠方程和函数引进的, 比如 Karl Weierstrass(1815~1897) 曾定义了一种函数曲线, 它处处连续但是却处处不可微, 也就是这曲线在任何点都没有切线. 再比如关于 Jordan 闭曲线, 1890 年, Peano 发现符合 Jordan 定义的曲线却可以布满整个正方形区域, 后来称之为 Peano 曲线. Hilbert 也曾给出一个从单位线段到正方形上的连续映射的例子. Helge von Koch(1870~1924) 于 1906 年给出了一条闭曲线, 它处处连续且处处不可微, 可以围住一块有限面积, 但是它的长度却是无穷大. 这些例子不仅使得面积问题出现了复杂化, 也对维数概念提出了挑战. 随着 20 世纪后期分形几何的诞生与发展, 这些问题都得到了清晰的认识和合理的解释. 但是, 宇宙之大, 无边无际, 宇宙的奥秘无穷无尽, 因此几何学的发展也必将永无止境.

参 考 文 献

[1] Frank Ayres, Jr. Schaum's Outlines of Theory and Problems of Projective Geometry. New York: McGraw-Hill Book Company, 1968

[2] 邓宗琦. 数学家辞典. 武汉：湖北教育出版社, 1990

[3] Daniel R. Hughes, Fred C. Piper. Projective Planes. New York：Springer-Verlag, 1973

[4] 方德植, 陈奕培. 射影几何. 北京：高等教育出版社, 1983

[5] William C. Graustein. Introduction to Higher Geometry. New York: The Macmillan Company, 1935

[6] M. Kline. 古今数学思想. 北京大学数学系数学史翻译组译. 上海：上海科学技术出版社, 1979

[7] Harry Levy. Projective and Related Geometries. New York：The Macmillan Company, 1961

[8] 李文林. 数学珍宝 —— 历史文献精选. 北京：科学出版社, 1998

[9] 梅向明, 刘增贤, 林向岩. 高等几何. 北京：高等教育出版社, 1983

[10] 梅向明, 刘增贤, 林向岩, 王智秋. 高等几何习题集. 北京：高等教育出版社, 1994

[11] M. Postnikov. 几何讲义 (第一学期, 解析几何). 周友成译. 北京：高等教育出版社, 1992

[12] 苏步青. 高等几何讲义. 上海：上海科学技术出版社, 1964

[13] 苏步青. 高等几何学五讲. 上海：上海教育出版社, 1991

[14] 孙泽瀛. 近世几何学. 北京：人民教育出版社, 1959

[15] 北京大学数学系几何与代数教研室前代数小组编. 高等代数 (第三版). 北京：高等教育出版社, 2003

[16] 吴文俊. 世界著名科学家传记. 北京：科学出版社, 1992

[17] 项武义, 王申怀, 潘养廉. 古典几何学. 上海：复旦大学出版社, 1986

[18] 熊华平. 实射影平面的简明公理化体系//赵宏量. 几何教学探索. 重庆：西南师范大学出版社, 1989

[19] 叶惟寅, 周兴和. 大学数学. 苏州：苏州大学出版社, 2000

[20] 叶惟寅, 周兴和. 大学数学自学辅导. 苏州：苏州大学出版社, 2000

[21] 钟集. 高等几何. 北京：高等教育出版社, 1983

[22] 朱德祥. 高等几何. 北京：高等教育出版社, 1983

习题答案与提示

习题 1.1

1. 因为定义域不是 $\mathbf{R}$, 故 (6),(8) 不是 $\mathbf{R}$ 到自身的对应, 其余均为 $\mathbf{R}$ 到自身的对应. (2),(3) 是 $\mathbf{R}$ 到自身的双射; (5) 是单射但不是满射; (1),(4),(7) 不是单射也不是满射.

2. 因为 A 为二阶正交矩阵, 所以有 $AA^{\mathrm{T}}=E$. 由此立刻可得欲证结论.

3. (1) 验证知 φ 的矩阵 A 满足 $AA^{\mathrm{T}}\neq kE(k>0$ 为常数), 所以,φ 既不是正交变换也不是相似变换. 但 $|A|\neq 0$, 所以 φ 为仿射变换. (2) 点 $(1,0)$ 和 $(-1,1)$ 在 φ 下的像点分别为 $(1,4)$ 和 $(-2,1)$. (3) 任一直线在 φ 下的像仍为直线, 已知直线在 φ 下的像线为 $2x'-y'-1=0$.

4. 乘积变换 $\varphi_1\circ\varphi_2$ 和 $\varphi_2\circ\varphi_1$ 的变换式为:

$$\varphi_1\circ\varphi_2:\quad\begin{cases}x'=3x-4y+8,\\ y'=7x-11y+24;\end{cases}\qquad \varphi_2\circ\varphi_1:\quad\begin{cases}x'=-5x+5y-7,\\ y'=4x-3y+4.\end{cases}$$

5. (1) 易验证, 变换 φ 的矩阵 A 满足 $AA^{\mathrm{T}}=E$, 因此 φ 为一个正交变换. (2) 在 φ 的变换式中令 $x'=x,y'=y$ 可解得不变点坐标为 $\left(\dfrac{7}{2},\dfrac{1}{2}\right)$.

6. **提示** 只需证明在正交变换 (1.1) 下, 任两点 $P(x_1,y_1),Q(x_2,y_2)$ 与其像点 $P'(x_1',y_1')$, $Q'(x_2',y_2')$ 的坐标满足 $(x_2'-x_1',y_2'-y_1')=(x_2-x_1,y_2-y_1)A^{\mathrm{T}}$ 即可.

7. **提示** 设线段 PQ,RS 的端点坐标为 $P(x_1,y_1)$, $Q(x_2,y_2)$, $R(x_3,y_3)$, $S(x_4,y_4)$, 其在 (1.11) 下的像线段 $P'Q',R'S'$ 的端点坐标为 $P(x_1',y_1')$, $Q(x_2',y_2')$, $R(x_3',y_3')$, $S(x_4',y_4')$. 利用上题结果可证.

8. **提示** 设共线三点 $P_1(x_1,y_1),P_2(x_2,y_2),P(x,y)$ 在仿射变换 (1.13) 下的像点依次为 $P_1'(x_1',\ y_1')$, $P_2'(x_2',y_2')$, $P(x',y')$. 利用单比定义和 (1.13) 即可证得 $(P_1'P_2'P')=(P_1P_2P)$.

9. **提示** 设平面上的两平行直线的方程为 $l_1:A_1x+B_1y+C_1=0$ 和 $l_2:A_1x+B_1y+C_2=0$. 将仿射变换式代入上述两直线方程即得两条像直线方程, 易证方程中 x',y' 的系数比相等, 于是两条像直线平行.

10. **证明** 设三角形 $P_1P_2P_3$ 的三个顶点的坐标为 $(x_i,y_i)\,(i=1,2,3)$. 则

$$S_{\triangle P_1P_2P_3}=\frac{1}{2}\left\|\begin{matrix}x_1&y_1&1\\x_2&y_2&1\\x_3&y_3&1\end{matrix}\right\|.$$

三角形 $P_1P_2P_3$ 的三个顶点在变换 (1.13) 下的像点依次为 $P_i'(x_i', y_i')(i=1,2,3)$, 利用行列式的性质可得 $S_{\triangle P_1'P_2'P_3'} = \lambda S_{\triangle P_1P_2P_3}$.

同理, 对于另一个 $\triangle Q_1Q_2Q_3$ 及其像 $\triangle Q_1'Q_2'Q_3'$, 也有 $S_{\triangle Q_1'Q_2'Q_3'} = \lambda S_{\triangle Q_1Q_2Q_3}$. 于是,

$$\frac{S_{\triangle P_3P_3P_3}}{S_{\triangle Q_1Q_2Q_3}} = \frac{S_{\triangle P_1'P_2'P_3'}}{S_{\triangle Q_1'Q_2'Q_3'}}.$$

因为平面上任何封闭图形的面积均可由一系列三角形的面积之和取极限得到, 所以平面上任何两个封闭图形的面积之比是仿射不变的.

11. **证明** 设 C 为线段 AB 的中点. 则有 $(ABC) = -1$. 设 A, B, C 三点在仿射变换 (1.13) 下的像点依次为 A', B', C'. 因为仿射变换保持共线三点的单比不变, 所以 $(A'B'C') = -1$, 即 C' 是线段 $A'B'$ 的中点, 从而仿射变换不仅将线段变为线段, 也将线段的中点变为其像线段的中点, 即线段的中点是仿射不变性.

12. **证明** 由上题, 一个三角形每边的中点在仿射变换下依次为像三角形每边的中点, 即三角形每边上的中线的像是像三角形对应边上的中线, 又因为共点线的像仍然为共点线, 所以仿射变换将一个三角形的重心变为其像三角形的重心, 即三角形的重心为仿射不变性.

13. **证明** 因为仿射变换将平行的直线变为平行的直线, 不平行的直线变为不平行的直线, 所以在仿射变换下, 梯形的像仍然为梯形.

习题 1.2

1. **证明** 如图 1.1′, 设 O 为投射中心, p, q 分别与 π, π' 的交线 x 交于点 X, Y. 在 p 上任取一异于 V 的点 P, 则 P 的象点 P' 为 p' 上一点, 而且 O, V, X, P, P' 共面, $XP' /\!/ OV$. 同理, $YQ' /\!/ OV$. 所以 $XP' /\!/ YQ'$ 即 $p' /\!/ q'$.

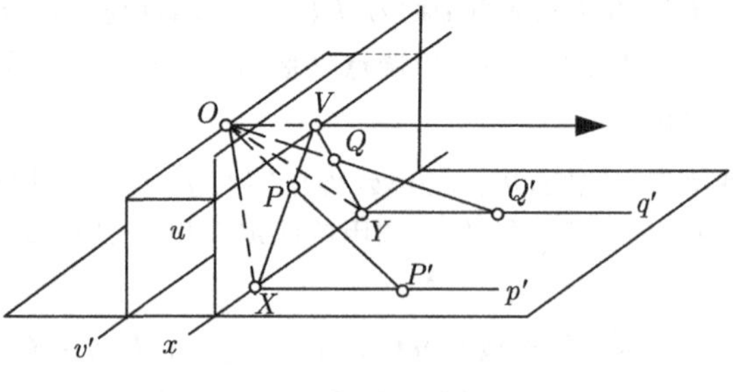

图 1.1′

2. **提示** 设 $ABCD$ 为 π 上的已知四边形. 情形 1. $ABCD$ 不是平行四边形. 以其对边 AB, CD 与 AD, BC 的交点连线 f 作为 π 上的影消线 (即取投射中心 O, 使得 O 与 f 所确定的平面平行于 π'), 据上题四边形 $ABCD$ 的象为平行四边形. 情形 2. $ABCD$ 是平行四边形. 只要使得 π' 与 π 平行即可.

3. **提示** 根据第 1 题, 如图 1.2′, 对于任意的 R, $\angle PRQ$ 在 π' 上的象为一系列对应边相互平行的角, 所有这些角都相等, 从而为定值.

此外, 如图 1.2′, 不难由立体几何知识得到这些角都等于 $\angle POQ$.

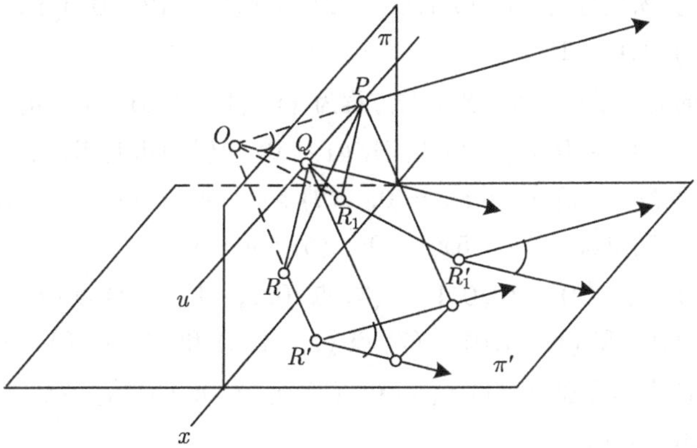

图 1.2′

4. **提示** 设拓广平面 π 与 π' 的交线为 x, 且 $p\times x=X$. 则 X 为定点且无论 O 怎样变动, p' 总经过点 X.

5. **证明** (1) 因为拓广平面之间的中心射影为双射, 所以 A,B,C 相异, 就必有 $A'=\varphi(A)$, $B'=\varphi(B)$, $C'=\varphi(C)$ 三点相异.

(2) 若 A,B,C 共线于 l 且均不是影消点, 则显然 A',B',C' 是 l 的像直线 l' 上的三个相异的通常点, 共线于 l'. 若 A,B,C 中只有一个点为影消点, 不妨设为 C, 而 A,B 均不是影消点, 则 C' 为直线 l 的像直线 l' 上的无穷远点, A',B',C' 共线. 若 A,B,C 中有两个点为影消点, 则这三个点均为影消点, 从而其像点 A',B',C' 共线于无穷远直线.

(3) 由 φ 是拓广平面 π 到 π' 的中心射影, φ^{-1} 是拓广平面 π' 到 π 的中心射影, 利用反证法和 (2) 即可得.

习题 1.3

1. (1) 点 $P(2,0),Q(1,3),R(4,1),S\left(\dfrac{5}{3},2\right)$ 的齐次坐标分别为 $(2\rho,0,\rho)(\rho\neq 0)$ 或 $(2,0,1)$, $(\rho,3\rho,\rho)(\rho\neq 0)$ 或 $(1,3,1)$, $(4\rho,\rho,\rho)(\rho\neq 0)$ 或 $(4,1,1)$, $(5\rho,6\rho,3\rho)\,(\rho\neq 0)$ 或 $(5,6,3)$.

(2) 所求点的齐次坐标为 $(\rho,\rho\dfrac{3}{4},0)(\rho\neq 0)$ 或 $(4,3,0)$.

(3) 因为直线 $Ax+By+C=0$ 上的无穷远点为 $(B,-A,0)$, 所以所求直线上的无穷远点为 $(\rho,-3\rho,0)(\rho\neq 0)$ 或 $(1,-3,0)$.

2. 点 $P(2,4,-1)$, $Q(\sqrt{10},-\sqrt{6},2)$, $S(0,4,3)$, $U(1,0,4)$ 的非齐次坐标分别为 $(-2,-4)$, $\left(\dfrac{\sqrt{10}}{2},-\dfrac{\sqrt{6}}{2}\right)$, $\left(0,\dfrac{4}{3}\right)$, $\left(\dfrac{1}{4},0\right)$, 点 $R(0,1,0)$ 和 $T(1,4,0)$ 是无穷远点, 没有非齐次坐标.

3. 由于齐次性, $(\pm1,\pm1,\pm1)$ 可以表示四个相异的点. 它们是 $(1,1,1),(1,1,-1)$,

$(1,-1,1)$, $(-1,1,1)$. 其相应的非齐次坐标分别为 $(1,1),(-1,-1),(1,-1),(-1,1)$.

4. 各直线的齐次坐标为 (1) $[0,1,0]$; (2) $[1,0,0]$; (3) $[0,0,1]$; (4) $[1,-2,-3]$; (5) $[2,-1,0]$; (6) $[1,0,-1]$.

5. 各直线上的无穷远点的齐次坐标与方程为 (1) $(1,-1,0)$, $u_1-u_2=0$; (2) $(2,-1,0)$, $2u_1-u_2=0$; (3) $(1,0,0)$, $u_1=0$; (4) $(0,1,0)$, $u_2=0$.

6. 各直线方程为 (1) $x_2+x_3=0$; (2) $x_1+x_2-x_3=0$; (3) $x_1+x_3=0$; (4) $x_1-x_2=0$; (5) $2x_1-x_2+5x_3=0$; (6) $x_3=0$.

7. (1) 点 $(1,0,0)$; (2) 点 $(0,0,1)$; (3) 点 $(0,1,-1)$; (4) 点 $(2,1,0)$; (5) 点 $(1,1,2)$; (6) 点 $(1,-1,0)$ 和 $(1,-4,0)$; (7) 点 $(1,-1,0)$ 和 $(1,-2,0)$; (8) 点 $(a,b,0)$.

8. 各点齐次线坐标方程为: (1) $u_1=0$; (2) $u_2=0$; (3)$2u_1-u_2=0$; (4) $u_3=0$; (5) $2u_1+4u_2-3u_3=0$.

9. 因为

$$\begin{vmatrix} 1 & 2 & 3 \\ 2 & 2 & 1 \\ 3 & 4 & 3 \end{vmatrix} = 2 \neq 0,$$

故 A,B,C 三点不共线. 三点形 ABC 三边 AB,BC,CA 的方程分别为 $4x_1-5x_2+2x_3=0, 2x_1-3x_2+2x_3=0, 3x_1-3x_2+x_3=0$.

10. 因为已知三直线的线坐标依次为 $a[2,1,1], b[3,-4,2], c[4,1,-3]$, 而

$$\begin{vmatrix} 2 & 1 & 1 \\ 3 & -4 & 2 \\ 4 & 1 & -3 \end{vmatrix} = 56 \neq 0,$$

所以, 三直线 a,b,c 不共点. 三条直线两两交点的齐次坐标为 $b\times c=(10,17,19), c\times a=(2,-5,1), a\times b=(6,-1,-11)$.

11. 所求两直线的交点坐标与方程为 (1) $(2,9,5)$, $2u_1+9u_2+5u_3=0$; (2) $(2,1,-3)$, $2u_1+u_2-3u_3=0$.

12. (1) 因为

$$\begin{vmatrix} 1 & 4 & -3 \\ 0 & 2 & 5 \\ 3 & 8 & -19 \end{vmatrix} = 0,$$

所以, P_1,P_2,P_3 三点共线.

(2) 其所在直线, 即 P_1P_2 的方程为 $26x_1-5x_2+2x_3=0$.

(3) 设

$$\rho\begin{pmatrix}3\\8\\-19\end{pmatrix}=\begin{pmatrix}1\\4\\-3\end{pmatrix}+\lambda\begin{pmatrix}0\\2\\5\end{pmatrix}.$$

解得 $\rho=\dfrac{1}{3},\lambda=-\dfrac{2}{3}$. 重新选取 $(1,\dfrac{8}{3},-\dfrac{19}{3})$ 为 P_3 的齐次坐标, 则有 $P_3=P_1-\dfrac{2}{3}P_2$.

13. (1) 分别验证 P,Q,R; P,Q,E; Q,R,E; P,R,E 均为不共线三点组即可.

(2) 设 $T=PE\times QR$, 则可求出 $T=(0,-1,0)$. 设 $E=lP+fT$, 求出 $l=1,f=-2$, 即 $E=P-2T$. 又设 $T=gQ+hR$, 有 $g=1/2$, $h=-1/2$. 于是有 $E=P-Q+R$. 重新选取 $(-1,0,-1)$ 为 Q 的齐次坐标, 即有 $E=P+Q+R$.

14. **证明**(本题即为定理 1.27′ 的证明) 令三点形 $A_1B_1C_1$ 与 $A_2B_2C_2$ 的边 B_1C_1, C_1A_1, A_1B_1 和 B_2C_2, C_2A_2, A_2B_2 的齐次方程依次为 $\alpha_1=0$, $\beta_1=0$, $\gamma_1=0$ 和 $\alpha_2=0$, $\beta_2=0$, $\gamma_2=0$. 再令 X,Y,Z 所在直线 l 的齐次方程为 $\delta=0$. 则直线 B_1C_1,B_2C_2,l 共点于 X, 由定理 1.22′ 有 $\delta\equiv p_1\alpha_1-p_2\alpha_2$. 同理, 有 $\delta\equiv q_1\beta_1-q_2\beta_2$, $\delta\equiv r_1\gamma_1-r_2\gamma_2$, 其中 p_1,p_2,q_1,q_2,r_1,r_2 都是常数. 因此 $p_1\alpha_1-p_2\alpha_2\equiv q_1\beta_1-q_2\beta_2\equiv r_1\gamma_1-r_2\gamma_2$. 于是有 $q_1\beta_1-r_1\gamma_1\equiv q_2\beta_2-r_2\gamma_2$, $r_1\gamma_1-p_1\alpha_1\equiv r_2\gamma_2-p_2\alpha_2$, $p_1\alpha_1-q_1\beta_1\equiv p_2\alpha_2-q_2\beta_2$. 从而 $q_1\beta_1-r_1\gamma_1=0$ 与 $q_2\beta_2-r_2\gamma_2=0$ 是同一直线的方程. 但是, $q_1\beta_1-r_1\gamma_1=0$ 表示的直线通过点 A_1, 而 $q_2\beta_2-r_2\gamma_2=0$ 表示的直线通过点 A_2, 从而这两个方程都是直线 A_1A_2 的方程.

同理可以求得 B_1B_2,C_1C_2 的方程. 我们得到 A_1A_2, B_1B_2 和 C_1C_2 的两组方程如下

$$A_1A_2:\quad q_1\beta_1-r_1\gamma_1=0,\quad q_2\beta_2-r_2\gamma_2=0;$$

$$B_1B_2:\quad r_1\gamma_1-p_1\alpha_1=0,\quad r_2\gamma_2-p_2\alpha_2=0;$$

$$C_1C_2:\quad p_1\alpha_1-q_1\beta_1=0,\quad p_2\alpha_2-q_2\beta_2=0.$$

因为上述每组相加都等于零, 故据定理 1.23′, 此三直线共点.

15. **提示** 先计算 P,Q,R 的坐标, 再计算 L,M,N 的坐标, 得 $L(0,g,-h)$, $M(f,0,-h)$, $N(-f,g,0)$. 由此可得 L,M,N 三点共线, 其所在直线方程为 $ghx_1+fhx_2+fgx_3=0$.

16. **提示** 设定直线 $x_2-kx_3=0$ 上的动点为 $Z(a,k,1)$. 先计算 Q,R 的坐标得 $Q(a,0,1)$, $R(a,k,0)$. 再求 QR 与 $X_\infty Y_\infty$ 的交点得 $P(0,k,-1)$. 因为 P 的坐标与 a 无关, 所以 P 为定点. $X_\infty P$ 的方程为 $x_2+kx_3=0$.

17. **证明** 相异三点 $l_ia+m_ib+n_ic$ 共线 $\Leftarrow$ 存在全不为零的常数 p,q,r 使得 $p(l_1a+m_1b+n_1c)+q(l_2a+m_2b+n_2c)+r(l_3a+m_3b+n_3c)=0$, 即 $(pl_1+ql_2+rl_3)a+(pm_1+qm_2+rm_3)b+(pn_1+qn_2+rn_3)c=0$ $\Leftarrow$(由于 a,b,c 不共线) $pl_1+ql_2+rl_3=0,pm_1+qm_2+rm_3=0,pn_1+qn_2+rn_3=0$ $\Leftarrow$(因为 p,q,r 全不为零)

$$\begin{vmatrix} l_1 & m_1 & n_1 \\ l_2 & m_2 & n_2 \\ l_3 & m_3 & n_3 \end{vmatrix} = 0.$$

18. 已知两直线的斜率可以由方程 $b\lambda^2+2h\lambda+a=0$ 确定. 解得 $\lambda=\dfrac{-h\pm\sqrt{h^2-ab}}{b}$. 从而已知两直线上无穷远点的齐次坐标分别为 $(b,-h-\sqrt{h^2-ab},0),(b,-h+\sqrt{h^2-ab},0)$; 其方程为 $bu_1-(h+\sqrt{h^2-ab})u_2=0, bu_1-(h-\sqrt{h^2-ab})u_2=0$.

19. **证明** 已知方程可以写为

$$\left(u_1+\frac{3-\sqrt{13}}{2}u_2\right)\left(u_1+\frac{3+\sqrt{13}}{2}u_2\right)=0,$$

它决定两个无穷远点, 齐次坐标分别为 $(1,\dfrac{3-\sqrt{13}}{2},0),(1,\dfrac{3+\sqrt{13}}{2},0)$; 这两个无穷远点的方向分别为 $k_1=\dfrac{3-\sqrt{13}}{2},k_2=\dfrac{3+\sqrt{13}}{2}$. 显然, $k_1k_2=-1$. 所以, 这两个无穷远点在相互垂直的方向上.

20. 两点连线方程为 $x_1+2x_2+x_3=0$, 坐标为 $[1,2,1]$.

21. 两直线 $[1,1,1]$ 与 $[2,1,3]$ 的交点坐标为 $(2,-1,-1)$, 它与点 $(2,3,1)$ 的连线方程为 $x_1-2x_2+4x_3=0$, 其坐标为 $[1,-2,4]$. 其上无穷远点即其与无穷远直线 $x_3=0$ 的交点, 坐标为 $(2,1,0)$.

习题 1.4

1. **提示** 显然, 拓广平面 α 上所有线束的束心的集合即为拓广平面上所有点的集合. 因此可以定义束心的集合与 RP^2 之间的双射 φ 为点坐标映射, 而线坐标映射同例 1.6, 为拓广直线的集合与 $(RP^2)^*$ 之间的双射.

2. **提示** 定义映射 $\varphi:\{E^3\text{中过 } S \text{ 的全体直线}\}\to RP^2, x\mapsto(x_1,x_2,x_3)$, 这里 (x_1, x_2,x_3) 为直线 x 的方向向量, 易证 φ 为 π 的“点”的集合与 RP^2 之间的一个双射, 此为点坐标映射. 定义映射 $\psi:\{E^3\text{中过 } S \text{ 的全体平面}\}\to(RP^2)^*,\Sigma\mapsto[u_1,u_2,u_3]$, 这里 $[u_1,u_2,u_3]$ 是平面 Σ 的法向量, 易证 ψ 为 π 的“直线”的集合与 $(RP^2)^*$ 之间的一个双射, 此为线坐标映射. 由上述定义, 在 π 上, 一点 x 与一直线 u 相关联 $\Leftrightarrow x_1u_1+x_2u_2+x_3u_3=0$. 从而 π 为实射影平面的一个模型.

上述射影平面模型的对偶平面, 将 E^3 中的平面丛作为“点”集, 而直线丛作为“直线”集即可. 坐标映射与上述类似, 关联关系与上述相同.

3. 易证 A,B,C 三点共线(略); 取 $E(0+1+2,0+2+(-1),1+3+4)$, 即 $E(3,1,8)$ 为单位点, 据 (1.19) 可直接写出射影坐标变换的逆式为

$$\rho\begin{pmatrix}x_1\\x_2\\x_3\end{pmatrix}=\begin{pmatrix}0&1&2\\0&2&-1\\1&3&4\end{pmatrix}\begin{pmatrix}x_1'\\x_2'\\x_3'\end{pmatrix}.$$

4. 第一步. 分别验证 P,Q,R; P,Q,E; Q,R,E; P,R,E 均为不共线三点组, 于是给定四点组无三点共线.

第二步. 适当选取已知四点的齐次坐标, 使得 $E=P+Q+R$. 事实上, 重新选取 $(-1,1,-1)$ 为 P 的齐次坐标, $(4,2,0)$ 为 Q 的齐次坐标, 四点的齐次坐标即满足单位点规则 $E=P+Q+R$. 从而所求变换式为

$$\rho\begin{pmatrix}x_1\\x_2\\x_3\end{pmatrix}=\begin{pmatrix}-1&4&-2\\1&2&0\\-1&0&1\end{pmatrix}\begin{pmatrix}x_1'\\x_2'\\x_3'\end{pmatrix},\quad \rho\neq 0.$$

5. A,B 两点的连线方程为

$$\begin{vmatrix}x_1&x_2&x_3\\1+\mathrm{i}&2-\mathrm{i}&1\\1-\mathrm{i}&2+\mathrm{i}&1\end{vmatrix}=0,$$

即 $x_1+x_2-3x_3=0$. 这是一条实直线, 因为事实上 A,B 两点互为共轭点.

6. 因为 $(2,\mathrm{i},1-\mathrm{i})=(2(1-\mathrm{i}),\mathrm{i}(1-\mathrm{i}),(1-\mathrm{i})^2)=(2-2\mathrm{i},1+\mathrm{i},-2\mathrm{i})=(\overline{2+2\mathrm{i}},\overline{1-\mathrm{i}},\overline{2\mathrm{i}})$, 所以 A,B 两点为一对共轭虚点. A,B 两点的连线 AB 的方程为 $x_1-2x_2-2x_3=0$, 这是一条实直线.

评注 一对共轭虚点的连线是一条实直线，但由两个虚点的连线是一条实直线却得不到这两个虚点是一对共轭虚点，这是因为一条实直线上有很多对共轭虚点.

7. 因为 $(1,\mathrm{i},0)$ 的共轭点为 $(1,-\mathrm{i},0)$, 此二点连线即为过 $(1,\mathrm{i},0)$ 的实直线, 而所论之点均为无穷远点, 故所求直线为 $x_3=0$.

直线 $[2,\mathrm{i},3-4\mathrm{i}]$ 上的实点即为其与它的共轭直线 $[2,-\mathrm{i},3+4\mathrm{i}]$ 的交点, 容易求出为 $(3,-8,-2)$.

8. 解方程组 $(x_1-ax_3)^2+(x_2-bx_3)^2=R^2x_3^2, x_3=0$, 得 $x_1:x_2:x_3=1:\pm\mathrm{i}:0$. 于是, 所求交点齐次坐标为 $I(1,\mathrm{i},0), J(1,-\mathrm{i},0)$.

*9. **提示** 显然, $F=\{-1,0,1\}$. 列出 F 上的乘法表与加法表. 设 FP^2 为 F 上的全体三维向量类的集合. 由于 F 为有限集, 可以列出 FP^2 的全体相异元素, 你会发现, FP^2 中只有 13 个相异的元素. 因此, F 上的射影平面由 13 个点、13 条直线构成. 你可以列出一张表格, 完全枚举这 13 个点、13 条直线的关联关系. 你会发现, 经过每个点有且只有 4 条直线,

在每条直线上有且只有 4 个点. 但是有趣的是, 本教材关于实射影平面讨论的所有主干内容和结论, 在这个有限射影平面上均可讨论而且也成立.

习题 1.5

1. 仿照例题 1.11 的步骤可以画出所有图形的对偶图形, 在此略去.

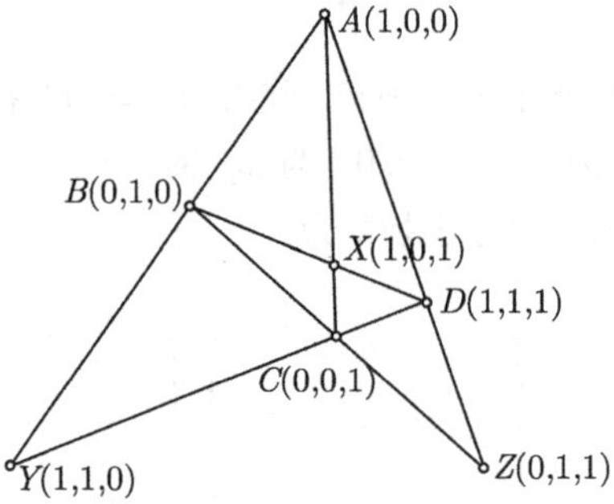

图 1.3′

2. **证明 (Fano 定理)** 如图 1.3′, 设 XYZ 为完全四点形 $ABCD$ 的对边三点形. 取射影坐标系 $(ABC|D)$, 则点 A,B,C,D 在此射影坐标系下的齐次坐标为 $A(1,0,0)$, $B(0,1,0)$, $C(0,0,1)$, $D(1,1,1)$.

因为 $X=AC\times BD$, $Y=AB\times CD$, $Z=BC\times AD$, 容易求出 X,Y,Z 的齐次坐标依次为 $X(1,0,1)$, $Y(1,1,0)$, $Z(0,1,1)$. 由

$$\begin{vmatrix} 1 & 0 & 1 \\ 1 & 1 & 0 \\ 0 & 1 & 1 \end{vmatrix} \neq 0$$

知, X,Y,Z 不共线.

3. Fano 定理的对偶命题: 射影平面上任一个完全四线形的三条对顶线不共点.

利用 $(RP^2)^*$ 与 RP^2 同样的代数性质可证. 实际上, 就是在上题的对偶平面上证明. 设已知完全四线形 $abcd$, 而且其三条对顶线依次为 $x=(a\times c)(b\times d)$, $y=(a\times b)(c\times d)$, $z=(b\times c)(a\times d)$. 因为 a,b,c,d 为无三线共点的四条直线, 适当选取射影坐标系, 必定可以使得完全四线形的边依次有线坐标 $a[1,0,0]$, $b[0,1,0]$, $c[0,0,1]$, $d[1,1,1]$, 由此可分别求出 x,y,z 的线坐标为 $x[1,0,1]$, $y[1,1,0]$, $z[0,1,1]$, 与上题同样验证此三直线不共点.

4. 设通过两点 L_1,L_2 分别作相异的三直线 a_1,b_1,c_1 和 a_2,b_2,c_2. 求证: $b_1\times c_2$ 与 $b_2\times c_1$ 的连线, $c_1\times a_2$ 与 $c_2\times a_1$ 的连线, $a_1\times b_2$ 与 $a_2\times b_1$ 的连线必三线共点.

5. 设三线形 abc 的三顶点 $b\times c$, $c\times a$, $a\times b$ 的坐标分别为 α,β,γ, 又有分别在边 a,b,c 上的三点. 求证: 此三点共线 $\Leftrightarrow$ 其坐标可以表为 $q\beta-r\gamma$, $r\gamma-p\alpha$, $p\alpha-q\beta$, 其中 p,q,r 为常数.

6. (1) 平面上相异四直线, 其中无三线共点, 有六个点是它们两两相交的交点.

(2) 命题涉及平行和线段及距离概念, 所以不是射影命题, 无对偶命题.

(3) 设 a,b,c 为不共点三直线, d,e 为相异二直线, 满足 b,c,d 共点且 c,a,e 共点. 则存在直线 f, 使得 a,b,f 共点且 d,e,f 共点.

(4) 命题涉及圆, 角度等概念, 所以不是射影命题, 无对偶命题.

7. 设 X,Y,Z 为共线于直线 o 的三个定点, a,b 为二定直线, 且其交点 $a\times b$ 在 o 上, 又直线 r 为过 Z 点的动直线, 且点 $r\times a$, $r\times b$ 分别与点 X, Y 的连线为 p,q. 求证: $p\times q$ 在过点 $a\times b$ 的一条定直线上.

8. 设 a,b 为两定直线, O 为定点. 经过 O 任作两二直线 p,q, 设 $a\times p$ 与 $b\times q$ 连线为 l, $a\times q$ 与 $b\times p$ 连线为 m. 求证: $l\times m$ 在经过 $a\times b$ 的一条定直线上.

9. 设有一个变动的三线形 abc. 如果其顶点 $b\times c$, $c\times a$, $a\times b$ 分别在共点的三直线 p,q,r 上, 而且边 b,c 分别通过定点 P,Q, 则边 a 也通过一个定点 R. (本题的图形是一个自对偶图形.)

习题 1.6

1.**证法一** 如图 1.4′, 考察三点形 LFA 与 GCU, 利用 Desargues 透视定理的逆定理, 即可证明其对应顶点的连线 LG,CF,AU 共点.

证法二 如图 1.4′, 设 $GL\times UA=E$. 由三点形 GBL 与 UDA 有透视中心 V, 得对应边的交点 C,E,F 三点共线, 即 LG,CF,AU 共点.

评注 由 Desargues 构图的性质, 凡是可以用 Dsargues 透视定理证明的题目, 一般都应有两种途径证明. 事实上, 法二中, 我们还可以考察三点形 LGV 与 FCD 或者 CFB 与 UAV.

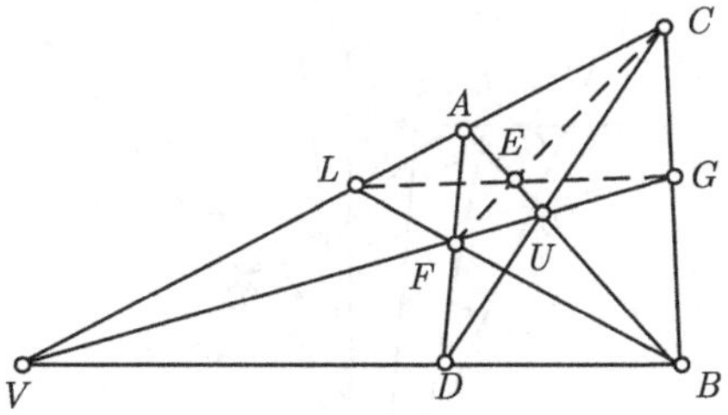

图 1.4′

2. 本题与例 1.18 完全对偶.

3. **作法**: (1) 设 $a\times d=A$, $b\times c=A'$. 连 $AA'=l_1$, 在 l_1 上任取异于 A,A' 的一点 O, 过 O 作直线 l_2,l_3,l_4,l_5, 设 l_3 分别交 a,b 于 C,C', l_5 分别交 d,c 于 E,E'. 设 l_2 分别交 d,c 于 B,B', l_4 分别交 a,b 于 D,D'(如图 1.5′).

(2) 连 $BC,B'C'$ 交于 P, 连 $DE,D'E'$ 交于 Q. 则直线 $PQ=l$ 即为所求.

证明: 由作法, 三点形 $ABC, A'B'C'$ 与三点形 $ADE, A'D'E'$ 的对应顶点连线共点于 O, 满足 Desargues 透视定理条件, 所以, P, Q 以及 $a \times b$, $c \times d$ 四点共线.

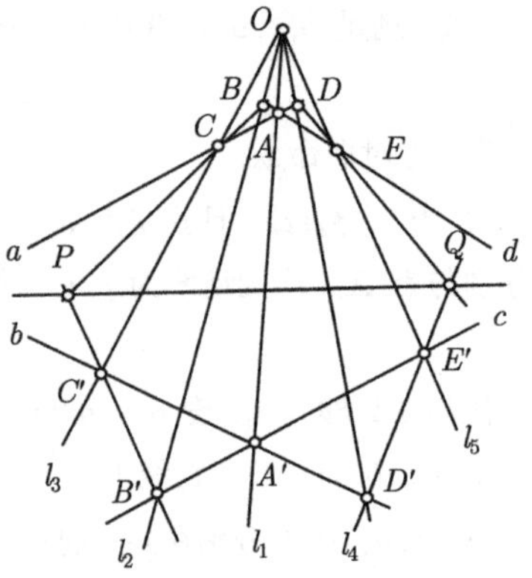

图 1.5′

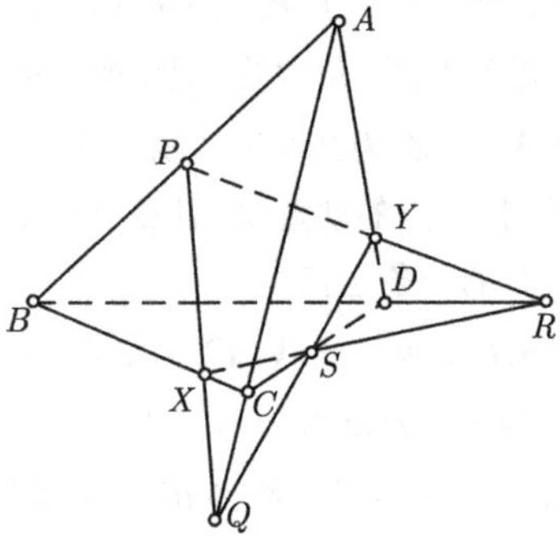

图 1.6′

4. **证法一** 如图 1.6′, 因为点 P, R 均在面 ABD 上, 所以 PR 与 AD 共面, 必有交点. 同理, QS 与 AD 共面, 必有交点.

考察三点形 APQ 与 DRS, 显然其对应边的交点 B, X, C 三点共线, 根据 Desargues 透视定理的逆定理, 其对应顶点的连线 AD, PR, QS 必定共点, 即 PR 与 QS 的交点在 AD 上.

证法二 如图 1.6′, 设 $AD \times PR = Y$. 由三点形 ACD 与 PXR 具有透视中心 B, 于是必定存在透视轴, 即其对应边的交点 Y, S, Q 必定三点共线, 从而结论成立.

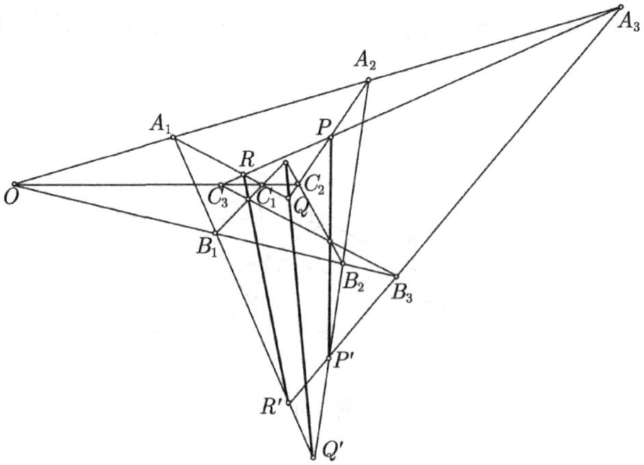

图 1.7′

5. **证明** 如图 1.7′, 设三个三点形 $A_1B_1C_1$, A_2, B_2, C_2, A_3, B_3, C_3 具有公共的 Desargues 点 O. 三点形 $A_2B_2C_2$ 与 $A_3B_3C_3$ 的 Desargues 线为 PP', 三点形 $A_1B_1C_1$ 与 $A_3B_3C_3$ 的 Desargues 线为 RR', 三点形 $A_1B_1C_1$ 与 $A_2B_2C_2$ 的 Desargues 线为 QQ'.

则三点形 PQR 与 $P'Q'R'$ 具有 Desargues 线 OA_1, 从而具有 Desargues 点, 即三条 Desargues 线共点.

评注 由例 1.13 中的图 1.36 考虑本题构图, 则本题结论应改为:“三条 Desargues 线共点或重合”.

6. **证明** 如图 1.8′, 设 P' 为动点 P 的另一个位置, 由此而得 X, Y 的对应位置为 X' 与 Y'. 考察三点形 AXX' 与 BYY'. 因为其对应边的交点 P, C, P' 共线, 所以其对应顶点的连线 AB, XY, $X'Y'$ 共点, 此点为 AB 上的定点.

评注 也可考察三点形 PXY 与 $P'X'Y'$ 给出证明. 本题与例 1.13 几乎是同一个题目, 但是例 1.13 更为一般.

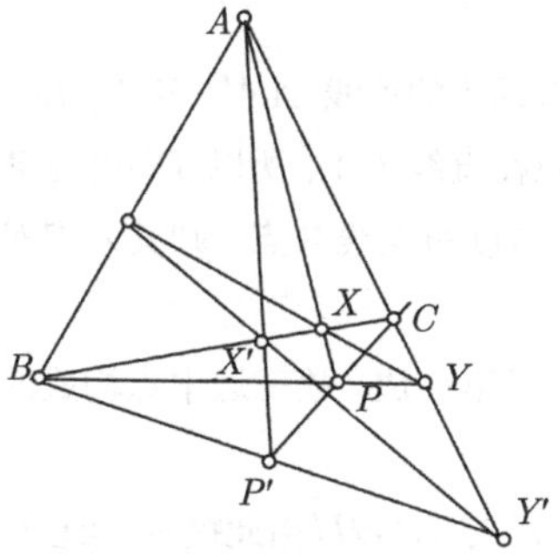

图 1.8′

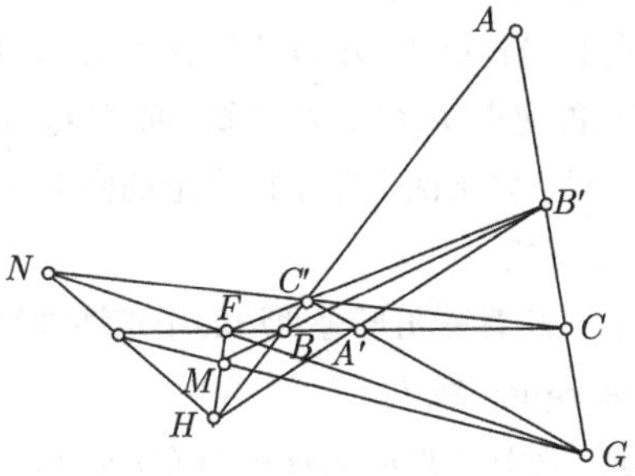

图 1.9′

7. **提示** 如图 1.9′, 考察三点形 HBM 与 NCG, 并利用 Desargues 透视定理的逆定理即可证明.

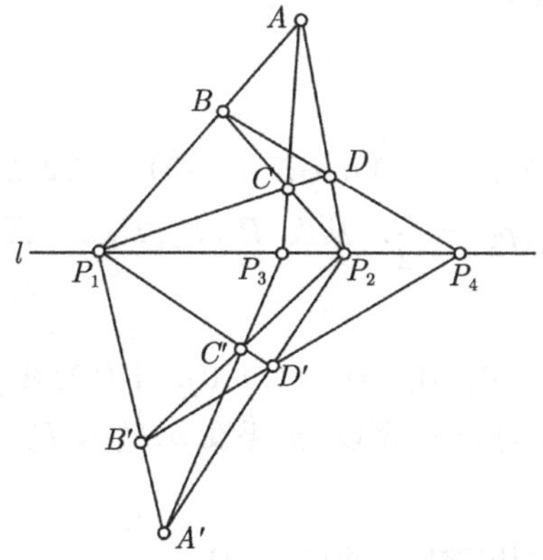

图 1.10′

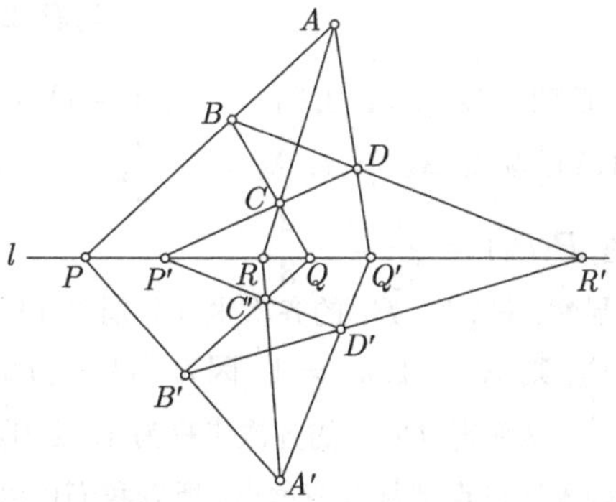

图 1.11′

8. **证明** 如图 1.10′, 由题设, 三点形 ABC 与 $A'B'C'$ 的对应边交点 P_1, P_2, P_3 共线于 l, 根据 Desargues 透视定理, 它们有 Desargues 点, 设为点 S. 即 AA', BB', CC' 共点于 S. 同样地, 三点形 ADC 与 $A'D'C'$ 的对应边的交点 P_1, P_2, P_3 共线, 也具有 Desargues 点. 注意到这个 Desargues 点为 AA', DD', CC' 的交点, 亦为点 S. 从而 S 也是三点

形 ABD 与 $A'B'D'$ 的对应顶点连线的交点, 故三点形 ABD 与 $A'B'D'$ 应具有 Desargues 线. 由于 $AB\times A'B'=P_1$, $AD\times A'D'=P_2$, 故此 Desargues 线必为直线 l, 从而直线 BD 与 $B'D'$ 的交点在直线 l 上, 即直线 $BD, B'D', l$ 共点于 P_4.

9. **证明** 如图 1.11′, 设完全四点形 $ABCD$ 与 $A'B'C'D'$ 对应边的交点为 $AB\times A'B'=P$, $CD\times C'D'=P'$, $BC\times B'C'=Q$, $AD\times A'D'=Q'$, $AC\times A'C'=R$, $BD\times B'D'=R'$. 设 P,P',Q,Q',R 五点共线于 l. 我们证明点 R' 也在直线 l 上.

因为 P,Q,R 共线于 l, 所以三点形 ABC 与 $A'B'C'$ 具有透视中心, 设为 S. 即三直线 AA', BB', CC' 共点于 S.

因为 P',R,Q' 共线于 l, 所以三点形 DCA 与 $D'C'A'$ 具有透视中心. 即三直线 DD', CC', AA' 共点, 此点也是 S.

考察三点形 ABD 与 $A'B'D'$, 由上述, 其对应顶点的连线 AA', BB', DD' 共点于 S, 所以, 其对应边的交点 P,Q',R' 共线. 而 P,Q' 两点在直线 l 上, 所以 R' 也必定在直线 l 上.

由本题归纳: 如果两个完全四点形的四双对应顶点的连线共点, 则其六双对应边的交点必定共线. 反之亦然.

10. **提示** 注意三角形每两边的中点连线平行于第三边, 故三边中点构成的三点形与原三点形有 Desargues 线 l_∞.

11. **提示** 考察三点形 AHE 与 CFG 和 BEF 与 DGH(由此提示, 可以想知 E,F,G, H 各是标在何边上的).

12. **提示** 透视中心为无穷远点, 则两个三点形对应顶点连线平行, 其对应边交点共线, 或两对对应边的交点连线平行于第三对对应边 (如果第三对对应边相互平行), 类似地可以得到其他情况. 并同样讨论透视轴为无穷远直线的情况.

习题 2.1

1. **证明** 设 $\rho_1(1,0,0)=(2,1,-1)+\lambda_1(1,-1,1), \rho_2(1,5,-5)=(2,1,-1)+\lambda_2(1,-1,1)$, 易得 $\lambda_1=1$, $\lambda_2=-\dfrac{3}{2}$, $\rho_1=3, \rho_2=\dfrac{1}{2}$. 从而 P_1,P_2,P_3,P_4 四点共线, 且 $(P_1P_2,P_3P_4)=\dfrac{\lambda_1}{\lambda_2}=-\dfrac{2}{3}$.

2. 显然, P_1,P_2,P_3 的齐次坐标分别为 $(1,0,0)$, $(0,1,0)$, $(1,1,0)$. 于是若设 $\rho_1P_3=P_1+\lambda_1P_2$, 则 $\lambda_1=1, \rho_1=1$. 因为 $(P_1P_2,P_3P_4)=r$, 所以, 如果设 $\rho_2P_4=P_1+\lambda_2P_2$, 则 $\lambda_2=\dfrac{1}{r}$. 从而得 P_4 点的齐次坐标为 $(r,1,0)$.

3. 因为所论点都是有穷远点, 所以我们可以利用教材上的式 (2.4).

(1) $(12,34)(12,45)(12,53)=\dfrac{13\cdot 24}{23\cdot 14}\dfrac{14\cdot 25}{24\cdot 15}\dfrac{15\cdot 23}{25\cdot 13}=1.$

(2) 仿照 (1), 将左右两边都按教材 (2.4) 式写出, 比较两边立即可得结论.

(3) 设 $(12,34)=r$. 则 $(14,32)=\dfrac{r}{r-1}$. 由题设, 有 $r=\dfrac{r}{r-1}$, 即, $r^2=2r$. 因为已知四点相异, 所以 $r\neq 0$, 从而 $r=2$. 因此 $(13,24)=1-r=-1$.

4. 因为 $(PA,QB)=(QR,AB)=-1$, 所以 $(AB,PQ)=2$, $(AB,RQ)=-1$.

设 $P=A+\lambda_1B$, $Q=A+\lambda_2B$, $R=A+\lambda_3B$, 则 $\lambda_1=2\lambda_2$, $\lambda_3=-\lambda_2$. 于是, $(PR,AB)=(AB,PR)=\dfrac{\lambda_1}{\lambda_3}=-2$.

5. (1) 四直线的齐次线坐标依次为 $l_1[2,-1,1]$, $l_2[3,1,-2]$, $l_3[7,-1,0]$, $l_4[5,0,-1]$. 设 $\rho_1[7,-1,0]=[2,-1,1]+\lambda_1[3,1,-2]$, $\rho_2[5,0,-1]=[2,-1,1]+\lambda_2[3,1,-2]$, 易求得 $\lambda_1=\dfrac{1}{2}$, $\lambda_2=1$, $\rho_1=\dfrac{1}{2}$, $\rho_2=1$. 从而四直线 l_1,l_2,l_3,l_4 共点, 且 $(l_1l_2,l_3l_4)=\dfrac{\lambda_1}{\lambda_2}=\dfrac{1}{2}$.

(2) 易证 $l_3=l_1-2l_2, l_4=l_1+\dfrac{2}{5}l_2$. 从而四直线 l_1,l_2,l_3,l_4 共点, 且 $(l_1l_2,l_3l_4)=-5$.

(3) 易证 $l_3=l_1-\dfrac{1}{4}l_2, l_4=l_1-l_2$. 从而四直线 l_1,l_2,l_3,l_4 共点, 且 $(l_1l_2,l_3l_4)=\dfrac{1}{4}$.

6. 因为 $(l_1l_2,l_3l_4)=-\dfrac{2}{3}$, 所以 $(l_3l_4,l_1l_2)=-\dfrac{2}{3}$. 又 l_1,l_3,l_4 的齐次坐标分别为 $[2,1,-1]$, $[1,-1,1]$ 和 $[1,0,0]$, 易知 $l_1=l_3-3l_4$, 设 $l_2=l_3+\lambda l_4$, 由 $\dfrac{-3}{\lambda}=-\dfrac{2}{3}$ 知, $\lambda=\dfrac{9}{2}$. 代入 $l_2=l_3+\lambda l_4$ 求得 l_2 的齐次坐标为 $[11,-2,2]$, 从而 l_2 的方程为 $11x_1-2x_2+2x_3=0$.

7. **提示** 注意 $\dfrac{(\lambda_1-\lambda_3)(\lambda_2-\lambda_4)}{(\lambda_2-\lambda_3)(\lambda_1-\lambda_4)}=-1$ 与 $2(\lambda_1\lambda_2+\lambda_3\lambda_4)=(\lambda_1+\lambda_2)(\lambda_3+\lambda_4)$ 等价并应用韦达定理. 即可证明.

8. 设两直线 $ax^2+2hxy+by^2=0$ 所成角的内外角平分线方程为

$$l_1:\quad y-\lambda_1x=0,\quad l_2:\quad y-\lambda_2x=0.$$

即

$$\lambda_1\lambda_2x^2-(\lambda_1+\lambda_2)xy+y^2=0.$$

因为 l_1 与 l_2 垂直, 故 $\lambda_1\lambda_2=-1$, 上式成为

$$x^2+(\lambda_1+\lambda_2)xy-y^2=0.$$

由于两直线被其内外平分线调和分离, 利用上题结果, 立即可得 $\lambda_1+\lambda_2=\dfrac{b-a}{h}$. 从而所求角平分线的方程为

$$hx^2+(b-a)xy-hy^2=0.$$

9. **证明** 如图 2.1′, 因为 A,F,C,B 为圆上四定点, 所以有 $E(AF,CB)=D(AF,CB)$. 以直线 AB 截这两个线束, 得 $(AG,OB)=(AO,HB)$, 此即

$$\frac{AO}{GO}\cdot\frac{GB}{AB}=\frac{AH}{OH}\cdot\frac{OB}{AB}\Longrightarrow\frac{GB}{GO}=\frac{AH}{OH},$$

所以

$$\frac{GO+OB}{GO}=\frac{AO+OH}{OH},$$

所以

$$\frac{OB}{GO}=\frac{AO}{OH}\Longrightarrow GO=OH.$$

同法可证 $G'O=OH'$.

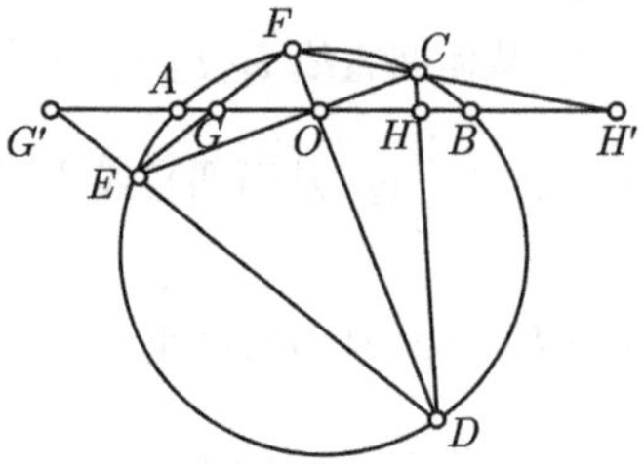

图 2.1′

10. **提示** 设 P_1,P_2,P_3 的坐标分别为 a,b,c. 因为点 Q_1,Q_2,Q_3 在三点形 $P_1P_2P_3$ 的各边上且共线, 故由 §1.3 例 1.5 的对偶命题知, 点 Q_1,Q_2,Q_3 的齐次坐标可以分别写成 $qb-rc,rc-pa,pa-qb(p,q,r$为常数). 但因为 P_i,Q_j 各不相同, 故应有 $pqr\neq 0$.

因为 $(P_2P_3,Q_1'Q_1)=k_1$, 若设 Q_1' 的坐标为 $b+\lambda_1 c$, Q_1 的坐标为 $b+\lambda_2 c$, 则 $k_1=\dfrac{\lambda_1}{\lambda_2}$, 但是 $\lambda_2=-\dfrac{r}{q}$, 所以 $\lambda_1=-k_1\dfrac{r}{q}$. 从而, Q_1' 的坐标可以写成 $qb-k_1rc(k_1\neq 0,$否则$Q_1'\equiv P_2)$. 同理可得点 Q_2',Q_3' 的齐次坐标分别为 $rc-k_2pa$ 及 $pa-k_3qb(k_2\neq 0,k_3\neq 0)$.

(1) 如图 2.2′, 三点 Q_1',Q_2',Q_3' 共线 $\Leftarrow$ 存在不全为零的常数 l,m,n, 使得 $l(qb_i-k_1rc_i)+m(rc_i-k_2pa_i)+n(pa_i-k_3qb_i)=0$, 即 $(n-k_2m)pa_i+(l-k_3n)qb_i+(m-k_1l)rc_i=0(i=1,2,3)$. 由于 P_1,P_2,P_3 不共线且 $pqr\neq 0$, 可得关于 l,m,n 的一个齐次线性方程组.

又 l,m,n, 不全为零, 即所得齐次线性方程组有非零解, 即可得 $k_1k_2k_3=1$.

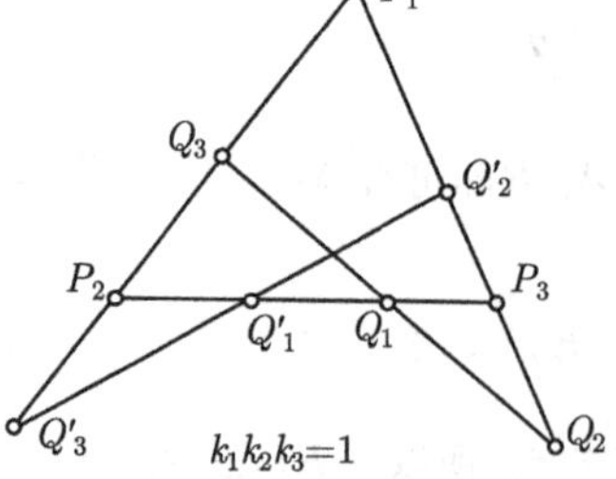

图 2.2′

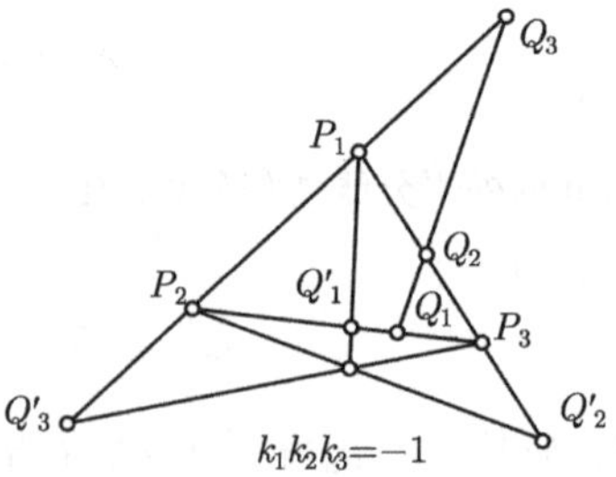

图 2.3′

(2) 如图 2.3′, 为证结论，先求三直线 P_1Q_1',P_2Q_2',P_3Q_3' 的坐标. 令 A_i,B_i,C_i 表示 a_i,b_i,c_i 在行列式 $|abc|$ 中的代数余子式, P_1Q_1' 的齐次线坐标可以简写为 $[qC_1+k_1rB_1, qC_2+k_1rB_2,qC_3+k_1rB_3]$. 直线 P_2Q_2',P_3Q_3' 的线坐标分别为 $[rA_1+k_2pC_1,rA_2+k_2pC_2,rA_3+k_2pC_3]$ 和 $[pB_1+k_3qA_1,pB_2+k_3qA_2,pB_3+k_3qA_3]$.

因此, 直线 $P_1Q_1', P_2Q_2', P_3Q_3'$ 共点 $\Leftarrow$ 存在全不为零的实数 l, m, n, 使得 $l(qC_i + k_1rB_i) + m(rA_i + k_2pC_i) + n(pB_i + k_3qA_i) = 0$, 即 $(mr - k_3qn)A_i + (np - k_1rl)B_i + (lq - k_2mp)C_i = 0(i = 1, 2, 3)$.

而直线 P_2P_3, P_3P_1, P_1P_2 不共点，所以 $|ABC| \neq 0$. 故可得关于 l, m, n 的一个齐次线性方程组, 下面类似 (1).

11. **Menelaus 定理的证明** 在上题 (1) 中, 令 Q_1, Q_2, Q_3 所在直线为无穷远直线, 据推论 2.3, 结论 (1) 成为: Q_1', Q_2', Q_3' 共线 $\Leftarrow (P_2P_3Q_1')(P_3P_1Q_2')(P_1P_2Q_3') = 1$. 展开即得 Menelaus 定理.

12. 仿照上题可得 Ceva 定理.

习题 2.2

1. **证明** 用同一法. 如图 2.4′, 设过 A 和 B 的两条对顶线相交于 P. C 的对顶点为 D, 设 DP 交 AB 于 M'. 则 $(AB, M'C) = -1$. 由已知条件有 $(AB, MC) = -1$. 故 $M \equiv M'$, 即 P 在 DM 上.

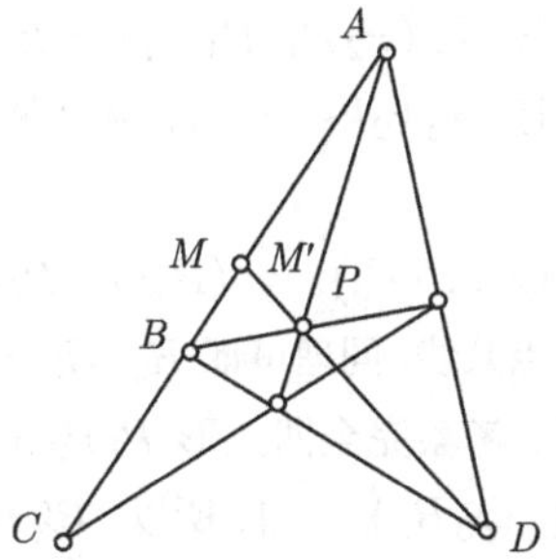

图 2.4′

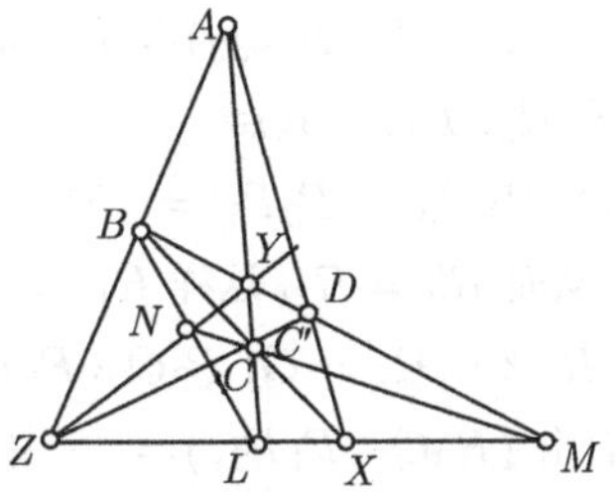

图 2.5′

2. 设 a, b, c 为完全四点形的三条共点的边, 直线 m, c 与 a, b 调和共轭. 求证: 位于 a, b 上的对边点的连线通过 m 与 c 的对边的交点.

3. **提示一** 用同一法. 如图 2.5′, 由完全四点形的调和性可知 $(AC, YL) = -1$. 再考察完全四点形 $YBZL$, 设 YZ 交 BL 于 N, MN 交 YL 于 C'. 则 $(AC', YL) = -1$. 从而 $C \equiv C'$, 即 YZ, BL, CM 共点于 N.

提示二 如图 2.5′, 设 $YZ \times BL = N$. 考察三点形 ZBC 与 YLM, 据 Desargues 透视定理的逆定理即可证结论.

提示三 如图 2.5′, 设 $YZ \times BL = N$. 考察三点形 BLX 与 ZYD, 据 Desargues 透视定理即可证结论.

提示四 如图 2.5′, 设 $YZ \times BL = N$. 以 ABC 为坐标三点形, D 为单位点建立射影坐标系, 则可得在射影坐标系 $(ABC|D)$ 下, 图中各点的齐次坐标分别为 $A(1, 0, 0)$, $B(0, 1, 0)$, $C(0, 0, 1)$, $D(1, 1, 1)$, $X(0, 1, 1)$, $Y(1, 0, 1)$, $Z(1, 1, 0)$. 然后求出 M 和 N 点的齐次坐标,

验证 C, M, N 三点共线即可.

评注 对于应用完全四点形或完全四线形的调和性证明共线点或共点线的问题, 一般均可有三种途径: 第一是用同一法; 第二是用 Dsargues 透视定理; 第三是用解析法.

4. **证明** 如图 2.6′, 视 $ABCD$ 为完全四点形, 则 OEF 为其对边三点形. 因此 $E(BG, OH)=-1$. 以 l 截此调和线束, 得 $(P_\infty G, OH)=-1$, 其中 $P_\infty=l\times AB$. 故 $OG=GH$.

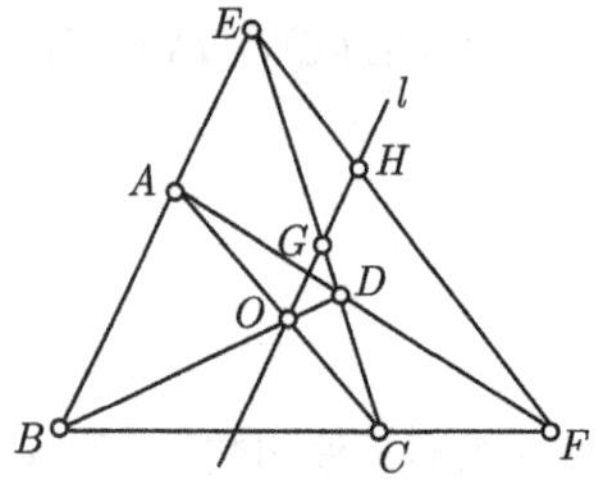

图 2.6′

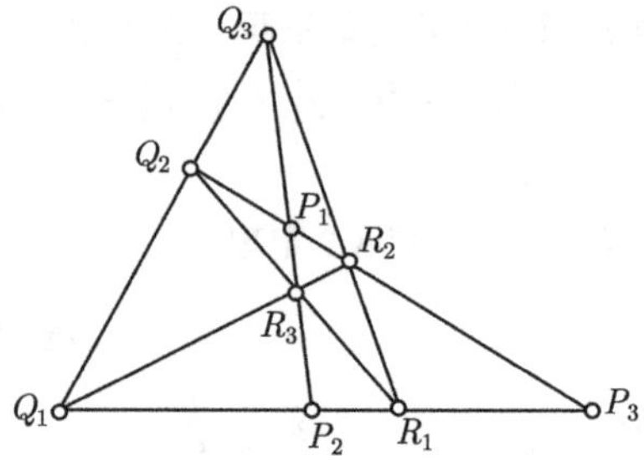

图 2.7′

5. **提示一** 如图 2.7′, 因为 Q_1, Q_2, Q_3 三点共线且分别位于三点形 $P_1P_2P_3$ 的三边上, 而 R_1, R_2, R_3 依次是该三点形三边上的另外三点, 且 $(P_2P_3, R_1Q_1) = k_1 = -1, (P_3P_1, R_2Q_2) = k_2 = -1, (P_1P_2, R_3Q_3) = k_3 = -1$. 因为 $k_1k_2k_3 = -1$, 由习题 2.1, 第 10 题, 得直线 P_1R_1, P_2R_2, P_3R_3 共点.

提示二 设 $R_1Q_3 \times P_3P_1 = R_2'$, 则 $(R_2'Q_2, P_1P_3) = (R_1Q_1, P_2P_3) = -1 = (R_2Q_2, P_1P_3)$. 从而 $R_2' = R_2$, 这样 R_1, R_2, Q_3 三点共线. 同理可证 R_2, R_3, Q_1 及 R_3, R_1, Q_2 均三点共线. $P_1R_1\times P_2R_2 = O$, $P_3O\times P_1P_2=R_3'$. 考察完全四点形 $P_1P_2R_1R_2$ 得 $(P_1P_2, Q_3R_3')=-1$. 而由 $(R_3Q_3, P_1P_2,)=-1$ 知 $(P_1P_2, Q_3R_3)=-1$. 所以, $R_3'=R_3$.

提示三 像证法二, 先证明 R_1, R_2, Q_3; R_2, R_3, Q_1 及 R_3, R_1, Q_2 均三点共线. 然后考察三点形 $P_1P_2P_3$ 与 $R_1R_2R_3$, 因对应边交点 Q_1, Q_2, Q_3 共线, 据 Desargues 透视定理逆定理得结论.

提示四 取射影坐标系 $(Q_3Q_2R_3|R_2)$, 用解析法可证.

6. **作法** 如图 2.8′, 连结 AM, 在 AM 上任取第三个点 D. 连结 BD, CD, BM. 设 $BM \times CD = E$, 连 AE 并设 AE 交 BD 于 N. 则直线 $MN//AB$.

证明 参考例 2.7. 略.

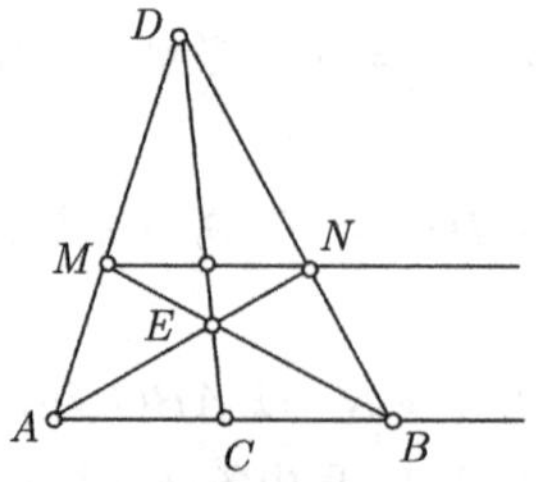

图 2.8′

习题 2.3

1. 所求射影对应式为

$$\begin{cases} \rho x_1' = -4x_1 + 4x_2, \\ \rho x_2' = 3x_1 - 4x_2. \end{cases}$$

2. l 上的无穷远点 $(1,0)$ 在 l' 上的对应点为 $(-4,3)$; l' 上的无穷远点 $(1,0)$ 在 l 上的对应点为 $(4,3)$.

3. 解法同例 2.10, 答案如下.

(1) $\begin{cases} \rho x_1' = x_1 - 5x_2, \\ \rho x_2' = \quad\quad -x_2. \end{cases}$ (2) $\begin{cases} \rho x_1' = x_1, \\ \rho x_2' = \quad\quad -x_2. \end{cases}$ (3) $\begin{cases} \rho x_1' = x_1, \\ \rho x_2' = x_2. \end{cases}$

4. 不能确定射影对应. 因为点 $A(3,1)$ 与 $C(-1,-\frac{1}{3})$ 是同一个点, 所以 A,B,C 三点不相异.

5. **证明** 如图 2.9′, 设 $A_iB_iC_i\ (i=1,2,\cdots)$ 是满足条件的三点形. 则

$$(B,B_1,B_2,\cdots) \overset{(P)}{\overline{\overline{\wedge}}} (C,C_1,C_2,\cdots).$$

从而

$$R(B,B_1,B_2,\cdots)\overline{\wedge}Q(C,C_1,C_2,\cdots).$$

因为束心连线 QR 自对应, 所以

$$R(B,B_1,B_2,\cdots)\overline{\overline{\wedge}}Q(C,C_1,C_2,\cdots).$$

故其对应直线的交点 $A,A_1,A_2,\cdots$ 共线.

评注一 也可利用 Desargues 定理证明. 由此再参考习题 1.6 第 5 题, 再次看出彼处的结论应添加“或重合”.

评注二 学生往往对 QR 自对应表示困惑. 为此, 考察上述射影对应的两个极限情况: 首先, 考察 B,C 两点所在直线的交汇点, 此时尽管 $QC\times RB=A$ 与该交汇点重合, 但是不能说明所论射影对应成为透视对应; 于是, 考察另一个极限情况, 即直线 PB 与直线 PQR 重合, 此时 PB,QC,RB 重合, 从而 QR 自对应, 构成透视对应.

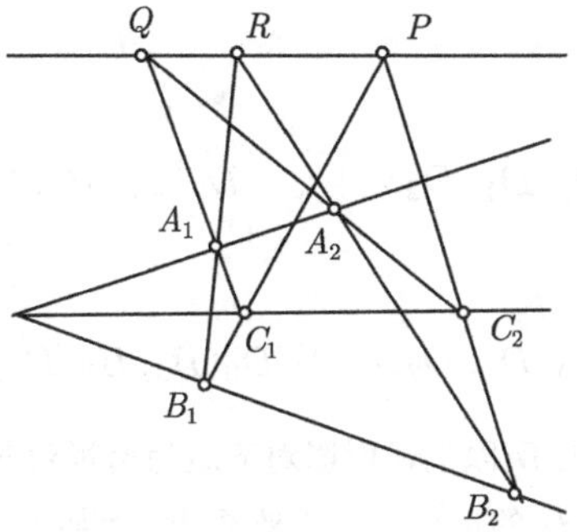

图 2.9′

6. **证明** 如图 2.10′, 因为 线束$Y(A_1,A_2,\cdots)\overset{(l)}{\overline{\overline{\wedge}}}$ 线束 $X(C_1,C_2,\cdots)$, 线束 $Z(A_1,A_2,\cdots)\overset{(m)}{\overline{\overline{\wedge}}}$ 线束 $X(B_1,B_2,\cdots)$. 所以, $Y(A_1,A_2,\cdots)\overline{\wedge}Z(A_1,A_2,\cdots)$.

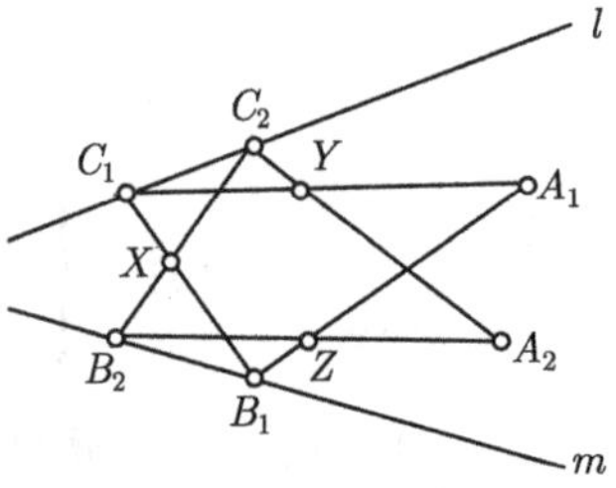

图 2.10′

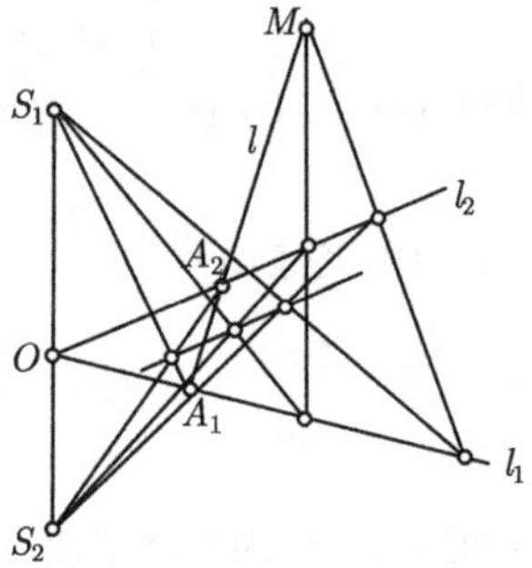

图 2.11′

7. **提示** 线束$S_1(A_1,A_1',\cdots)\overline{\overline{\wedge}}$点列$(A_1,A_1',\cdots)$, 线束$S_2(A_2,A_2',\cdots)\overline{\overline{\wedge}}$点列$(A_2,A_2',\cdots)$. 据题设有 $(A_1,A_1',\cdots)\overset{(M)}{\overline{\overline{\wedge}}}(A_2,A_2',\cdots)$. 所以 $S_1(A_1,A_1',\cdots)\overline{\wedge}S_2(A_2,A_2',\cdots)$. 显然,$S_1O=S_2O=S_1S_2$ 在此射影对应中自对应, 从而 $S_1(A_1,A_1',\cdots)\overline{\overline{\wedge}}S_2(A_2,A_2',\cdots)$. 于是, 对应直线的交点 $P_1,P_2,\cdots$ 共线 (如图 2.11′).

讨论 当 M 与 O,S_1,S_2 共线时, 所论直线经过点 O. 如何得到这样的讨论估计, 可联系习题 2.3 第 5 题以及教材例 1.12 寻找启发. 得到结论后, 可画出图形, 给出类似下题的探索题.

8. (1) 构造一 题目: 如图, 设 l,m 为过平面上定点 A 的两条相异的定直线, 过不在 l,m 上的另一定点 S 的动直线 l_i 依次交 l,m 于点 B_i,D_i $(i=0,1,2,3,\cdots)$, 设 $C_i=B_0D_i\times D_0B_i$ $(i=1,2,3,\cdots)$. 求证: 点 $C_i(i=1,2,3,\cdots)$ 在过 A 的定直线 n 上.

证明 由题意知,

$$l(B_0,B_1,B_2,\cdots)\overset{(S)}{\overline{\overline{\wedge}}}m(D_0,D_1,D_2,\cdots).$$

而

$$B_0(D_0,D_1,D_2,\cdots)\overline{\overline{\wedge}}m(D_0,D_1,D_2,\cdots),\quad D_0(B_0,B_1,B_2,\cdots)\overline{\overline{\wedge}}l(B_0,B_1,B_2,\cdots),$$

所以,

$$B_0(D_0,D_1,D_2,\cdots)\overline{\wedge}D_0(B_0,B_1,B_2,\cdots),$$

注意到公共元素 B_0D_0 自对应, 所以上述射影对应成为透视对应, 从而其对应直线的交点 $C_1,C_2,C_3,\cdots$ 共线. 根据动直线 l_i 的运动规律不难看出, 当某 l_i 经过 A 时, B_i,D_i,C_i 均重合于 A, 所以上述 C_i 所共直线必定成为过 A 的定直线.

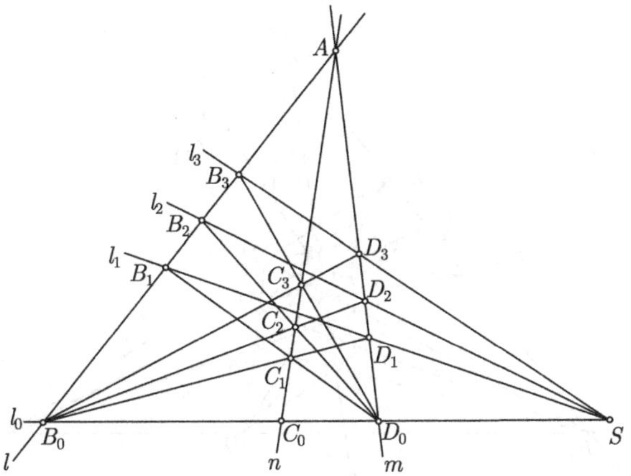

图 2.12′

构造二　题目: 如图 2.12′, 经过平面上一个定点 A 的三条相异的定直线 l, m, n 依次被不经过 A 的定直线 l_0 截于点 B_0, D_0, C_0. 设 C_i 为 n 上的动点, D_0C_i, B_0C_i 分别交 l, m 于点 B_i, D_i $(i = 1, 2, 3, \cdots)$. 求证: 直线 B_iD_i 经过 l_0 上的定点 S, 而且 $(B_0D_0, C_0S) = -1$.

证明　由题意知,

$$B_0(D_0, D_1, D_2, \cdots) \overset{(n)}{\overline{\wedge}} D_0(B_0, B_1, B_2, \cdots).$$

所以

$$l(B_0, B_1, B_2, \cdots) \overline{\wedge} m(D_0, D_1, D_2, \cdots).$$

注意到当某 C_i 与 A 重合时, B_i, D_i 也与 A 重合, 所以在上述射影对应中, 两点列的底 l, m 的交点 A 自对应, 即上述射影对应成为透视对应. 从而对应点的连线 $B_0D_0, B_1D_1, B_2D_2, \cdots$ 共点, 即 B_iD_i 与 l_0 共点于 S 为定点.

考察任一个完全四点形 $AB_iC_iD_i (i \neq 0)$ 均可看出, $(B_0D_0, C_0S) = -1$.

构造三　题目: 如图, 动三点形 $B_iC_iD_i$ 在其运动过程中, 顶点 B_i, D_i 分别在经过定点 A 的两条定直线 l, m 上, 而且边 B_iC_i, C_iD_i 与 B_iD_i 分别经过异于 l, m 的直线 l_0 上三个定点 B_0, D_0, S. 求证: 顶点 C_i 在经过 A 的一条定直线上.

证明　由题意知, 动三点形 $B_iC_iD_i$ 在其运动过程中的任意两个不同的位置均满足 Desargues 透视定理, 所以, 顶点 C_i 在经过 A 的一条定直线上.

构造四　题目: 如图, 设 B_0, C_0, D_0, S 为直线 l_0 上四点且 $(B_0D_0, C_0S) = -1$, A 为不在 l_0 上一点, 过 A 的直线 l, m, n 分别交 l_0 与 B_0, D_0, C_0, C_i 为 n 上的动点, B_0C_i 交 m 于 D_i, D_0C_i 交 l 于 B_i. 求证: 直线 B_iD_i 过点 S.

证明　由题意知, 对于任意的 $i = 1, 2, 3, \cdots$, 考察完全四点形 $AB_iC_iD_i$, l_0 为其对边三点形的边, 且 B_0, D_0 为其上两个对边点, C_0 在第三双对边之一上, 由于 $(B_0D_0, C_0S) = -1$, 所以作为第三双对边中的另一条 B_iD_i 必定经过 S.

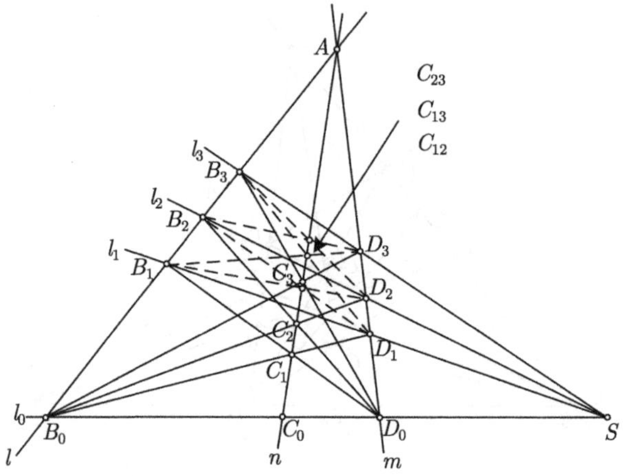

图 2.13′

构造五　题目：如图，设 B_0, C_0, D_0, S 为直线 l_0 上四点且 $(B_0D_0, C_0S) = -1$, A 为不在 l_0 上一点，过 A 的直线 l, m 分别交 l_0 与 B_0, D_0，过 S 的动直线 l_i 交 l, m 于 B_i, D_i. 设 B_0D_i 交 D_0B_i 于 $C_i(i = 1, 2, 3, \cdots)$. 求证：C_i 在直线 $n = AC_0$ 上.

证明　与构造四类似，略.

评注　还可以作出其他多种构造，特别是构造一个证明充要条件的题目.

(2)　如图 2.13′，所有的 C_{ij} 均与 C_i 一起共线于 n. 事实上，设 $B_iD_i \times n = C_{0i}$ $(i = 1, 2, \cdots)$. 则由 (1) 的讨论，不仅已经说明所有的 C_{ij} 均与 C_i 一起共线于 n，而且所有的 C_{0i} 也在此直线上.

9. **证明**　如图 2.14′，设 $C_1C_2 \times p = T$. 则分别以 C_2, C_1 为透视中心，有

$$(A_1, B_1, C_1, O)\overline{\overline{\wedge}}(M, L, T, P_2)\overline{\overline{\wedge}}(A_2, B_2, C_2, P_2),$$

于是

$$(A_1, B_1, C_1, O)\overline{\wedge}(A_2, B_2, C_2, P_2).$$

再由

$$(A_1, B_1, C_1, P_1)\overline{\overline{\wedge}}(M, L, T, P_1)\overline{\overline{\wedge}}(A_2, B_2, C_2, O),$$

可得

$$(A_1, B_1, C_1, P_1)\overline{\wedge}(A_2, B_2, C_2, O).$$

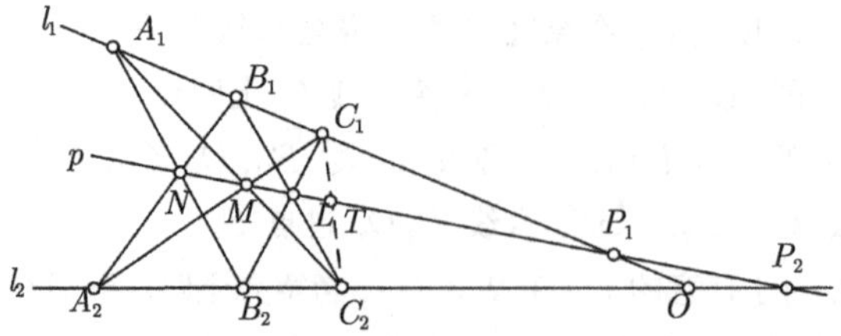

图 2.14′

评注 由本题反思: Pappus 线 p 何时经过两直线 l_1, l_2 的交点 O? 显然, 需要 A_1A_2, B_1B_2, C_1C_2 共点, 即由这两个有序三点组确定两点列的射影对应是透视对应.

进而, 如果在 l_1, l_2 上各给定两个有序的相异四点组, 最多可生成多少条 Pappus 线? 满足何种条件时, 这些 Pappus 线并为一条? 答案是这两个四点组交比相等, 即第四对点是由前三对点确定的射影对应下的对应点 (由 Steiner 作图法); 进而, 并为一条的 Pappus 线何时经过 $l_1 \times l_2$? 答案是上述射影对应成为透视对应.

10. **证明** 情形 1. 如图 2.15′ 所示, 设在 $l(P)\overline{\wedge}l'(P')$ 下, 点 O 自对应, 则题给射影对应为透视对应. 于是, $P_\alpha P'_\alpha \times P_\beta P'_\beta = S$ 为定点 (透视中心), 考察完全四点形 $P_\alpha P_\beta P'_\beta P'_\alpha$, OXS 为其对边三点形, 于是有 $(l, l'; OS, OX) = -1$. 因为 l, l', OS 为定直线, 故 OX 也是定直线. 即动点 X 在定直线上.

情形 2. 如图 2.16′, 设在 $l(P)\overline{\wedge}l'(P')$ 下, 点 O 不是自对应. 设 $O \mapsto V'$, $U \mapsto O$. 于是有

$$(OU, P_\alpha P_\beta) = (V'O, P'_\alpha P'_\beta) = (OV', P'_\beta P'_\alpha).$$

从而,

$$(O, U, P_\alpha, P_\beta)\overline{\wedge}(O, V', P'_\beta, P'_\alpha).$$

注意到公共元素 O 自对应, 所以上述射影对应成为透视对应. 因而其对应点的连线 UV', $P_\alpha P'_\beta$, $P_\beta P'_\alpha$ 共点. 由于直线 UV' 是固定直线, 所以上述三线共点的事实说明动点 X 在定直线 UV' 上. 证毕.

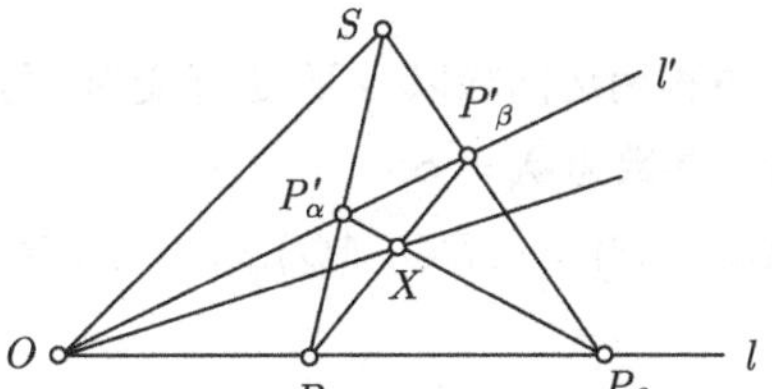

图 2.15′

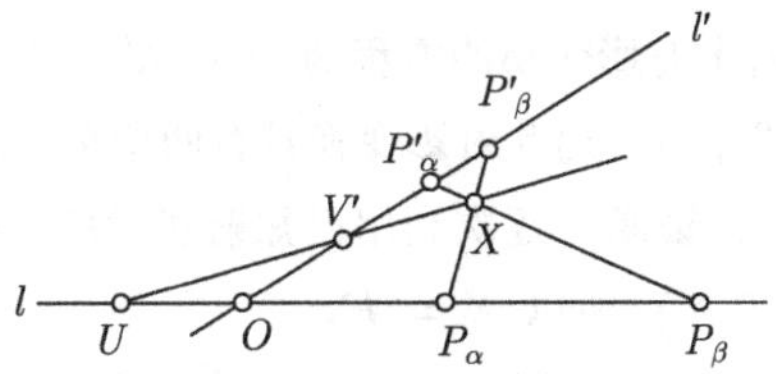

图 2.16′

评注 **猜想** 设两相异定直线 $l \times l' = O$, 不经过 O 的定直线 m 分别交 l, l' 于点 U, V'. X 为 m 上异于 U, V' 的一点, 过 X 异于 m 的两相异直线与 l, l' 的交点依次为 A, B'; B, A'. 求证: $(OU, AB) = (V'O, A'B')$.

证明 因为 UV', AB', BA' 共点于 X, 于是由此确定了 $l(P)$ 到 $l'(P')$ 的以 X 为透视中心的透视对应, 公共元素 O 自对应. 所以 $(OU, AB) = (OV', B'A')$. 从而 $(OU, AB) = (V'O, A'B')$.

习题 2.4

1. 所求射影变换式为 $\lambda\lambda' - 3\lambda + 4\lambda' - 2 = 0$.

2. (1) 不变元素参数为 $\lambda_1 = 2, \lambda_2 = 3$. 变换为双曲型射影变换. (2) 不变元素参数为 $\lambda_1 = \lambda_2 = 1$, 变换为抛物型射影变换. (3) 如果直接令 $\lambda = \lambda'$ 求解, 则会只求出一个根, 由于此根不是二重根, 不符合抛物型射影变换的性质, 所以必定丢失了一个根, 其根本原因是在实数集上添加 ∞ 造成的. 我们先将方程变形, 化为

$$\frac{1}{\lambda} + \frac{1}{\lambda} + \frac{1}{\lambda\lambda'} = 0.$$

令 $\lambda = \lambda'$, 得

$$\left(\frac{1}{\lambda}\right)^2 + \frac{3}{\lambda} = 0,$$

对 $\frac{1}{\lambda}$ 求解, 得 $\frac{1}{\lambda} = 0, \frac{1}{\lambda} = -3$. 从而得到原射影变换的不变元素参数为 $\lambda_1 = \infty, \lambda_2 = -\frac{1}{3}$.

评注 求一维射影变换的不变元素的参数, 是在 $\overline{\mathbf{R}}$ 范围内求解, 一定要考虑无穷大.

3. 如图 2.17′ 所示, 因为 $A = A_1A_3 \times A_2O$, 所以容易求得 A 的齐次坐标为 $(1, 0, 1)$. 又因为 $Q = A_1A_2 \times PO$, 所以可以求出 Q 的齐次坐标为 $(-1, \lambda - 1, 0)$.

因为 Q, A, P' 共线, 所以

$$\begin{vmatrix} -1 & \lambda - 1 & 0 \\ 0 & \lambda' & 1 \\ 1 & 0 & 1 \end{vmatrix} = 0$$

从而所求射影变换的方程为 $\lambda - \lambda' - 1 = 0$, 将此方程两边同除以 $\lambda\lambda'$ 进行变形, 仿照习题 2(3), 可求出此射影变换具有两个重合的不变元素, 参数为 $\lambda = \infty$.

4. **证明** 逐次利用已知射影对应, 我们有 $(AB, CP) = (BC, AQ) = (CA, BR) = (AB, CX)$. 所以 $X = P$.

5. **证明** 据题意, 以 U 为透视中心, 点列 $l(P)$ 与点列 $l'(Q)$ 成透视对应, 而以 V 为透视中心, 点列 $l'(Q)$ 与点列 $l(P')$ 成透视对应. 因此有 $l(P)\overline{\wedge}l(P')$. 证毕.

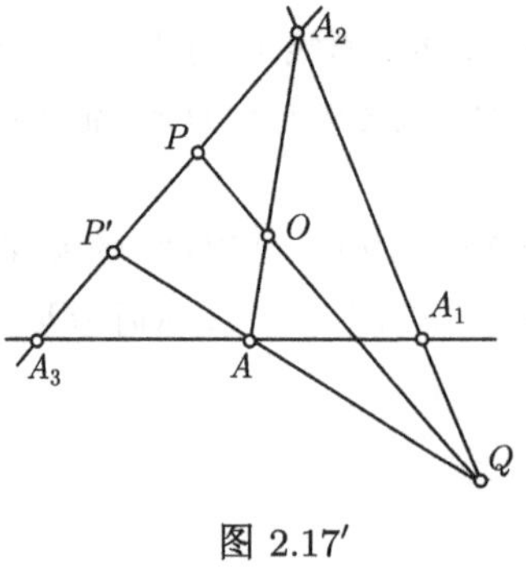

图 2.17′

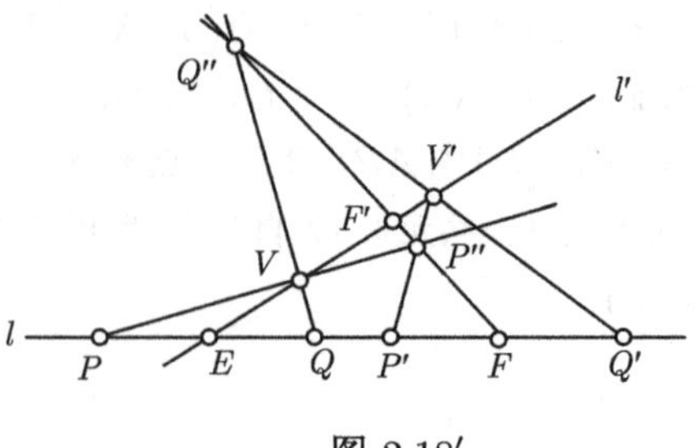

图 2.18′

6. **证明** 如图 2.18′, 设 $P''Q''\times VV'=F'$. 则 $(P,Q,E,F)\overset{(V)}{\overline{\overline{\wedge}}}(P'',Q'',F',F)$. 又 $(P'',Q'',F',F)\overset{(V')}{\overline{\overline{\wedge}}}(P',Q',E,F)$, 所以 $(P,Q,E,F)\overline{\wedge}(P',Q',E,F)$. 从而 F 是射影变换的另一个不变点.

7. **证法一** 如图 2.19′, 设 E,P',P,R 的参数分别为 λ_1, λ_2, λ_3, λ_4. 则由 $P\mapsto P',P'\mapsto R$ 及抛物型射影变换的性质, 有

$$\frac{1}{\lambda_3-\lambda_1}-\frac{1}{\lambda_2-\lambda_1}=k,\qquad \frac{1}{\lambda_2-\lambda_1}-\frac{1}{\lambda_4-\lambda_1}=k,$$

从而

$$\frac{2}{\lambda_2-\lambda_1}=\frac{1}{\lambda_3-\lambda_1}+\frac{1}{\lambda_4-\lambda_1},$$

再对此式进行变形, 有

$$1-\frac{\lambda_2-\lambda_1}{\lambda_3-\lambda_1}=\frac{\lambda_2-\lambda_1}{\lambda_4-\lambda_1}-1,$$

即 $(EP',PR)=-1$.

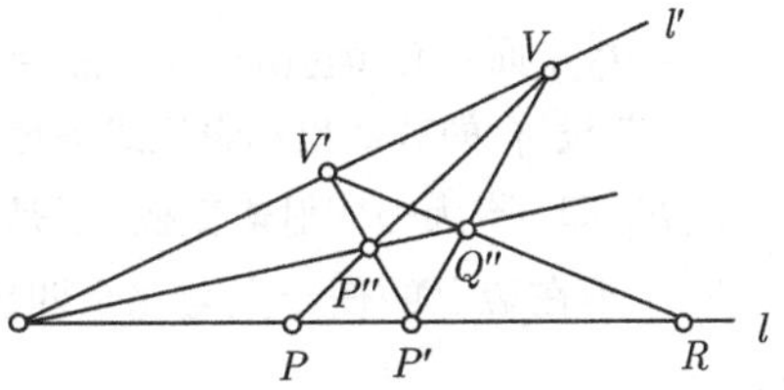

图 2.19′

证法二 由第 6 题, 对照题意可以作出示意图 2.19′. 因为 E 是唯一不变点, 所以必有 $P''Q''\times l=E$. 考察完全四点形 $VV'P''Q''$, 立即可得 $(EP',PR)=-1$.

8. (1) 已知点列 $l(P)$ 上非抛物型射影变换 φ 的两对相异的对应点 $P,P';Q,Q'$, E 是 φ 的一个不变点. 求作 φ 的另一个不变点 F.

作法 (1) 过 E 任作异于 l 的直线 l'. (2) 在直线 l' 上任取异于 E 的两个相异的点 V,V'. (3) 连 $PV,P'V'$ 交于 P'', 连 $QV,Q'V'$ 交于 Q''. (4). 连 $P''Q''$ 交 l 于点 F, 则点 F 即为所求 (如图 2.18′).

证明 即第 6 题的证明.

(2) 已知点列 $l(P)$ 上的一个抛物型射影变换 φ 的一对相异的对应点 P,P', E 是 φ 的不变点. 在 l 上求作一点 R, 使得 $R=\varphi(P')$.

作法 (1) 过 E 任作异于 l 的直线 l'. (2) 在 l' 上任取异于 E 的两个相异点 V,V'. (3) 连 $PV,P'V'$ 交于 P''. (4) 连 VP' 交 EP'' 于 Q''. (5) 连 $V'Q''$ 交 l 于 R 即为所求 (如图 2.19′).

证明 参阅第 7 题的证明.

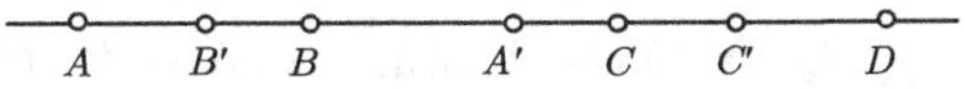

图 2.20′

9. **作法提示** 如图 2.20′, 取异于 l 的直线 l', 以不在 l,l' 上的一点 P 为投射中心,

将 A', B', C' 投射到 l' 上, 得对应点 A'', B'', C''. 利用定理 2.12(即将 $A, B, C, D; A'', B'', C''$ 依次视为定理 2.12 中的 $P_0, P_1, P_2, P; P_0', P_1', P_2'$), 作出 D 在 l' 上的对应点 D'', 连结 PD'' 交 l 于 D' 即为所求.

习题 2.5

1. 所求对合方程为 $\lambda\lambda' - 4 = 0$.

2. 对合不变元素的参数为 $\lambda = \pm 2$. 显然它为双曲型对合.

3. 对合方程分别为 (1) $2\lambda\lambda' - 5(\lambda + \lambda') + 12 = 0$. (2) $\alpha\lambda\lambda' + \beta(\lambda + \lambda') + \gamma = 0$.

4. **定理 2.21 之证明** "$\Rightarrow$" 设 $[\Delta]$ 上的一个一维射影变换 f 为对合, 则在 f 的齐次坐标表达式 (2.10) 中有 $AA = \sigma E(\sigma \neq 0)$. 于是有 $a_{11}^2 + a_{12}a_{21} = a_{22}^2 + a_{12}a_{21}$, 即 $a_{11}^2 = a_{22}^2$, 而且有 $a_{12}(a_{11} + a_{22}) = 0, a_{21}(a_{11} + a_{22}) = 0$. 于是必有 $a_{22} = -a_{11}$.

"$\Leftarrow$" 设 f 的齐次坐标表达式满足 (2.15). 则 f 为非恒同射影变换, 且 $AA = (a_{11}^2 + a_{12}a_{21})E$, 即 f^2 为恒同射影变换, 于是 f 为对合.

5. 不在边上的任一点与完全四线形三双对顶的连线是属于同一个对合的三对对应直线.

6. **证明** 设 A, B, C, D, P 的齐次坐标依次为 a, b, $a + b$, $a + \lambda_1 b$, $a + \lambda b$. 因为 $(AB, DP) = (AB, PC)$, 所以 $\dfrac{\lambda_1}{\lambda} = \dfrac{\lambda}{1}$, 即$\lambda^2 = \lambda_1$, 或$\lambda = \pm\sqrt{\lambda_1}$. 从而在 $l(P)$ 上有相异两点 $P(a + \sqrt{\lambda_1}b)$ 和 $P'(a - \sqrt{\lambda_1}b)$ 满足条件, 而且 $(AB, PP') = -\dfrac{\sqrt{\lambda_1}}{\sqrt{\lambda_1}} = -1$.

7. **证法一** 设 $P \mapsto P'$. 则 $(AB, DP) = (BA, CP') = (AB, P'C)$. 又 $(AB, DP) = (AB, PC)$, 所以 $(AB, PC) = (AB, P'C)$. 因此 $P' = P$, 即点 P 是对合的不变点.

证法二 设 A, B, C 的齐次坐标依次为 $a, b, a + b$. 令 D 的齐次坐标为 $a + \lambda_0 b$, 可求出对合的方程为 $\lambda\lambda' = \lambda_0$. 设 P 的齐次坐标为 $a + \rho b$, 由 $(AB, DP) = (AB, PC)$ 得 $\rho^2 = \lambda_0$. 故点 P 是对合的不变点.

8. **证法一** 据题意,$(A, C, B, E)\barwedge(B, D, C, E)\barwedge(C, A, D, E)$. 所以 $(AC, BE) = (CA, DE)$. 同理可得 $(AC, BF) = (CA, DF)$. 即可得结论.

证法二 据题设有 $(AC, EF) = (BD, EF) = (CA, EF)$. 于是, 若题设六点互异, 则必有 $(AC, EF) = (BD, EF) = -1$. 从而据定理 2.25 有, E, F 是由 $A \leftrightarrow C, B \leftrightarrow D$ 所确定的对合的不变元素.

评注 由证法二明显看出六点必须互异, 其实即使证法一也必须要求已知六点互异, 但是往往为学生所忽视.

9. 在 $l(P)$ 上任取异于 X, Y 的点 P, 作出 X, Y, P 的第四调和点 P', 类似作出 Q, Q'. 由作法 $(PP', XY) = -1$, $(QQ', XY) = -1$, 据定理 2.25, $P, P'; Q, Q'$ 为 $l(P)$ 上以 X, Y 为不变点的对合的两对相异的对应点.

10. **证明** 因为 $(PQ, AB) = (P'Q', AB) = -1$, 所以 $(AB, PQ) = (BA, P'Q')$. 于是 $A, B; P, P'; Q, Q'$ 是属于同一对合的三双对应点, 即 A, B 也是 f 的一个对应点偶.

11. **证明** 如图 2.21′, 因为 A,B,C,D 四点中无三点共线, 故可构成完全四点形 $ABCD$, 而由题设 P,P'; Q,Q'; R,R' 是直线 l 与此完全四点形三双对边的交点, 据 Desargues 对合定理有 P,P'; Q,Q'; R,R' 是以 l 为底的点列上同一对合的三双对应点.

评注 l 必须为平面上不经过四个已知点的任意直线. 否则, 不能应用 Desargues 对合定理.

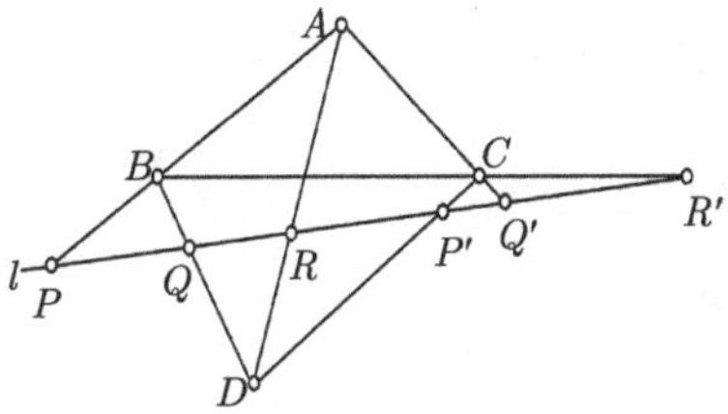

图 2.21′

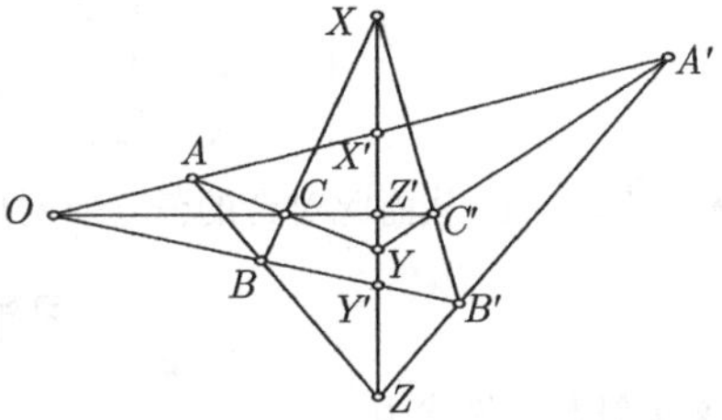

图 2.22′

12. **证明** 由 f_1,f_2 为对合, 有 $(PP',AB)=(P'P,A'B')=(PP',A''B'')$. 于是 $(PP',AB)=(P'P,B''A'')$. 从而 A,B''; A'',B; P,P' 是 $l(P)$ 上第三个对合 f_3 的三个对应点偶.

13. **提示** 如图 2.22′, 考察完全四点形 $OABC$, X,X'; Y,Y'; Z,Z' 恰为直线 XY 与该完全四点形三双对边的交点, 且直线 XY 不经过 O,A,B,C 中的任一个点, 因此 Desargues 对合定理条件被满足, 结论自明.

14. **证明** 取束心为原点建立笛氏坐标系, 并适当取基线使得线束中任一直线的非齐次参数恰为其斜率. 设 λ,λ' 为对合的任一对对应直线的斜率, 则对合的非齐次参数方程可写为

$$a\lambda\lambda'+b(\lambda+\lambda')+d=0 \qquad (ad-b^2\neq 0). \tag{1}$$

而相互垂直的对应直线的参数应满足 $\lambda\lambda'=-1$, 即 $\lambda'=-1/\lambda$, 代入 (1) 得,

$$b\lambda^2-(a-d)\lambda-b=0. \tag{2}$$

显然, 当 a,b,c,d 均为实数时, 必有 $(a-d)^2+4b^2\geqslant 0$.

(1) 当 $(a-d)^2+4b^2>0$ 时, 方程 (2) 有两个不相等的实根 λ_1,λ_2, 根据韦达定理,

$$\lambda_1\lambda_2=-\frac{b}{b}=-1\Longrightarrow\lambda_1=-\frac{1}{\lambda_2},\lambda_2=-\frac{1}{\lambda_1}.$$

因而,

$$\lambda_1'=-\frac{1}{\lambda_1}=\lambda_2,\qquad \lambda_2'=-\frac{1}{\lambda_2}=\lambda_1,$$

即此二根恰为对合的一对相互垂直的对应直线的参数.

(2) $(a-d)^2+4b^2=0$ 当且仅当 $a=d,b=0$ 时成立, 而此时对合方程为 $\lambda\lambda'=-1$, 不难看出此对合的任一对对应直线都相互垂直.

综上所述, 通常线束的对合必至少存在一对相互垂直的对应直线.

(3) 如果对合 (1) 有两对对应直线相互垂直, 设其参数分别为 $\lambda_1, -\dfrac{1}{\lambda_1}$; $\lambda_2, -\dfrac{1}{\lambda_2}$. 则对合方程为

$$\begin{vmatrix} \lambda\lambda' & \lambda+\lambda' & 1 \\ \lambda_1\left(-\dfrac{1}{\lambda_1}\right) & \lambda_1-\dfrac{1}{\lambda_1} & 1 \\ \lambda_2\left(-\dfrac{1}{\lambda_2}\right) & \lambda_2-\dfrac{1}{\lambda_2} & 1 \end{vmatrix}=0,$$

展开即得 $\lambda\lambda'=-1$, 从而此对合的任一对对应直线相互垂直.

习题 2.6

1. 所求射影变换式为

$$\begin{cases} \rho x_1' = 2x_1 - 3x_2 + x_3, \\ \rho x_2' = 3x_1 - x_2 + 4x_3, \\ \rho x_3' = 3x_1 - 2x_2 + 5x_3. \end{cases}$$

2. 所求变换式为

点场之间 $$\rho\begin{pmatrix} x_1' \\ x_2' \\ x_3' \end{pmatrix} = \begin{pmatrix} 2 & -1 & 1 \\ 1 & 2 & -1 \\ 0 & 0 & 1 \end{pmatrix}\begin{pmatrix} x_1 \\ x_2 \\ x_3 \end{pmatrix}.$$

线场之间 $$\lambda\begin{pmatrix} u_1' \\ u_2' \\ u_3' \end{pmatrix} = \begin{pmatrix} 2 & -1 & 0 \\ 1 & 2 & 0 \\ -1 & 3 & 5 \end{pmatrix}\begin{pmatrix} u_1 \\ u_2 \\ u_3 \end{pmatrix}.$$

3. 点 P, Q, R 的对应点分别为 $P'(3,-4,2), Q'(0,7,-3), R'(11,17,4)$.

4. 射影变换的不变点为直线 $x_2=0$ 上的所有点; 不变直线为过点 $A(1,0,0)$ 的所有直线.

5. 射影变换的不变点为 $(1,-1,0)$, $(2,-1,-2)$, $(1,-1,-2)$; 不变直线为 $[0,-2,1]$, $[1,1,0]$, $[2,2,1]$.

6. n 的最大值为 3. 如果 $n>3$, 则据定理 2.31, φ 必为恒同变换, 矛盾.

习题 3.1

1. **证明** 因为圆环点的齐次坐标为 $I(1,\mathrm{i},0), J(1,-\mathrm{i},0)$, 所以他们的齐次线坐标方程分别为 $u_1+\mathrm{i}u_2=0$, $u_1-\mathrm{i}u_2=0$. 将这两个方程的左右两边分别相乘即得结论.

2. **证明** 设 $P_1(x_1,y_1),P_2(x_2,y_2)$ 为直线 m 上的两个相异的有穷远点，其间的距离为 d. 因为 $y_2-y_1=k(x_2-x_1)$, 我们有 $d=\sqrt{(x_2-x_1)^2+(y_2-y_1)^2}=\sqrt{(1+k^2)(x_2-x_1)^2}$. 于是 $k=\pm\mathrm{i}\Leftrightarrow d=0$.

*3. **证明** 设 l_1,l_2 的斜率分别为 k_1,k_2, 则

$$\begin{aligned}\mu=(l_1l_2,m_1m_2)&=\frac{(k_1+\mathrm{i})(k_2-\mathrm{i})}{(k_2+\mathrm{i})(k_1-\mathrm{i})}\\&=\frac{(1+k_1k_2)+\mathrm{i}(k_2-k_1)}{(1+k_1k_2)-\mathrm{i}(k_2-k_1)}=\frac{1+\mathrm{i}\dfrac{k_2-k_1}{1+k_1k_2}}{1-\mathrm{i}\dfrac{k_2-k_1}{1+k_1k_2}}.\end{aligned}$$

因为

$$\tan\vartheta=\frac{k_2-k_1}{1+k_1k_2},$$

于是

$$\mu=\frac{1+\mathrm{i}\tan\vartheta}{1-\mathrm{i}\tan\vartheta}=\frac{\cos\vartheta+\mathrm{i}\sin\vartheta}{\cos\vartheta-\mathrm{i}\sin\vartheta},$$

利用 Euler 公式, 有 $\mu=\mathrm{e}^{2\mathrm{i}\vartheta}$. 从而 $\vartheta=\dfrac{1}{2\mathrm{i}}\ln\mu$.

*4. **证明** 设 $l_1\perp l_2$. 则 $\vartheta=\pi/2$, 由上题, $\mu=\mathrm{e}^{\mathrm{i}\pi}$, 即 $\mu=\mathrm{e}^{\mathrm{i}\pi}=\cos\pi+\mathrm{i}\sin\pi=-1$. 从而 l_1,l_2 被过其交点的两迷向直线调和分离. 反之, 设 l_1,l_2 被过其交点的两迷向直线调和分离. 即 $\mu=-1$, 于是 $\mathrm{e}^{2\mathrm{i}\vartheta}=-1\Rightarrow\cos(2\vartheta)+\mathrm{i}\sin(2\vartheta)=-1$, 从而 $\vartheta=\pi/2$, 即 $l_1\perp l_2$.

习题 3.2

*1. **提示** 仿照教材定理 3.6 的证明.

习题 3.3

1. (6), (8), (9) 为射影几何研究对象; (1), (2), (3) 为仿射几何研究对象; (4), (5), (7), (10) 为相似几何研究对象.

2. (6) 为射影几何研究对象; (7) 为仿射几何研究对象; (2), (8) 为相似几何研究对象; (1), (3), (4), (5) 为欧氏几何研究对象.

3. (4) 为射影几何研究对象; (1), (3) 为仿射几何研究对象; (2), (6) 为相似几何研究对象; (5) 为欧氏几何研究对象.

4. **提示** 正方形、菱形仅属于平行四边形的那些性质是仿射不变的.

习题 4.1

1. 可以利用二阶曲线束的方法, 求得二阶曲线的方程为 $3x_1^2+2x_1x_2-x_2^2-3x_3^2=0$.

2. 所求二阶曲线的方程为 $a_3(a_2-a_1)x_1x_2+a_1(a_3-a_2)x_2x_3+a_2(a_1-a_3)x_3x_1=0$.

3. 仿照例 4.4, 求得二阶曲线的方程为 $x_1^2+x_2^2-x_3^2=0$.

4. 所求二阶曲线方程分别为 (1) $x_1^2+4x_2^2-5x_1x_2+x_2x_3-x_1x_3=0$. (2) $4x_1^2+2x_2^2+4x_3^2+10x_1x_2-2x_1x_3+3x_2x_3=0$.

5. **证明** 如图 4.1′, 设三点形 ABC 与 $A'B'C'$ 同时外切于非退化二阶曲线 Γ, AB 与 $B'C'$, $C'A'$ 的交点分别为 D,E, $A'B'$ 与 BC, CA 的交点分别为 D',E'.

根据二级曲线的射影定义, $AB,A'B'$ 截两个三点形其余四条边所得两个点列成射影对应. 即

$$AB(D,A,B,E)\ \bar{\barwedge}\ A'B'(B',E',D',A').$$

因为 $C(B',A,B,A')\ \overset{=}{\barwedge}\ A'B'(B',E',D',A')$, $C'(B',A,B,A')\ \overset{=}{\barwedge}\ AB(D,A,B,E)$, 所以 $C(B',A,B,A')\ \barwedge\ C'(B',A,B,A')$. 由二阶曲线的射影定义, 两个三点形 ABC 与 $A'B'C'$ 的六个顶点在同一条二阶曲线上, 即同时内接于一条二阶曲线. 证毕.

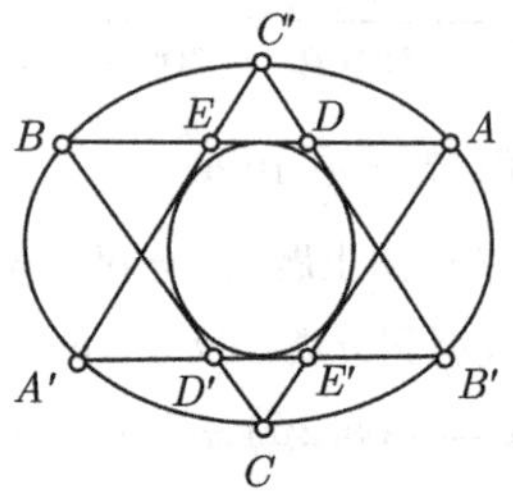

图 4.1′

6. **证明** 上题的逆命题为: 如果两个三点形 ABC 与 $A'B'C'$ 同时内接于一条非退化二阶曲线, 则它们的六条边也同时外切于一条非退化二级曲线.

设三点形 ABC 与 $A'B'C'$ 同时内接于非退化二阶曲线 Γ, AB 与 $B'C'$, $C'A'$ 的交点分别为 D,E; $A'B'$ 与 BC, CA 的交点分别为 D',E'.

根据二阶曲线的射影定义有

$$C(B',A,B,A')\ \barwedge\ C'(B',A,B,A').$$

又

$$C(B',A,B,A')\ \overset{=}{\barwedge}\ A'B'(B',E',D',A'),\ C'(B',A,B,A')\ \overset{=}{\barwedge}\ AB(D,A,B,E).$$

从而

$$A'B'(B',E',D',A')\ \barwedge\ AB(D,A,B,E).$$

由二级曲线的射影定义, 这两个射影点列对应点的连线 $B'D$, $E'A$, $D'B$, $A'E$ 连同两个点列的底 $A'B'$, AB 属于同一条二级曲线, 此六条直线恰为题给两个三点形的六条边. 证毕.

7. 设三点形 ABC 外切于非退化二级曲线 Γ' 并内接于非退化二阶曲线 Γ. 在 Γ 上任取异于 A,B,C 的点 P, 过 P 作 Γ' 的两条切线交 Γ 于 Q,R, 则由习题 6, QR 与 Γ' 相切. 由作法, 这样的三点形可以有无穷多个.

8. 所求切线方程为 $p_2x_2 - p(p_3x_1 + p_1x_3) = 0$.

9. 所求切点为 $(1, 4, -17)$.

10. 使用 (4.13) 式直接验证即可.

习题 4.2

1. 为方便计, 我们以 1,2,3,4,5,6 表示二阶曲线上的六个点. 因为 123456; 234561; $\cdots$; 612345 表示同一个简单六点形（顶点与边皆完全相同）, 而 123456 与 654321 亦表示同一个简单六点形, 所以, 对于给定的六个点, 实际上可以得到 $6!/(6 \times 2) = 60$ 条不同的 Pascal 线.

2. **提示** 两个重合的顶点之间的边变为该点处的切线, 利用定理 4.7 即可得结论.

3. **定理** 4.9′ 外切于非退化二级曲线 Γ' 的简单五线形某一边上的切点与其对顶的连线必通过其余两对不相邻顶点的连线交点.

定理 4.10′ 外切于非退化二级曲线的简单四线形两组对顶的连线和两组对边上切点的连线必四线共点.

定理 4.11′ 外切于非退化二级曲线的简单四线形一对对顶的连线与另一对对顶各与相应边上的切点的连线必三线共点.

定理 4.12′ 外切于非退化二级曲线的三线形各边上的切点与其对顶的连线三线共点.

4. **证明** 如图 4.2′, 考察六线形 $AB'CA'BC'$, 其三双对顶的连线 AA', BB', CC' 共点, 根据 Brianchon 定理的逆定理, 其六条边属于同一条二级曲线.

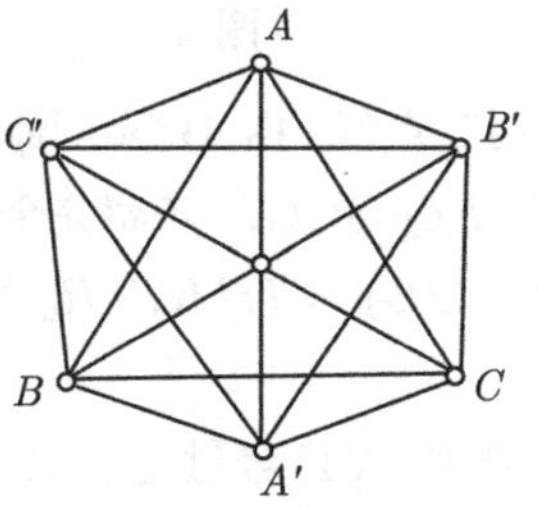

图 4.2′

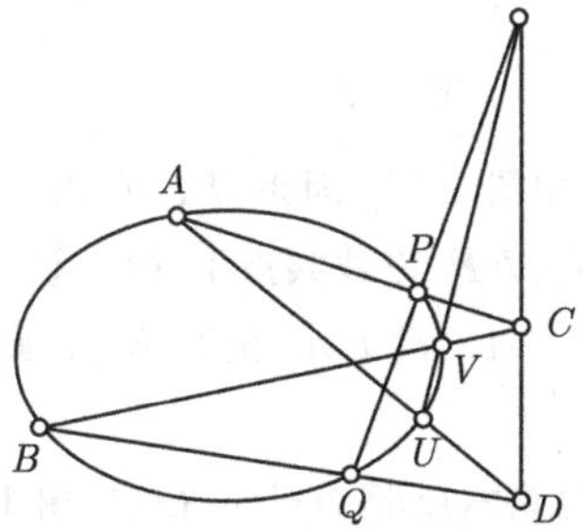

图 4.3′

5. **提示一** 如图 4.3′, 因 A,B,P,Q,U,V 六点皆在 Γ 上, C,D 不在 Γ 上, 所以可把问题转化为证明 $PQ \times UV$, C,D 三点共线, 考察简单六点形 $APQBUV$ 即得结论.

提示二 如图 4.3′, 考察简单六点形 $AUBVP$, 及三点形 VPC 与 UQD, 利用 Pascal 定理和 Desargues 逆定理可证.

6. **作法** (1) 连结 BC, ED 交于 M; 连结 AD 与 c 交于 N; (2) 连结 MN, AB 交

于 L; (3) 连结 EL 交 c 于 F, 则点 F 即为所求 (如图 4.5′).

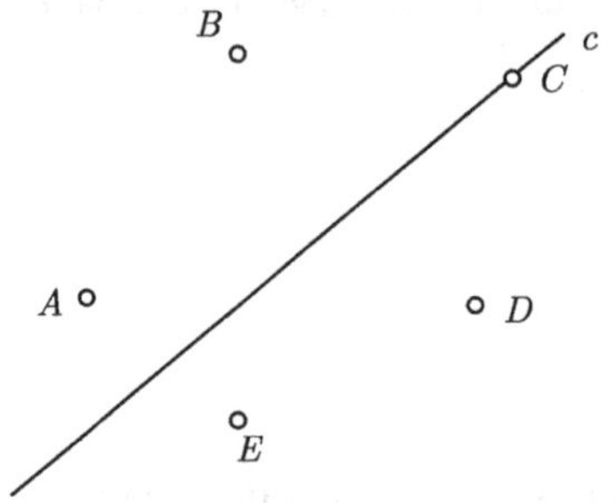

图 4.4′

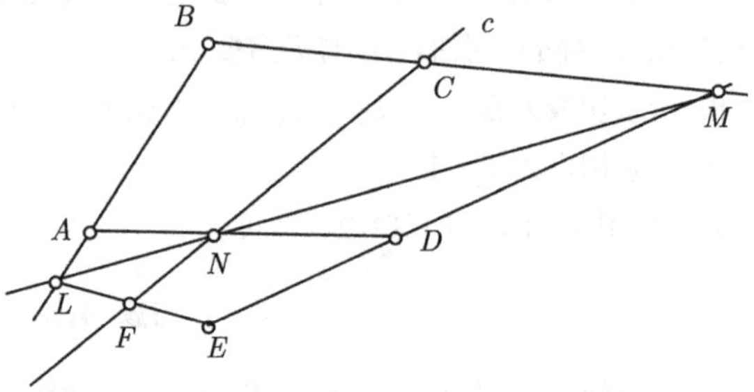

图 4.5′

证明 考察简单六点形 $ABCFED$, 由作法知 $AB\times EF=L$, $BC\times ED=M$, $CF\times DA=N$, 而 L,M,N 三点共线, 由 Pascal 定理的逆定理, 六点 A,B,C,F,E,D 属于同一条二阶曲线, 即题设由 A,B,C,D,E 所确定的二阶曲线 Γ, 所以 F 在 Γ 上而且在 c 上.

7. **证明** 如图 4.6′, 因为三点形 ABC 外切于 Γ, 据 Brianchon 定理的极限形式知, AP, BQ, CR 三直线共点于某点 D. 考察完全四点形 $ARDQ$, 立刻得 $(BC,XP)=-1$.

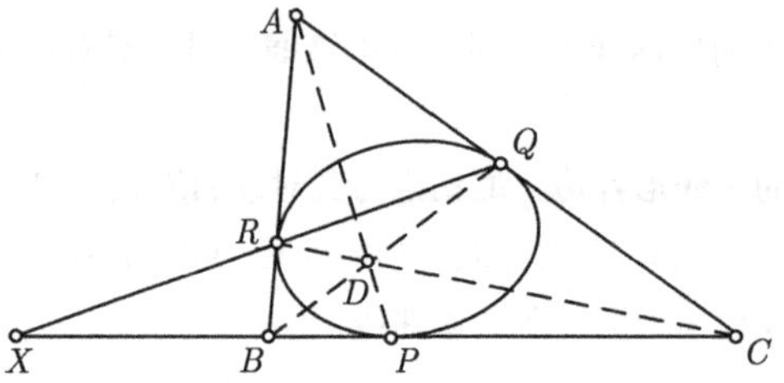

图 4.6′

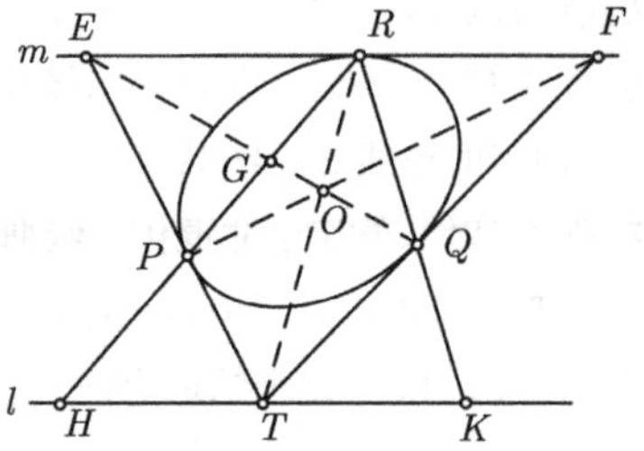

图 4.7′

8. **证明** 如图 4.7′, 因为 TEF 为 Γ 的外切三点形, 据 Brianchon 定理的极限形式可知, TR,EQ,FP 三线共点于 O. 设 RP 交 EQ 于 G. 考察完全四点形 $EPOR$ 有 $(GQ,OE)=-1$. 设 l,m 交于 R_∞. 则 $R(GQ,OE)=(HK,TR_\infty)=-1$, 于是 T 为 HK 的中点.

9. **证明** 考察六点形 $APBCQD$, 由 Pascal 定理, XY 经过定点 $AD\times BC$.

10. 略.

习题 4.3

1. **提示** 写出各二阶曲线的矩阵, 利用 (4.16) 式直接验证即可.

2. (1) $x_2=0$, (2) $15x_1+23x_2+14x_3=0$.

3. 根据 (4.17) 式, 可以求出所求极点. (1) $(9,5,1)$, (2) $(38,19,-20)$.

4. 所求点的齐次坐标为 $(1,-A,1)$.

5. **证明** 如图 4.8′, 设 B, C 处的切线交于 P. 则 P 的极线为 BC. 而 $BC \times AD = X$, 故 X 的极线必过 P. 又 XYZ 为自极三点形, 所以 X 的极线为 YZ. 于是 P 在 YZ 上. 同理可证 A, D 处的切线交点也在 YZ 上.

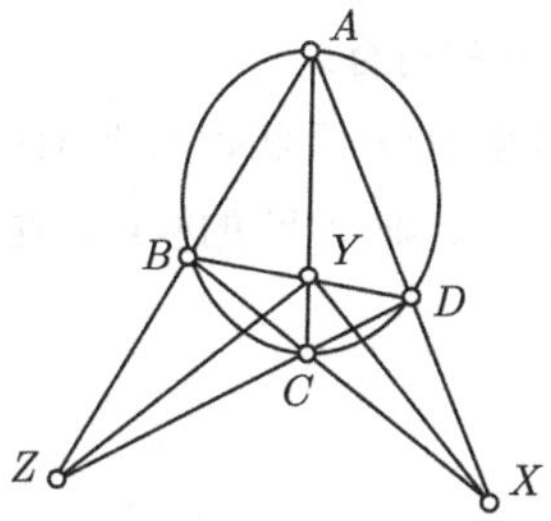

图 4.8′

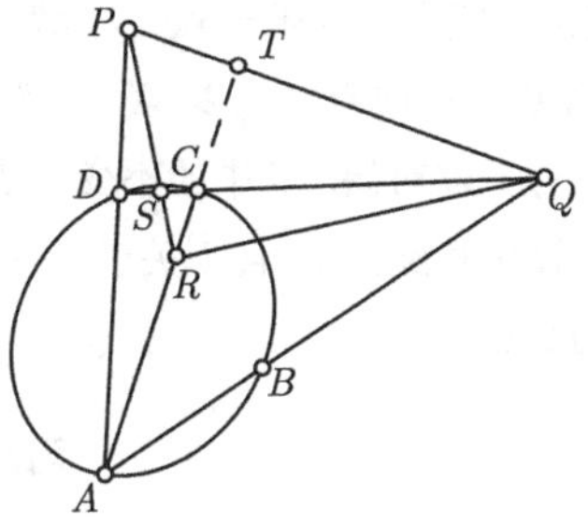

图 4.9′

6. **证明** 如图 4.9′, 设 $PR \times QD = S$, $AR \times PQ = T$. 因为 PQR 是 $\varGamma$ 的一个自极三点形, 所以 $(DC, SQ) = -1 = (AC, RT)$. 从而 $CD(D, C, S, Q) \overline{\wedge} AC(A, C, R, T)$. 由于两底的交点 C 自对应, 所以此射影对应为透视对应, 从而 AD, RS, QT 共点, 即 AD, PR, PQ 共点, 亦即 A, D, P 三点共线. 证毕.

评注 与例 4.12 相比较 (使用本题标示字母). (1) 本题与例 4.12 的证明过程几乎是完全相同, 事实上, 例 4.12 是连 AC, 则 B, C, P 共线; 在此基础上, 本题连 QC 交 $\varGamma$ 于 D, 则 A, D, P 共线; 若连 BR 交 $\varGamma$ 于 D, 则也有 P, A, D 共线; 若连 BP 交 $\varGamma$ 于 C, 连 QC 交 $\varGamma$ 于 D, 则 A, D, P 共线; 若过 P 作直线交 $\varGamma$ 于 A, D, 设 DR 交 $\varGamma$ 于 B, 可证明 A, B, Q 共线; $\cdots\cdots$, 所有的证明过程都几乎相同, 说明了自极三点形具有某种对称性质. (2) 上述说明: 若给定 $\varGamma$ 的一个自极三点形 PQR, 则可构造出 $\varGamma$ 的一个内接完全四点形 $ABCD$, 以 PQR 为其对边三点形. 由于本题中过 Q 的直线 AB 的任意性, 存在无穷多个 $\varGamma$ 的内接完全四点形 $ABCD$, 以同一个三点形 ($\varGamma$ 的自极三点形) 为其对边三点形.

7. 存在而不唯一. 见上题讨论.

8. **证明** 如图 4.10′, 连 AP 交 RQ 于 M. 由配极原则, A 是 RQ 的极点. 又 BC 为 P 的极线. 于是 X 为 A, P 的极线的交点, 从而 AP 为 X 的极线. 因此 $(BC, XP) = (RQ, XM) = -1$.

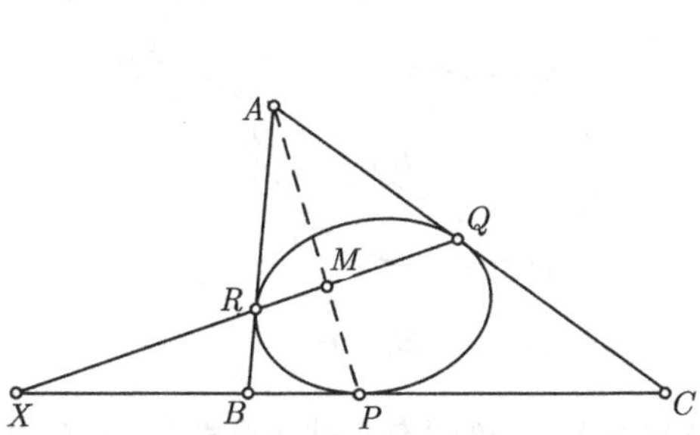

图 4.10′

评注 本题与习题 4.2 第 7 题是同一个题目, 甚至与习题 4.2 第 8 题也几乎是同一个题

目 (该题增加了射影仿射意义), 之所以方法比较简便, 是因为 Pascal 定理和 Brianchon 定理从某种意义上说都被配极变换所涵盖.

9. **证明** 设直线与 Γ 交于两点 X, Y, 则由共轭点的定义, 对于直线上异于 X,Y 的任意一点 P, 都在该直线上存在唯一点 Q, 满足 $(PQ, XY) = -1$. 这样的共轭点偶有无穷多个, 所有这些共轭点偶构成直线上以 X,Y 为不变元素的对合.

10. **证明** 与上题对偶. 其中的不变直线为该线束中与 Γ 相切的两直线 x, y.

11. **证明** 设定直线为 l, 且 l 关于 Γ 的极点为 L. 则 XY 的极点均在 l 上, 由配极原则, XY 经过定点 L.

习题 4.4

1. **证明** 如图 4.11′, 设 $XY \times AB = C$. 因为 XY 为 T 的极线, 所以 $(AB, CT) = -1$, 从而 $Y(AB, XY) = Y(AB, CT) = (AB, CT) = -1$. 由此得 $\Gamma(AB, XY) = -1$.

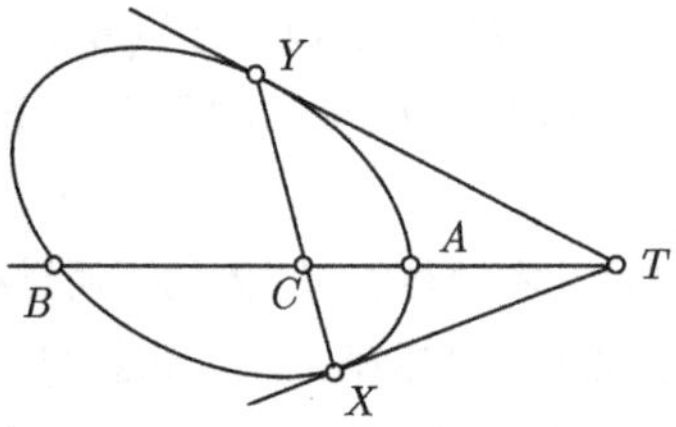

图 4.11′

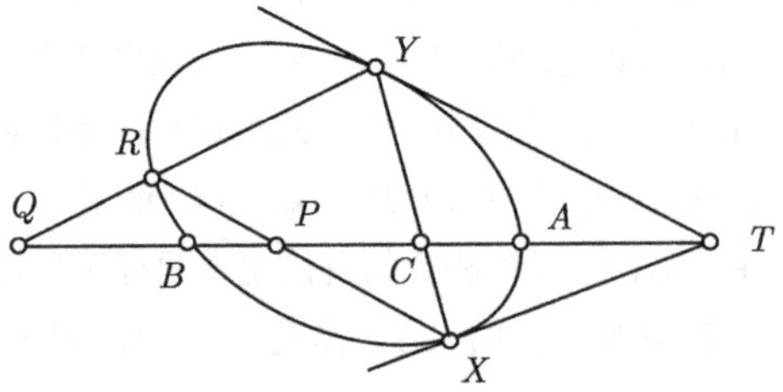

图 4.12′

2. **证明** 如图 4.12′, 因为 $\Gamma(AB, XY) = -1$, 所以 $(PQ, AB) = R(XY, AB) = \Gamma(XY, AB) = -1$.

3. **证明** 如图 4.13′, 设 $AB \times CD = E$, Γ 在点 A 处的切线交 CD 于 T, 则由 $\Gamma(AB, CD) = -1$ 得 $(CD, ET) = -1$. 设 Γ 在点 B 处的切线交 CD 于 T', 则同理 $(CD, ET') = -1$, 从而 $T \equiv T'$ 为 AB 的极点在 CD 上. 由配给原则知 CD 的极点一定在 AB 上, 即直线 AB 与 CD 为关于 Γ 的共轭直线.

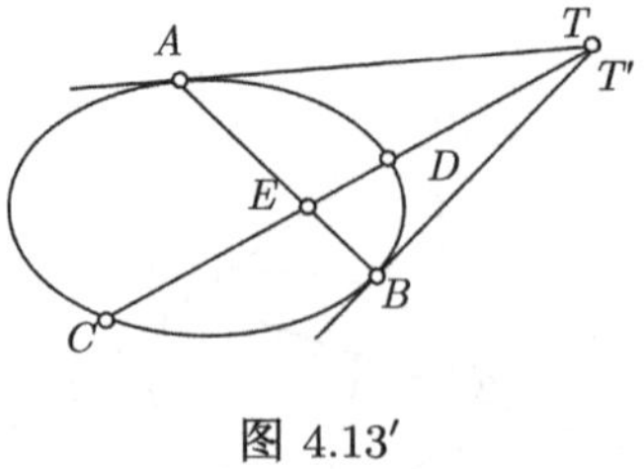

图 4.13′

4. **提示** 注意到二次点列上对合的几何条件在形式上与点列上对合的几何条件相同, 利用本节知识及 §2.5 例 2.13 可得证明.

5. **作法** 设点列 $x(P_1)$ 上对合 f 的两对对应点为 $A_1, A_1'; B_1, B_1'$. (1) 任取 Γ 上一

点 S, 连接 SA_1, SB_1, SA_1', SB_1', 记 $SA_1 \times \Gamma = A$, $SA_1' \times \Gamma = A'$, $SB_1 \times \Gamma = B$, $SB_1' \times \Gamma = B'$. (2) 连接 $AB', A'B, AB, A'B'$, 记 $AB' \times A'B = M$, $AB \times A'B' = N$. (3) 连接 MN, 设 MN 与 Γ 的交点为 E, F. (4) 连接 SE, SF, 设 SE, SF 与直线 x 分别交于点 X, Y, 则点 X, Y 即为对合 f 的两个不变点 (图在此略去, 请自己画出).

证明 显然 $\varphi : \Gamma \to x(P_1), P \mapsto SP \times x$ 是二次点列 Γ 到点列 $x(P_1)$ 的一个透视对应. 令 $\widetilde{f} = \varphi^{-1} f \varphi$, 则 $\widetilde{f}$ 是二次点列 Γ 的一个对合, 且由作法知 A, A'; B, B' 是 $\widetilde{f}$ 的两对对应点, 从而直线 MN 是 $\widetilde{f}$ 的对合轴, E, F 为 $\widetilde{f}$ 的两个不变点. 而 $\varphi(E) = X, \varphi(F) = Y$, 从而 $f(X) = X, f(Y) = Y$.

6. **证明** 如图 4.14′, 设 P_iQ_i 为 Γ 过 P_0 的任一弦, 设 AP_i, AQ_i 分别交 Γ' 于点 P_i', Q_i'. 由定理 4.23, 在 Γ 上对应 $(P, P_1, P_2, \cdots) \leftrightarrow (Q, Q_1, Q_2, \cdots)$ 为对合. 所以 A 为束心的线束中的对应 $A(P, P_1, P_2, \cdots) \leftrightarrow A(Q, Q_1, Q_2, \cdots)$ 为对合. 由此可得, 在 Γ' 上, 对应 $(P', P_1', P_2', \cdots) \leftrightarrow (Q', Q_1', Q_2', \cdots)$ 也是对合, 从而其对应点的连线 $P'Q', P_1'Q_1' \cdots$ 经过定点.

7. **证明** 如图 4.15′, 因为 PP' 过定点 A, $P'P''$ 过定点 B, 所以 $\Gamma(P) \barwedge \Gamma(P')$; $\Gamma(P') \barwedge \Gamma(P'')$ 都是 Γ 上的对合, 分别以 A, B 为对合中心. $\Gamma(P)$ 与 $\Gamma(P'')$ 成射影对应 (但是一般此对应未必为对合, 除非 PP'' 经过定点).

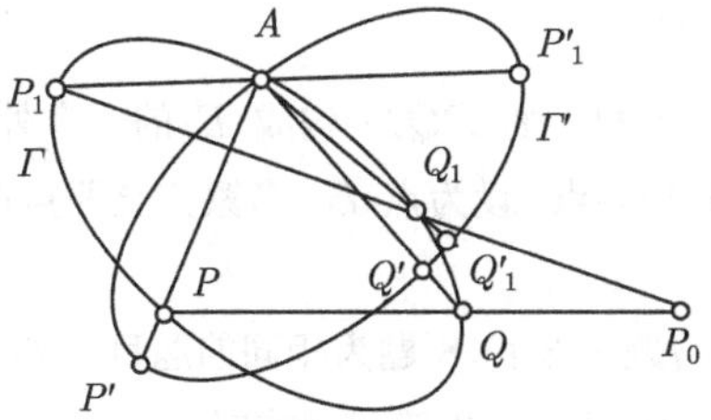

图 4.14′

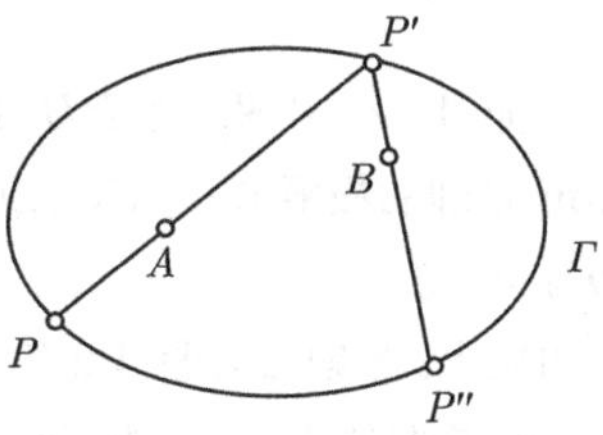

图 4.15′

8. **证明** 如图 4.16′, 因为 PP' 过定点, 所以 $\Gamma(P) \barwedge \Gamma(P')$ 为对合对应. 于是有 $A(P, P', \cdots) \barwedge B(P', P, \cdots)$, 从而 Q, R 作为此两射影线束对应直线的交点在另外一条二次曲线上.

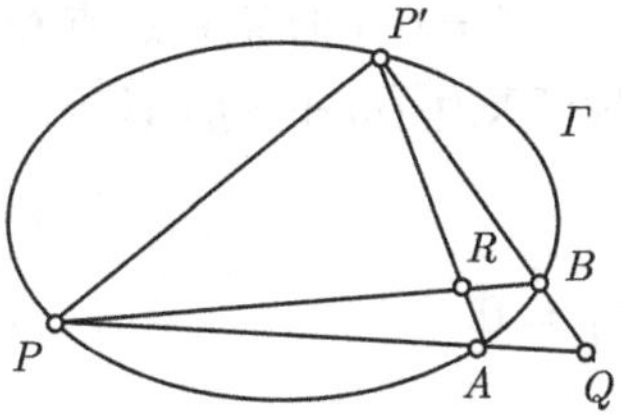

图 4.16′

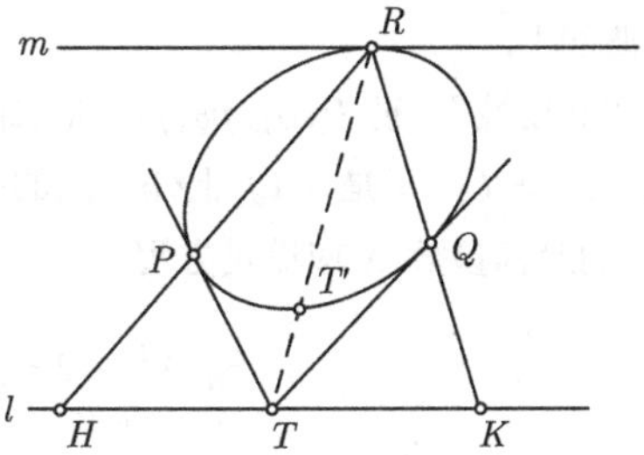

图 4.17′

9. **证明** 如图 4.17′, 设 RT 与 Γ 交于点 T', 且 l 与 m 处的切线交于 R_∞. 显然, T', R; P, P; Q, Q; $\cdots$ 构成 Γ 上一个以 T 为对合中心的对合, P, Q 为此对合的两个不变点. 于是有 $\Gamma(T'R, PQ) = \Gamma(PQ, T'R) = -1$, 从而 $R(PQ, T'R) = (HK, TR_\infty) = -1$, 即 T 为 HK 的中点.

评注 与习题 4.2 第 8 题相比较为同一个题目的不同证明方法, 显然, 此处的证明比较简便. 但是注意到二次点列上的射影变换是建立在一维射影变换、配极、Pascal 定理、Brianchon 定理等基础上讨论的, 所以这里的简便是当然的. 事实上, 本题还有其他的证明方法.

10. **证法一** 如 4.18′ 左图, 设 PC 交 Γ 于另一点 D. 则 $C, D; A, A; B, B$ 为 Γ 上以 A, B 为不变点的对合的三对对应点, 于是 $\Gamma(AB, CD) = -1$. 从而 $C(AB, CD) = -1$, 以 AP 截得 $(AX, QP) = -1$.

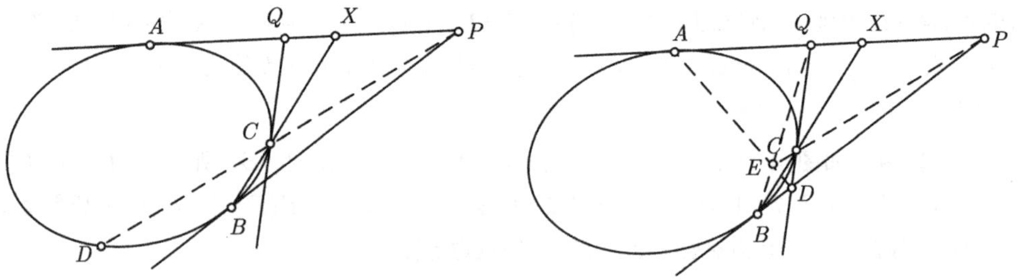

图 4.18′

证法二 如 4.18′ 右图, 设 PB 交 QC 于 D. 则 PQD 构成 Γ 的一个外切三点形, 据 Brianchon 定理的极限形式, PC, QB, DA 必共点, 设为点 E. 考察完全四点形 $QEDP$ 有 $(AX, QP) = -1$.

评注 事实上, 本题与习题 4.2 第 7 题、习题 4.3 第 8 题为相同的题目. 这里的证法二即为习题 4.2 第 7 题的方法, 不难再给出证法三为习题 4.3 第 8 题的方法.

习题 4.5

1. (1) $x_1^2 + x_2^2 - x_3^2 = 0$. (2) $x_1^2 - x_2^2 = 0$. (3) $x_1^2 + x_2^2 - x_3^2 = 0$. (4) $x_1^2 = 0$.

2. **定理 4.24** 二阶曲线上一点是奇异点的充要条件是该点与曲线上任意点连线上的点皆在此二阶曲线上.

证明 "必要性". 设 $P(p_1, p_2, p_3)$ 是二阶曲线 $\Gamma: S = 0$ 上的奇异点, 点 $Q(q_1, q_2, q_3)$ 在 Γ 上, 且 $P \neq Q$. 于是 PQ 上任一点的齐次坐标可表为 $(p_i + \lambda q_i)$ $(i = 1, 2, 3)$. PQ 与 Γ 的交点的坐标参数 λ 应满足方程

$$S_{qq}\lambda^2 + 2S_{pq}\lambda + S_{pp} = 0. \tag{1}$$

因为 P 是奇异点, 即 $\sum_{j=1}^{3} a_{ij}p_j = 0$ $(i = 1, 2, 3)$. 所以有 $S_{pp} = 0, S_{pq} = 0$. 又因为 $Q \in \Gamma$,

故 $S_{qq}=0$. 这说明，对于 λ 的一切值，(1) 式均成立，即 PQ 上的任一点都在 Γ 上.

"充分性". 设 $P(p_1,p_2,p_3)$ 是 Γ 上一点，又 $Q(q_1,q_2,q_3)$ 为 Γ 上任一点 $(Q\neq P)$，且 PQ 上任一点均在 Γ 上，即 (1) 对一切 λ 成立. 从而 $S_{qq}=S_{pp}=S_{pq}=0$. 由 $S_{pq}=0$ 有，

$$\left(\frac{\partial S}{\partial x_1}\right)_p q_1+\left(\frac{\partial S}{\partial x_2}\right)_p q_2+\left(\frac{\partial S}{\partial x_3}\right)_p q_3=0.$$

因为 Q 是 Γ 上任一点，下面三式必同时成立

$$\left(\frac{\partial S}{\partial x_1}\right)_p=0,\left(\frac{\partial S}{\partial x_2}\right)_p=0,\left(\frac{\partial S}{\partial x_3}\right)_p=0.$$

由奇异点的定义可见，P 为二阶曲线 Γ 的奇异点. 证毕.

3. **提示** 设 $A_1A_2A_3$ 为坐标三点形, 且二阶曲线 $S=0$ 与 A_1A_2 相切于 A_1, 与 A_2A_3 相切于 A_3. 则由题设, A_1,A_2,A_3 的极线分别为 $x_3=0$, $x_2=0$, $x_1=0$. 又据定义, A_1, A_2, A_3 的极线分别为 $a_{11}x_1+a_{12}x_2+a_{13}x_3=0$, $a_{21}x_1+a_{22}x_2+a_{23}x_3=0$, $a_{31}x_1+a_{32}x_2+a_{33}x_3=0$. 所以 $a_{11}=a_{12}=a_{21}=a_{23}=a_{32}=a_{33}=0, a_{13}=a_{31}\neq 0$, $a_{22}\neq 0$. 令 $a_{13}=a_{31}=c_1$, $a_{22}=2c_2$, 则 Γ 的方程可写为 $c_1x_1x_3+c_2x_2^2=0$.

4. **证明** 设 $\Gamma_1:S_1=0$ 与 $\Gamma_2:S_2=0$ 交于四相异点 A,B,C,D. 因为此四点相异, 所以 $ABCD$ 是两条二阶曲线的公共内接完全四点形, 其对边三点形 XYZ 为 Γ_1 与 Γ_2 的公共自极三点形. 以 XYZ 为新的坐标三点形, 按照单位点规则选取单位点建立射影坐标系, 则 Γ_1 与 Γ_2 的方程可化为 $a_1x_1^2+a_2x_2^2+a_3x_3^2=0$ 与 $b_1x_1^2+b_2x_2^2+b_3x_3^2=0$. 因为 Γ_1 与 Γ_2 均为非退化二阶曲线, 所以 $a_1a_2a_3\neq 0$, $b_1b_2b_3\neq 0$.

5. (1) 直接验证 P,Q,R 三点两两关于已知二阶曲线共轭即可. (2) $x_1^2+4x_2^2-x_3^2=0$.

习题 4.6

1. (1) 椭圆；中心坐标 $(1,2,1)$. (2) 抛物线；中心坐标 $(1,1,0)$.

2. 过点 A 的直径为 l：$x_2-x_3=0$, l 的共轭直径为 l'：$x_1+x_2+2x_3=0$.

3. (1) 因为 $|A|=86\neq 0$, $A_{33}=-6<0$, 所以已知曲线为双曲线. (2) 中心坐标为 $(7,4,-3)$.

(3) 斜率为 $\dfrac{3}{2}$ 的直径为 $9x_1-6x_2+13x_3=0$, 其共轭直径 $4x_1-x_2+8x_3=0$.

(4) 两渐近线方程为:$(3\pm\sqrt{6})x_1\mp\sqrt{6}x_2+(7\pm\sqrt{6})x_3=0$.

4. (1) $2x_1-2x_2-x_3=0, 2x_1+6x_2+5x_3=0$. (2) $x_2-x_3=0, x_1+x_2-2x_3=0$. (3) $x_1=0, x_2=0$.

5. 容易验证 Γ_1 与 Γ_2 均为非退化有心二阶曲线, 且有相同的中心 $(2,1,1)$, 联立

$$\begin{cases}3kk'+5k+5k'+3=0,\\ kk'-2k-2k'+1=0,\end{cases}$$

解得两曲线公共的共轭方向为 $k=1,\ k'=-1$. 从而, 公共的共轭直径为 $x_1+x_2-3x_3=0,\ x_1-x_2-x_3=0$.

6. **提示** 设两条平行切线交于 P_∞. 则 P_∞ 的极线为此两平行切线的切点连线, 根据定义, 这是一条直径.

7. **证明** 如图 4.19′, 外切四线形 $ABCD$ 的对顶三线形 $AC, BD, P_\infty Q_\infty$ 为自极三线形, 故 O 点的极线为 l_∞, 即 O 点为椭圆的中心.

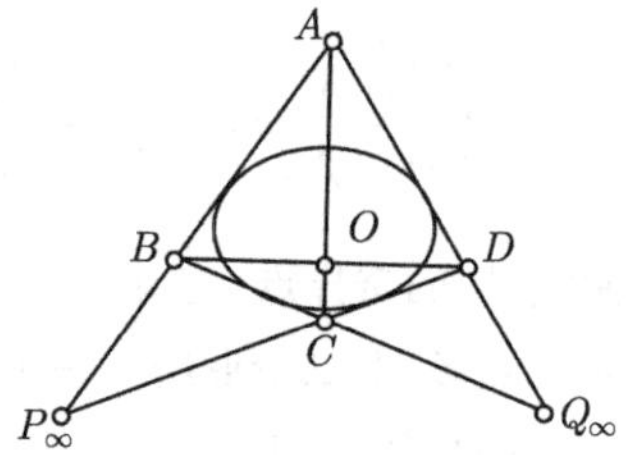

图 4.19′

8. **提示** 设 P 为不在渐近线上的一点, 过 P 的动弦为 x, x 上的无穷远点为 P_∞. 则 x 被其共轭方向的直径 (即 P_∞ 的极线) 平分, 设此直径为 p. 当 x 绕点 P 变动时, P_∞ 沿着 l_∞ 变动, 而 p 绕中心 C 变动. 因此有 线束 $P(x)\ \overline{\overline{\wedge}}$ 点列 $l_\infty(P_\infty)$. 但是 P_∞ 为 p 的极点, 所以 点列 $l_\infty(P_\infty)\ \overline{\wedge}$ 线束 $C(p)$. 从而 线束 $P(x)\ \overline{\wedge}$ 线束 $C(p)$. 根据二阶曲线的射影定义, 命题成立.

评注 条件中为什么要求定点“不在渐近线上”?

9. **证明** 如图 4.20′, O 点为双曲线 Γ 的中心, OP, OQ 为 Γ 的两条渐近线, AB 是 Γ 的弦, N_∞ 是直线 AB 上的无穷远点. 设 OM 是 Γ 的直径 ON_∞ 的共轭直径, 且 $OM\times AB=M$. 据渐近线的性质, 有 $O(PQ, MN_\infty)=-1$, 所以 $(PQ, MN_\infty)=-1$, 因此 M 为 PQ 的中点, 即 $|PM|=|MQ|$. 又 OM 为点 N_∞ 的极线, 所以 $(AB, MN_\infty)=-1$, 从而 M 为 AB 的中点, 即 $|AM|=|MB|$. 故 $|PA|=|BQ|$.

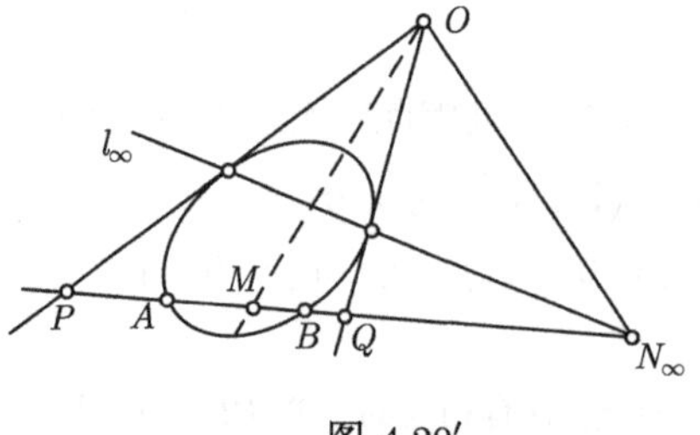

图 4.20′

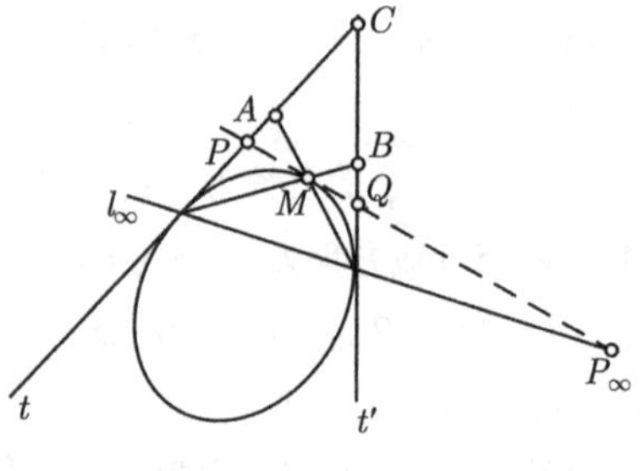

图 4.21′

10. **提示** 如图 4.21′, 根据例 4.22, M 为 PQ 的中点, 根据例 4.23, $\triangle CPQ$ 的面积为定值. 从而 平行四边形$CAMB$的面积 $=\dfrac{1}{2}$(三角形CPQ的面积) $=$ 定值.

11. **证明** 如图 4.22′, PP' 为有心二阶曲线的直径, 故它的极点是两端点处的切线的交点, 为一个无穷远点 P_∞. 设 P' 点处的切线与 Q 点处的切线交于点 T, 因为 P,Q,P' 处的切线构成二阶曲线的一个外切三线形, 其顶点为 R,T,P_∞, 由 Brianchon 定理的极限情况得 PT, RP', QP_∞ 三直线共点于 U.

再考查完全四点形 $RUTP_\infty$, 即有 $(PX,RP_\infty)=-1$, 即 R 为 PX 的中点.

评注 本题实际上是将习题 4.4 第 10 题赋予具体的射影仿射意义. 由该题的评注, 我们可以对本题给出至少三种证明方法. 此外, 可以考虑将前几节的有关习题赋予具体的射影仿射意义，从而构造出新的题目.

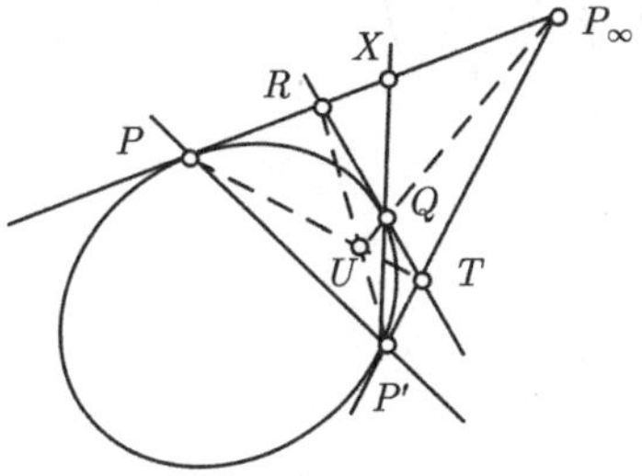

图 4.22′

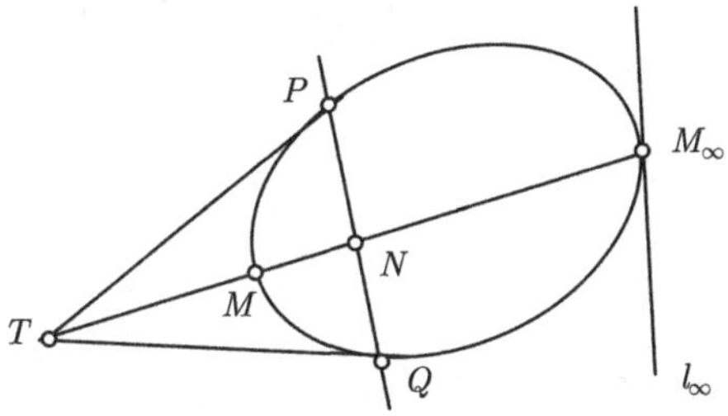

图 4.23′

12. **证明** 如图 4.23′, 设 TN 与抛物线交于 M, 又 TN 过抛物线上的无穷远点 M_∞. T 的极线为 PQ, 故 $(TN,MM_\infty)=-1$. 即 M 为 TN 的中点, 也即 TN 被抛物线平分.

习题 4.7

1. (1) 双曲线 $x_1^2-x_2^2-x_3^2=0$. (2) 实椭圆 $x_1^2+x_2^2-x_3^2=0$. (3) 两条平行直线 $x_1^2-x_2^2=0$. (4) 双曲线 $x_1^2-x_2^2-x_3^2=0$. (5) 两条重合的有穷远直线: $x_1^2=0$.

2. **证明** 令

$$\begin{cases} x'=px+qy+r, \\ y'=\alpha x+\beta y+\gamma, \end{cases}$$

因为 $\begin{vmatrix} \alpha & \beta \\ p & q \end{vmatrix} \neq 0$, 所以上式为仿射变换. 将其视为仿射坐标变换, 则曲线方程可以化为: $y'^2+2x'=0$(齐次坐标方程为 $x_2'^2+2x_1'x_3'=0$), 显然为一条抛物线.

新坐标系下, 因为 Γ 与无穷远直线的交点 $(1,0,0)$ 在 x' 轴上, 所以 $y'=0$ 为 Γ 的一条直径, 亦可验证 $x'=0$ 为 Γ 在点 $(0,0,1)$ 处的切线. 因此 $\alpha x+\beta y+\gamma=0$ 为 Γ 的一条直径, $px+qy+r=0$ 为 Γ 的切线.

3. **证明** (1) 经验证, 两曲线均为非退化有心二阶曲线, 且为椭圆. 它们有相同的中心, 坐标为 $(2,1,1)$.

(2) 斜率为 k,k' 的两方向为 Γ_1,Γ_2 的共轭方向的条件分别为 $5kk'+3(k+k')+5=0$ 及 $5kk'-3(k+k')+5=0$. 联立两方程, 解得 $k_1=1,k_2=-1$ 为 Γ_1,Γ_2 的公共的共轭方

向. 于是两曲线存在一对公共的共轭直径, 其方程为 $x_1+x_2-3x_3=0$ 及 $x_1-x_2-x_3=0$.

选取中心和上述两直径上的无穷远点为新的射影仿射坐标系的坐标三点形的顶点, 适当选取单位点, 即可在这样的坐标系下, 使得 Γ_1,Γ_2 的方程只有平方项而没有交叉项.

(3) 新坐标系的顶点坐标分别为：$A_1'(1,-1,0),A_2'(1,1,0),A_3'(2,1,1)$, 以 $E'(4,1,1)$ 作为新的单位点, 得所求射影仿射坐标变换的逆式为

$$\rho\begin{pmatrix}x_1\\x_2\\x_3\end{pmatrix}=\begin{pmatrix}1&1&2\\-1&1&1\\0&0&1\end{pmatrix}\begin{pmatrix}x_1'\\x_2'\\x_3'\end{pmatrix}.$$

索　引

(第一章 ~ 第四章)